ALIMENTAR A CIDADE

A marca FSC® é a garantia de que a madeira utilizada na fabricação do papel deste livro provém de florestas que foram gerenciadas de maneira ambientalmente correta, socialmente justa e economicamente viável, além de outras fontes de origem controlada.

RICHARD GRAHAM

Alimentar a cidade

Das vendedoras de rua à reforma liberal (Salvador, 1780-1860)

Tradução
Berilo Vargas

COMPANHIA DAS LETRAS

Grafia atualizada segundo o Acordo Ortográfico da Língua Portuguesa de 1990, que entrou em vigor no Brasil em 2009.

Título original
Feeding the City: From Street Market to Liberal Reform in Salvador, Brazil, 1780-1860

Capa
Victor Burton

Imagem de capa
Acervo da Fundação Biblioteca Nacional – Brasil

Preparação
Silvia Massimini Felix

Índice remissivo
Luciano Marchiori

Revisão
Carmen T. S. Costa
Isabel Jorge Cury

Dados Internacionais de Catalogação na Publicação (CIP)
(Câmara Brasileira do Livro, SP, Brasil)

Graham, Richard
Alimentar a cidade : das vendedoras de rua à reforma liberal (Salvador, 1780-1860) / Richard Graham ; tradução Berilo Vargas. — 1ª ed. — São Paulo : Companhia das Letras, 2013.

Título original : Feeding the City : From Street Market to Liberal Reform in Salvador, Brazil, 1780-1860.
ISBN 978-85-359-2356-8

1. Abastecimento de alimentos — Política governamental — Salvador (BA) 2. Produtos agrícolas — Salvador (BA) — História 3. Salvador (BA) — Condições sociais 4. Salvador (BA) — Política e governo I. Título.

13-10609 CDD-381.41098142

Índice para catálogo sistemático:
1. Comércio interno : Salvador : Bahia : Brasil : História 381.41098142

[2013]

EDITORA SCHWARCZ S.A.
Rua Bandeira Paulista, 702, cj. 32
04532-002 — São Paulo — SP
Telefone: (11) 3707-3500
Fax: (11) 3707-3501
www.companhiadasletras.com.br
www.blogdacompanhia.com.br

Para Sandra

Sumário

Lista de tabelas

Lista de mapas e ilustrações

MAPAS

FIGURAS

Nota sobre moedas, medidas, grafia de palavras

O valor de compra da moeda caiu consideravelmente ao longo dos oitenta anos cobertos neste livro, por isso comecei convertendo valores nominais de propriedades post mortem e alguns outros itens em valores de 1824, como está explicado no Apêndice A. Depois escolhi uma determinada herança de bens, descrevi-a com alguma minúcia e tomei-a como padrão de comparação. Nas notas, porém, indico tanto o valor nominal como o valor real, este último entre parênteses.

Havia muitas medidas para gêneros alimentícios, mas só uso duas no texto. O *alqueire* em Salvador equivalia a 36,27 litros. A *arroba* pesava quase quinze quilos.

No texto, atualizei a ortografia. Nas notas, cito autores e títulos como aparecem nas obras consultadas, seja manuscritas, seja editada.

Prefácio

Nunca imaginei, ao receber uma pequena bolsa do Global Education Associates' World Order Program para desenvolvimento curricular, que o resultado seria um livro. A ideia era preparar um curso de graduação que chamasse a atenção para os difíceis problemas enfrentados pelo mundo moderno com relação à distribuição desigual de alimentos. Como historiador, eu queria explorar esse tema no passado, e como professor meu objetivo era conseguir a participação dos alunos. Iniciei o curso com leituras relativas ao presente, desde a complementaridade de proteínas à mortalidade infantil, e só depois recuei no tempo, discutindo reforma agrária, economias de exportação e diferenças culturais, chegando por fim à "conquista" da América, à permuta colombiana e ao tráfico transatlântico de escravos, sempre investigando as causas imediatas e de longo prazo. Só espero que para meus alunos tenha sido tão estimulante quanto foi para mim. Começou a nascer ali este livro, muito diferente, sobre alimentos, seus produtores, seus negociantes e seus significados.

Por sorte, passei por Salvador poucos meses depois, quando fui visitar minha irmã no interior da Bahia, e resolvi consultar novamente dois arquivos. No da cidade, para minha surpresa, encontrei registros manuscritos do fim do século XVIII concedendo licenças a vendedores ambulantes, merceeiros, açougueiros e barqueiros, com nomes de pessoas comuns fazendo seus negócios — nomes normalmente inacessíveis para os historiadores. Soube, então, que havia no Arquivo Público do Estado da Bahia (APEB) um projeto em andamento para preparação de um índice computadorizado de inventários de bens post mortem. Quando apresentei uma curta lista de nomes de vendedores e comerciantes, descobri com surpresa que cerca de 10% aparecem nesses registros. Animado pelas possibilidades, voltei à Universidade do Texas em Austin pensando num novo projeto de pesquisa.

Houve muitos desvios na trajetória que percorri desde aqueles momentos reveladores nos arquivos até o presente livro, mas todos eles me deram o prazer não só de descobrir vidas de pessoas de tempos idos, mas também o de formar vínculos com gente viva que me ajudou muito. Arquivos de nada servem para o historiador se não houver arquivistas para tornar seu conteúdo disponível. No APEB, contei em especial com a assistência diária de d. Edy Alleluia e do sr. Daniel, que trouxeram maços e maços de documentos para a sala de leitura. Mercedes (Mercedinha) Guerra usou dados de computador que estava compilando justamente naquela época para buscar nomes para as listas cada vez maiores que eu lhe apresentava, e a mediação de d. Judite foi essencial para chegar ao setor que abriga os inventários post mortem. A diretora do arquivo, Anna Amélia Vieira Nascimento, acrescentava à sua eficiente administração o animado interesse de uma colega historiadora. No arquivo da cidade fui imensamente ajudado pelo sr. Felisberto. Neusa Esteves compartilhou comigo seus conhecimentos de arquivista na Santa Casa de Misericórdia.

No Arquivo Nacional, no Rio de Janeiro, encontrei funcionários sempre atentos e dispostos a ajudar. Tive o prazer de ver o arquivo mudar-se de um antigo edifício do outro lado da praça para dependências mais espaçosas, enquanto o catálogo, anteriormente guardado em dois grandes armários cilíndricos, era transformado num sofisticado instrumento on-line. Jaime Antunes da Silva dirige a instituição com habilidade e entendimento, jamais perdendo de vista o objetivo final de aumentar e melhorar o conhecimento. Na sala de leitura, Sátiro Ferreira Nunes faz o sistema funcionar e com a maior boa vontade mostra como os documentos estão organizados. Na divisão de manuscritos da Biblioteca Nacional fui ajudado por Waldyr Cunha, antes de sua aposentadoria, e depois pelo sr. Raimundo. A biblioteca e o arquivo do Instituto Histórico e Geográfico Brasileiro, bem dirigida pelo presidente do instituto, Arno Wehling, oferece um lugar tranquilo para trabalhar, além de uma vista magnífica da Baía de Guanabara. Todo o tempo me beneficiei da presença amiga e eficiente da bibliotecária Maura Corrêa e Castro.

Sempre tive inveja dos historiadores brasileiros que hoje estão na sala de aula e amanhã num arquivo. Para mim, visitar um arquivo significava arranjar financiamento para viagem e meses vivendo no exterior. Sem isso, este livro não existiria. Agradeço pelo grande apoio do Fulbright-Hays Faculty Research Abroad Program, à J. William Fulbright Foreign Scholarship Board, à National Endowment for Humanities e ao University Research Institute da Universidade do Texas em Austin. De importância quase igual são as verbas menores, mas essenciais, para viagens durante as "férias" de verão, que me possibilitaram pesquisar não apenas em Salvador e no Rio de Janeiro, mas em Lisboa; essas verbas foram oferecidas pelo Instituto de Estudos Latino-Americanos da universidade, tão competentemente dirigido naquela época por William Glade e Nicholas Shumway.

Outros acadêmicos foram generosos em sua ajuda e coleguismo. Penso especialmente em João José Reis, que me pôs em contato com uma nova geração de historiadores na Bahia, e em Luís Henrique Dias Tavares, que conheci quando ele era diretor do arquivo estadual em 1959, na época em que eu fazia pesquisas sobre a presença britânica no Brasil. Guilherme e Lúcia Pereira das Neves, no Rio de Janeiro, foram ótimos companheiros de conversas sobre o passado do Brasil. Na América do Norte muita gente colaborou para esta obra, de uma forma ou de outra. Membros do Santa Fe Seminar leram com paciência um capítulo atrás do outro, ao longo de mais de dois anos. Quatro colegas fizeram uma leitura integral de um primeiro rascunho do manuscrito: B. J. Barickman, William French, Hendrik Kraay e James Sidbury. Agradeço profundamente por seus comentários esclarecedores. Meu filho Stephen Graham, embora desejando que eu tivesse escrito um livro diferente, me fez prestar atenção no que descobri sobre o dinamismo daqueles que trabalhavam no comércio de alimentos em Salvador. Além disso, há os leitores anônimos contatados pela University of Texas Press, que me levaram a ampliar muitos pontos e às vezes a buscar as palavras certas para descrever o que descobri. Outros historiadores que não conheci pessoalmente escreveram sobre atividades comerciais semelhantes em outras partes do mundo, obrigando-me a reexaminar sempre as provas que eu tinha diante de mim. Lamento que, para diminuir o tamanho do livro — e a conselho do editor —, fosse necessário remover a maior parte dessas referências. Minha intenção, afinal, não é que este livro seja uma história comparativa, mas um estudo sobre uma cidade e seus vigorosos moradores. As comparações ficam para outra oportunidade.

Devo mais à minha mulher, Sandra, do que seria capaz de dizer. Ela tem sido um estímulo para meu pensamento, uma debatedora aos meus argumentos e uma crítica severa, porém construtiva, mas, acima de tudo, uma companheira na aventura da descoberta. A ela dedico este livro.

Introdução

Nenhuma cidade alimenta a si mesma. Diferentemente da aldeia ou da vila, uma cidade depende de uma grande quantidade de gente de fora para plantar ou cultivar alimentos, e sobretudo para transportá-los, e de intermediários para comprá-los e revendê-los aos consumidores. Salvador era uma grande cidade nas Américas do fim do século XVIII. Isso nos estimula a investigar não apenas essa malha de relações comerciais, mas também o que seu funcionamento revela sobre a composição social da cidade. Vendedores ambulantes, barqueiros, merceeiros, açougueiros, negociantes de gado, importadores; homens e mulheres; negros, mulatos e brancos; escravos, ex-escravos e livres — são esses os atores. Suas ações ajudaram a forjar a cidade, e seus negócios põem em relevo sua ordem social, seus costumes, suas ideologias e seus conflitos.

Salvador pertencia essencialmente ao mundo atlântico, onde a Europa se encontrava com a África nas Américas. Sua enorme baía faz dela um dos poucos grandes portos do Atlântico Sul. Das ricas terras produtoras de açúcar, tabaco e alimentos em volta da baía — coletivamente chamadas de Recôncavo — vinham os produtos que alimentavam a gente local e eram trocados por uma grande variedade de artigos importados no movimentado centro da cidade. Europeus, africanos, e gente de origem europeia e africana, além de alguns índios, se encontravam em Salvador, estabelecendo vínculos complexos e, simultaneamente, redefinindo as fronteiras que os separavam. Instituições de governo desenvolvidas na Europa foram aplicadas ali a uma população diversa e reformuladas para se adaptarem a um lugar que devia parecer exótico para seus administradores portugueses. Pessoas criadas inteiramente no Brasil argumentavam a favor ou contra princípios econômicos ou doutrinas revolucionárias desenvolvidos além-mar. A escravidão e o comércio de escravos marcaram de maneira profunda o ser social e político da cidade, e sua grande população negra teve influência decisiva sobre hábitos, sinais e símbolos locais. Crenças e práticas religiosas apresentavam valores provenientes tanto da África como de Portugal. Ao se adaptarem uns aos outros, os soteropolitanos forjaram uma nova cultura com seus próprios modos de ser. Com o passar do tempo, a cidade se tornou única, tão diferente de outras cidades atlânticas como as cidades atlânticas eram diferentes dela.[1]

Salvador desempenhou um importante papel para o Brasil inteiro. Prosperou como o entreposto comercial de toda a capitania (depois província) da Bahia, e seus comerciantes, grandes e pequenos, também operavam fora de suas divisas. Quando ouro e diamante foram descobertos em Minas Gerais, a rota inicial de abastecimento daquela área começava em Salvador. Embora seu papel como capital e principal centro administrativo tenha diminuído depois de 1763, quando a Coroa transferiu a sede do vice-reinado brasileiro para o Rio de Janeiro, seus quadros de funcionários públicos — subordinados ao governador da capitania, a juízes civis, criminais e religiosos, e a órgãos fiscais — continua-

Mapa I.1. Brasil e suas províncias em 1860.

ram a exercer poderosa influência sobre uma vasta região. Até os anos 1750, a única Relação do Brasil (Tribunal Superior) estava instalada em Salvador, e continuou a julgar casos de todas as províncias nortistas até o século XIX. O arcebispo do Brasil tinha sede ali e era responsável pela política da Igreja em todo o país. A despeito da evidente importância da cidade, boa parte de sua vida permanece um terreno inexplorado pelos historiadores, ainda à espera de mapeamento.

A dieta dos habitantes de Salvador dependia de dois artigos básicos: farinha de mandioca — a maior fonte de calorias — e carne. O gado era tocado rumo à cidade, mas a farinha chegava de barco vindo do outro lado da baía, assim como o grosso das frutas e hortaliças consumidas na cidade. Os mais abonados também consumiam artigos importados de além-mar em navios maiores, especialmente vinho e azeite de oliva, mas também cerveja, queijo, farinha de trigo e uma grande variedade de guloseimas de alto valor e pequeno volume. Na outra ponta do espectro social, escravos costumavam ter pouco mais do que farinha de mandioca e um pouco de carne-seca ou salgada para comer. Os africanos influenciaram profundamente os métodos de cozinhar e os temperos usados na maioria das casas, com uso abundante de azeite de dendê, pimentas, cocos e amendoim.

Quando se examina a cidade tal como se apresentava no fim do século XVIII e começo do XIX, é notável a imensa variedade de seus moradores, assim como sua estreita e multifacetada interconectividade.[2] Os que distribuíam e vendiam alimentos — fossem eles humildes vendedores ambulantes ou substanciais merceeiros, açougueiros ou comerciantes de gado, marujos comuns ou mestres de embarcações que traziam alimentos através da baía e de pontos ao longo da costa atlântica — estavam ligados a quase todo mundo na cidade. Suas ocupações, embora fundamentais para a vida urbana, raras vezes são mencionadas nas muitas obras sobre a região, que tratam basicamente dos açucareiros, comerciantes internacionais ou escravos, deixando todo o resto passar despercebido. Pessoas de tipo mediano, algumas mais abastadas do que outras, assim como algumas muito pobres e as escravizadas, todas elas dando duro no trabalho, enchiam a cidade e a faziam funcionar. Esse ambiente urbano permitiu a formação de um grande setor intermediário, ocupado no comércio, com laços tanto verticais como horizontais com outros.

A energia e o movimento dos residentes de Salvador mostram como escravos e livres, negros e brancos, mulheres e homens, pobres e não tão pobres se relacionavam entre si, simultaneamente exemplificando a ordem hierarquizada da sociedade e contestando nossas noções pré-fabricadas de como essa sociedade deve ter funcionado. Deixando de ver neles apenas exploradores e explorados, identificamos ali encontros negociados ao longo de um terreno em constante mutação. Como consequência, discordo em particular daqueles que retratam escravos, negros e mulheres apenas, em essência, como vítimas, e brancos, livres e homens fundamentalmente como opressores, e não como pessoas com múltiplas preocupações e relações variadas, como seres humanos complexos, ainda que alguns fossem privilegiados e muitos, severamente oprimidos. Essas pessoas ocupavam posições sociais num continuum, e não em grupos separados de maneira nítida.

Ao desvendar a vida de pessoas dentro de um grande universo de experiências individuais, busco detalhes específicos, tentando compreender alguma coisa do contexto em que viviam. Quando nos concentramos nas práticas reais, adquirimos uma noção mais ampla de como percepções raciais influenciaram comportamentos, ou foram influenciadas pela lei e pela prática. Da mesma forma, "escravo" e "escravidão" são termos embotados demais para fazerem justiça às diversificadas experiências que abrangem. Há categorias que eu, na condição de historiador, imponho a pessoas que necessariamente não viam a si mesmas como pertencentes a elas, mas tento não tirar conclusões a priori sobre indivíduos a partir dessas classificações. Para ressaltar homens e mulheres específicos, e o que os juntava e os separava, procuro usar adjetivos, e não rótulos. Para destacar a particularidade das pessoas que aparecem neste livro, insisto em chamá-las pelo nome, em vez de me referir apenas a seu status genérico, ainda que apareçam apenas uma vez em toda a obra.

O comércio de alimentos se encaixa no contexto mais amplo que ia além de meramente saber como a comida chegava à mesa das pessoas, envolvendo a responsabilidade do governo na proteção dos consumidores, o lugar apropriado de regulação econômica e debates sobre o que torna uma sociedade boa e justa. Pelo menos desde os tempos medievais, uma das tarefas do governo de uma cidade na maior parte do mundo ocidental tem sido assegurar aos moradores urbanos o suprimento adequado e seguro de alimentos, a preços acessíveis. A câmara municipal de Salvador, seguindo precedentes portugueses, levava a sério essa responsabilidade. A tentativa de dar uma ordem racional a essa tarefa levou à criação, no começo dos anos 1780, de duas instituições públicas — um celeiro e um matadouro — que afetavam crucialmente o trabalho dos comerciantes de alimentos. Já nessa mesma época, porém, alguns escritores e funcionários públicos começaram a criticar a visão mais antiga do Estado e suas relações com o indivíduo, propondo uma atitude menos restritiva da atividade econômica dos comerciantes de alimentos e menos atenta à proteção dos compradores.

Um momento decisivo foi a guerra, que durou um ano, pela independência do Brasil, em 1822-3, cujo desfecho resultou de um bloqueio, finalmente bem-sucedido, no qual os barqueiros interromperam o abastecimento de alimentos para Salvador. Não só as interrupções da guerra provocaram imediatas alterações na vida de muita gente, perturbando a ordem social, mas também as reformas que se seguiram à independência, inspiradas por modelos tomados do outro lado do Atlântico, tiveram efeitos de mais longo prazo na atividade das pessoas envolvidas com a compra e venda de alimentos. Essas medidas liberalizantes não conseguiram resolver os problemas de subsistência da grande massa da população, e muitas das novas políticas encontraram resistência, por vezes violenta, e gradualmente se diluíram ou foram de todo abandonadas. O debate sobre a nova filosofia de governo pode ser entendido como reflexões e comentários dos residentes sobre si próprios e a sociedade, expressando suas noções a respeito das categorias dessa sociedade e defendendo valores que lhes eram caros.

Todo mundo vive enredado em estruturas institucionais, com regras que orientam o comportamento, e algumas delas deixam registros que oferecem aos historiadores ricos filões documentais a ser explorados. As ligações entre atores históricos são muitas vezes capturadas de forma vívida em documentos aparentemente improváveis, produzidos por impessoais agências de governo, cujas ações tiveram grande impacto sobre milhares de indivíduos. As instituições públicas que orientavam o comércio de alimentos — o celeiro e o matadouro — destacam-se de modo especial neste relato, porque influenciaram as ações de muita gente. Testamentos e inventários revelam, crucialmente, permutas entre pessoas de diferentes posições sociais, sem por um momento deixar dúvida alguma sobre a tenacidade dessas divisões. São outra fonte à qual recorro, sobretudo em vista da relativa ausência de diários e cartas pessoais entre os brasileiros, e do fato de que a lei de heranças — ao forçar a divisão de bens entre herdeiros legalmente prescritos — atingia até mesmo as famílias mais humildes. As frases no início dos testamentos em geral obedecem a certas fórmulas, mas as determinações que vêm em seguida variam enormemente e lançam luz sobre laços afetivos, ligações comerciais e percepções e expectativas relacionadas ao comportamento alheio, assim como detalhes a respeito, por exemplo, de um santo favorito ou do passado do testador.[3] Falam de amigos e dos filhos de amigos, de concubinas e afilhados, de amores e rivalidades.

Na primeira parte deste livro escrevo sobre as pessoas que participavam do comércio de alimentos, sem dar muita atenção às alterações havidas no decorrer do tempo. Já a segunda parte é especificamente sobre mudanças, e explora o contexto político em que os comerciantes operavam. No capítulo inicial, descrevo o ambiente físico, social, cultural e político de sua vida. Os dois capítulos seguintes tratam de vendedores de rua e merceeiros: o capítulo 2 estabelece sua identidade, o que vendiam, onde vendiam, e examina seu estilo de vida, ou seja, moradia, mobílias, roupas; o capítulo 3 se concentra em seu mundo social — famílias, amigos, vizinhos — e em seus contatos comerciais, e em como agiam como patrões e fregueses, devedores e credores de empréstimos. O capítulo 4 trata de mestres e marujos a bordo de barcos e navios que entregavam alimentos em Salvador; sua riqueza ou falta de riqueza; seu status legal como livres, forros ou escravos; os tipos de embarcação em que velejavam; suas cargas; suas habilidades especiais; e a importância de sua mobilidade geográfica. O celeiro público onde o milho, o feijão, o arroz e a farinha de mandioca que entrassem em Salvador deviam ser por lei postos à venda inicialmente é o assunto do capítulo 5. Depois de discutir a criação do celeiro e seu pessoal, passo a tratar dos próprios vendedores — mulheres e homens, africanos e portugueses — antes de examinar os estivadores e carregadores que ali trabalhavam e fizeram uma greve bem-sucedida no começo de 1837 em protesto contra exigências recém-impostas, que lhes pareceram aviltantes. No capítulo 6, examino o comércio de gado e de carne e seus três pontos de interseção: o curral, o matadouro e o açougue. A posição social dos envolvidos e, especialmente, a tensão que se manifestava em suas interações — culminando numa greve de magarefes frustrada pelo uso de escravos — são os pontos centrais do capítulo 7.

Enquanto a parte I apresenta retratos detalhados de muitos comerciantes individuais e seu trabalho, a parte II abre a perspectiva para abranger, primeiro, um importante acontecimento político — uma guerra — e, depois, ainda mais amplamente, ideias conflitantes sobre política governamental para o comércio de alimentos. Começa com o capítulo 8, que focaliza a Guerra de Independência do Brasil (1822-3), mostrando que a questão crucial tanto para os insurgentes como para os portugueses era garantir alimento para suas próprias forças, ao mesmo tempo que o negava às do inimigo — tarefa difícil e complicada. No capítulo 9 me dedico a mostrar como esses eventos causaram um choque no sistema social; primeiro, provocando um enorme deslocamento físico de moradores, e em seguida enfraquecendo noções de hierarquia, mesmo entre os que estavam no topo, ao aumentar o poder de marujos comuns e perturbar os vínculos entre escravos e senhores. O capítulo 10 faz um recuo cronológico para examinar prescrições políticas desenvolvidas antes da guerra, com líderes tanto em Portugal como no Brasil chegando lentamente à convicção de que libertar o mercado do controle governamental beneficiaria a todos. O capítulo 11 traça um movimento na direção oposta depois da guerra, quando a aplicação daqueles princípios liberais não resultou em abundância e barateamento, levando, pelo contrário, nos anos 1850, a tumultos e rebelião.

Quando iniciei este projeto, esperava encontrar uma sociedade estável e rigidamente hierarquizada, cimentada por uma cultura paternalista, na qual se trocava proteção por obediência. Mas, ao me concentrar em indivíduos, a maioria dos quais bem longe das camadas superiores, descobri uma notável elasticidade das categorias sociais, com muita nuance, negociação e flexibilidade. Salvador era ao mesmo tempo uma cidade de ordens e um local de competição, de tomada de decisões racionais, de fluidez e de oportunidades. Nada era imutável, nem as mudanças eram unidirecionais.

1. A cidade numa baía

Na costa leste do Brasil, e voltada para o oeste numa magnífica baía, localiza-se a cidade de Salvador ou, para dar o nome completo, São Salvador da Bahia de Todos os Santos. O nome evoca eloquentemente a baía como característica mais definidora. Suas águas cintilantes podiam ser vistas a oeste de quase qualquer ponto de observação da cidade, e em 1780 seus moradores recebiam a maior parte dos alimentos, à exceção da carne, por barco. Essa enorme baía penetra 44 quilômetros terra adentro. Mede 35 quilômetros no ponto mais largo, e cerca de onze quilômetros na barra (ver mapa 1.1). Um viajante em 1809 se disse maravilhado, porque nela "as frotas combinadas do universo poderiam se reunir sem confusão". Como a cidade fica numa península que avança para o sul, separando a baía do Atlântico, seu porto é protegido contra tempestades oceânicas, e seus moradores desfrutam de brisas marinhas quase constantes, que mantêm a temperatura relativamente moderada, apesar de estarem apenas treze graus ao sul do equador. Charles Darwin escreveu que "não se pode imaginar nada mais belo do que a velha cidade da Bahia; acomoda-se numa mata exuberante de belas árvores, situada numa escarpa

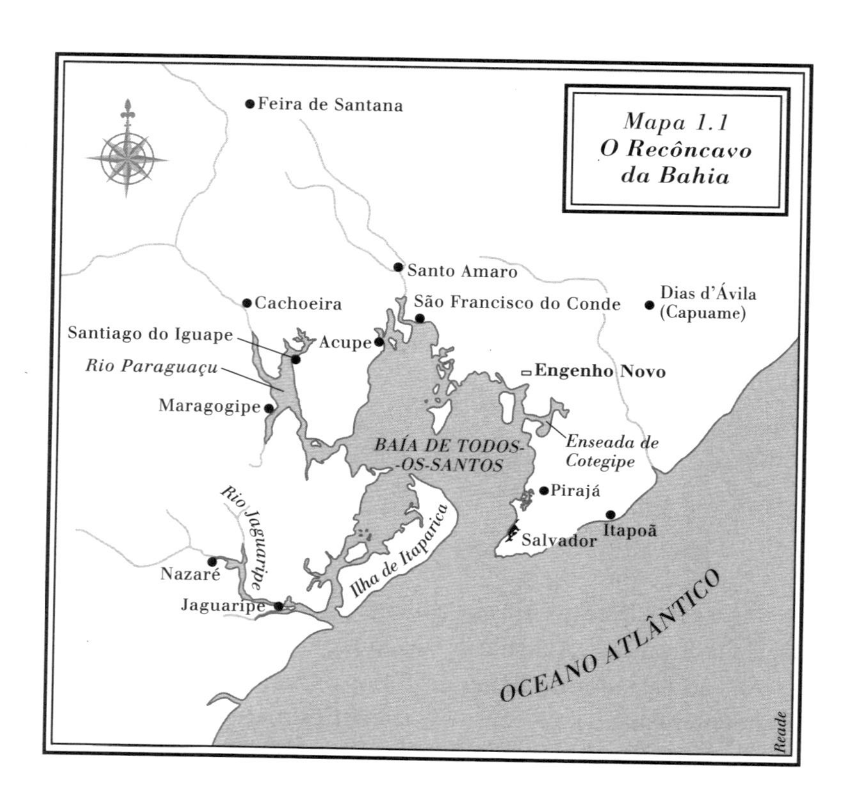

íngreme, [que] domina as águas calmas da grande baía de Todos--os-Santos".[1] A topografia da cidade e seus prédios, sua composição social e sua cultura compunham o cenário para a vida das pessoas sobre as quais escrevo neste livro, e para os negócios que elas realizavam no comércio local de alimentos.

A CIDADE

Nada chama mais a atenção imediata do visitante que chega do que a áspera subida que separa a "cidade baixa" da "alta". Erguendo-se de sessenta a noventa metros de altura, e cortada por numerosas fendas, ela ainda impressiona qualquer um que olhe do mar.

Nos anos 1840, um visitante americano admirou-se das duas "longas e curvas linhas [horizontais] de edifícios caiados [...] separados por um largo e rico cinturão verde, também com algumas casas, aqui e acolá pontilhado de casas". Um espaço estreitíssimo separa a praia da base da escarpa, não mais de dois ou três quarteirões de largura, em muitos lugares nem isso, apesar de estender-se por muitos quarteirões ao longo da praia, densamente povoados.[2] O platô atrás do alto penhasco é mais largo, porém dá lugar a uma malha de leitos de cursos d'água e pântanos (depois canalizados e drenados), dos quais emergem outros trechos de terreno elevado, onde a cidade alta aos poucos se espalhou através de uma nesga de terra mais alta. Nesse extremo leste da cidade, nas palavras de um visitante francês, fica um "belo" lago comprido chamado Dique, com águas frias e límpidas, cercado de palmeiras. A terra além dele, apesar de muitos morros e colinas, declina gradualmente para o oceano (ver mapas 1.2 e 1.3).[3]

O penhasco que separa fisicamente as duas partes da cidade servia para dividi-la socialmente, numa organização do espaço urbano que lembra outras cidades portuguesas mundo afora. Descrevendo a cidade baixa com apenas um toque de exagero, um contemporâneo observou que "todos os comerciantes com as suas casas, fazendas e escritórios, como também [...] todos os lojistas habitam [na mesma praia] [...] onde têm as suas lojas". Canoas e barcos eram puxados para a praia a fim de descarregar alimentos trazidos através da baía. Um intenso comércio de escravos africanos transformava a cidade baixa num grande mercado de escravos. Armazéns do cais com molhes serviam para a exportação de açúcar, tabaco, café, algodão e couros, e para o manejo de grandes fardos e barris de mercadorias que chegavam

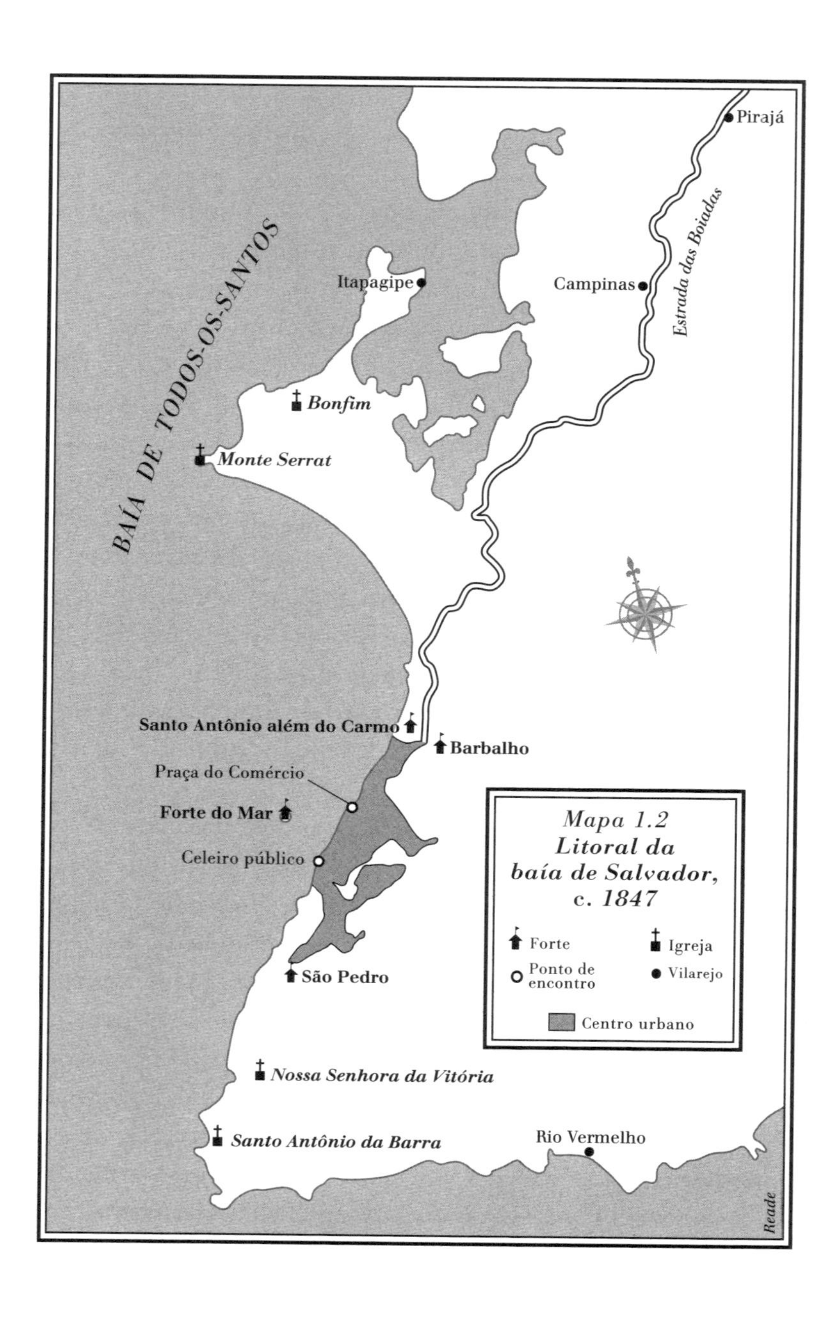

Pirajá
Estrada das Boiadas
BAÍA DE TODOS-OS-SANTOS
Itapagipe
Campinas
Bonfim
Monte Serrat
Santo Antônio além do Carmo
Barbalho
Praça do Comércio
Forte do Mar
Celeiro público
São Pedro
Mapa 1.2
Litoral da
baía de Salvador,
c. 1847
Forte
Igreja
Ponto de
encontro
Vilarejo
Centro urbano
Nossa Senhora da Vitória
Santo Antônio da Barra
Rio Vermelho
Reade

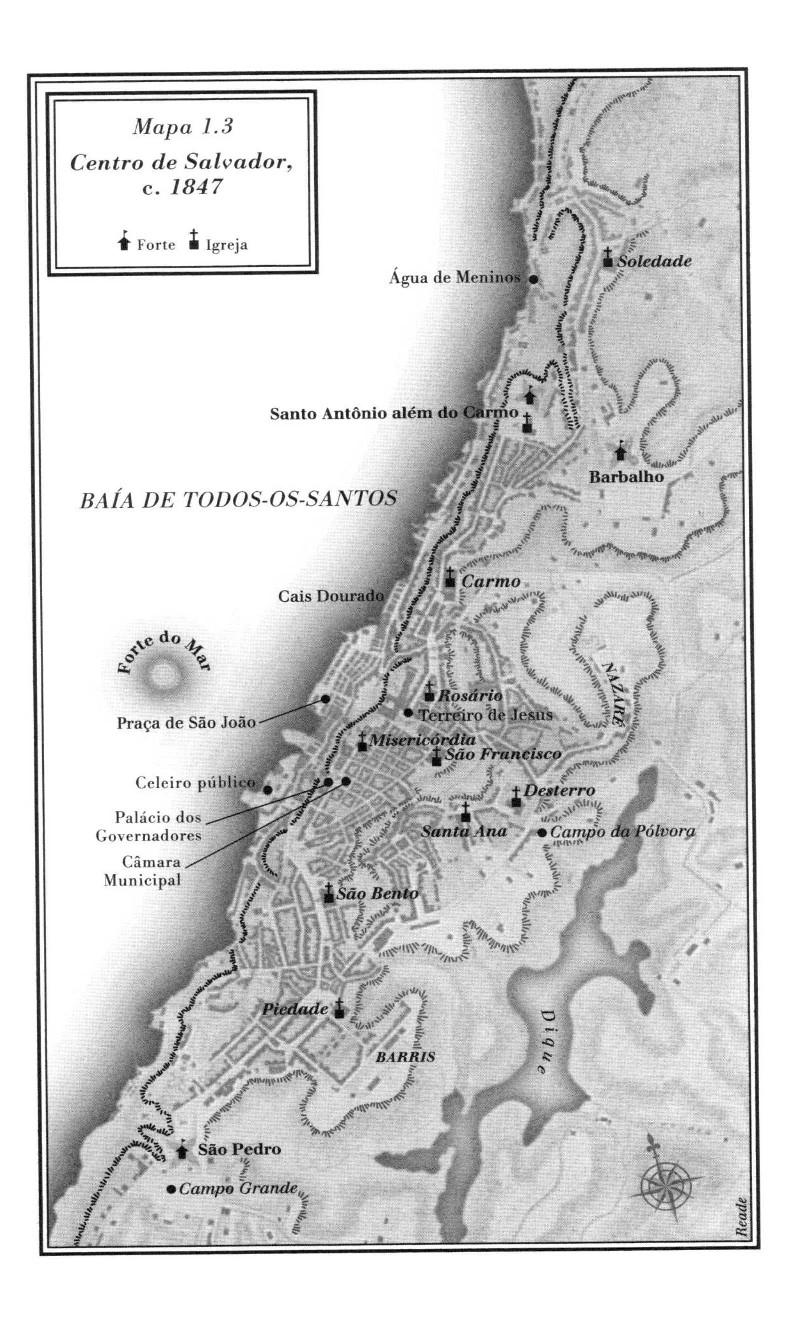
Mapa 1.3
Centro de Salvador, c. 1847
Forte
Igreja
Soledade
Água de Meninos
Santo Antônio além do Carmo
Barbalho
BAÍA DE TODOS-OS-SANTOS
Carmo
Cais Dourado
Forte do Mar
NAZARÉ
Rosário
Terreiro de Jesus
Praça de São João
Misericórdia
São Francisco
Celeiro público
Desterro
Palácio dos Governadores
Santa Ana
Campo da Pólvora
Câmara Municipal
São Bento
Piedade
Dique
BARRIS
São Pedro
Campo Grande
Reade

Figura 1.1. Panorama da cidade, 1861.

da Europa e até da Índia, com tecidos, ferramentas, especiarias, vinho, azeite de oliva e bacalhau salgado. Fregueses encontravam fornecedores de suprimentos tanto para navios como para engenhos de açúcar, além de lojas de ferragens, relojoeiros, armarinhos, lojas de brinquedos e escritórios de seguradoras — tudo na cidade baixa. Era um lugar de azáfama e falatório.[4]

A parte central da cidade alta abrigava a residência e os escritórios do governador, a Relação (Tribunal Superior), a câmara de vereadores e a cadeia, a catedral e o arcebispado, as principais instituições monásticas e as requintadas casas dos ricos. Embora a cidade alta também tivesse suas vielas, muitas ruas eram largas e certamente menos movimentadas do que as da cidade baixa, com várias praças. Em 1818, foi construído um jardim público com vista da baía, um lugar para senhoras e senhores passearem ao entardecer. Nos tempos coloniais, as pessoas mais importantes — aquelas cujas decisões afetavam todos os participantes do comércio de alimentos — viviam relativamente perto das sedes das instituições políticas e religiosas, numa área delimitada pelo convento do Carmo ao norte, pelo São Bento ao sul, e pelo São Francisco a leste, com a Santa Casa de Misericórdia — a mais prestigiosa organização laica da cidade — no centro. A maioria dos grandes senhores de engenho tinha casa nessa parte da cidade, o que tanto lhes permitia realizar negócios urgentes como ir a festividades e comemorações políticas.[5] Pelo primeiro quarto do século XIX, a cidade alta já não era tão exclusiva, abrigando alguns cafés, farmácias, pousadas e lojas de varejo. Em 1839, incluía o Universo Hotel, perto do mosteiro beneditino, com um salão de bilhar em cima de um boteco. O declínio começara.[6]

A cidade acabou crescendo para além desses primeiros limites. Depois de 1808, com a chegada ao Brasil da Corte portuguesa que fugia das tropas de Napoleão e a abertura dos portos da anti-

Figura 1.2. A cidade baixa vista de cima, 1860.

ga colônia a navios dos países amigos, comerciantes estrangeiros, especialmente britânicos, se mudaram para lá. Evitavam a cidade baixa, preferindo viver na mais atraente e salutar cidade alta, e se estabeleceram na área ao sul do centro, sobretudo na seção da cidade que ficava no caminho que levava à igreja de Nossa Senhora da Vitória (ver mapa 1.2) Os comerciantes portugueses mais bem-sucedidos já tinham dado o exemplo, e Vitória tornou-se bairro exclusivo. Um viajante americano, expressando seus preconceitos, comentou que "no morro de Vitória encontram-se os melhores jardins que a Bahia tem condições de oferecer, os passeios mais encantadores, e a sombra mais ampla. Ali também estão as melhores casas, o melhor ar, a melhor água e a melhor sociedade".[7]

Os menos abastados moradores de classe média viviam ao norte da área central, até os limites da igreja de Santo Antônio além do Carmo. O bairro incluía mercearias, alfaiatarias, residências de funcionários públicos e de profissionais, e casas que agricultores locais mantinham na cidade. Outro bairro de classe média acabou surgindo além de um vale a leste, em torno da igreja de Santa Ana, do convento do Desterro e da área de exercícios militares de Campo da Pólvora, em direção à paróquia de Nazaré. Mais a leste ficava uma seção semirrural, pontilhada de pomares e de pequenas fazendas, onde vivia um número crescente de pessoas que trabalhavam na cidade, servidas por alguma mercearia. Dali descia para sudeste uma estrada que levava a uma aldeia de pescadores, Rio Vermelho, famosa como reduto de escravos fugidos e de delinquentes pobres.[8]

A POPULAÇÃO

É impossível determinar exatamente quantas pessoas viviam em Salvador do fim do século XVIII a meados do século XIX. Como informou um funcionário da Coroa, com algum desagrado, em 1797, "não se sabe ao certo por que a câmara não tem listas dos moradores". Mas vários recenseamentos tentaram contá-los, e de modo geral podemos traçar o crescimento da população da cidade, dos 39 209 informados em 1780 [1779], aos 51 112 em 1807 e 112 641 em 1872.[9] Para inserir esses números dentro de um contexto, é importante notar que a Cidade do México, com 180 mil habitantes, e Havana, com 85 mil, ultrapassaram consistentemente Salvador. Rio de Janeiro, Buenos Aires e Santiago ultrapassaram-na durante o período coberto aqui, mas todas as outras cidades da América Latina, incluindo Lima, permaneceram menores. Para comparar com as cidades portuárias dos Estados Unidos, basta dizer que a maior delas era Nova York, com pouco mais de 33 mil habitantes em 1790.[10]

Tabela 1.1. Origem, status jurídico e "cor" da população de Salvador em 1835

ORIGEM E STATUS JURÍDICO	Nº	%	% ESCRAVOS	% LIVRES	% MULATOS E NEGROS	% BRANCOS
Africanos						
Escravos	17 325	26,5	26,5		26,5	
Forros	4615	7,1		7,1	7,1	
Brasileiros e europeus						
Escravos	10 175	15,5	15,5		15,5	
Mulatos livres e forros	14 885	22,7		22,7	22,7	
Brancos livres	18 500	28,2		28,2		28,2
Total	65 000	100,0	42,0	58,0	71,8	28,2

FONTE: João José Reis, *Rebelião escrava no Brasil: A história do levante dos malês em 1835*. 2. ed. São Paulo: Companhia das Letras, 2003, p. 24.
NOTA: Os números e porcentagens são estimados.

Os contemporâneos classificavam os soteropolitanos pela cor (negros, mulatos e brancos), pela condição jurídica (escravos ou livres) e pelo lugar de nascimento (África, Portugal, Brasil). Cada uma dessas categorias estava representada entre os que participavam do comércio de alimentos. O historiador João José Reis calculou por alto a distribuição da população da cidade em 1835 por origem geográfica, condição jurídica e "cor", como mostra a tabela 1.1. Um presidente de província não estava muito errado quando informou, alarmado, naquele ano, que "indubitavelmente a classe dos negros superabunda imensamente a dos brancos". Um alemão disse em momento posterior que "tudo que corre, grita, trabalha, tudo que transporta e carrega é negro".[11] Deve-se lembrar, porém, que nem todos os brancos eram bem de vida, e que muitos engrossavam as fileiras dos pobres.

Com dois quintos da população formados por escravos, não é de surpreender que os contemporâneos os vissem por toda parte, e que os escravos figurassem com destaque no comércio de alimentos. Salvador tinha sido um grande mercado para escravos importados por muitos anos, especialmente a partir de 1580, mais ou menos, quando o interior fornecia a maior parte do açúcar mundial. Mesmo com a acirrada concorrência do Caribe, no fim do século XVII, as exportações de açúcar da Bahia, embora não aumentassem, continuaram robustas, e com elas a demanda dos plantadores por mais escravos da África. Depois da Revolução Haitiana de 1791, a economia açucareira do Brasil de súbito voltou a prosperar, e ávidos negociantes de escravos fizeram trocas de cachaça e tabaco brasileiros por mais escravos africanos.[12] Ainda que em 1831 o Brasil oficialmente tenha cedido a pressões internacionais, banindo o comércio escravista, escravos africanos continuaram a ser importados para a Bahia em grandes quantidades, com a única diferença de que não eram mais desembarcados nas docas da cidade. A proibição de importar escravos foi apenas esporádica e inadequadamente fiscalizada até 1850, quando se tornou efetiva. As estimativas do número de escravos importados de 1786 a 1850 (ver tabela 1.2) devem ser interpretadas mais como sugestões do que como cifras exatas.[13] Além de ser o entreposto para escravos destinados ao trabalho nas roças e fazendas do interior, ou baldeados para outras capitanias, Salvador era o destino final para muitos. Num estudo de centenas de inventários urbanos datados de 1811 a 1860, uma historiadora descobre que os nascidos na África representam 62% dos escravos da cidade.[14]

Apesar de me referir a esses escravos como "africanos", eles certamente não se consideravam um grupo único, e os compradores reconheciam amplas diferenças étnicas entre eles. Antes dos anos 1780, milhares tinham vindo de áreas do interior de Angola e do Congo onde se falava o banto, como voltaria a acontecer

Tabela 1.2. Número estimado de escravos importados para a Bahia, 1786--1850

DATAS	TOTAL DE IMPORTAÇÕES	MÉDIA ANUAL
1786-1790	20 300	4060
1791-1795	34 300	6860
1796-1800	36 200	7240
1801-1805	36 300	7260
1806-1810	39 100	7720
1811-1815	36 400	7280
1816-1820	34 300	6860
1821-1825	23 700	4740
1826-1830	47 900	9580
1831-1835	16 700	3340
1836-1840	15 800	3160
1841-1845	21 100	4220
1846-1850	45 000	9000
Total	407 100	6263

FONTE: David Eltis, *Economic Growth and the Ending of the Transatlantic Slave Trade*. Nova York: Oxford, 1987, pp. 243-5. Esses totais são baseados no trabalho publicado por David Eltis et al. (Orgs.), *The Transatlantic Slave Trade: A Database on CD-ROM*. Cambridge: Cambridge University Press, 1999. Revisões subsequentes podem aumentar os números desta tabela; ver David Eltis, "The Volume and Structure of the Transatlantic Slave Trade: A Reassessment", *William and Mary Quarterly*, Williamsburg, série 2, v. 58, n. 1, tabela 3, jan. 2001.

depois de 1820. No intervalo, porém, a maioria vinha das terras em torno do golfo de Benim. Às vezes eram chamados de "negros-mina" porque tinham sido comprados na área perto do forte de Elmina, na costa da Guiné, ou, com a mesma imprecisão, "negros da Guiné". Os falantes do iorubá eram geralmente chamados nagô, e os que falavam gbe/ewê/fon eram chamados de jeje. Esses dois grupos formavam mais da metade dos escravos importados nas últimas décadas do século XVIII e no começo do século XIX, embora entre os outros houvesse um número significativo de hauçá, chamados de ussá. Salvador, nessa época, recebeu uma proporção bem maior de escravos africanos de uma única região do que qualquer outra cidade escravista do mundo atlântico fora do Brasil.[15] E, como escravos urbanos, eles com frequência se cruzavam com outros da mesma área, diferentemente dos escravos das espalhadas plantations. Sendo todos escravos numa terra estrangeira, prontamente ampliavam os limites de sua identidade, tornando-a mais inclusiva e fazendo aliados onde antes só conheciam inimigos.[16] A língua formava um vínculo distinto, e alguns não africanos na Bahia comentavam que os escravos conversavam uns com os outros sem recorrer ao português.[17] Com o passar do tempo, num lugar onde eram constantemente arrolados como "africanos", alguns talvez tenham até começado a se julgar assim, ou se juntado aos que tinham nascido no Brasil para adotar uma identidade racial e, mais tarde ainda, de classe.

Ser dono de escravos era extremamente comum. Até mesmo antigos escravos, em especial as mulheres, tinham seus escravos, para não falar nos escravos pertencentes a muitas pessoas de condição modesta, que complementavam suas parcas rendas alugando-os, ou permitindo-lhes procurar trabalho por conta própria.[18] Parece que quase nenhuma família branca era capaz de sobreviver sem escravos, não apenas pelo trabalho que executavam, mas também pela prova de posição social que representavam. Era sinal de "mendicidade extrema", disse um advogado brasileiro, não ter um escravo, e as pessoas se submetiam "a todos os incômodos", menos esse. Um cobrador de impostos pôs em dúvida a exatidão de um inventário post mortem, dizendo: "Faz-se notável que o inventariado não possuísse um só escravo e parece indispensável que dê o inventariante explicações a tal respeito".[19]

A cidade também incluía um grande número de ex-escravos, muitos dos quais nascidos na África, assim como negros nascidos livres. Mais da metade dos africanos forros eram mulheres (como era composta de mulheres a maioria dos que concediam liberdade), e a grande maioria delas tinha idade de ser mãe. Os filhos nasciam livres.[20] Como o costume de libertar escravos era antigo, ao longo de dois séculos e meio milhares e milhares de não brancos nasceram livres. Já em 1755 pessoas de cor nascidas livres ou forras representavam quase 24% da população de Salvador, o que torna mais verossímil a estimativa da tabela 1.1 de que, em 1835, elas representavam quase 30%.[21]

O TRABALHO

A cidade dependia do trabalho de escravos, de homens forros e mulheres forras (tanto brasileiros como africanos), e dos livres mas pobres descendentes de africanos. Eles eram essenciais para que o restante da população vivesse como achava que devia viver. Iam buscar água nas catorze fontes públicas, especialmente nas duas com a melhor água, situadas nos extremos norte e sul da cidade.[22] Limpavam casas e prédios públicos, lavavam roupas e recolhiam lixo e excremento. Preparavam a comida e distribuíam provisões, fazendo entregas de farinha de mandioca e de carnes em domicílio e vendendo frutas e hortaliças frescas de porta em porta.

Devido à topografia, a cidade recorria aos negros para transportar praticamente tudo. Um quinto das ruas de Salvador era formado pelas denominadas ladeiras, indicando a verticalidade de qualquer locomoção dentro da cidade. Levar coisas entre as cidades baixa e alta representava um desafio. A "rocha escarpada se levanta quase ao perpendículo [...], cheia de precipícios inacessíveis, que fazem impraticável a subida, a não se fazer volta por ladeiras", e, portanto, as ruas da parte baixa para a parte alta da cidade "ziguezagueiam ao longo de ravinas" ou "se inclinam num penhasco quase perpendicular". Eram todas íngremes demais, estreitas demais e sinuosas demais para veículos sobre rodas e apresentavam dificuldades até para cavalos e mulas, especialmente porque a chuva, mesmo a mais passageira, podia produzir "torrentes" que cavavam profundas trincheiras.[23]

Escravos e negros forros, estes na maioria africanos, faziam frete, viabilizando a vida comercial da cidade. Como disse um residente, "eram eles que moviam tudo: caixas, fardos, pipas, barricas, móveis, materiais de construção". Poderia também ter mencionado alimentos. Usando correntes ou cordas, prendiam pesados barris, baús ou caixas numa vara longa e grossa e, com alguns na frente e outros atrás, punham a vara nos ombros e lá se iam, salmodiando, pelas ruas. Alguns tinham "nos ombros grandes inchaços calosos [...] produzidos pela pressão dos varais".[24] Um francês informou que grupos desses homens, geralmente da mesma região da África, trabalhavam juntos, "formando uma espécie de sociedade"; eles "se reuniam nas esquinas de algumas ruas, aguardando o momento de ser fretados", apropriando-se desse pedacinho de espaço público. Esses grupos escolhiam capatazes para tratar com os fregueses e convocá-los para serviços particulares. Determinavam as tarefas e a maneira de executá-las, e, estabelecendo regras próprias, evitavam qualquer tipo de disciplina imposta por outros.[25] E eram os negros, ou pelo menos os das camadas inferiores da sociedade, que se encarregavam do transporte. Pessoas de condição mais alta se recusavam até mesmo a carregar pequenos pacotes pelas ruas.[26]

ATRAVESSANDO FRONTEIRAS

A variedade e a complexidade das relações sociais na Salvador do fim do século XVIII e começo do século XIX são notáveis. À primeira vista, parece ter sido uma sociedade estamental típica com castas, corporações e irmandades umas acima das outras ou arranjadas lado a lado em múltiplas hierarquias. E, com efeito, a maioria das pessoas parece ter aceitado que alguns, só pelas circunstâncias de seu nascimento, mereciam o elevado status de que desfrutavam, e que as relações hierárquicas são naturais e mesmo imutáveis. Não prezavam muita mobilidade vertical nem falavam de igualdade como um bem positivo. Apesar disso, as finíssimas camadas dessa sociedade permitiam que algumas pessoas se movessem para cima e para baixo, sem contestar a legitimidade geral da estrutura. Imagine-se um indivíduo como se fosse água que fluísse pelas fendas nos estratos de rocha calcária, sem provocar erosões visíveis em sua solidez, apenas criando, sutil e gradualmente, novas camadas ou refazendo as velhas. Escravos ganhavam a liberdade sem pôr em risco a instituição da escravidão. Incontáveis pessoas de ascendência africana ocupavam posições bem acima das de escravos ou mesmo de brancos pobres, mas, mesmo assim, os soteropolitanos continuavam atentos às variações de cor da pele para situar pessoas dentro de um continuum de status. Para alguns, a riqueza recém-adquirida levava a honrarias, títulos ou cargos públicos, apesar das origens modestas. Fosse como fosse, a ordem piramidal da sociedade não poderia ser rigorosamente respeitada por todos os indivíduos até a base, quanto mais não fosse por serem muito numerosos. Embora o princípio hierárquico às vezes penetrasse nos degraus inferiores, e o fizesse de maneira brutal, sem nenhuma leniência, na maior parte do tempo ele ganhava visibilidade nos níveis mais altos. No comércio de alimentos, que é meu assunto aqui, as transações diárias entre centenas de participantes impossibilitavam totalmente a imposição de disciplina e de um rígido tratamento diferencial. A flexibilidade da estrutura social era o segredo de sua longevidade.

A prática de permitir, e mesmo incentivar, que escravos procurassem trabalho remunerado demonstra a adaptabilidade do sistema e a porosidade dos limites que separavam os livres dos escravizados. Esses escravos, conhecidos como *ao ganho* (ou *ganhadores*), iam atrás de fregueses por conta própria e fixavam seus preços, e geralmente até viviam com independência. Entregavam certa quantia em dinheiro para seus senhores em intervalos regulares, e ficavam com o que sobrava, prática essa que era muito mais comum no Brasil do que em qualquer outra parte do mundo atlântico.[27] Esse tipo de arranjo resultava de duas considerações práticas. Relativamente poucos imigrantes livres chegavam a Salvador, em comparação com outras cidades do mundo atlântico, e a supervisão e administração constante de escravos num ambiente urbano em geral não rendiam lucros. Aliás, senhores de escravos em qualquer cidade se inclinariam mais a usar de persuasão e de incentivos, porque grande parte do trabalho necessário exigia habilidade e iniciativa, mais do que esforço físico. Nesse ambiente, o excesso de supervisão ou de violência para impor disciplina podia ser contraproducente.[28]

Mas mesmo quando eles compravam sua liberdade, o negócio era unilateral. A manumissão era uma concessão feita pelos senhores aos obedientes e aos leais, de quem se esperava gratidão. Apesar disso, quando o senhor morria e o juiz dividia a propriedade entre os herdeiros, considerava-se que os escravos tinham o direito, embora nenhuma lei o exigisse, de adquirir sua liberdade, desde que pagassem uma quantia simbólica, além de seu valor estimado.[29] A linha entre escravidão e liberdade era difusa e permeável.

Apesar de ser grande a probabilidade de que os negros, quer nascidos livres, quer forros, continuassem pobres, nem todos acabaram sem recursos financeiros. Alguns ex-escravos, nascidos na África e envolvidos no comércio de alimentos, adquiriram propriedades substanciais e se tornaram relativamente prósperos. Muitas vezes compravam escravos para si, talvez para ostentar seu novo status. O africano Ignácio José da Silva comprou a própria liberdade e se tornou padeiro. Pelo testamento por ele preparado em 1813, libertou oito escravos adultos e dois filhos deles, mas ao morrer, quatro anos depois, já tinha comprado outros. Entre seus escravos contavam-se dois padeiros, um aprendiz de padeiro, uma mulher que estava "no serviço de vender pão" e outra que amassava pão. As outras propriedades incluíam sua casa de um andar, com pátio murado e ladrilhado, e um forno para assar pão.[30]

A cor da pele continuou a ser um importante elemento classificatório mesmo para os nascidos livres, mas não um elemento essencial e determinante. A relativa aceitação de mulatos no Brasil, em comparação com outras áreas das Américas, provocou muitos comentários dos viajantes. "São recebidos na sociedade e frequentemente tornam-se funcionários muito competentes, seja na administração, seja na magistratura." Alguns eram ordenados padres ou comissionados como oficiais da milícia.[31] Usando recenseamentos manuscritos e outros dados de várias paróquias, a historiadora Anna Amélia Vieira Nascimento calculou que em 1855 mulatos livres representavam mais de um quarto da população da cidade; incluindo os mulatos escravos e ex-escravos, a proporção chega a 29%.[32]

Não obstante, o que caracterizava Salvador não era a harmonia racial. Escravos, libertos e negros livres tinham todas as razões do mundo para estar insatisfeitos com seu quinhão e pressionar os de cima, enquanto estes poderiam sem dúvida se sentir ameaçados pelos de baixo. Alguns brancos achavam que todos os negros, fossem escravos, fossem livres, representavam um perigo para a sociedade. Um grupo de comerciantes de Salvador, provavelmente portugueses, informou, alarmado, em 1814: "veem-se ajuntamentos de negros de noite pelas ruas [...] conversam nos seus idiomas o que querem". Esse medo tinha fundamento? Em 1789, as autoridades vincularam o aparecimento de folhetos apregoando uma revolução republicana e a abolição da escravatura a um pequeno grupo de soldados, sargentos e artesãos mulatos, além de alguns escravos.[33] Conspirações, revoltas e boatos sobre revoltas de negros, ainda que infundados, apimentaram as primeiras décadas do século XIX.[34]

O medo dos brancos aumentou consideravelmente depois da Revolta dos Malês, em janeiro de 1835, da qual participaram africanos, na maioria forros, liderada por pregadores muçulmanos e planejada para coincidir com um importante festival católico, quando outros não estariam prestando atenção. A polícia reprimiu-a em questão de horas, talvez porque, tendo sido descoberto, o levante começou um dia antes do previsto, mas o interrogatório de presos revelou uma insuspeitada coesão entre africanos, e a existência de amplas redes de comunicação até na zona rural. Centenas de negros estavam envolvidos, e as autoridades julgaram mais de quinhentos, executando alguns e condenando outros a trabalho duro. Fora do Haiti, foi a maior rebelião negra das Américas. Não é de admirar que os brancos tenham ficado nervosos durante anos. Como bem disse um cônsul britânico em 1847, "a população branca é mantida em perpétuo estado de alerta pelo medo de um levante dos escravos".[35]

Nessa cultura de status e favores, havia muita margem para negociação. O fato de aceitar a noção de uma pirâmide social como coisa justa e normal não significava que uma pessoa estivesse contente com sua própria posição dentro dela, ou que não questionasse as pretensões de superioridade de outro. Os de baixo aproveitavam qualquer oportunidade para ampliar sua órbita de autodeterminação, assim como os de cima estavam sempre tentando aumentar seus poderes. Vivia-se num constante processo de transação, mesmo entre pessoas desiguais, adotando estratégias variadas para fazer face aos desafios diários às suas posições. O status estava em jogo e tanto podia ser perdido como conquistado. Para protegê-lo, era preciso reafirmá-lo quase todos os dias.

Negros escravos e livres, e pobres em geral, apesar de serem temidos e de sofrerem discriminação e opressão, tinham um surpreendente grau de autonomia. Muitos encontravam motivos de orgulho, respeito próprio e dignidade no trabalho, abrindo perspectivas de autoafirmação. Algumas ocupações exigiam mobilidade geográfica, com pessoas andando de um lado para outro da cidade ou atravessando a baía, livres de supervisão imediata e usufruindo certa independência. Ser um vendedor ambulante, um açougueiro ou um marinheiro requeria habilidades e conhecimento especializado, tino comercial, a faculdade de avaliar aqueles com quem se lidava, a disposição a aceitar algum risco, qualidades que podiam gerar autoconfiança e a capacidade de se recobrar. As restrições existentes numa sociedade hierárquica passavam por cima dos que negociavam com alimentos; embora presentes e aceitas sem indagações, não interferiam na vida diária dos comerciantes nem comprometiam a vitalidade e a energia de seu empreendedorismo.

As mulheres também encontravam maneiras de se afirmar, e isso era verdadeiro sobretudo no caso das que faziam pequenos negócios. Por lei, toda propriedade pertencia conjuntamente ao marido e à mulher, a não ser que houvesse um acordo pré-nupcial específico. Quando o cônjuge morria, o sobrevivente ficava com metade dos bens. Dois terços da propriedade pertencente ao cônjuge falecido (no final, quatro sextos do total) tinham de ser divididos igualmente entre os filhos, de ambos os sexos, e só o que restava podia ser legado a um favorito. Em termos de direitos de propriedade para as mulheres, o Brasil estava adiantado em relação à maior parte da Europa e da América inglesa daquela época.[36] As mulheres com frequência agiam de maneira independente. Algumas permaneciam solteiras e, depois de atingir a maioridade, administravam suas propriedades livremente. Muitas eram donas de seus próprios negócios, viviam com independência, tinham filhos fora do casamento e dirigiam casas com muitas crianças e muitos escravos. As mulheres podiam ter escravos do sexo masculino e contratar homens livres, exercendo substancial autoridade. Algumas tratavam com homens em seus negócios, pechinchando em pé de igualdade, e eram solidamente bem-sucedidas. Apesar disso, os maridos administravam a propriedade da família (só não podiam vendê-la ou hipotecá-la). Os homens monopolizavam as profissões e a maior parte dos negócios. Exerciam comando civil e militar e recebiam mais instrução do que as mulheres. Juízes de varas de família e sucessões costumavam designar homens como tutores de filhos menores que tinham perdido o pai, e isso acontecia mesmo quando o falecido especificava em testamento o desejo de que a mulher ficasse com essa incumbência.[37] Assim sendo, os homens obviamente tinham mais vantagens e influências, mas as mulheres nem de longe eram impotentes ou ignoradas.

MUNDOS SAGRADOS

A prática e as funções religiosas — cristãs, muçulmanas e afro-brasileiras — tanto reuniam pessoas de várias posições sociais como fomentavam distintas e conflituosas identidades com efeitos potencialmente perturbadores e desestabilizadores. O grande número de magníficas igrejas da era colonial em Salvador dá testemunho de uma religiosidade cristã difundida de forma ampla. Nos dias de festa, com a luz de centenas de velas em castiçais de prata refletindo nas paredes incrustadas de folha de ouro sobre o madeiramento entalhado e polido e o esplendor barroco de imagens de santos, tudo reforçado por músicas de compositores locais ou importados da Europa, os fiéis de todas as classes ouviam missa cantada.[38] A frequência de objetos católicos em inventários de bens revela a cotidianidade da religião na vida de todos: rosários, crucifixos, cruzes e imagens de santos eram comuns mesmo em casas modestas ao extremo. Praticamente toda casa tinha seu oratório, um altar particular ou um nicho num canto de quarto, ou, na maioria das vezes, um pequeno armário portátil contendo uma imagem de Cristo ou de um santo. Um oratório podia ser também uma capela inteira: em 1792, Inocêncio José da Costa, rico comerciante português, casara "no oratório de minha roça que tenho no Campo do Barril por detrás da Igreja da Piedade".[39]

Quase todo mundo, independentemente de classe ou cor, pertencia a uma irmandade. Esses sodalícios, dedicados a honrar determinado santo, faziam obras de caridade, prometiam um funeral apropriado para seus membros e, mais importante, garantiam a celebração de missas por sua alma depois da morte. Joaquina Maria de Santana, pobre vendedora ambulante branca, fez questão de notar que pertencia à muito digna irmandade do Santíssimo Sacramento da igreja de Santa Ana, onde desejava ser sepultada. Um pescador mulato pertencia a oito irmandades. O imensamente rico Inocêncio José da Costa também relacionou sua filiação a várias delas.[40] Além da preeminente Santa Casa de Misericórdia (cuja torre aparece na parte superior esquerda da figura 1.1), eram especialmente prestigiosas as ordens terceiras [ou laicas] dos franciscanos, dominicanos e carmelitas. Graças às propriedades legadas a essas ordens ao longo do tempo, elas se tornaram muito opulentas, capazes de emprestar dinheiro e alugar imóveis.[41] Desde o século XVI, as irmandades também tinham servido como um meio para que pessoas de cor no Brasil todo — em geral de grupos étnicos africanos, amplamente definidos — forjassem solidariedade. Assim como seus equivalentes brancos, membros de irmandades de negros e mulatos veneravam um santo específico e faziam atos de caridade, mas essas organizações também funcionavam como sociedades de ajuda mútua. Várias delas estabeleceram fundos para comprar a liberdade de membros escravizados.[42] Elas costumavam ter sede numa igreja, com uma capela lateral dedicada ao "seu" santo. Houve um caso, porém, em que uma irmandade de negros levantou fundos suficientes para construir sua própria igreja, Nossa Senhora do Rosário às Portas do Carmo (ver figura 3.1). Ao longo do século XIX, as irmandades pouco a pouco perderam seu lugar como instituições de organização central, pelo menos para escravos forros (ver tabela 1.3). Mas, durante a maior parte do período examinado neste livro, ofereceram a todos uma oportunidade de ampliar conexões pessoais bem além dos limites da família e do bairro.

Se o comportamento dos moradores da cidade nem sempre se conformava aos preceitos do cristianismo, tal como entendido então e agora, isso não diminui o grau de sua crença na veracidade dos ensinamentos cristãos, na existência de um reino espiritual, na certeza de uma vida depois da morte, no poder de intercessão da Virgem Maria e dos santos e no poder supremo de Deus sobre o destino dos homens. Isso situava Deus no ponto mais alto de um elaborado edifício, com autoridade distribuindo-se de cima para baixo, dele para o rei e o súdito, do arcebispo para o padre e o fiel, do marido para a mulher e o filho, e do chefe da casa para o escravo.

Mas nem todos os moradores da cidade eram cristãos. Mais da metade dos escravos importados para Salvador provinha da África Ocidental, trazidos do interior por captores africanos. Fossem iorubá, gbe/ewé/fon ou hauçá, o fato é que uma significativa proporção deles era muçulmana — os clérigos, entre eles, mais alfabetizados em árabe do que muitos senhores brasileiros em português. Um missionário inglês em Salvador observou que, quando foi transportado da praia de volta para seu navio em novembro de 1805, "era início da hégira e nossos remadores maometanos, vestidos de branco, cantaram hinos durante todo o per-

Tabela 1.3. Número de filiados a irmandades entre os escravos forros por período e gênero revelado em 482 testamentos

PERÍODO	GÊNERO	FILIADOS	NÃO FILIADOS	TOTAL
1790-1830				
	Masculino	58	16	74
	Feminino	66	15	81
	Total	124	31	155
	%	80	20	100
1830-1850				
	Masculino	19	19	38
	Feminino	38	28	66
	Total	57	47	104
	%	55	45	100
1850-1890				
	Masculino	5	123	128
	Feminino	15	80	95
	Total	20	203	223
	%	9	91	100

FONTE: Baseada em Maria Inês Côrtes de Oliveira, *O liberto: O seu mundo e os outros* (*Salvador, 1790-1890*). São Paulo e Brasília: Corrupio e CNPq, 1988, p. 84. (Baianada, n. 7.)

curso, em honra de Maomé". Os depoimentos apresentados no julgamento dos participantes da rebelião africana de janeiro de 1835 revelaram o alto respeito com que pregadores e líderes religiosos eram tratados dentro dessa comunidade, homens nascidos na África que exerciam grande autoridade sobre os companheiros de religião.[43] E pode-se afirmar com segurança que esses muçulmanos se viam, e eram vistos pelos demais, como diferentes e separados, com suas próprias regras dietéticas, suas próprias orações, sua própria teologia. Com o fim do comércio de escravos em 1850, novos líderes muçulmanos pararam de chegar regularmente, e sua influência se extinguiu.

Religiões politeístas, derivadas sobretudo da África, mostravam uma convivência mais fácil com o cristianismo do que o monoteísta islã. A devoção a espíritos e forças espirituais — entre os quais os de ancestrais reais ou imaginários, ou outros associados com fenômenos naturais, como o Sol, a Lua, as árvores, os rochedos, os raios e os trovões — caracterizava os povos indígenas e africanos, e influenciava muita gente em Salvador, incluindo brancos. As cerimônias comunais combinavam tradições tiradas de mais de uma etnia africana. Pontuadas por tambores, cantos de chamada e resposta, danças rituais conhecidas como candomblés culminavam em transes, quando um espírito "baixava" e possuía o participante, transportando-o para outro nível de ser. A experiência podia resolver conflitos e restaurar o equilíbrio interpessoal, diminuir a ansiedade, levar a uma perfeita sensação de paz interior, reduzir o estresse ou aliviar o medo da morte. Essas cerimônias eram dirigidas por sacerdotes ou, mais comumente, por sacerdotisas que comandavam o serviço com autoridade e grande conhecimento do reino espiritual. As contas em volta do pescoço, as roupas usadas, até os penteados indicavam autoridade, poder e acesso direto ao mundo do espírito. Os líderes tinham seus auxiliares: percussionistas, sempre do sexo masculino, e "filhas" e "filhos", que juntavam ervas, sacrificavam animais e realizavam cerimônias rituais para atrair a santidade.[44]

Independentemente de suas crenças particulares, a religião entranhava-se em todos os aspectos da vida diária de todo mundo, inclusive dos vendedores ambulantes e donos de vendas, açougueiros e padeiros. Como ocorria na maior parte do mundo então, só um pequeno espaço conceitual separava o secular do sagrado. A ciência ainda não tinha causado grande impacto na visão de mundo da maioria das pessoas, instruídas ou não, e o catolicismo popular, o islamismo popular e o politeísmo de origem africana compartilhavam a crença de que seus seguidores

Figura 1.3. Percussionista, 1960.

Figura 1.4. Pandeiro, 1960.

podiam controlar fenômenos naturais apelando para a intervenção divina. Mesmo os que se referiam a certas práticas como "magia" aceitavam a potencial eficácia do oculto, atribuindo sua força à obra do diabo e temendo, imensamente, o poder de seus agentes.[45] Por proteção, quase todo mundo carregava um amuleto ou talismã. Os católicos, homens e mulheres, usavam bentinhos, descritos por um viajante britânico como "orações impressas bem dobradas e costuradas numa pequena almofada enfeitada por fora com uma imagem da Virgem ou de um santo, ou bordada com emblemas; são usados em dupla, um pendurado nas costas e o outro no peito". Outros escapulários, feitos de ouro e com a imagem de um santo, também eram comuns entre as vendedoras ambulantes.[46] As muçulmanas copiavam textos curtos do Alcorão, às vezes truncados, e enfiavam esses pedaços de papel dobrados dentro de pequenos tubos de barro ou madeira para pendurar num colar. As politeístas usavam miniaturas simbólicas de suas divindades, de prata e presas por um grande alfinete (um balangandã) no cinto da saia, ou de madeira, prata ou ouro e usada como colar. As negras, especialmente, levavam pequenas bolsas penduradas no pescoço, cheias de poções em pó, ervas e parafernália católica — orações, lascas de pedra de ara, hóstias consagradas — para espantar o mal ou garantir a realização de um desejo.[47] Com esses meios, para tomar emprestada uma frase com que o historiador Peter Brown descreve outra cultura, as pessoas "pediam ao céu que descesse sobre quem os usava".[48]

GOVERNANDO

Duas agências governamentais interferiam diretamente na vida dos participantes do comércio de alimentos: a câmara municipal e a equipe do governador-geral da capitania ou do presidente da província subsequente. Nos tempos coloniais, os vereadores eram "homens bons", escolhidos por "homens bons", que o historiador Charles Boxer descreveu como "os respeitáveis — e respeitados". Os contemporâneos não tinham dúvida alguma sobre quem correspondia a essa descrição, frustrando historiadores que tentam descobrir quais eram suas qualidades definidoras.[49] Não é de surpreender que 40% dos vereadores de Salvador, entre 1780 e 1821, tivessem ligações estreitas com a indústria açucareira, e outros 20% consistissem de comerciantes internacionais. Os trabalhadores não tinham voz direta. Depois que o Brasil ficou independente, um eleitorado surpreendentemente amplo passou a escolher os vereadores, e por consequência a composição da câmara mudou, mesmo que os pobres ainda não fossem eleitos. A historiadora Kátia Mattoso examinou a vida de 44 vereadores que exerceram o cargo de 1840 a 1872. Descobriu que vinte eram médicos e advogados, sete servidores públicos, quatro descritos simplesmente como proprietários de imóveis, um padre, um oficial militar, e só três comerciantes, restando oito cujas profissões não puderam ser identificadas.[50]

Câmaras municipais tinham considerável autoridade. Não havia separação de poderes nos tempos coloniais, e as câmaras eram corpos legislativos e administrativos, além de servir como tribunais de recursos para casos menos importantes. Nomeavam funcionários, como os coletores de impostos, inspetores de pesos e medidas, juízes menores que aplicavam multas por violações de posturas municipais, e o pessoal do matadouro municipal. As câmaras municipais tinham amplas responsabilidades no que dizia respeito ao comércio de alimentos, pois estavam incumbidas de verificar se os alimentos eram salubres e em quantidades suficientes para ser vendidos a preços acessíveis.

O governador ou presidente, designado pelo governo em Lisboa ou, depois, no Rio de Janeiro, tinha autoridade, e com frequência a usava, para contestar decisões da câmara. Depois da independência, a legislação nacional, em especial uma lei de 1828 e uma importante emenda constitucional de 1834, enfraqueceu as câmaras municipais, conferindo ao presidente de província, centralmente designado, poderes ainda maiores sobre a municipalidade. Poucos presidentes, porém, foram tão longe quanto José Egídio Gordilho de Barbuda, o visconde de Camamu, homem de formação militar que em 1829 castigou a câmara municipal por ter dito que cumpriria "a requisição deste governo"; ele disse aos vereadores que "o presidente da província não requisita, mas sim ordena a V. M^cês^, e que a V. M^cês^ apenas cumpre desempenhar suas ordens". Outros governadores agiam com mais circunspeção, talvez por se lembrarem de que um agressor desconhecido tinha baleado e assassinado o visconde de Camamu ainda no cargo.[51] A realidade, não obstante, continuou a ser mais ou menos como ele a descreveu. As câmaras exerciam o poder dentro do espaço prescrito pelos executivos da província. De outro lado, como muitos dos presidentes permaneciam poucos meses no cargo, antes de ser substituídos por alguém que acabara de entrar em cena, a câmara municipal exercia sua autoridade recorrendo à procrastinação e à perseverança.

A autoridade do governador e da câmara municipal dependia, em última análise, de sua capacidade de assegurar o bem-estar "do povo". A noção de que os de cima tinham responsabilidades para com os de baixo estava profundamente arraigada na mentalidade de moradores e autoridades de Salvador. Fora Deus, o rei ou imperador comandava o edifício inteiro, e era tido como sendo tão atencioso no que dizia respeito ao bem-estar de seu povo como qualquer pai no tocante à sua família. Em 1807, a câmara municipal de Salvador capturou o espírito que prevalecia na época referindo-se ao "zelo paternal com que S. A. R. procura promover a prosperidade de seus fiéis vassalos". Depois da independência, um presidente de província ressaltou que tomava certas medidas "para que o governo imperial sempre apareça como o Pai de todos os povos".[52]

Para todos aqueles que abasteciam Salvador de alimentos, a cidade oferecia contexto. Sua topografia, com uma cidade baixa e uma cidade alta, refletia o arranjo social. Seu ambiente visual, construído, dava-lhes identidade geográfica. Eles faziam suas classificações e eram classificados dentro de um mundo estratificado, mesmo quando buscavam melhorar sua posição social. Mais do que isso, as linhas que dividiam um grupo de outro e pareciam tão claras eram, na realidade, permeáveis, difusas, e mudavam constantemente. As diferenças de status que utilizo — negros/brancos, ricos/pobres, católicos/muçulmanos/politeístas, africanos/brasileiros/portugueses, escravos/livres, masculinos/femininos — têm exceções que ampliam e modificam as categorias. Relações flexíveis davam caráter e influenciavam sua cultura e eram por ela moldadas. De um lado, havia o entendimento geral sobre quais eram as regras, mesmo que algumas pessoas tivessem uma atitude diferente para com elas, esquivando-se delas ou subvertendo-as. De outro, havia costumes comuns, pressupostos morais comuns e noções comuns sobre o mundo que permeavam toda a sociedade. Pessoas com frequência divergiam sobre o que era certo e justo, mas, no geral, noções amplamente reconhecidas sobre o que era "normal" e "razoável" as mantinham unidas e contribuíam para a coesão.

O comércio de gêneros alimentícios oferece uma lente pela qual se pode examinar mais de perto o funcionamento de uma sociedade hierarquizada, as conexões e os conflitos entre seus estratos, a busca de identidade, a contestação de lugar e a vitalidade de empreendimentos comerciais. No comércio, as divisões sociais se confundiam, e a interdependência emerge como uma constante. Vemos aqui a hierarquia em movimento: mais complexa, mais matizada, mais sujeita às circunstâncias do que qualquer generalização poderia sugerir. Vale a pena examinar mais detalhadamente esse comércio.

PARTE I

O PEQUENO COMÉRCIO DE GÊNEROS

2. A rua e a venda

Ana de São José da Trindade tirou licença em 1807 para que ela e três escravas suas pudessem vender alimentos de porta em porta em Salvador, ou armar uma barraca numa esquina ou praça. Ela morreu em 1823 e, quando seu testamento foi aberto, descobriram-se muitas coisas que talvez não surpreendessem seus contemporâneos, mas que nos surpreendem. O fato de ser analfabeta era mais do que previsível, pois tinha nascido na África Ocidental e fora trazida para o Brasil num navio negreiro, com pouca idade mas não especificada. Ao chegar a Salvador, foi vendida como parte de um grupo maior, "em lote", e posta pela patroa para trabalhar vendendo comida na rua. Com o tempo, conseguiu comprar a liberdade, em troca de uma escrava recém-chegada e de uma substancial quantia em dinheiro. Dizia que levava sua carta de liberdade o tempo todo consigo. Apesar de, em suas palavras, ter se conservado sempre solteira, deu à luz cinco filhos: três deles morreram e duas filhas ainda estavam vivas. Não sabemos que idade tinha quando morreu, mas sabemos que sua neta já estava casada.[1]

Essa ex-escrava deixou aos seus uma casa de três andares de pedra e cal com paredes de gesso e janelas de vidro cujo andar térreo estava alugado para uma loja. Era proprietária do terreno sem nenhuma dívida ou pendência. Também tinha nove escravos, dois dos quais ainda mandava vender comida "na rua" todos os dias, incluindo uma escrava descrita como "moça presentemente pejada". Libertou uma escrava condicionalmente, estipulando que ela teria de pagar determinada quantia à neta de Ana durante certo tempo para assegurar a liberdade. Libertou de imediato outra escrava, já velha, que tinha o corpo coberto de feridas. Três escravos eram crianças, duas das quais ela deixou para as filhas, libertando a terceira. Sua rica coleção de joias de ouro incluía crucifixos, escapulários, rosários — um com sete padre-nossos e setenta ave-marias —, um relicário e muitos "cordões finos de ouro", além de abotoaduras e duas fivelas de ouro para sapato. Tinha ainda um diadema com espelhos em meia-lua, um par de brincos com águas-marinhas e doze brilhantes incrustados, um anel de topázio e um anel com dez "diamantinhos rosa". Objetos de prata incluíam um crucifixo com Cristo cercado de raios que exibia seu título e os cravos com os quais foi crucificado; também tinha um garfo, uma colher e uma jarra com pires de prata. Um negociante de escravos que lhe tomara dinheiro emprestado e penhorara artigos de ouro e prata ainda não tinha quitado a dívida, na época em que ela fez o testamento. Já a própria Ana dizia: "Não devo nada a pessoa alguma". O valor total de seus bens era impressionante, e eu o utilizo como ponto de referência para avaliar a riqueza de outras pessoas que aparecem neste e em capítulos posteriores. Isso faz dela uma dona de casa de classe média. Ana de São José da Trindade tinha deixado de ser escrava para se tornar, primeiro, uma forra pobre e depois uma dona de propriedades e escravos. Não foi a única, pois a mobilidade vertical certamente não se restringia a brancos nem a pessoas do sexo masculino.[2]

Merceeiros, como as vendedoras ambulantes, demonstravam habilidade empresarial ao abastecer de alimentos a cidade de Salvador. A maioria chegava de Portugal com pouco dinheiro para investir, e seguia em frente num novo ambiente da melhor forma que podia. Alguns tinham pouco êxito. Ana de São José da Trindade provavelmente percebia que muitos possuíam menos do que ela. Outros, porém, podem ser incluídos na classe alta. Antônio José Pereira Arouca chegou de Portugal com 22 anos. Quando sua primeira mulher morreu, depois de dar à luz vários filhos, ele passou por dificuldades financeiras, devendo mais do que tinha. Mas ao morrer, em 1825, era dono de um grande canavial, de um mandiocal, de um barco que transportava alimentos da costa meridional da Bahia para a cidade e de três grandes casas em Salvador. Duas eram, de certa forma, geminadas. Construída em terreno em declive, na apinhada cidade baixa, numa casa de três andares havia uma loja que dava para a rua. Por baixo dela havia outra, "com vista para [a parte] do mar". E "por baixo desta um armazém com entrada para a parte do mar". Seu terreno se estendia então ao mar e era "do fundo da casa ao mar murado por dois lados, [levando ao] seu cais a pancada do mar feito de cantoria". A frente da propriedade media menos de sete metros, mas obviamente se alongava bastante em direção à baía, oferecendo valioso acesso direto do barco às lojas.[3]

VENDEDORES AMBULANTES

Na falta de uma praça ou um edifício central para mercado — isso só foi criado nos anos 1850 e mesmo então era tido como bastante inadequado —, as donas de casa de Salvador recorriam, rotineiramente, a vendedores ambulantes para a compra de alimento.[4] A maioria desses vendedores, em contraste com os proprietários de armazéns, era de mulheres, sobretudo mulheres de cor. Observadores estrangeiros costumavam fazer comentários sobre os ambulantes de Salvador, suas roupas coloridas, seus pregões para chamar a atenção e os exóticos alimentos à venda. O príncipe Maximiliano, que se tornaria famoso no México, comentou em 1860 que "negros passam pelas ruas com cestos cheios das frutas mais esplêndidas, levando-as para vender onde vão". Mas, para os que viviam em Salvador, eles eram apenas parte da vida diária, e raramente mereciam atenção. Estavam presentes em Salvador havia pelo menos dois séculos, e em Lisboa bem antes.[5] E na África Ocidental e Central, as mulheres dominavam o comércio havia muito tempo, e eram vendedoras renomadas no mercado.[6]

Até 1821, a cidade exigia que todos os vendedores de rua tirassem licença. Nada era cobrado, e uma pessoa poderia obter uma licença para si mesma, para seus escravos ou para ambos. É notável que quatro escravas tenham obtido licenças para si mesmas. Examinei 843 licenças concedidas nos meses de janeiro de 1789, 1807 e 1819, relativas a um total de 977 vendedores.[7] O registro nos informa que 106 dos requerentes eram pessoas de cor, não especificando a raça dos restantes. Dados de recenseamento indicam positivamente que alguns vendedores eram brancos. Embora os africanos se destacassem entre os ambulantes, havia muitos crioulos. Somando as 106 pessoas de cor aos 382 escravos para os quais os donos obtiveram licença, concluí que metade de todos os vendedores era negra ou mulata (488 dos 977), na maioria mulheres. Entre as licenciadas principais, as mulheres tinham maior probabilidade de ser vendedoras (75% das mulheres, em comparação com 48% dos homens). Entre os 382 escravos mandados para a rua, apenas quatro eram homens. Assim, dos 977 vendedores, 866, ou quase 89%, eram mulheres.

Figura 2.1. Vendedora ambulante, c. *1776-1800.*

Essas mulheres trabalhavam de acordo com uma grande variedade de arranjos. Muitas eram autônomas e vendiam sozinhas. A escrava Genoveva pagava à sua senhora duzentos réis por dia em 1830 (quantia equivalente ao preço de cerca de 1,4 quilo de carne). Muitos donos alugavam seus escravos para outros, que por sua vez os despachavam com artigos para vender. Manoel José Dias vivia inteiramente do aluguel de suas três casas e de seus sete escravos, três mulheres e quatro homens, todos dedicados ao "serviço do ganho da rua".[8] Freiras enclausuradas tinham escravas que vendiam dessa forma, e 5% das mulheres originariamente licenciadas acrescentavam "dona" ao próprio nome, indicando pretensão de status.[9] Alguns ambulantes se especializavam em certos produtos, outros não. Ludovica, por exemplo, "vende o leite e isso [só] até oito horas do dia [...] e Maria só vendeu frutas onze dias no mês de agosto e treze no de setembro [...] e isso [só] até o meio-dia, pois que dessa hora em diante vendem doces".[10]

Um contemporâneo queixou-se de que as ruas de Salvador "se acham atulhadas de negras vendedeiras [...] que impedem o uso público aos moradores". Centenas delas iam de porta em porta, cruzando e recruzando a rua, oferecendo seus produtos, à procura de compradores, embora algumas vendedoras, como Ludovica, vendessem seus artigos com rapidez, porque tinham fregueses certos que as aguardavam para comprá-los.[11] O pregão melodioso das vendedoras assinalava o momento em que a dona de casa mandava um criado, provavelmente uma escrava, à rua para pagar menos por mais quantidade e qualidade. Hoje um vagaroso passeio matinal de domingo com algumas paradas leva cinquenta minutos de Santo Antônio além do Carmo para Campo Grande, ao sul, cobrindo a parte principal da cidade, tal como era no fim do século XVIII (ver mapa 1.3). Esse trajeto não inclui um desvio até Santa Ana ou o bairro de Vitória, que só se encheu de casas por volta de 1860. Havia poucas calçadas ou ruas pavimentadas naquela época. A poeira e a lama predominavam. Onde havia, o pavimento de pedras irregulares formava um "V" no centro da rua "por onde corriam as águas pluviais". A água da chuva e muito mais: em 1852 um viajante descreveu as ruas como "irregulares, mal pavimentadas, geralmente estreitas, com uma sarjeta no meio para onde são jogados as imundícies e o lixo das casas adjacentes". Uma vez que "as casas não dispõem de latrinas", acrescentou ele, os becos servem de "templos de Cloacina [deusa dos Esgotos]". Era por onde andavam as ambulantes, parando para vender, depois reequilibrando o fardo antes de seguir em busca de outro freguês.[12]

Tipicamente, carregavam seus artigos na cabeça, em cestas ou potes, em bandejas ou, pela altura de 1860, em caixas de vidro para proteger contra o pó e as moscas, mas elas não eram ambulantes o tempo todo. Os que vendiam leite tinham de aguentar pesadas latas de estanho, provavelmente duas delas, penduradas uma em cada ponta de uma vara.[13] Era trabalho duro. Não é de surpreender que muitas vendedoras expusessem seus artigos numa esteira ou banca, esperando os fregueses. O príncipe Maximiliano viu "muitas donzelas sentadas em fila ao pé da parede" vendendo "víveres". Em certa época, a venda de carne fresca, peixe e aves domésticas na elegante avenida Vitória só era permitida "em cabeças de ganhadeiras", porque os moradores não queriam que seu trânsito pelas ruas fosse estorvado por barracas ou esteiras espalhadas pelo chão.[14] Aliás, para o desespero dos amantes da ordem, as vendedoras estendiam suas esteiras até mesmo junto à imponente entrada da câmara municipal, ao lado dos muitos mendigos da cidade. Alternativamente, as vendedoras de rua às vezes se sentavam em tamboretes ou bancos atrás de mesas portáteis, reunindo-se com frequência no mesmo lugar. Às vezes armavam suas pequenas bancas mesmo dentro da rua; uma vendedora que fez isso foi atingida por um cavaleiro com seu cavalo, espalhando seu arroz pelo chão.[15]

Figura 2.2. Vendedor ambulante, 1960.

Em 1799 já havia também estruturas de madeira mais permanentes chamadas quitandas, "nas quais se juntam muitas negras a vender tudo o que trazem". Essas quitandas ficavam em três lugares: um na cidade baixa, um no Terreiro de Jesus bem no centro, e um mais ao sul, ao lado da igreja de São Bento, onde a câmara municipal tinha construído, já em 1790, algumas barracas para alugar "às vendeiras de peixe e outros gêneros comestíveis". A maioria dos locadores era composta de mulheres.[16] Imagino que elas assumiam esses custos fixos para poder aumentar o estoque e vender artigos pesados demais para a venda de porta em porta. Já a motivação da cidade era tentar evitar o "notável incômodo do público [transeunte]" causado pelas "pessoas que [...] costumam vender nas ruas da cidade [...] os víveres e mercadorias necessários para a sua subsistência". Mas, pela metade dos anos 1830, o número de estandes ao lado da igreja de São Bento tinha crescido tanto que "costumam [...] atravancar o lugar", levando os vereadores a ordenar às quitandeiras que recuassem para a área originariamente designada. A expansão das quitandas sem nenhuma diminuição visível do número de vendedoras ambulantes sugere uma firme pressão das vendedoras para controlar um espaço público cada vez maior.[17]

Tão vitais eram os vendedores ambulantes para a vida de Salvador que, apesar das reclamações, a maioria dos legisladores provinciais rejeitou, em 1828, uma proposta segundo a qual todo negro devia carregar um passaporte emitido por seu senhor ou senhora, se fosse escravo, ou por uma autoridade pública, se fosse livre. Um membro da assembleia disse "não ser possível executar-se entre nós uma tal lei", e de imediato apresentou uma exceção em nome daqueles "que se empregam diariamente no serviço de levar [...] víveres e gêneros de primeira necessidade". Depois da revolta muçulmana de 1835, um projeto de édito municipal tentou proibir que africanos participassem do comércio de alimentos (reservando-o apenas aos nascidos no Brasil), mas o chefe de polícia da província, apesar de sua hostilidade contra os africanos, derrubou a proposta com o argumento de que ela provocaria "uma carestia repentina e uma confusão geral". Três anos depois a câmara voltou a propor que nenhum africano, escravo ou livre, tivesse permissão para negociar "feijão, milho, farinha etc.", e mais uma vez a medida foi rejeitada. Por fim, em 1849, um imposto provincial especial foi aplicado contra africanos "para poderem mercadejar", mas aparentemente sem grande efeito, porque oito anos mais tarde, bem depois do fim do comércio de escravos em 1850, a câmara queixou-se de que os africanos "se têm apoderado do comércio de víveres e miunças".[18] Despercebido, mas sem dúvida relevante, é o fato de que, além de fornecerem alimentos, os vendedores também eram consumidores de artigos comprados com o dinheiro que ganhavam.

As ambulantes vendiam uma enorme variedade de itens — tecidos, roupa feita, fitas, linhas, amuletos, sapatos, lenços, vestidos —, mas os alimentos predominavam. Numa paróquia em 1849 quase quatro quintos das mulheres africanas livres empregadas vendiam alimentos (ver tabela 2.1). As vendedoras ambulantes comerciavam até alimentos básicos, como farinha, feijão, carne-seca e sal, embora costumassem vender artigos mais perecíveis, incluindo leite e ovos. A venda de carne fresca nas "gamelas das pretas" produziu decretos municipais que de início proibiam, mas depois especificavam onde as vendedoras podiam fazê-lo.[19] Da mesma forma, a câmara municipal, desejando concentrar a venda de peixes à beira-mar ou impedir o desperdício incentivando a venda rápida, exigiu, em 1824, que os peixes só fossem vendidos em outras partes por "revendões ou revendeiras deste gênero andando e vagando pelas ruas da cidade para a comodidade dos seus habitantes, não podendo, porém, os mesmos revendões ou revendeiras abancarem-se ou estabelecerem fixamente alguma quitanda".[20]

Tabela 2.1. Profissões de mulheres africanas forras na paróquia de Santana (Salvador), 1849

PROFISSÕES	NÚMEROS	PORCENTAGEM
Vendedoras de gêneros alimentícios		
Verduras	33	
Frutas	22	
Peixe	2	
Outros produtos frescos não especificados	5	
Comida pronta	14	
Outros gêneros alimentícios não especificados	56	
Subtotal	132	78
Vendedoras de outras coisas		
Vendedoras de rua não especificadas	5	
Vendedoras de roupas ou sapatos	2	
Vendedoras de bens não especificados (*mercadeja*)	10	
Subtotal	17	10
Outras		
Lavadeiras	10	
Criadas domésticas	3	
Outras	7	
Subtotal	20	12
TOTAL	169	100

FONTE: Calculado com base em Maria Inês Côrtes de Oliveira, "Libertas da freguesia de Santana (1849): Ocupações e jornais", distribuído numa conferência realizada no Arquivo Público do Estado da Bahia, jul. 1993 (cortesia de Alexandra Brown). Uma análise menos precisa, mas com mais casos, pode ser encontrada em Cecília Moreira Soares, "As ganhadeiras: Mulher e resistência em Salvador no século XIX", *Afro-Ásia*, Salvador, n. 17, p. 59, 1996.

As vendedoras eram mais conhecidas pela qualidade das frutas frescas e das hortaliças. Entre os produtos de horta estavam a alface e outras verduras, repolho, quiabo, vagens, pepino e cebola, assim como milho, abóbora e inhame. Com seus pregões próprios, anunciavam frutas da estação: banana, laranja, tangerina, limão, manga, melancia, uva, goiaba, mamão e abacaxi. Vistas de uma janela alta, suas cestas repletas de frutas ofereciam "tanto na forma como no colorido algumas das mais belas imagens de natureza-morta que se possa imaginar".[21]

As ambulantes ofereciam comida pronta também, sobretudo carne levemente grelhada e cortada em pedacinhos para beliscar, assada num braseiro na rua. A câmara municipal achava que a carne que vendiam era, muito provavelmente, "corrompida". Um observador alegou que elas usavam carne surripiada dos açougues por soldados amigos, e há indícios de que parte da carne era mesmo furtada. Quando Francisco, o escravo de Rosa Rodrigues, foi "apanhado [...] com um balaio de carne furtada" pesando uma arroba e meia, os homens que o pegaram saindo do matadouro concluíram, levando em conta o tamanho da família, que Rosa provavelmente ia cozinhá-la e vendê-la na rua.[22] As ambulantes também ofereciam carne de baleia, que "levavam para vender já cozida e enrolada em folhas de bananeira", assim como carne de porco cozida, linguiça e peixe grelhado. Entre os alimentos preparados havia numerosos pratos desconhecidos do paladar europeu, mas ainda hoje disponíveis, como carurus, vatapás, pamonha, coco, canjica, acaçá, acarajé, ubobó, pratos feitos de ingredientes como farinha de mandioca, arroz, milho, feijão-fradinho, camarão seco e amendoim, preparados com quiabo, cebola, alho e tomate.[23] Essas comidas eram cozidas com azeite de dendê e temperos de origem africana, e — graças à mistura do secular com o divino — talvez preparadas de acordo com preceitos religiosos africanos. Por outro lado, uma característica da culinária baiana agora, e talvez naquela época, é a mistura de alimentos de origens diversas, sem desprezar nada. Azeite de oliva português, azeite de dendê africano e mandioca nativa podem todos ser usados na mesma refeição, pela mesma pessoa. As vendedoras provavelmente comiam o que vendiam, e uma das vantagens de ser autônoma, em vez de empregada doméstica, era a possibilidade de determinar a própria dieta e o modo como prepará-la.[24]

Não só havia uma grande variedade em geral, mas também para qualquer vendedora, porque os fregueses queriam diversas coisas em pequena quantidade. Devido à perecibilidade de tantos artigos, a vendedora preferia não acumular um grande estoque de um só item. E se houvesse excesso de um produto no mercado, ela teria outras coisas para vender também. Até as quitandeiras, embora tivessem um estoque maior do que o das ambulantes, estavam sujeitas às mesmas considerações.

As vendedoras de rua eram comerciantes enérgicas. Como Ellena, uma ambulante, disse a seu próprio respeito, ela "se recolhe à noite tarde e sai cedo". Se o trabalho era duro, porém, pelo menos ela podia decidir aonde ir, com quem se encontrar, quando descansar e, até certo ponto, que ritmo impor ao trabalho. É provável que seu êxito nas vendas dependesse menos da energia física que gastava do que da esperteza com que escolhia as ruas onde vender, e da hora do dia, assim como de sua personalidade. Precisava ter voz forte para anunciar seus artigos. Especialmente as quitandeiras, que ficavam sempre no mesmo lugar, tinham de estabelecer uma relação duradoura com os fregueses. Todas as vendedoras precisavam saber pechinchar, tanto para comprar dos fornecedores como para vender aos compradores. Pechinchar exigia, como sempre em qualquer lugar, tanto o conhecimento de sua etiqueta — só fazer ofertas sérias — como uma aguda consciência da abundância ou escassez da mercadoria a qualquer momento. Ao lidarem com fornecedores e fregueses, as vendedoras tinham de ter múltiplas transações em mente ao mesmo tempo e calcular com rapidez o lucro necessário, levando em conta também tempo e trabalho. Precisavam ter muito cuidado com o que compravam, para manter uma boa reputação pela qualidade dos artigos vendidos, e portanto não podiam se dar ao desleixo de ser ingênuas. As vendedoras ambulantes tinham de vender na hora certa, para evitar a deterioração da mercadoria que levavam, mas sem vender barato demais. Isso era especialmente importante porque, como elas próprias transportavam a mercadoria, seu valor tinha de ser alto em relação ao volume e ao peso, o que permite supor que fossem frágeis e perecíveis. Todas as vendedoras de rua precisavam manter-se sempre alertas contra furtos e proteger sua mercadoria dos efeitos da chuva, do sol e do vento. Devido à acirrada concorrência, tinham de satisfazer-se com uma pequena margem de lucro, pois os números sugerem que muitas estavam dispostas a se submeter a esse trabalho.[25] Apesar de tudo, o exercício de tantas habilidades, os riscos envolvidos e a satisfação de ter concluído um bom negócio deviam dar às vendedoras de rua a confiança, a dignidade, a independência e o dinamismo que vêm da competência comercial e da participação ativa numa economia monetária. Estavam longe de ser vítimas indefesas.

MODOS DE VIDA

Em geral as vendedoras usavam roupas frescas e simples. Uma, que vendia pão e bolo de milho, vestia uma saia de chita cor de café estampada com bolinhas e blusa branca. Outra, que vendia inhame cozido transportado numa lata, usava "saia de chita branca, blusa de algodão muito velha e um agasalho de chita". Uma terceira podia ser vista com uma saia de chita azul, blusa de linho e "pano da costa da África, já velho, com listas azuis e vermelhas". Um pintor europeu, nos anos 1830, pintou uma vendedora de peixe com blusa branca que mostrava um dos ombros, saia com flores amarelas, agasalho de pano africano, sandálias e turbante. Em meados do século XIX, outro artista disse que as escravas "usam uma chemise branca tão folgada que fica pendurada num só ombro, enrolando na cintura um tecido listado chamado 'pano de la [sic] costa': o fundo branco e listado horizontalmente com largas listas azuis e rosa". O resultado, para ele, era "gracioso e elegante [...] sempre de bom gosto". O príncipe Maximiliano, de 28 anos, ficou encantado com o turbante de "gaze branca e azul-clara" usado por uma vendedora. Dois outros viajantes mencionaram esses turbantes; um deles os descreveu como sendo de várias cores, e o outro explicou que as vendedoras usavam "uma espécie de turbante grosso e redondo com uma cavidade no centro sobre o qual depositam suas cargas, que costumam ser de imenso peso. A cabeça geralmente é raspada, ou trazem o cabelo muito curto".[26] As escravas andavam descalças, mas as forras calçavam "graciosas chinelas brancas", visíveis porque "a saia muito curta deixa ver até acima do tornozelo". Ana de São José da Trindade, além de cinco saias de chita, tinha roupas mais luxuosas, mas não para usar na rua. Possuía duas saias de tecido especial, duas "becas de cor", três cintos de veludo carmesim, três xales de tecido importado da África e uma anágua. Rosa Maria da Conceição, outra negra forra, não tinha para quem deixar suas saias pretas e vermelhas de seda e cetim. Uma historiadora sugeriu que, justamente porque a cor da pele impedia confusões de classe, as autoridades não achavam necessário aplicar leis suntuárias no Brasil colonial.[27]

Adquirir joias era uma maneira, como o foi para Ana de São José da Trindade, de as vendedoras juntarem e guardarem o que ganhavam, e de garantirem a liquidez de seus bens, além do glamour e do brilho. A vendedora de peixe que serviu de modelo para o pintor europeu usava brincos de ouro e, no cinto, um balangandã, com símbolos em prata de espíritos africanos, e talvez algumas quinquilharias. Em meados do século XVIII, um estrangeiro observou que "dificilmente se encontra aqui o mais humilde mortal, mesmo entre a multidão de negras que se senta nas ruas a vender fruta, que não se enfeite com fivelas, pulseiras, anéis e botões de fino ouro, dos quais a maior parte tem incrustadas pedras preciosas". No fim do período colonial, outro viajante escreveu que "nos dias de festa" viu mulheres negras e mulatas "[com] o colo e os braços carregados de cadeias de ouro e relicários do mesmo metal". Isso ainda acontecia nos anos 1850, quando "magníficas correntes de ouro" faziam as escravas "parecerem sultanas".[28]

Muitas vendedoras viviam como o restante dos pobres livres e dos escravos da cidade: amontoadas em cômodos logo abaixo do nível da rua, com pequenas janelas que asseguravam um pouco de ventilação e mal permitiam ver os pés dos passantes. Tipicamente, esses espaços alugados não tinham paredes divisórias, só o chão nu. A mobília reduzia-se a esteiras de palha, enroladas de dia e desenroladas no chão à noite. Escravas que viviam com seus senhores ou senhoras — as que vendiam doces, por exemplo — com frequência ocupavam quartos sem janela nos andares mais altos, mas as que viviam por conta própria enchiam esses alojamentos de subsolo. Quando uma escrava ganhava a liberdade, a primeira coisa em que pensava era alugar um desses quartos, talvez sublocado por outra escrava forra. Para encontrar lugar para morar, ela com certeza recorria a laços de amizade, parentesco ou amor. De acordo com as listas nominativas de um recenseamento realizado em 1855, a vendedora ambulante Ritta Paula Lisboa vivia num quarto de porão com Francisco Lopes Montinho, carpinteiro, ambos forros. A grande maioria das vendedoras ambulantes provavelmente vivia em lugares assim.[29]

Ana de São José da Trindade vivia de um modo bem diferente, porém. Tendo acumulado consideráveis propriedades, o inventário post mortem de seus bens é rico em detalhes, revelando não apenas os limites das possibilidades de uma vendedora, mas também o padrão estabelecido pela classe média. Ela morava na rua que levava ao convento do Carmo, lugar excelente, não muito longe do centro. Sua casa de pedra de três andares tinha janelas de vidro, outro sinal de abastança, e um terraço no telhado. Foi construída, sem dúvida, contiguamente às casas dos vizinhos, como era típico do lugar, e sua frente de quase seis metros não era considerada estreita na época. A lista das mobílias começava com um pequeno oratório portátil: um crucifixo de jacarandá instalado numa caixa pintada de cor escura, de madeira menos dura. Ela deixou uma cama com cabeceira de jacarandá, uma cômoda de jacarandá com duas gavetas grandes e duas pequenas, cada uma com fechadura, uma arca de vinhático e um grande baú também de vinhático com duas gavetas embaixo. Outros móveis incluíam um canapé, seis cadeiras de assento de palhinha, uma pequena lâmpada de óleo de baleia com quatro pavios para a sala de estar, quatro quadros ingleses com molduras douradas sem vidro, dois espelhos retangulares para sala de estar com molduras douradas e um pequeno castiçal de latão. Sua louça consistia de 37 pratos comuns de porcelana, uma sopeira com tampa, uma travessa comprida, dois bules de porcelana (um branco, outro pintado) e dois saleiros. Ela vivia muito acima de sua condição original de escrava.[30]

Embora as propriedades de Ana de São José da Trindade fossem substanciais, provavelmente excepcionais, sua biografia não era incomum em muitos outros aspectos. Também vendedora ambulante, Rosa Maria da Conceição, mulher analfabeta da África Ocidental, comprou a própria liberdade e tirou licença para vender na rua em 1819. Ela relacionou não uma, mas quatro casas, no testamento que fez em 1838, incluindo a de dois andares, de pedra, onde morava, duas casas de pedra de um andar (com pisos de pedra) e "outra pequena de taipa". Rosa e o marido doente, com quem se casara em 1804, eram donos do espantoso total de trinta escravos, apesar de quinze serem crianças. Dos adultos, oito eram mulheres, todas africanas; suas ocupações não estão especificadas, mas é quase certo que pelo menos algumas trabalhassem como vendedoras, assim como a dona. A negra forra Maria da Cruz, nascida no Brasil, provavelmente começou como ambulante, mas foi além. Em 1852 entregava substanciais quantidades de farinha de mandioca — muito mais do que uma pessoa sozinha podia carregar — ao hospital dirigido pela Santa Casa de Misericórdia. Mesmo depois do fim definitivo do comércio de escravos, em 1850, ela investia em bens enviados à África, a seu próprio risco. Continuou analfabeta.[31]

Inventários de bens post mortem são distorcidos como amostras, porque inevitavelmente tratam de proprietários. Mas, ainda assim, é notável que, de todos os ex-escravos que deixaram testamentos entre 1790 e 1850, mais de 40% possuíssem imóveis urbanos, embora a maioria tivesse apenas uma tal propriedade, em geral construída em terreno pelo qual pagavam aforamento. As historiadoras Sheila de Castro Faria e Júnia Ferreira Furtado demonstraram, amplamente, que algumas negras forras em outras partes do Brasil, em especial as africanas, tinham considerável fortuna, contrariando a noção comum de que eram universalmente pobres. Vendedoras ambulantes decerto não podem ser apenas agrupadas na classe mais baixa.[32]

Muitas, é claro, tiveram menos sorte, como a escrava crioula Florinda, encontrada chorando na rua com medo de que sua senhora a castigasse ao voltar para casa por não ter vendido o suficiente. Mesmo que algumas vendedoras tenham morrido ricas, a maioria das que possuíam propriedades não era dona de muita coisa. Quando Benedita Maria Carneiro morreu, seus bens consistiam de dois escravos, alguns móveis e uns poucos objetos de ouro e prata. O valor de suas propriedades totalizava cerca de um quinto das de Ana de São José da Trindade. Seus bens também tiveram de ser divididos ao meio (metade era a parte do marido nos bens comuns), sendo a metade de Benedita fracionada em três partes para os netos resultantes de um casamento anterior. A divisão obrigou à venda dos escravos, deixando o viúvo sem a renda que teriam gerado para ele "na rua". Outras vendedoras tinham menos ainda. Para a maioria das mulheres forras e livres, pode-se ter certeza de que vender na rua rendia apenas o suficiente para a sobrevivência numa base diária, e não sobrava nada para adquirir escravos ou economizar para a doença ou a velhice.[33]

A doença podia ser desastrosa, ou suportada com a maior das dificuldades. Algumas escravas eram abandonadas quando adoeciam, embora muitas não o fossem, e sabemos que um cirurgião apresentou uma conta a um senhor pelas "visitas que fiz durante a doença de que faleceu [...] a preta Maria, nação nagô". Algumas vendedoras sofriam de inchaço nos pés e de hérnias por carregarem muito peso. Felisberta "estava perdendo dois ou três dentes do maxilar superior", e Lena ficou coberta de marcas de varíola. Em 1821 um inventário de bens relacionou uma velha escrava vendedora com erisipela, ou mal de monte, doença mortificante e altamente contagiosa caracterizada por febre alta e inflamações arroxeadas da pele e das membranas mucosas.[34] Às vezes uma indigente aparecia morta na rua, talvez a mesma rua onde vendera de porta em porta. A Santa Casa de Misericórdia usava suas liteiras mais simples para transportar escravos até uma ignominiosa sepultura de indigentes no Campo da Pólvora; porém, um quarto de todos os enterros de igreja era de escravos. Para evitar morrer sem os ritos e rituais próprios, os que tinham condições ingressavam numa irmandade.[35]

As vendedoras escravas podiam ficar deploravelmente vulneráveis à mais cruel exploração por seus donos, e é um erro supor que ex-escravas eram patroas mais bondosas do que as mulheres brancas. Uma negra forra, a nagô Maria Joaquina de Santa Ana, castigava com brutalidade sua escrava Rosa, também nagô, a ponto de brandir uma "faca de escalar peixe" em seu rosto, cortando-lhe o canto esquerdo do lábio superior, o que deixou quatro dentes de Rosa permanentemente expostos, conferindo-lhe "uma feição horrenda". Rosa fugiu e se escondeu no mato, onde foi encontrada à beira da morte por falta de comida, com uma bicheira no lábio apostemado. Esses castigos cruéis escandalizaram os vizinhos, e os gritos de Rosa lhes tiravam o sono. Supõe-se que, com ajuda de terceiros, Rosa conseguiu levar seu caso à presença da Relação, que condenou Maria Joaquina pela "destruição de um membro ou órgão dotado de [...] uma função específica". Determinou que ela suspendesse os castigos e pusesse Rosa à venda imediatamente. Em vez disso, na manhã de 23 de maio de 1832, Maria Joaquina e seu companheiro arrastaram Rosa para além do distrito de Rio Vermelho. Os dois a levavam para um lugar remoto, supostamente para poderem surrá-la à vontade. Puseram-lhe uma corda na cabeça, como se fosse um cabresto, e amarraram-na com tiras. Mas ao passarem pela capela de Santa Ana no Rio Vermelho, à beira-mar, Rosa conseguiu desvencilhar-se e entrou correndo na igreja em busca de refúgio. Decididos, os perseguidores entraram atrás e puxaram-na violentamente para fora, sem hesitar em cometer "o sacrilégio de encostar ao altar, botando a mão sobre a pedra d'Ara". A essa altura, um oficial da Guarda Nacional os separou e levou Rosa para sua casa, mas apenas, segundo explicou, para proteger "a obra da capela". Um comissário de polícia pediu então a um oficial de justiça que avaliasse o preço de Rosa, "[para ser vendida a outrem e ir] melhorando assim de sorte". O juiz concordou, depois de mandar um médico examiná-la cuidadosamente. Em seu relatório, o médico mencionou dois outros ferimentos de faca nos ombros, além de marcas de açoitamento nas "nádegas, costas, coxas, e pelos braços e pernas". Maria Joaquina foi encarcerada por seus atos públicos "ofensivos da moral e bons costumes", mas depois de 28 dias na cadeia conseguiu levantar recursos para pagar fiança. Não sabemos o que aconteceu com Rosa.[36] Pode ser que a baixa condição social de Maria Joaquina, uma ex-escrava, tenha incentivado os vizinhos e magistrados a intervir em defesa de Rosa; se a dona fosse uma branca de classe alta, o destino de Rosa talvez tivesse sido ignorado. Mas talvez não. Justamente para preservar a instituição da escravidão, impunham-se alguns limites à conduta dos senhores de escravos.[37] Nesse caso particular, o fato de tanto o escravo como o dono serem mulheres, e provavelmente vendedoras de rua, não diminuiu a hostilidade de uma contra a outra, pois as animosidades não existiam apenas entre negros e brancos, ou entre homens e mulheres. E decerto a vida de uma vendedora não era nada fácil, ainda que poucas fossem castigadas de maneira tão severa como Rosa o foi.

MERCEEIROS E SUAS VENDAS

Enquanto as ambulantes percorriam as ruas vendendo de porta em porta ao ar livre, os merceeiros — os outros fornecedores de alimentos para a cidade — trabalhavam dentro de suas vendas. Com duas ou três altas e estreitas portas de madeira maciça — mais ainda se fosse numa esquina —, as lojas se abriam diretamente para a rua, mergulhando os merceeiros nos ritmos da vida urbana. Como se dizia, vendiam "com porta aberta".[38] Uma outra porta levava direto a uma escada para o andar de cima, com frequência onde morava o dono. A unidade física do lugar de morada com o local de trabalho contribuía para uma unidade também conceitual, de modo que a palavra "casa" podia significar (e ainda significa) tanto a casa de alguém como sua loja.[39] Assim como acontecia com as vendedoras, alguns merceeiros vendiam mais e mais rápido do que outros, e desenvolveu-se um vocabulário para distinguir as lojas pelo tamanho e pelo volume de artigos estocados. Iam das menores e mais provisórias "tendas" aos mais

Figura 2.3. Mercearia de esquina e vendedores de rua, 1835.

substanciais "armazéns", com as "vendas" comuns no meio (embora os termos fossem, por vezes, intercambiáveis). E enquanto as vendas vendiam bebidas por copo, as "tabernas" muitas vezes também vendiam alimentos.[40]

A mobília da venda de José Pinto de Almeida incluía um "balcão com sua gaveta e chave", dezessete "tábuas que servem de prateleiras" atrás do balcão, grandes e pequenas balanças com pesos de ferro, dois conjuntos de medidas de volume — algumas de madeira, outras de lata —, três funis de lata, uma jarra de vinho, nove "copos grandes e pequenos" e um castiçal. Só de vez em quando um balcão de loja tinha painéis de vidro. Muitas lojas também possuíam um oratório com imagem de santo.[41]

Uma venda era um microcosmo da cidade como entreposto, expondo artigos produzidos a menos de uma hora de caminhada do centro da cidade, juntamente com mercadorias provenientes dos cantos mais distantes do mundo: canela, cravo, gengibre, pimenta-do-reino e chá da Ásia; azeite de dendê e pimentas da África;

cerveja em garrafa, farinha de trigo, manteiga, queijo, bacon e presunto do norte da Europa e, posteriormente, da América do Norte; sal, biscoito, sardinha, bacalhau seco, vinho, conhaque, vinagre, azeitona, azeite, passas e amêndoas de Portugal; carne-seca do Uruguai, da Argentina ou do Sul do Brasil, e carne de sol do interior da Bahia; açúcar, tabaco, arroz, feijão, milho e farinha de mandioca, assim como cebola e alho, bacon e banha de porco, cachaça, coco, café em grão ou moído e lenha vinda do Recôncavo ou de outros portos brasileiros, sem falar das frutas, dos ovos e das galinhas dos subúrbios semirrurais da cidade, e óleo de baleia do esfolador e refinador local. Nessas vendas, os fregueses também compravam vela, papel para escrever, lápis, tecidos, ferragem, corda, vassoura, esteira, chapéu de palha, leque, penico, tabaco, charuto, agulha, talher, prato de louça barata, palito de dente e pão fresco, para mencionarmos apenas alguns dos incontáveis artigos à venda. Mas, crucialmente, todas essas lojas vendiam alimentos e artigos sujeitos a rápida deterioração. Num armazém desse tipo sempre se podia comprar uma bebida ou, quando famintos como estavam dois soldados, "bolachas e queijo".[42]

Os lojistas prosperavam, embora uns mais que outros, o suficiente para situá-los nos escalões intermediários da sociedade. Certamente não moravam em cabanas de pau a pique cobertas de palha, como alguns pobres livres, nem em geral nas casas suntuosas do bairro de Vitória, de propriedade de uns poucos atacadistas. Mais típica era a casa de Baltazar de Andrade Bastos. Comerciante de carne-seca, tinha uma casa mais ou menos como a de Ana de São José da Trindade, em um terreno perto da igreja do Carmo. Alugava a pequena venda do térreo, larga só o suficiente para comportar uma porta e uma janela. Seus alojamentos no andar de cima incluíam uma "sala de frente forrada com três janelas rasgadas e grades de ferro", dois quartos de dormir, um com forro, e uma sala de jantar com caibros à mostra, mais um meio-sótão com duas salas e um quarto de dormir e "duas janelas de peitoril envidraçadas que deitam para a frente". Nos fundos do prédio havia "um pequeno pátio" com uma cozinha separada.[43]

Proprietários de loja vestiam-se com esmero, como convinha à sua posição. Nos anos 1840, usavam paletós de brim cinza ou de algodão listado descendo até a cintura, e calças também de brim cinza ou de ganga com alçapão cobrindo a braguilha. Em dias especiais, usavam gravata, mas só os muito ricos trajavam sobrecasaca. Em 1809 um inglês notou que "os homens copiam os europeus no modo de vestir", salvo em ocasiões especiais, quando "usam rendas em seus linhos e arrebicam as roupas com bordadura". Os empregados se vestiam com simplicidade e tinham de pedir licença ao dono para usar gravata e colete — ou seja, para se vestir acima de sua condição social.[44] Um dono de loja, tão rico que emprestava dinheiro a juros, tinha em seu bem abastecido guarda-roupa duas sobrecasacas — uma muito usada de tecido fino com casas de botão de brocado amarelo, e outra preta básica —, assim como um sobretudo, um capote "escocês" com forro de baeta, três jaquetas listadas de lã de Lille, dezessete finas camisas de algodão, um par de calças de duraque, quatro pares de calças de linho e sarja, seis coletes (dois de veludo preto e algodão fino, e quatro "muito usados" de fustão), doze lenços (incluindo sete de linho e um de seda, "alguns brancos e [outros] de cor"), treze pares de meias de linho compridas e curtas, e um chapéu fino com copa redonda. Quando morreu, seus bens totalizavam três vezes e meia os de Ana de São José da Trindade.[45]

Entre os 475 requerentes de licença para vendas no começo de 1789, 1807 e 1819, apenas sessenta, ou 15%, eram mulheres.[46] Em outras fontes só encontrei referências ocasionais a tais proprietárias. Anúncios impressos num dos primeiros jornais locais se referiam a uma mulher que vendia bebidas, a outra que tinha um restaurante, a outra que vendia rapé e a outra ainda que tinha uma grande loja. Em 1780, "Bernardina de Tal", que vivia no afastado distrito de Rio Vermelho, foi multada por operar uma venda sem licença e por não ter pesos e medidas inspecionados. Noventa anos depois, a mesma regra ainda valia: Maria das Mercês cometeu infração semelhante.[47] Quando Ana Joaquina de Jesus e Florinda de Aragão morreram, os inventários das duas consistiam basicamente de vendas, mas, devido ao regime de comunhão de bens do Brasil, é impossível saber se os negócios não seriam, a rigor, dos maridos. Em nenhum dos dois casos consegui achar um inventário realizado por ocasião da morte dos maridos.[48]

Embora alguns brasileiros figurassem como proprietários de vendas, a maioria pertencia a portugueses. Raridade mesmo era o escravo — sim, o escravo — nascido na África que tinha um pequeno negócio onde vendia feijão, arroz e milho por sua própria conta numa esquina alugada na cidade baixa. Na época em que o Brasil lutava para se tornar independente de Portugal, o comandante do Exército português descreveu o "corpo do comércio" de Salvador como formado por "europeus", querendo dizer compatriotas seus.[49] Um argentino estereotipou os portugueses como muito trabalhadores e ambiciosos, em contraste com os preguiçosos brasileiros, e outro estrangeiro disse que os portugueses (fora os do governo ou das forças armadas) costumavam chegar pobres ao Brasil, "mas, por parcimônia e esforço contínuo voltado para um só fim, o de juntar dinheiro, com frequência alcançam seu objetivo". Para eles, o Brasil era lugar de ascensão social.[50] Muitos lojistas portugueses mantinham estreitos laços com a terra natal, sustentando a Santa Casa de Misericórdia em Lisboa, fazendo testamentos separados para seus bens em cada um dos dois países, deixando dinheiro para parentes em Portugal, ou voltando lá para morrer. Eram cidadãos do mundo atlântico, mas a conexão com Portugal deixou os lojistas particularmente vulneráveis às ações coletivas de xenofobia dos anos 1820 e 1830, que se seguiram à independência do Brasil.[51]

A energia e autodisciplina dos donos de loja eram evidentes. Eles controlavam estoques, encomendando artigos para sortir as prateleiras, ao mesmo tempo que contabilizavam cuidadosamente lucros e perdas. Iam atrás de empréstimos e mantinham registro daqueles para quem vendiam fiado. E se destacavam por saber ler e escrever numa sociedade em que os alfabetizados eram poucos.

Vínculos de autoridade e dependência ligavam os donos aos balconistas. Quase todo dono de loja empregava pelo menos um, apesar de um merceeiro ter declarado que era pobre demais para isso. Era costume dos portugueses empregar um parente, talvez um sobrinho, como caixa. Esses empregados podiam ser assalariados, como o do estabelecimento de Manoel Tavares. A viúva de Tavares o demitiu e fechou a loja "por dar mais prejuízo do que lucro". Dizia-se que os proprietários controlavam os empregados, até exigindo que fossem à missa aos domingos e dias santos.[52] Como paga pela dependência, alguns empregados acabavam sócios minoritários do negócio — o que certamente não acontecia se deixassem de satisfazer o patrão. Os melhores podiam até herdar o negócio, como aconteceu com três empregados de Joaquim José de Oliveira, dono de duas vendas. O testamenteiro descreveu um deles, um brasileiro, como "parente" do dono, o que pode explicar sua boa sorte. Mesmo aqueles que não tinham parentesco de sangue costumavam morar no mesmo prédio do patrão, abrigados e alimentados por ele, formando uma espécie de família.[53]

Escravos também podiam trabalhar como balconistas. Depois que Raimundo, que tinha chegado da África em 1815, foi posto para trabalhar como vendedor, seu jeito para o negócio atraiu a atenção de um lojista português, que o comprou para trabalhar em seu estabelecimento. Em 1823, no fim da Guerra de Independência, a lealdade de seu patrão a Portugal resultou no confisco — e leilão — da loja, fazendo de Raimundo propriedade de um terceiro lojista. Finalmente, em 1828, Raimundo conseguiu comprar a liberdade e passou a trabalhar, agora com o sobrenome de Barros, vendendo tecidos, não apenas em Salvador mas nas cidades do Recôncavo.[54]

A história de Francisco da Cruz foi bem mais triste. Escravo mulato, ele dizia ter sido "obediente [...] e fiel" no emprego de vendedor na mercearia de seu senhor e que o balancete mostrava que o negócio "deu vantajosos lucros". Seu dono costumava dizer que "ninguém como ele tinha caixeiro [tão bom]". Graças à reputação de lealdade, Francisco recebeu oferta de crédito de terceiros para conduzir um negócio próprio, que teve êxito. Então, devido a intrigas de invejosos, seu senhor chegou à conclusão de que a riqueza de Francisco era resultado de roubos da loja. Prendeu Francisco em cárcere privado e começou a atormentá-lo, "já metendo-o em um tronco [...] já limitando-lhe o sustento e este por única vez em cada dia, já atormentando-o com anjinhos os dedos a ponto de os pisar e intumescer". Francisco levou seu caso ao Juiz do Crime e foi transferido para uma cadeia pública, mas o dono moveu uma ação para tê-lo de volta. Francisco então apelou diretamente para a Coroa em Lisboa, pedindo que seu senhor fosse ordenado a vender-lhe ou aceitar um preço razoável por sua liberdade, de acordo com "todas as regras do direito natural, da boa razão e disposições do direito positivo". Disse que tinha condição de pagar pela liberdade, falando de si mesmo na terceira pessoa, "porque há pessoas que compadecendo do desgraçado estado do suplicante lhe subministram a quantia necessária". Os registros não indicam se sua súplica foi bem-sucedida.[55]

Nos anos 1830, outra disputa legal girou parcialmente em torno da questão de saber se Cypriano, escravo nagô, apenas fora "mandado vender em razão de se fazer de tolo" para ter êxito como vendedor, ou se nunca tinha trabalhado como vendedor. Mas não só ninguém questionou a afirmação de que um escravo nascido na África podia ter trabalhado como vendedor numa loja, como também a noção de que Cypriano, ele mesmo, agiu espertamente para esconder seus verdadeiros talentos ou conhecimentos sugere que os contemporâneos não duvidavam de que ele pudesse tê-los.[56]

Vendedoras ambulantes e lojistas formavam um complexo sistema comercial vinculando os produtores aos consumidores finais. Mulheres africanas e homens portugueses levaram para Salvador, através do Atlântico, um espírito fortemente comercial. Durante a maior parte do período coberto aqui, novas levas de imigrantes e escravos continuaram a chegar a Salvador, provenientes do outro lado do oceano, encarnando um agudo senso de negócio e um respeito pelas formas bem-sucedidas de conduzi-lo — uma expectativa e um conhecimento prévio que tornavam esse trabalho normal e compensador. Centenas e centenas de transações eram realizadas todos os dias nessa ativa, vibrante e crescente economia, dando a Salvador um ar de intensa energia. Um almirante britânico descreveu os moradores de Salvador como "mais ativos no comércio do que os de qualquer outra parte do Brasil". E em 1799 se disse com muita razão que "o comércio é a mais forte coluna de sustentação desta colônia".[57]

3. Ligações

Enquanto vendedoras ambulantes e donos de loja construíam uma comunidade que cobria a cidade inteira, laços horizontais cruzavam-se com laços verticais, multiplicando os contatos com um amplo segmento da população. Negociar, em si, já significava tecer redes de contatos, mas os envolvidos no comércio de alimentos não eram apenas criaturas econômicas. Mantinham uma grande variedade de vínculos com outros, apontando para muitas direções. Dessas conexões naturalmente desenvolviam sentimentos de solidariedade para com alguns e hostilidades contra outros, ao mesmo tempo que se definiam. Famílias, amizades, bairros e pontos de encontros ofereciam ocasiões para construir uma vida social e para compartilhar tradições culturais, além de criarem momentos tensos que podiam resultar na negociação de acordos ou na intensificação das animosidades. Mesmo as relações com devedores e credores eram pessoais, carregadas de significado emocional.

Laços de família eram parte central da vida dos comerciantes de alimentos, mas o casamento formal, apesar de indicar posição mais alta, não era o modelo comum em Salvador. A proporção de homens e mulheres casados, em relação àqueles que viviam em uniões consensuais, não pode ser estabelecida, é claro, porque os recenseadores não registravam arranjos do segundo tipo. A historiadora Kátia M. de Queirós Mattoso, que estudou fragmentos de formulários escritos à mão do recenseamento de 1855, conclui que casas chefiadas por um homem referido como solteiro, mas que incluíam uma mulher solteira de idade adequada, especialmente uma com filhos e nenhum outro homem presente, somavam 52% do total. Decerto essas uniões eram prática arraigada em Salvador, como em outras partes do Brasil e de Portugal. Viajantes estrangeiros faziam comentários a respeito, dizendo, num dos casos, que "o casamento é repelido pela maioria". De qualquer maneira, dificilmente se poderia esperar que os menos abastados realizassem os caros casamentos sancionados pela Igreja, os únicos legais, embora houvesse maneiras de contornar esses obstáculos.[1]

Certamente a concubinagem tinha regras e suposições próprias, mas, por operar na informalidade, continua em grande parte fora do alcance de nossa visão. Nem sempre, porém. Os filhos de uma concubina — nos documentos de transmissão por herança que examinei a palavra jamais é usada no sentido de relação passageira ou adúltera — tinham muitos direitos legalmente reconhecidos, e advogados, testemunhas e juízes falavam em tom favorável da mãe das crianças, que tinha sido "sempre havida, teúda e manteúda como concubina".[2] Indícios tirados de outros lugares do Brasil, extraídos de ações apresentadas em tribunais civis e eclesiásticos, revelam que em tais uniões quase todos os homens tinham uma posição social mais alta do que as mulheres, em razão de classe, raça ou status jurídico (livres). Casamento era só para iguais, muito embora nem todos os iguais se casassem. O homem podia, certamente, ser condescendente e paternalista, como o que declarou: "No estado de solteiro sempre me conservei e sem que tivesse filhos até o presente, por isso instituo por minha universal herdeira a Theresa de Jesus com quem tenho vivido e recebido importantes serviços no desempenho de seus deveres, tornando-se por isso digna de gratidão". Homens portugueses, que na maioria se mudavam para o Brasil quando jovens, com frequência estabeleciam essas relações com mulheres de cor, como seus testamentos revelaram. Um deles afirmou: "Em nenhum tempo me casei e no estado de solteiro, por minha fraqueza, tive repetidas cópulas carnais com uma minha escrava de nome Francisca, e delas tenho uma filha, que fiz batizar com o nome de Josefa, a quem instituo e hei por instituída minha herdeira nas duas partes de meus bens". Os termos desiguais dessas ligações são óbvios, mas isso não elimina a atração e o afeto recíprocos.[3]

Os homens muitas vezes reconheciam explicitamente, como seus, os filhos dessas uniões consensuais de longa duração, transformando-os com firmeza em herdeiros legais. Caso típico foi o de Bartolomeu Francisco Gomes, negociante de gado e dono de venda, que fez de Epifânia Maria da Conceição, "em cuja companhia tenho vivido há dezesseis anos", sua testamenteira e reconheceu a paternidade das duas filhas dela. Quando uma concubina morria, o homem podia, subsequentemente, estabelecer uma associação semelhante com outra mulher, tendo tido filhos com as duas e tratando os filhos de ambas as uniões como seus. O merceeiro José Pinto de Almeida morou com Raimunda Veríssima de Jesus até a morte dela, e depois com Francisca dos Reis Valle, que designou sua testamenteira, apesar de analfabeta. Com Raimunda teve dois filhos, e com Francisca mais três. Nunca se casou com nenhuma delas. José Gomes da Costa declarou: "Sou solteiro, no qual estado sempre vivi; sem embargo do quê, tenho tido alguns filhos naturais de que só existem vivos [...]". Aqui o testador menciona as mães pelo nome: Florência Maria Ferreira, "parda solteira", Custódia Neta, "branca solteira", e Maria Gomes, de cor não especificada, "a qual é [agora] casada com Victorino Dias Ferreira".[4] Mesmo sem uma declaração oficial, o fato de um homem ter tratado os filhos de uma mulher como seus podia ser usado no tribunal para estabelecer sua paternidade.[5]

O costume não estava restrito aos homens portugueses. João Nunes, negro africano forro que se tornou comerciante de escravos, fez uma lista das uniões que manteve durante um longo período, supostamente com mulheres que deram seu consentimento, uma vez que falava delas com respeito, e teve o cuidado de designá-las pelo nome reconhecendo como seus os filhos delas, tornando-os herdeiros legítimos. Com Josefa Gonçalves dos Santos, negra forra da África Ocidental, teve uma filha, Felícia Gonçalves. Tanto a mãe como a filha já tinham morrido quando ele redigiu o testamento, em 1807, mas Felícia tivera uma filha, neta dele, cujo nome ele sabia. Com Catarina, que veio do sul de Angola, teve uma filha cega chamada Maria Nunes. Então se casou formalmente com Francisca Ribeira da Cruz, negra livre — não sabemos se africana ou não — que morreu antes dele sem ter tido filhos. A última mulher mencionada por ele não garantiu o mesmo lugar das outras no testamento: ele fora dono de uma escrava, Ana, a quem conseguira licença para vender na rua dezoito anos antes. Posteriormente, concedeu-lhe liberdade, guardando a carta de alforria dela junto com a sua, sugerindo que viveram como marido e mulher ou que ele não queria que outra pessoa ficasse com a renda dela. Depois de libertada, ela teve duas filhas. Ele não deu quase nada a Ana nem às filhas dela, e não as reconheceu como suas. Não sabemos se as duas mulheres africanas com quem vivera antes já eram livres quando foram morar com ele, ou se, como a vendedora Ana, foram por ele alforriadas.[6]

Uma controvérsia de família surgiu com relação a uma vendedora que, de acordo com uma versão, tinha sido mulher "teúda e manteúda de portas adentro" de um dono de loja, antes de se casar com outro homem. Ela vivera abertamente com ele, em sua casa, e ele "muito se alegrou" quando ela teve uma filha, Máxima, que ele trazia "muitas vezes em seus braços, mostrando-a às pessoas de sua maior amizade". Quando Máxima chegou à idade de se casar, ele lhe arranjou marido e lhe deu um grande dote, ajudando-a a mobiliar a casa. Essa é a história de Máxima. Não está claro se ele continuou a sustentar a mãe de Máxima depois de casar-se legalmente com outra mulher e ter dois filhos com ela. Os outros herdeiros alegaram que a vendedora, mãe de Máxima, "jamais" tinha sido concubina do pai deles. Disseram que ela "tivera amizade ilícita com diferentes homens", e que, certa vez, é verdade, administrara a loja do pai, "ganhando duas patacas por semana", mas isso fora tudo. O juiz, contudo, ficou do lado de Máxima, decretando que ela fora privada da parte a que tinha direito quando a propriedade foi dividida.[7]

Esposas e concubinas tinham papel importante na vida dos donos de venda, algumas ajudando no estabelecimento ou administrando a propriedade. Até os detratores de Máxima tiveram de admitir que a mãe dela exercera essas ocupações. Uma esposa se declarou "cabeça do casal" e "procuradora bastante do ausente seu marido", proprietário de loja. Os homens costumavam designar as mulheres suas testamenteiras, mas poucos explicavam sua decisão de forma tão clara como o fez Felix Ferreira de Santana, que vivia de rendas, e declarou em seu testamento que a esposa "[pagará as ditas dívidas] do mais pronto dinheiro que houver, pois ela de tudo sabe verdadeiramente como lhe tenho manifestado como meeira de nossos bens".[8] Podemos conjeturar que muitas mulheres tinham uma grande função nos armazéns, ajudando como vendedoras e, quando sabiam ler e contar, cuidando da contabilidade e da correspondência.

Pouco sabemos do que os donos de loja sentiam pelas esposas, fossem formais ou informais. A historiadora Júnia Ferreira Furtado, tendo examinado investigações eclesiásticas sobre "[relações] pecaminosas", encontrou muitos indícios de "laços de afeto" entre casais não casados.[9] Francisco Ferreira da Gama, negociante português de Salvador, casou-se com uma mulher pobre, Vitória Luísa do Rio Gama, com separação de bens, contrato legal usado quando o patrimônio de um parceiro era excepcionalmente diferente dos bens do outro. Não tiveram filhos. Embora ressaltasse em seu testamento que (além de uma propriedade herdada em Portugal) "os bens os quais possuo têm sido por mim adquiridos", ele reconheceu que era casado com Vitória havia 23 anos "sempre com perfeita harmonia e inteligência, cooperando da sua parte quando lhe tem sido possível para o cingimento da nossa casa". Assim sendo, anulando o efeito do contrato matrimonial, deixou-lhe todos os bens, salvo a propriedade herdada, se bem que com a grave condição de que se ela voltasse a se casar "perderá esta graça", tendo direito apenas ao usufruto de um terço de seus bens, e o restante seria destinado ao irmão e à irmã dele, em partes iguais. Apesar do tom condescendente, ele evidentemente tinha a maior confiança no tino comercial da mulher (ainda que não na fidelidade dela à sua memória), pois a nomeou sua testamenteira em Salvador, Rio de Janeiro, Lisboa e Porto. A afeição e a admiração tinham crescido com o tempo e superado o cauteloso arranjo original.[10]

Amor, sexo e família sem dúvida ocupavam tanta atenção na cabeça de uma vendedora ambulante quanto na de qualquer outra pessoa.[11] Em 1859, "um grande número de negras-mina vendeiras" se reunia costumeiramente em volta da prisão de Barbalho, outrora um forte, e em seu pátio central. Ali, "junto às grades das prisões estendendo suas esteiras", vendiam comida aos prisioneiros e guardas, e "demoravam até sete horas da noite". Um inspetor declarou que esse costume constituía "[uma] ofensa na parte moral", pois elas flertavam e faziam muitas outras coisas com os guardas, alguns dos quais ele achou "em posições pouco respeitosas" em relação às mulheres. Um francês contou que, quando as mulheres negras pegavam água na fonte pública, "os amantes vêm ali ajudar [...] a tirar água e também a carregar o pote até a meia encosta. Param para conversar, oferecem-se flores, as moitas estão bem próximas!".[12]

Um encontro de ocasião poderia acabar se transformando num relacionamento amoroso de verdade, ligando uma pessoa livre a uma escrava. Um recenseamento de 1855 listou tanto mulheres escravas como mulheres forras que trabalhavam por conta própria e que viviam com ex-escravos. Um mulato livre pagou pela liberdade de sua esposa escrava, Antonia de Araújo. Outro homem livre tomou dinheiro emprestado de sete amigos, incluindo quatro mulheres, para comprar a liberdade da esposa e do filho. Um soldado desertou para se juntar a uma escrava. Um escravo fugiu para se unir ao amor de sua vida, que fora alforriada.[13]

Uma diferença importante entre a maioria dos lojistas e as vendedoras de rua é que os donos de venda não precisavam cuidar dos filhos, ao passo que as ambulantes eram vistas na rua "com ou sem crianças". A vendedora de rua Ana de São José da Trindade deu à luz cinco filhos, e exemplos incontáveis de vendedoras com filhos aparecem nos documentos, em especial, é claro, no caso das escravas, cujos filhos eram propriedade e, portanto, dignos de registro. Benedita, jovem escrava da África Ocidental, que vendia alimentos na rua, vivia com seu filho Felipe, de oito anos, e outro menorzinho, de três ou quatro anos. Impossível saber, evidentemente, se esses filhos eram fruto de relações consentidas, mas as fontes mostram que vendedoras de rua com frequência estabeleciam uniões duradouras.[14] A flexibilidade da atividade de vendedora possibilitava às escravas autônomas, às alforriadas e às livres trabalhar tanto dentro como fora de casa.[15] Outra opção era a vendedora levar os filhos para o trabalho, até mesmo amamentar o bebê enquanto esperava, sentada, que os fregueses passassem. Podia também pedir a outra mulher que olhasse a criança, quando necessário, contando com a amizade e a solidariedade das mães. Com o tempo, as crianças podiam ajudar as mães e até aprender o negócio. Se o companheiro de uma mulher fosse nascido no Brasil, a família incluiria os pais, irmãos, sobrinhas e sobrinhos dele — ou seja, os avós, tios, tias e primos dos filhos. Parceiros africanos podiam manter vínculos com outros que vieram a bordo do mesmo navio negreiro, formando também uma espécie de família. Cada parceiro provavelmente pertencia a pelo menos uma irmandade, estendendo ainda mais o alcance de sua rede de ligações.

Desses parentes por sangue ou afinidade, as crianças adquiriam uma cultura. É de supor que assimilassem crenças religiosas, descobrissem tradições étnicas, ouvissem histórias de família, aprendessem padrões de bom comportamento e respeitabilidade, assistissem a rituais de intercâmbio social, observassem modelos de autoridade e adquirissem habilidades e estratégias de sobrevivência e resistência. Em suma, aprendiam a encontrar seu caminho nos campos por vezes traiçoeiros do poder e do amor. As crianças eram mergulhadas desde muito cedo num universo social maior que começava já com o batismo, com frequência realizado com padrinhos.[16]

A relação entre padrinhos e afilhados podia ser especialmente problemática, porque expunha, com muita clareza, a interconexão entre autoridade e proteção. A escolha dos padrinhos era feita com o maior cuidado, pois eram pessoas às quais o filho — e por extensão os pais — podia recorrer em busca de ajuda. Com isso, tornavam-se clientes de um patrão a quem deviam lealdade.[17] Um padrinho, negociante de gado, manifestou sua exasperação com afilhados que não souberam apreciar seus opressivos conselhos. Declarou que não deixava nada

> a todos os quais — para os livrar de trabalhos e do fisco etc. — presenteei em minha vida e desde anos com dar-lhes esmolas testamentárias e juntar-lhes também cifras de meu bolsinho e meter de cada um deles ditas dádivas na Caixa Econômica a render para eles, e cujos conhecimentos lhes entreguei; mas seus pais, seus tios e eles mesmos, em vez de apreciarem isto, foram tirar tais dinheiros para gastarem logo etc. etc., e até alguns me atacarão por não querer eu ir à Caixa dizer que ditos dinheiros lhes dessem, chegando a dizer-me na cara que, esmolas ou não, eram suas e que as queriam e não careciam a respeito de tutores!

De outro lado, uma africana vendeira revelou uma surpreendente inversão do arranjo vertical costumeiro de afilhadagem. Essa ex-escrava declarou: "[Deixo] à minha afilhada, filha do meu [antigo] senhor [...] [duas voltas de cordão de ouro]".[18] Parentes consanguíneos e parentes rituais teciam fios de significado em volta de cada pessoa.

Com relação a amigos, cabe perguntar: "Quem é que um dono de loja procuraria se precisasse de alguém para testemunhar em seu favor?". Num desses casos, o dono de um armazém convocou três testemunhas amigas: um francês, de 24 anos, negociante; um português de cinquenta anos, dono de uma casa de consignação que vendia escravos, e um funileiro, nascido em Salvador, de 22 anos, com quem o lojista às vezes ia caçar. Outro comerciante que se sentiu prejudicado por um inspetor de pesos e medidas convocou cinco homens como testemunhas, três portugueses e dois brasileiros: dois eram balconistas, um era dono de venda também, outro "vive de negócio" e o último, o único mulato, tinha um bordel. Dois eram casados. Esses homens todos eram conhecidos uns dos outros, tinham interesses comuns e de bom grado dedicaram seu tempo à defesa do reclamante. Podemos chamá-los de seus amigos, pessoas a quem podia recorrer quando necessário.[19]

As vendedoras ambulantes se reuniam em muitos lugares, onde encontravam tanto suas amigas como suas rivais. Elas se acotovelavam na praia para conseguir os melhores peixes trazidos pelos pescadores e as frutas mais selecionadas onde os barcos aportavam. Disputavam a farinha de mandioca no celeiro público. As autoridades se queixavam de que, não contentes em permanecer nos lugares designados para as barracas, elas ainda se amontoavam na escadaria do prédio da associação comercial, tagarelando, bisbilhotando, contando piadas ou reclamando da sorte. Um viajante estrangeiro viu um grupo de negras "vendendo frutas [...] em animada conversa", acrescentando que as vendedoras que viu nas ruas estavam "tagarelando com prodigiosa loquacidade [...] flanando nas praças e ruas". O que mais o impressionou foi o fato de elas conseguirem conversar enquanto equilibravam trouxas na cabeça, por vezes falando "em seus idiomas africanos nativos". O príncipe Maximiliano também descreveu "uma tropa de negros e negras" trabalhando "no meio de muito barulho e muitas piadas".[20]

Além da família e dos amigos, donos de loja e vendedoras ambulantes viviam entre vizinhos, com quem tinham contato direto e, às vezes, vínculos estreitos. A segregação residencial era baseada na riqueza, e não na cor. Dois donos de venda, nascidos em Portugal — Antônio Teixeira Porta, de 55 anos e viúvo, e Domingos Alves da Silva, de 23 e solteiro —, viviam na mesma rua da cidade baixa. Foram convocados como testemunhas no caso do roubo de um castiçal de prata de uma igreja. Os acusados eram dois outros portugueses: um sapateiro, solteiro, de 48 anos, descrito como descalço (apesar do ofício), usando camisa de tecido africano; e um homem que "vive de negócio", de quarenta anos, vestindo

Figura 3.1. Vendedores de rua na igreja do Rosário, com a igreja do Carmo ao fundo, 1860.

paletó preto e calças brancas, e calçando sapatos. Para testemunhar uma busca em sua casa, a polícia convocara os vizinhos, todos homens, dando-nos uma ideia de quem convivia com os dois lojistas; além de um balconista branco, de 27 anos, nascido na cidade baiana de Valença, e de um "negociante" branco, nascido em Salvador, de 46 anos, casado, os vizinhos incluíam um negro de cinquenta anos e um mulato de sessenta, ambos nascidos em Salvador, que tinham "negócios de compra e venda"; dois alfaiates negros, de 24 e 29 anos, um nascido do outro lado da baía, em Cachoeira, o outro oriundo de uma árida região ao norte, logo além da divisa de Sergipe; um carpinteiro mulato nascido em Salvador, de quarenta anos; e um marinheiro mulato, também de Salvador, de dezoito anos. Seis dos doze homens eram brancos e, destes, quatro tinham nascido em Portugal. Um dos outros vizinhos era negro e os demais, mulatos. Três dos oito brasileiros tinham nascido fora de Salvador, nas adjacências. Com idades entre dezoito e sessenta anos, apenas três eram ou tinham sido casados, embora, como já dissemos, muito provavelmente tivessem companheiras de longa data. Além dos dois donos de loja, uma testemunha trabalhava como balconista e cinco "vivem de negócios", três eram artesãos (carpinteiros ou alfaiates) e um era marujo, além do sapateiro/ladrão. Nenhum deles era trabalhador braçal, sem habilidades ou ferramentas. Se havia comerciantes ricos naquela rua, não foram chamados para testemunhar. Isso era o bairro em que viviam os dois lojistas, sem contar mulheres, crianças ou escravos — o mundo social do pequeno comércio na cidade baixa.[21]

Vendedores de rua também viviam com uma mescla de outras pessoas. Uma vendedora pertencia a um comerciante que também era dono de um carregador de cadeira, um remador de saveiro, um vendedor ambulante, duas costureiras e uma menina aprendiz de costureira; viviam todos na mais estreita companhia uns dos outros. As muitas vendedoras que moravam sozinhas, tanto escravas como livres, tinham vizinhos com outros meios de vida. Fragmentos do recenseamento de 1855 escritos à mão relacionam aqueles que viviam na central rua da Ajuda. Os primeiros cinco domicílios — se casas ou cômodos, não sabemos — incluíam estas dez pessoas (embora os africanos fossem citados como "livres", só podiam, na verdade, ser alforriados):

- Primeiro domicílio:
  feminino, 52, solteira, gbe, livre, vendedora de rua
- Segundo domicílio:
  masculino, 64, solteiro, hauçá, livre, vendedor de rua
  feminino, 44, solteira, hauçá, livre, vendedora de rua
- Terceiro domicílio:
  masculino, 40, solteiro, português, livre, dono de loja

masculino, 18, solteiro, português, livre, balconista
feminino, 60, solteira, crioula, livre, sua empregada

- Quarto domicílio:
  feminino, 60, solteira, branca [livre, é claro, provavelmente brasileira], quitandeira
- Quinto domicílio:
  masculino, 34, solteiro, mulato, livre, barqueiro
  feminino, 40, solteira, crioula, livre [sem ocupação descrita]
  feminino, 60, solteira, crioula, livre, agregada [isto é, dependente que vivia na casa]

Esses dez, vivendo na mais estreita proximidade, incluíam quatro homens e seis mulheres, com idades de dezoito a 64; três brancos, dois deles portugueses; e sete pessoas de cor, três delas africanas. Quanto à ocupação, incluíam um dono de venda, um balconista, um barqueiro, três vendedores de rua e uma quitandeira. Noutra rua central "atrás da cadeia", um açougueiro crioulo livre e duas vendedoras — uma nagô com um filho de doze anos e a outra mulata — eram vizinhos próximos. Em suma, vendedores viviam com outras pessoas relativamente pobres, não importando a cor e o lugar de nascimento. Embora alguns ricos talvez vivessem perto, os vizinhos dos vendedores de rua eram, em geral, mais pobres do que os vizinhos dos donos de venda, assim como suas moradias eram mais precárias.[22] Mas não deixa de ser verdade que Ana de São José da Trindade, apesar de vendedora ambulante, conseguiu viver melhor do que muitos lojistas. Uma ordem hierárquica estava sendo diariamente desfeita e reinstituída.

CONTATOS MAIS AMPLOS

Além da família, dos amigos e dos vizinhos, donos de venda e vendedores de rua estabeleciam contatos com uma ampla comunidade, que ia do mais humilde escravo ao mais respeitável chefe de família. Atacadistas da cidade baixa faziam negócios rotineiramente com ricos importadores-exportadores, enquanto merceeiros vendiam para gente de todos os níveis, incluindo vendedores de rua que compravam para revender. Merceeiros sem dúvida tinham seus fregueses certos, a quem conheciam pelo nome e vendiam fiado. Aos domingos e dias santos, quando a maioria dos negócios tinha de fechar, as vendas podiam abrir, legalmente, até o meio-dia, como as padarias. Por consequência, serviam como ponto de encontro, inclusive para pessoas que as autoridades consideravam perigosas ou desordeiras (ver figura 2.3). A câmara municipal achou necessário, em 1831, decretar que os proprietários das lojas onde houvesse "algazarras, jogos não permitidos pela lei e a demora de escravos por mais tempo que o preciso para as compras que vão fazer" fossem multados ou passassem quatro dias na cadeia.[23] A repetição frequente desses regulamentos indica que tinham pouco ou nenhum efeito. As vendas se tornaram pontos de encontro, onde pessoas livres e alforriadas, qualquer que fosse a cor da pele, se misturavam com escravos. Certamente os escravos ao ganho ali se reuniam a qualquer dia. Essas vendas recebiam bem tanto os ordeiros como os desordeiros, tanto os escravos como os donos de escravos. Eram lugares de encontros amistosos. Nada sugere que merceeiros pudessem se sentir incomodados por terem de lidar com fregueses de condição social inferior.[24]

A prática de vender pela rua apregoando e a mobilidade física que isso exigia levavam vendedoras de rua a construir um amplo leque de relações que passavam por cima de fronteiras geográficas, sociais e culturais. Elas percorriam as ruas ou sentavam-se em esquinas onde podiam conversar com carregadores de água ou de barris de vinho, liteireiros, escravos ao ganho e transeuntes escravos, alforriados e livres, para não mencionar fregueses de classe mais alta. As vendedoras decerto tinham de se relacionar com padeiros, açougueiros, autoridades municipais, soldados, policiais, meninos de rua e operários da construção. Seus fornecedores incluíam não apenas os donos de roças dos arredores e de armazéns na cidade, mas os barqueiros que traziam alimentos frescos e grãos do outro lado da baía e os pescadores que derramavam seus peixes na praia. Ellena disse que passava o dia vendendo peixe e "procurando os pescadores". A câmara municipal alegava que a associação das vendedoras de rua com os barqueiros facilitava, injustamente, seus negócios, pois lhes permitia chegar na frente de fregueses que queriam comprar direto dos fornecedores de frutas, legumes e peixes.[25] As vendedoras conheciam todos ou a maioria dos fornecedores pelo nome, assim como os nomes dos empregados domésticos das casas onde vendiam seus artigos. Esses encontros eram parte de sua rotina de trabalho.

Nem todas as conexões dos vendedores eram amistosas. Soldados e policiais, embora recrutados na mesma classe social de muitos vendedores, tinham autoridade para exercer a força contra eles.[26] Os piores choques ocorriam nas negociações de preços, pois os soldados pareciam achar que a última palavra sobre o assunto deveria ser deles e não dos vendedores. Às vezes afirmavam, falsamente, que o governador tinha fixado preços para aqueles artigos e que eles apenas se limitavam a exigir que os alimentos fossem vendidos pelo preço regulamentar; diziam que "arbitrariamente regulam como que as bananas haviam de ser a dez e a doze por dez réis, as m[elan]cias grandes a quatro vinténs e as pequenas a dois, outros mais gêneros a proporção que lhe dita o seu desejo [...] chegando a tal excesso que levam à força os mesmos gêneros". Os soldados insistiam também para que os vendedores aceitassem dinheiro de cobre, sem levar em conta que os fornecedores se recusavam a aceitá-lo, devido à falsificação generalizada. Acusações de que soldados estavam "maltratando" vendedoras de rua aparecem como o leitmotiv da época. Sua arrogância e seu desdém não passavam despercebidos. Um jornal noticiou, com mordacidade, que um soldado montado acidentalmente atropelou a barraca de uma vendedora, esparramando os artigos dela para todos os lados, e, apesar de ter caído do cavalo, voltou com toda a calma a montar e saiu sem pedir desculpas ou sequer olhar para trás.[27]

Em razão dos muitos contatos que tinham, os donos de venda e os vendedores de rua poderiam muito bem considerar as notícias do dia como parte integrante de sua atividade, junto com as mercadorias que vendiam, embora trocassem notícias por outras notícias, em vez de vendê-las por dinheiro. Um comerciante português provavelmente mantinha seus conterrâneos bem informados sobre o que ia pelo mundo. Num só dia os vendedores podiam trocar informações com empregadas domésticas no distrito de classe alta de Vitória e com barqueiros na praia prestes a sair às cidades do Recôncavo. Os fregueses que compravam alimentos de Ursulina incluíam os presos políticos que se amotinaram numa prisão-fortaleza da baía em 1833, lugar a que ela só poderia ter acesso por barco a remo ou canoa. É quase certo que ela sabia bem mais sobre seus planos de motim do que o juiz que mais tarde julgou a ação contra eles.[28]

Os vendedores de rua foram profundamente afetados pela Revolta dos Malês de 1835, e às vezes dela participaram, exatamente porque estavam ligados, devido à natureza de seu negócio, a um grande sistema urbano. O governador soube da conspiração por meio de uma série de denúncias que começaram com uma vendedora. A rigor, a comunidade de vendedores de rua, carregadores, e escravos e ex-escravos a frete fervilhava de boatos, e qualquer um entre tantos pode ter cometido uma indiscrição. Mas a fonte documentada da denúncia foi Sabina da Cruz, africana que havia tido um arranca-rabo com o marido naquela manhã — e não pela primeira vez. Ele saíra de casa, levando consigo muitas coisas de Sabina, e à noite ela ainda fumegava de raiva. Saiu à procura dele e foi encontrá-lo numa casa onde não a deixaram entrar porque, segundo lhe explicaram, ele estava ocupado demais para atendê-la. Disseram-lhe ainda que em breve os africanos seriam os donos da terra. Ela respondeu que todos eles logo sentiriam o açoite na própria carne, e correu para ver a amiga Guilhermina Rosa de Souza, mulher de um negro forro, que tinha contatos com brancos. A preocupação de Sabina com a segurança do marido devia ser tão grande quanto a raiva que sentia, e talvez esperasse que seu ato suspendesse o movimento antes que ele se metesse em apuros. Guilhermina, africana alforriada e provavelmente também vendedora de rua, contou à vizinha branca que lhe alugava cômodos tudo o que sabia a respeito, e a notícia logo chegou aos ouvidos do presidente da província. As autoridades reagiram com rapidez, obrigando os rebeldes a iniciar a ação prematuramente no meio da noite com resultados desastrosos. Se Sabina pode ser responsabilizada por essa rápida derrota, outras vendedoras tiveram um profundo envolvimento na promoção do levante: 14% dos que foram levados a julgamento eram mulheres, na maioria vendedoras ambulantes.[29] Outras foram afetadas de maneira negativa: Teresa Maria de Jesus ficou sozinha quando as autoridades deportaram o marido, um africano alforriado, supostamente por ligações com a revolta. Ingênua de início — assinou, pois "em nada duvidou", uma procuração em favor de um homem que a enganou —, ela logo aprendeu a se defender, levando seu caso a vários tribunais, juntando os amigos para testemunhar em seu favor, recuperando os bens e pondo o homem que a enganou na cadeia, onde ele acabou morrendo. Fazer parte de uma comunidade maior tinha suas vantagens.[30]

A maioria dos donos de venda formava o elo inferior, além dos vendedores de rua, numa longa cadeia de comércio e crédito. Na outra ponta do espectro do poder comercial estavam os comerciantes de larga escala, estreitamente aliados à classe dos senhores de engenho, que participavam do comércio transatlântico. Exportadores de açúcar e tabaco, importadores de manufaturados europeus, grandes participantes do comércio de escravos — esses homens provavelmente olhavam de cima para baixo para a maioria dos donos de loja, enquanto lhes vendiam alimentos importados, lhes emprestavam dinheiro, sendo às vezes, também eles, donos de lojas operadas por outros.[31] A firma de José da Silva Maia, em certa época a principal casa de comércio transatlântico de Salvador, e ele mesmo dono de um navio, fornecia bacalhau a José Pinto de Almeida, que tinha duas mercearias onde vendia bebidas e alimentos. Comerciantes intermediários, não envolvidos no comércio internacional, construíam, mesmo assim, amplas redes comerciais nas cidades do interior da Bahia, especialmente nos arredores do Recôncavo, e abasteciam os merceeiros de Salvador. Também disputavam contratos de fornecimento para o Exército e vendiam grande quantidade de alimentos para instituições como o hospital da Santa Casa. Assim como as pessoas mais importantes e influentes, eles também por vezes eram donos de lojas de varejo. Alguns lojistas tinham outros negócios, como Manoel Tavares. Além da mercearia, era proprietário de um terreno de onde só tirava lenha, de seis barcos pequenos que faziam a travessia da baía e de escravos marinheiros para operá-los. Morreu em 1816 com um patrimônio equivalente a mais de duas vezes e meia o de Ana de São José da Trindade.[32]

Lojistas e donos de venda, porém, não devem ser confundidos com a elite do comércio. Eles se concentravam em fazer pequenas vendas e mantinham estoques limitados. Muitos, provavelmente a maioria, não eram registrados na Junta Comercial, onde um comerciante precisava dispor de certo volume de capital para ser avalizado por aqueles que tinham dinheiro. No fim do século XVIII, um professor português que vivia em Salvador disse que, embora os comerciantes somassem 164, "há igualmente nesta cidade multidões de comerciantes nos gêneros da primeira necessidade". Noutro ponto, diz ele que havia mais de 250 vendas na cidade. Embora não fossem as pessoas mais ricas, ainda assim os donos de loja tinham algum prestígio. Com frequência serviam como oficiais no segundo regimento da milícia colonial ou, depois, na Guarda Nacional, posição que lhes permitia mandar nos balconistas, que constituíam a grande maioria dos homens. A patente militar refletia seu status social.[33]

Apesar de todas as distinções de status entre os negociantes, desde os ricos comerciantes de além-mar às esforçadas vendedoras de rua, eles formavam um todo interligado pela transferência de artigos e pela oferta de crédito. A firma Pereira Marinho era uma das mais importantes casas de comércio de mercadorias e escravos. Seu fundador português, Joaquim Pereira Marinho, tornou-se destacado membro da Santa Casa de Misericórdia, a mais rica das confrarias e das instituições de caridade de Salvador, e deixou imenso patrimônio ao morrer, nos anos 1880.[34] Sua enorme riqueza resultara em parte da atividade de agiota com cobrança de taxa de 2% ao mês; financiou, por exemplo, a compra de uma casa e de um terreno para um homem num subúrbio da cidade. O que importa, aqui, porém, é que ele estendia crédito a outros comerciantes, um dos quais foi Luiz Manoel da Rocha, português moderadamente rico e dono de dois armazéns com capital suficiente para ser descrito por seu testamenteiro como *comerciante*. Além de aparecer como credor no inventário post mortem de Rocha, Pereira Marinho continuou a vender carne salgada do Rio Grande do Sul, a crédito, para os herdeiros de Rocha ainda durante o processo de legitimação do testamento.[35]

Que tipo de negociante era Rocha, afinal? Como Pereira Marinho, nasceu em Portugal. Casou-se, enviuvou e casou-se de novo. Era dono de uma grande loja de alimentos na cidade baixa e vivia em cima de sua loja menor, numa imponente casa de pedra de três andares, de frente para uma pequena praça na cidade alta. Além da casa onde morava, era proprietário de mais duas ao lado, uma delas também com loja, ao que tudo indica alugada para outra pessoa. Possuía mais dez casas, num total de treze. Um sinal de sua riqueza é que seus bens incluíam dois cavalos selados, coisa inusitada entre os moradores da cidade. Tipicamente, porém, era dono de muitos escravos — 26, para ser exato —, incluindo uma vendedora de rua. O fato de que trazia produtos para a cidade em seus dois barcos à vela sugere a extensão de seu negócio. A enorme loja do centro tinha para vender centenas de garrafas de vinho, além de muitos tonéis, e a espantosa quantidade de 18 mil rolhas de cortiça, ao passo que na loja menor havia de tudo mas em quantidades menores, com apenas 145 garrafas de vinho. As grandes dívidas de Rocha — repassadas para os herdeiros por ocasião de sua morte, em 1853 — desmentem sua aparente riqueza, ao mesmo tempo que demonstram que outros o viam como boa aposta. Mas, levando em conta quanto devia, sua riqueza real era menor do que a de Ana de São José da Trindade, a vendedora ambulante! Como Pereira Marinho, ele também era credor, emprestando dinheiro, por exemplo, para uma viúva na vizinha província de Sergipe, de quem cobrava impiedosamente, e, noutro caso, a um homem da cidade de Santo Amaro, no Recôncavo, que perdeu a casa quando Rocha executou a propriedade hipotecada como garantia.[36] A exemplo de Pereira Marinho, ele vendia fiado para outras pessoas, entre as quais Bartolomeu Francisco Gomes, também lojista.

Gomes era filho natural de um casal que vivera na cidade litorânea de Camamu, ao sul de Salvador. Diferentemente de Rocha, que se casou duas vezes, Gomes permaneceu solteiro, mas teve duas filhas com sua companheira de longa data, Epifânia Maria da Conceição, mulher que sabia ler. Designou as duas meninas, de doze e nove anos, suas herdeiras. Em 1848, depois de um começo como negociante de gado, já era dono, em sociedade com seu caixeiro, de dois armazéns na área ao norte do convento do Carmo. O sortimento das lojas de Gomes era tão extenso como o de qualquer outra, mas as quantidades eram consideravelmente menores: duas quartas de arroz, um alqueire de milho, duas quartas de feijão, 71 arráteis* de farinha de trigo, 22 arráteis de batata, doze arráteis de carne. Gomes era dono de quatro escravos, mas não de casas, e pagava aluguel a uma irmandade pela casa onde morava, em cima de uma de suas lojas, e a um senhorio português, dono de armarinho, pela segunda casa. Quando morreu, em 1848, seu modesto patrimônio valia apenas um quarto do de Ana de São José da Trindade. Num período de muitos meses, de 1842 a 1845, Gomes comprou de Rocha, sempre fiado, uma grande variedade de alimentos e outros artigos. Gomes, é claro, também comprava suprimentos a crédito de outros comerciantes, e não só de Rocha, assim como Pereira Marinho e Rocha emprestavam para muita gente.[37]

O fato de Rocha ser dono de uma vendedora de rua completa a corrente de fornecimento e crédito, embora fosse mais provável que ambulantes comprassem de Gomes do que de Rocha. Dezesseis mulheres deviam a um atacadista de carne salgada uma soma substancial por mercadorias que tinham oferecido nas ruas. Um homem que parece ter vivido de emprestar dinheiro relacio-

* Antiga denominação da libra, era a unidade de medida de peso utilizada na época. Cada arrátel equivale a 459 gramas.

nou entre seus devedores uma mulher que vendia doce. Para as mulheres criadas na África Ocidental, não soava estranho comprar artigos fiado, ou tomar artigos e dinheiro emprestados de outros.[38] De vez em quando, porém, eram as vendedoras de rua que emprestavam dinheiro. Já comentei que Ana de São José da Trindade, a vendedora africana, emprestou uma soma respeitável a um comerciante de escravos. Também aceitava joias dele como penhor. E Joaquina Maria Borges de Sant'Anna, também vendedora de rua, emprestou uma quantia ainda maior ao dono de um armazém nas docas. Apesar de não termos registros por escrito para comprovar, é altamente provável que as ambulantes vendessem fiado, a curto prazo, para seus fregueses, quanto mais não fosse pelo simples fato de que a crônica escassez de troco tornava muito difícil acertar as contas em cada transação. A câmara municipal caracterizou-as em 1846 como aproveitadoras que tiravam vantagem "nos prêmios de vinténs por patacas".[39] Dessa forma, de Pereira Marinho a Rocha e Gomes, passando pelas vendedoras de rua e mais além, mercadorias e crédito fluíam para baixo, e o pagamento de juros e da quantia emprestada fluía para cima. Imagino que Pereira Marinho também devia a fornecedores de além-mar, como outros deviam. Consta que até os importadores britânicos faziam uma ronda todos os sábados para receber alguma coisa de vendedores a quem tinham vendido fiado.[40]

O comércio em Salvador, como na maioria das sociedades pré-modernas, pelo menos no mundo atlântico, funcionava principalmente à base de crédito, não de dinheiro em espécie. Bancos não existiam em Salvador no começo do período aqui examinado, e só se tornaram numerosos ou fortes o suficiente para sustentar um grande centro pelo fim dos anos 1850. A Santa Casa de Misericórdia, o convento do Desterro e outras instituições parecidas só emprestavam dinheiro se houvesse terra como garantia, e o faziam sobretudo a senhores de engenho.[41] Assim sendo, quem se incumbia dos empréstimos comerciais eram comerciantes ou lojistas individuais, e em Salvador se dizia que aqueles que "só vendem a dinheiro, por isso mesmo pouco ou nada vendem". Se alguns donos de venda deviam muito, outros poderiam ser descritos, basicamente, como emprestadores de dinheiro. Empréstimos quitados no prazo antes da morte de um credor não aparecem em inventários de bens, mas, apesar disso, esses documentos sugerem que quase todo mundo que se dedicava à atividade comercial emprestava ou tomava dinheiro emprestado, quando não fazia as duas coisas simultaneamente. Como disse Antônio José Pinto, "não tenho contraído dívida alguma particular", mas "devo [por] alguns efeitos que para suprimento da [minha] venda tenho tomado a fé".[42] Não era raro que — como noutros lugares — as dívidas excedessem o valor apurado com o leilão de todas as mercadorias de uma loja. Muitos patrimônios consistiam apenas de riqueza no papel, exigindo que os herdeiros fossem atrás dos devedores. Por exemplo, no papel José Pinto de Almeida, dono de uma grande loja na cidade baixa, era quatro vezes mais rico do que Ana de São José da Trindade. Mas o valor de seus bens pode ser dividido nas seguintes categorias:

Casa	1,71%
Ouro e prata	1,34%
Escravos	4,30%
Móveis da loja	0,44%
Artigos para venda	9,24%
Dinheiro na mão	3,28%
Por receber	79,69%
Total	100,00%

Na decisão final sobre esses bens, quase quinze anos depois da morte de Almeida, o testamenteiro notou que muitos desses empréstimos nunca tinham sido pagos "por terem alguns devedores falecido, outros falido, e outros se ausentado [da cidade] sem deixarem bens". O testamenteiro afirmou, em seu próprio testamento, que "[deixando filhos menores] fiz toda a diligência para não serem destruídos seus bens [...] sustentei duas graves demandas que terminaram por uma necessária composição". Por sua vez, ele levou a julgamento devedores "[dos quais] não consegui cobrá-las amigavelmente, [...] paguei de minha fazenda as dívidas [do Almeida] que foram justificadas; em fim sustentei e sustento os mesmos órfãos".[43]

A taxa de juros dessas transações raras vezes é mencionada, talvez porque tenha sido acrescentada, antecipadamente, ao preço das mercadorias. Quando especificadas, porém, as taxas são altas. Em 1781, um advogado escreveu a um amigo dizendo que se alguém tivesse uma "sumaca" conseguiria, com facilidade, convencer outras pessoas a investir no negócio de transportes a 18%, pagáveis dentro de trinta dias depois da chegada do barco ao porto. Quando, em 1795, o governador convocou os negociantes da cidade para saber se estavam dispostos a emprestar dinheiro à frota britânica, então aliada, ancorada na baía a caminho da África do Sul, eles responderam que era "muito mais vantajoso empregarem o seu dinheiro em [exportar] gêneros do que emprestá-lo ainda com o prêmio de 20%".[44]

As relações de crédito não eram apenas comerciais, mas de clientes com patrões. Como a maior parte das conexões de patronagem no Brasil, estas eram muito ambíguas, tanto mais porque quem tomava emprestado também era freguês. Embora os tomadores dependessem dos emprestadores, os emprestadores também dependiam dos tomadores. Estender crédito a um freguês exigia discernimento para julgar a capacidade e a boa vontade de quitar a dívida, mas não o fazer poderia significar que o freguês iria comprar de outrem. Uma carga emocional impregnava a transação, e uma ligação pessoal a fazia funcionar. Um dito popular ainda atual apresenta a questão de maneira sucinta: "Mais vale um amigo na praça do que dinheiro no bolso". Em 1865, um comerciante de carne-seca escreveu humildemente ao sócio de uma grande firma que tinha avalizado seu aluguel, dizendo, com certa hesitação:

> Compadre e amigo: Saúde e boas felicidades lhe desejo. V. Mcê fará o favor de emprestar-me a quantia de duzentos mil-réis, isto é, sendo possível, pois me é preciso hoje esta quantia para satisfazer a um credor meu. Sendo possível, pode entregar ao nosso escravo [...]. Aqui fico às suas ordens, por ser com estima.

De outro lado, uma vez estabelecida a conexão e pagos alguns artigos fornecidos a crédito, a transação seguinte seria, sem dúvida, muito mais fácil, feita com mais rapidez e menos ansiedade para as duas partes. Por definição, porém, o desejo dos tomadores de empréstimo era expandir linhas de crédito, enquanto os emprestadores tentavam diminuir os riscos limitando a quantia devida por qualquer tomador, mas mantendo-a grande o suficiente para atrair devedores/fregueses e solidificar a lealdade deles. Nessa tensão, pechinchava-se o máximo possível, lançando mão de habilidades sociais, do conhecimento da confiabilidade e do tino comercial do outro, do agudo senso de oportunidade, e da capacidade de persuadir, bajular ou ameaçar, tendo o cuidado de não ultrapassar os limites tácitos do comportamento aceitável para fregueses e patrões. O tomador, é claro, também se beneficiava da expectativa alimentada pelo emprestador de voltar a fazer negócio, que ajudava a garantir a qualidade dos artigos em questão. Informações sobre credores potenciais eram decisivas para emprestadores tanto naquela época como agora. Boas relações com tabeliães — que registravam em seus livros todas as obrigações legais de pagar, todas as ações e todos os inventários de bens e divisões de propriedades herdadas — com certeza eram valiosas para um emprestador ansioso para avaliar o perfil creditício de um tomador de empréstimo. Finalmente, nem emprestador nem tomador de empréstimo poderiam se dar ao luxo de ter uma relação exclusiva, cada qual preferindo manter vínculos com várias pessoas, multiplicando, assim, o número de patrões e fregueses. O inventário dos bens de um rico agente comercial e exportador de açúcar que morreu em 1814 relacionava muitos donos de loja como devedores, de pequenas quantias todos eles, decerto porque o emprestador desejava pulverizar o risco e porque os tomadores desejavam limitar sua dependência. A ligação credor-devedor nunca era fácil, e seus desafios estavam presentes em cada elo da corrente, do comerciante internacional ao vendedor de rua.[45]

Poucas dívidas de donos de loja, porém, tinham maior garantia do que a promessa verbal de pagar. Alguns donos de loja aceitavam joias como penhor, para garantir os empréstimos, como o faziam Ana de São José da Trindade e outras vendedoras de rua.[46] Todos os empréstimos resultavam de transações face a face, que tinham por base uma relação de confiança e conhecimento pessoal, e não princípios abstratos de honestidade aplicáveis a todo mundo. Violar as regras tácitas resultava em condenações suficientes que praticamente impediam o violador de obter empréstimos com outras pessoas. Se um lojista visse que não conseguiria pagar aos credores, entregava-lhes seus bens e começava de novo. John Turnbull, comerciante inglês, explicou que "as leis para devedores e credores lembram as da Escócia: um devedor insolvente faz uma cessão de seus bens para o credor e a partir de então é um homem livre". Isto é, como outro estrangeiro explicou ainda melhor,

> quando um falido entrega seus bens, eles são vendidos e divididos entre os credores, que não lhe podem exigir mais nada. Mas, se ele negligencia e se recusa a fazê-lo, a lei lhes dá o direito de confiscar

> tudo que ele possua, e, nesse caso, ainda continuam a ter direitos sobre qualquer propriedade que venha a adquirir, até que toda a dívida seja liquidada.

Por outro lado, o emprestador enfrentava também outras incertezas, porque, à exceção dos procedimentos para decretação de falência, poderia ser extremamente difícil recuperar dinheiro emprestado a um devedor recalcitrante. Um terceiro comentarista disse que, para recuperar uma dívida de 100$000, "pode-se perfeitamente gastar 25 ou 30$000" em custas legais e outras despesas e "perder seis meses". Apesar disso, muitos credores achavam que era negócio perseguir os devedores, e ações para recuperar dinheiro emprestado lotavam os tribunais e tomavam o tempo de meirinhos que intimavam os devedores e ameaçavam mandar embargar seus bens. Arrestos por dívidas não eram incomuns.[47]

Leiloar o conteúdo de uma loja para quitar dívidas, ou por qualquer outra razão, obedecia a um ritual realizado publicamente. O juiz, com seu escrivão presente, mandava o meirinho iniciar os procedimentos:

> Ele assim o cumpriu, dizendo altamente: "Quem quiser lançar mais nos gêneros da taberna de José Pinto de Almeida, chegue-se a mim que receberei seu lanço". [...] E aceitando o lanço, começou a publicá-lo dizendo em alta voz "onze mil, setecentos e sessenta réis dão sobre a avaliação dos gêneros existentes no armazém [...] quem mais dê, chegue-se a mim que receberei seu lanço e se arrematará". Não havendo outro maior, logo entrou a afrontar com ordem do juiz, dizendo à vista de todos os circunstantes: "Afronta faço, porque mais não acho, se mais achara, mais tomara, dou-lhe uma, dou-lhe duas, uma maior, outra mais pequenina, na praça vendo, na praça arremato, e porque não há quem mais dê, entrego o ramo" e, chegando-se para o arrematante, lhe disse estas finais

> palavras: “Faça-lhe Deus bom proveito dos gêneros da venda” [...] [e] lhe entregou um ramo verde em sinal de ter-lhe feito a arrematação que o dito juiz houve por firme e valiosa.[48]

Esse procedimento sem dúvida atraía curiosos, mesmo os que não tinham interesse em adquirir os bens. Ele demonstrava, para um público maior, não apenas as normas do comportamento comercial sensato, mas também a necessidade de prestar lealdade e deferência àqueles que emprestavam dinheiro.

Vendedoras ambulantes analfabetas não deixavam registros escritos de seus negócios. Quando vendiam fiado a famílias, certamente podiam ter dificuldade para receber a dívida.[49] Quando o comprador enganava uma vendedora, que recurso tinha ela? Mas, se uma vendedora deixasse de pagar uma dívida, suspeito que logo se espalharia a notícia, de fornecedor a fornecedor, com terríveis consequências para ela. Estar no degrau mais baixo da escada do crédito tinha seu preço.

Vendedores de rua, na maioria mulheres quase sempre negras, e donos de loja, majoritariamente homens portugueses, interagiam com pessoas de diferentes posições sociais. Seu papel financeiro refletia o social: tomando emprestado de comerciantes internacionais e emprestando para vendedores de rua, os merceeiros formavam uma camada crucial na pirâmide do crédito, transformando praticamente todos eles em emprestadores e tomadores de empréstimo, patrões e fregueses ao mesmo tempo. O irrestrito movimento dos vendedores ambulantes pela cidade, enquanto faziam negócios, ampliava seu alcance, expunha-os a outras percepções, e talvez lhes desse força, mesmo poder, especialmente a capacidade conceitual de se contrapor a grupos dominantes. Merceeiros também estabeleciam conexões através e dentro de níveis sociais, de relações com escravos — os seus e os de outros — a laços com consumidores ricos e negociantes-fornecedores. Os contatos formais e informais de merceeiros e vendedores, repetidos numa base diária, ampliavam o escopo de sua experiência com encontros face a face, sobrepondo-se a divisões de classe e etnia. Mas tanto vendedores como donos de loja estavam vinculados por percepções de posição social, percepções que formavam uma rede — flexível, mas ainda assim presente — na qual se viam envolvidos.

Além de suas transações comerciais, tanto donos de loja como vendedores de rua estabeleciam amplas redes sociais através da família e do bairro, para construir uma comunidade — dinâmica, flexível e durável. As provas de que ainda dispomos nos permitem apenas vislumbrar alguma coisa das densas conexões que donos de loja e vendedores de rua construíram e mantiveram, não apenas por intermédio de seus negócios, mas também pela proximidade residencial, por afeição e até mesmo por amor.

4. "Gente do mar"

O porto de Salvador era o eixo do comércio de alimentos, com alguns raios da roda irradiando para a cidade, e outros ligando-a a pontos de abastecimento no interior. Marinheiros, mestres e proprietários de barco faziam a conexão entre os agricultores e os merceeiros e vendedores ambulantes da cidade, tornando os moradores de Salvador dependentes deles em quase tudo. A baía também servia como rota de intercâmbio cultural, porque as pessoas da praia interagiam diariamente com as que traziam alimentos por rios e mares, com opiniões e atitudes citadinas penetrando no interior, e vice-versa. Em certa medida, a posição social dos que viajavam por mar refletia a forma da sociedade em geral, e para esses homens a vida era cheia de duros desafios e de boas recompensas.

A baía em frente a Salvador constituía a principal via de abastecimento da cidade, que dependia do transporte aquático para quase todos os alimentos, salvo a carne, que se transportava a si mesma. Em nenhuma outra grande cidade brasileira, com a possível exceção de Belém, a população dependia tanto de negociantes que usavam a água para transportar suas mercadorias. A localização da cidade, numa península relativamente estreita, determinava essa dependência, mas o fácil acesso à baía se mostrou uma dádiva dos céus, pois o transporte marítimo era com certeza a maneira menos dispendiosa de movimentar mercadorias. Já em 1612 um observador notou que "todo o meneio desta gente é por água". Em 1775, o governador-geral informou que havia 2148 embarcações baseadas na província. Vinte e três anos depois, um de seus sucessores observou que, das que operavam inteiramente dentro da baía, mais de cem aportavam em Salvador toda semana. Quanto aos barcos de comércio costeiro, o número de chegadas passava de mil ao ano. Em 1856, o número oficial de barcos e navios baseados na área chegou a 3441, operados por mais de 8400 homens (ver tabela 4.1).[1] Essa quantidade produzia notável efeito visual, quando vista da cidade alta: "milhares de barcos cruzando em todas as direções" e formando uma "floresta de mastros". Outros observadores prestavam mais atenção nas cargas, em todas as "frutas e outros vegetais tropicais [...] trazidas em pequenas lanchas ou barcos das costas vizinhas", ou nos "pontos de desembarque [onde] se ajuntam centenas de canoas, lanchas e várias embarcações pequenas, descarregando suas frutas e hortaliças".[2] Eles se revelaram especialmente importantes para abastecer os habitantes da cidade com farinha de mandioca, sua principal fonte de calorias.

CAPITÃES E MARUJOS

A função essencial exercida pelos homens que traziam alimento para a cidade era óbvia para os contemporâneos. Um governador que em 1775 recebeu ordem para realizar um recrutamento para a Marinha real explicou que se limitara a fazer um pequeno esforço, levado a efeito "sem haver o menor movimento ou alteração no povo marítimo, que eu tanto desejo conservar em

Tabela 4.1. Navios e tripulações em Salvador, 1856

TIPO DE EMBARCAÇÃO	NÚMERO	TRIPULAÇÃO TOTAL	TRIPULAÇÃO MÉDIA
Alvarengas	1543	3559	2,3
Embarcações costeiras			
Canoas	1437	3578	2,5
Lanchas	274	491	1,8
Barcos	55	135	2,5
Subtotal	1766	4204	2,4
Embarcações marítimas			
Iates	46	172	3,7
Sumacas	32	188	5,9
Pinaças	26	193	7,4
Bergantins	22	80	3,6
Escunas	3	17	5,7
Barcos a vapor	3	40	13,3
Subtotal	132	690	5,2
TOTAL	3441	8453	

FONTE: Capitania dos Portos da Bahia, Mapa demonstrativo das embarcações nacionais de navegação de longo curso e cabotagem bem como do tráfico dos portos... e dos indivíduos que n'elles trabalhão ou se empregão, 31 de dezembro de 1855. In: Diogo Tavares (chefe da Capitania do Porto) para José Maria da Silva Paranhos (ministro dos Negócios da Marinha), Salvador, 20 de fevereiro de 1857. Rio de Janeiro: Arquivo Nacional, SPE, XM-183.

quietação, principalmente o que navega da barra para dentro, pela dependência que dela têm estes moradores [da cidade], porque são os condutores do diário alimento".[3] Embora documentos como este costumem juntá-los todos na categoria de "gente do mar", mestres de embarcação e proprietários não devem ser confundidos com marujos comuns.

Apesar de os mestres de barcos pequenos ou grandes às vezes serem também proprietários, ou sócios, o mais comum era os mestres trabalharem para o dono. Como resultado disso, surgiam disputas, como quando um proprietário adiantou dinheiro a um mestre para a compra de farinha de mandioca até certo preço por unidade, e o mestre, não tendo encontrado nada por aquele preço, comprou assim mesmo.[4] Os termos de outro contrato entre o proprietário e o mestre são suficientemente reveladores da hierarquia social e da distribuição de tarefas entre os tripulantes para merecer uma longa citação. Foi preparado na cidade de Caravelas (ver mapa 4.1), na costa sul da Bahia, em setembro de 1822, durante a luta pela independência do Brasil, quando forças insurgentes tentavam sitiar Salvador, bloqueando todas as remessas de alimento.

> Vai V. M^cê^ de mestre para a cidade da Bahia na mesma lancha N. S. da Conceição cuja, nesta presente ocasião, lhe entrego carregada com [537 ½] alqueires de farinha de mandioca a qual quero que V. M^cê^ vá dispor por minha conta e [...] pelo melhor preço que puder alcançar e o estado da terra permitir. E depois de ter vendido a carga [ilegível] o resultado que [ilegível] como também de sua tabuada de ir e vir da quantia de 25$000 e pagará ao camarada Bento José da Costa de ir e vir 14$000 mas logo nesta quantia lhe dê corte [de] 2$760 que já lhe dei a conta, menos se ele lá ficar V. M^cê^ só lhe deve dar 7$000 de ir aos quais lhe deve abater os ditos 2$760. Pagará ao camarada Francisco de ir para lá 4$000 inteiro por nada dever, e se voltar fará V. M^cê^ o que deve a meu benefício. Pagará ao cozinheiro de ir 2$000. Enquanto aos dois escravos meus nada lhes dê, mas sim tenha todo o cuidado com eles, tanto sim e [ilegível] se estiverem doentes [...], mas não deixe andar [...] nem passeando por terra pois V. M^cê^ não ignora o que são escravos [...]. O que lhe sobrar me traze com toda a segurança e na melhor expedição que possa ver, pois V. M^cê^ não ignora os tempos como andam. Desvie da terra quanto puder [...]. Deus o leve e trage [...] sendo Deus com todos e por verdade lhe dou a presente carta de ordens para seu governo somente.[5]

Mapa 4.1
Costa baiana

De marinheiro escravo a cozinheiro, a "camarada", a mestre e a proprietário, as linhas de autoridade, posição social relativa e tipos de tarefa ficam claras.

Cada embarcação, porém, era um microcosmo dessa sociedade, com uma hierarquia operante, sim, mas uma hierarquia na qual o delineamento de níveis era maleável e mutável. Muitos negros e mulatos alforriados eram mestres de embarcação, assim como certos escravos.[6] Da mesma maneira que donos de loja às vezes punham escravos para trabalhar como encarregados de seus negócios, assim o fez João Damaceno Palmeira. Ele participava do comércio de alimentos com seu pequeno barco, "do qual é mestre o preto Joaquim, de nação ussá". Um anúncio de jornal de 1843 que relacionava escravos à venda mencionava um "que tem sido mestre de barco e conhecedor dos pontos do Recôncavo". De uma lista de barcos que partiram em agosto de 1786 da cidade de Maragogipe, carregados de alimento, vários eram capitaneados por escravos; quarenta anos depois, só um escravo mestre aparece numa lista dos que partiam de outro lugar, mas não sei dizer se isso representava uma tendência.[7] O certo é que, para um escravo, estar encarregado de um barco significava ser responsável pela vida de outros trabalhadores, aportar com segurança no destino estabelecido, supervisionar o embarque e o desembarque, receber os lucros — em suma, ter autoridade mesmo sobre livres e brancos. Como acontecia em outros lugares do mundo atlântico, as diferenças sociais normais eram desfeitas, pelo menos durante a viagem, e níveis e status se entrecortavam.[8]

Pessoas de modestos recursos podiam participar lucrativamente do negócio, fosse como múltiplo proprietário ou alugando a curto prazo. Um barco era propriedade de dois homens, um que vivia em Salvador e o outro numa cidade da costa meridional da província, de onde o barco transportava alimentos para a cidade. Um proprietário de barco de Salvador pôs um anúncio no jornal dizendo ter uma embarcação "própria para todo o negócio do Recôncavo" que pretendia alugar, ou para a qual buscava um mestre que fizesse negócio "por conta do dono". Um merceeiro podia ter vários para alugar, como Manuel Tavares, dono de seis barcos do mesmo tamanho e de sete marinheiros escravos. Finalmente, no mínimo um negro forro era dono de um barco, sem dúvida outro exemplo de capacidade de ascensão financeira, pelo menos até certo ponto.[9]

Para os abastados, é claro, a história era outra. Ricos comerciantes de Salvador com frequência eram donos de um ou dois grandes navios, e senhores de engenho prósperos possuíam barcos menores para levar seu produto ao porto. Pode-se aprender alguma coisa sobre os negócios de um comerciante pelo caso de Manoel José dos Santos, que tinha duas sumacas: barcos de um mastro, tipicamente tripulados por cinco ou seis homens. Sua mulher, Rosa Maria de Jesus, obtivera uma licença para sua escrava Úrsula vender nas ruas, de modo que a família podia até vender no varejo os artigos que trazia em seus barcos. Dez de seus dezesseis escravos eram marinheiros, todos nascidos na África. Ele era procurado especialmente por donos de barcos menores e de lojas em cidades do Recôncavo, quando precisavam de dinheiro; por ocasião da morte da mulher, em 1808, foram relacionados catorze devedores, alguns dos quais já sob ordem judicial para pagar. As duas sumacas de Manoel constituíam 30% de seus bens, e o valor total do patrimônio em 1809 era mais de treze vezes superior ao de Ana de São José da Trindade. Não é de surpreender que ele estivesse entre os comerciantes portugueses convocados em 1823 a fim de levantar recursos para um governo colonial em desespero e sua sitiada guarnição, que tentavam impedir a independência do Brasil.[10]

Os que de fato tripulavam essas embarcações e as alvarengas que transferiam alimentos dos navios para terra firme vinham de um estrato social muito diferente. Ainda em 1856, mais de 2 mil deles — ou seja, quase um quarto de todos os marinheiros e barqueiros de Salvador — eram escravos. Setenta e cinco anos antes, o governador tinha informado de forma mais genérica que metade de todos os marinheiros eram escravos, e que "em embarcações miúdas [...] só o mestre não é cativo" (e como já mostrei, às vezes o mestre também era). Ocasionalmente, escravos eram descritos de modo específico em inventários de bens como remadores ou "do serviço de alvarengas", mas a maioria era descrita apenas como "marinheiro" ou de "serviço do mar". Jovens escravos eram, vez por outra, inventariados como aprendizes para tal trabalho.[11] Marinheiros escravos eram forçados até a trabalhar em navios negreiros que traficavam escravos da África.[12] Era comum escravos capazes de velejar ou remar serem alugados por seus senhores para outros. Alguns escravos, porém, eram ganhadores, viviam por conta própria, talvez com suas famílias, e procuravam seu próprio trabalho.[13]

Uma grande proporção de marinheiros escravos, como acontecia entre os escravos em geral, era africana. Em 1805, dezesseis marinheiros escravos pertenciam a um dono de loja e seu sócio, que, juntos, tinham catorze barcos pequenos. Cinco escravos seus eram da África Ocidental e dez vinham de Angola; apenas um era nascido no Brasil. Africanos provenientes de regiões costeiras sem dúvida conheciam bem o mar, pois alguns tinham viajado em pirogas até mesmo entre a costa oeste da África até Angola. Eles atribuíam ao mar um significado espiritual, e chegavam a escolher as árvores para fazer canoas de um só pau por seu poder sagrado. Quando os portugueses e outros europeus chegavam à costa da África, era o costume empregar tripulantes africanos e ensinar-lhes o uso das velas e do cordame.[14]

Esses escravos, como os marinheiros em geral, não tinham vida fácil. Subiam nos mastros, armavam velas e manobravam o leme em mar, estivesse revolto ou calmo, para não falar em remendar velas, enrolar cordas, manter as polias em ordem, bombear água do fundo da embarcação, atirar redes para pescar, cozinhar sua comida e ficar de vigia à noite. Era trabalho pesado. Dos dezesseis marinheiros escravos já mencionados, cinco padeciam de defeitos físicos provavelmente causados por seu trabalho, incluindo pés inchados, virilha machucada e canela torta em consequência de um golpe. Um deles tinha um tumor na perna. Como todos os marinheiros da época, esses escravos estavam o tempo inteiro em contato com alcatrão, que selava as fendas entre as tábuas do convés e do casco e era amplamente usado para preservar madeiras e cordas contra os efeitos da água. Agarrava-se aos pés, às mãos e à roupa dos marujos. Hoje se sabe que o alcatrão pode levar ao câncer, sendo rotulado como substância tóxica e perigosa. As feridas psicológicas resultantes da escravidão podem no máximo ser imaginadas: um desses escravos era um bêbado, outro tinha "o vício de comer terra", mania conhecida como geofagia, agora associada a severa deficiência vitamínica.[15]

Apesar desses perigos, marinheiros escravos desfrutavam de algumas vantagens sobre outros escravos. As múltiplas tarefas que executavam exigiam muita habilidade, fonte da autoestima, do orgulho e do senso de valor que vêm do trabalho bem executado. Em tempos de crise — tempestade, vazamento, uma âncora arrastando, uma vela rasgada —, ações rápidas, apropriadas e precisas eram cruciais. Habilidades sempre ajudavam a fortalecer o poder de um escravo em relação ao seu dono, porque um trabalho deliberadamente desleixado podia ser usado para punir um senhor por transgredir as regras costumeiras de tratamento de escravos. Como as vendedoras de rua, os marinheiros escravos tinham contato com muita gente, além de seus donos, de seus companheiros imediatos ou de membros da família, em nítido contraste com os escravos de eito num canavial. A ampliação de suas relações sem dúvida alargava seus horizontes mentais, sugeria formas alternativas de lidar e aprofundava sua consciência do mundo em redor.[16]

Ex-escravos, negros livres e mulatos livres, assim como brancos pobres, trabalhavam ao lado dos escravos na operação desses barcos. Mais de 4 mil dos ocupados no mar em 1856 eram livres, mas não brancos. Como as vendedoras de rua, muitos deviam ter comprado a liberdade e continuavam a exercer seu negócio. Um marinheiro de sorte poderia, como o jovem Valentim, ter sua liberdade comprada por outra pessoa, nesse caso a mãe africana. Talvez ela fosse vendedora. Um quarto de todos os tripulantes em 1856 era de homens brancos que exerciam sua profissão junto com escravos e negros livres. Uma sumaca que transportava farinha de mandioca da província de Sergipe para Salvador velejava com uma tripulação bem grande, de catorze homens: dois escravos africanos, um escravo mulato, um africano forro, sete nascidos livres em Sergipe (raça não declarada) e dois de Portugal, além do mestre proprietário português.[17]

OS BARCOS

Que tipos de barco eram tripulados por esses homens? Os cascos que traziam alimentos para a cidade podem ser classificados por seu tamanho, e então também pelo lugar de onde vinham, o que transportavam e o número de tripulantes. Os mais numerosos eram as canoas à vela, que, em versões menores, ainda hoje se veem com regularidade cortando as águas da baía e seus rios tributários, e até mesmo saindo para o mar em viagens curtas. Em 1755, um recenseador contou 1392, e em 1856 havia 1437. Tipicamente, mediam de sete a 22 metros de comprimento, e de 0,66 a 1,2 metro de largura. Um inventário dos anos 1850 relacionava uma canoa que media onze metros de comprimento por 66 centímetros de largura. Podiam ser varejadas ou remadas em águas rasas, mas em geral tinham uma ou duas velas latinas triangulares presas de um lado ao mastro e, numa das pontas, a uma corda segurada pelo marinheiro. "Parecem imensos pássaros", disse um contemporâneo. Tábuas largas postas ao lado como uma espécie de quilha temporária davam estabilidade nos ventos fortes. Com uma cana de leme, eram conhecidas pelo baixo calado, pela manobrabilidade e pela velocidade, qualidades que as tornavam altamente desejáveis para o comércio. Em 1816 uma dessas canoas dada como parte de um dote valia entre um terço e metade do custo de um bom escravo.[18] As canoas podiam ser navegadas por uma única pessoa, apesar de, na maioria das vezes, terem dois, e às vezes três, marinheiros (ver tabela 4.1).

Dois ou três homens habilidosos eram necessários para tripular outro tipo de embarcação muito usado no comércio de alimentos, com cascos de cavername, e longarinas, vaus e tábuas exteriores dispostos lado a lado, não sobrepostos, com as fendas cuidadosamente calafetadas. Os "fundos de prato" desses barcos minimizavam o calado, que nunca excede noventa centímetros, e em geral eles entravam no porto na maré alta e adernavam na praia na maré baixa. Não eram mais longos do que as maiores canoas, porém eram mais fundos e largos, com a largura correspondendo, mais ou menos, a um terço do comprimento.[19] Também usavam velas latinas, mas quadrangulares, com um pau de carga segurando a parte de baixo. Podiam velejar quase de frente para o vento, o que lhes dava a "velocidade de setas", consideração importante quando se velejava para o norte rumo à cidade a partir da costa sul da Bahia, onde os ventos predominantes, exceto no inverno, são o norte ou o nordeste.[20] Apesar das marcantes variações de tamanho, que iam de vinte a 120 toneladas, do formato da proa ou da existência ou não de castelo ou torre, três

Figura 4.1. Veleiro com provisões, 1835.

palavras para esse tipo de embarcação eram usadas indiferentemente, às vezes no mesmo documento, para descrever o mesmo barco: "saveiro" (também chamado de "saveiro da Bahia", para distingui-lo das barcaças usadas no Rio de Janeiro), "lancha" e "barco" (ou "barca", ou "barco do recôncavo"). "Alvarengas", ou seja, barcaças, tinham o mesmo tipo de casco, mas dependiam sobretudo de remos e varas, mais do que de velas, e eram usadas no serviço de descarga de navios; desoladoramente para os historiadores, às vezes também eram chamadas de "saveiros" pelos contemporâneos. Vou chamar todos eles de "barcos".[21]

Encontrava-se um conjunto mais complexo de gradações e relações sociais em navios como as sumacas de vela quadrada, os bergantins, as chalupas, os iates (com dois mastros e velas latinas quadrangulares), navios mercantes com dois ou três mastros denominados galeras, escunas, e as chamadas corvetas, a maioria fabricada na região. Tipicamente requeriam uma tripulação maior, de mais ou menos seis homens. Essas embarcações traziam alimentos básicos em grandes volumes, de outros portos brasileiros para Salvador. Também podiam ser equipadas para viagens transatlânticas, e muitas chegavam com escravos, produtos manufaturados e em especial alimentos importados da África, Europa ou Ásia. A tonelagem às vezes era de apenas 56, portanto a diferença essencial entre elas e outras embarcações era a forma de suas profundas quilhas, que as impedia de aportar na maioria dos portos e as obrigava a recorrer a barcos de transbordo para o serviço de carga e descarga.[22] Em Salvador, costumavam ancorar "paralelas ao Forte do Mar", diferentemente das "lanchas que sempre e com ressaca estão ancoradas próximas à terra" (ver mapa 1.3).[23] Das que participavam do comércio de alimentos, as sumacas eram mencionadas com mais frequência, com os bergantins vindo logo em seguida.

AS CARGAS

Marinheiros e mestres eram responsáveis pelas cargas, que variavam de acordo com o tamanho da embarcação e sua origem. As rápidas canoas transportavam principalmente alimentos perecíveis e artigos que não estragavam com os esguichos de água salgada ou com a chuva, em especial hortaliças e frutas frescas, peixes ou frangos, apesar de as mercadorias serem protegidas da chuva por lonas ou palhas. Outras embarcações que atravessavam a baía ou bordejavam a costa traziam diversos víveres essenciais, como as "grandes sumacas [...] que todos os dias entram e saem continuamente", descritas em 1781 como "carregadas de milho, feijões, farinha, caixas de açúcar, carnes secas, peixes salgados e secos", e por um governador em 1789 — referindo-se, de maneira específica, tanto aos navios maiores como aos barcos — como carregadas de "caixas de açúcar, farinha de mandioca, arroz, feijão, milho, peixes salgados, madeiras, [...] casca de mangue para curtumes, [...] algodões, café e outros gêneros", além de telhas, tijolos e vasilhas de barro vermelho.[24]

A farinha de mandioca, principal elemento da dieta da cidade, constituía a maior parte das cargas de alimento. Era produto das longas raízes tuberosas da mandioca, delgado arbusto nativo da América tropical que cresce em média de 1,5 metro a dois metros, não exige solo rico e apresenta uma resistência excepcional à seca. É incomparável na produção de calorias comestíveis por área de terra plantada. O cultivo da mandioca é relativamente fácil e, se o solo for bem drenado, as raízes podem ser deixadas no chão por até dois anos depois de completar seu ciclo de desenvolvimento, permitindo ao agricultor escolher o momento adequado de prepará-la para venda. A farinha propriamente, não tem "germe" que a estrague e pode ser guardada em lugar seco durante meses.[25] Há muitas variedades de mandioca. Uma delas, chamada "aipim" na Bahia e "yuca" no Caribe, pode ser deixada de molho, descascada, cozida e comida de imediato, mais ou menos como as batatas. Mas as raízes das variedades mais importantes para o comércio de alimentos de Salvador contêm uma substância tóxica, o cianeto de hidrogênio, ou ácido cianídrico (prússico), que precisa ser removido. Os índios aprenderam a fazê-lo bem antes da chegada dos portugueses, e estes últimos logo adotaram a técnica para uso próprio. O pessoal da roça pegava as raízes, raspava a casca lenhosa com uma faca especial e ralava-a num pequeno ralador cilíndrico de alta velocidade impulsionado por uma polia. A força motriz geralmente era humana, muito embora às vezes se usasse também força animal ou hidráulica. Uma vez ralada, a mandioca era espremida numa grande "prensa de parafuso ou alavanca" para expelir o líquido malcheiroso e, com ele, a maior parte do ácido. Um trabalhador secava a mandioca numa grande chapa de tijolo ou cobre de cerca de 1,5 metro de diâmetro, tendo o cuidado de, ao revirá-la com uma espátula de madeira, arrastar a farinha da parte mais fria para a mais quente. Esse processo retira o que resta do ácido nocivo. Uma vez seca a mandioca, uma peneiração cuidadosa produz vários graus de farinha: o mais fino dos quais lembra farinha de trigo um pouco bronzeada.[26] A farinha resultante tem um teor notavelmente alto de amido, mas pouquíssima proteína e quase nenhuma vitamina.

Todo mundo em Salvador comia farinha de mandioca. Por seus múltiplos usos na culinária, é fácil compreender que os moradores a consumissem em grandes quantidades. Pode ser usada até para fazer pão, especialmente se misturada com farinha de trigo, mas sua principal função era a de espessante no preparo de molhos de carne ou outros molhos fortes, como o caldo do feijão cozido. Quando bem temperado, outro elemento importante e saboroso da dieta baiana era e é o pirão, que era feito acrescentando-se, aos poucos, farinha de mandioca ao caldo quente e mexendo-se cuidadosamente no fogo até ele adquirir consistência de mingau grosso. "Todo mundo aqui come farinha de mandioca e isto debaixo de todas as formas e especialmente [...] pirão", comentou um estudante de medicina nos anos 1880. A farinha de mandioca era usada em papinha de criança, e acrescentada ao café com leite quente no café da manhã. Além disso, era importante ingrediente do cuscuz, acompanhamento cozido que pode ser salgado ou doce. Bananas eram passadas na farinha de mandioca, antes de comidas. Tostando a farinha e acrescentando cebolas, temperos, ovos cozidos e um pouco de azeitona, cozinheiros produziam a farofa, para acompanhar pratos de carne.[27] Não é de surpreender que, segundo um relato de 1799, o povo da Bahia, quando lhe ofereciam pão, pedisse farinha de mandioca para comer junto, e a casa de um homem extremamente rico do elegante distrito de Vitória tinha um cômodo só para estocá-la. Pouca gente consumia farinha de trigo.[28]

Figuras 4.2 e 4.3. Casa de farinha, 1960.

Figuras 4.4 e 4.5. Casa de farinha, 1960.

Tabela 4.2. Quantidade média de farinha de mandioca no celeiro público por década, 1780-1840

DÉCADA	MÉDIA ANUAL (EM ALQUEIRES)	DÉCADA	MÉDIA ANUAL (EM ALQUEIRES)
1780	252 735	1820	373 327
1790	286 369	1830	414 304
1800	304 025	1840	406 046
1810	356 869		

FONTE: Quantias calculadas do Apêndice B.

Por no mínimo um século a ração diária padrão de farinha de mandioca para escravos, soldados, marinheiros, presos, empregados e pensionistas era de um quadragésimo de alqueire, ou 0,907 litro, quantidade que pesava cerca de 625 gramas.[29] Isso fazia dela o equivalente de rações usadas em outros lugares.[30] Essa quantidade de farinha de mandioca fornecia de 2 mil a 2,5 mil calorias, mais ou menos o que um homem adulto trabalhador necessita diariamente nos trópicos.[31] Mas a farinha de mandioca também era usada como padrão de valor ou meio de troca, e, dessa maneira, cifras contemporâneas nem sempre representam a entrega, de fato, de tanta farinha de mandioca, ou, quando esse era o caso, esperava-se que parte da farinha fosse vendida ou usada para sustentar uma família. Uma tabela de pagamento de tropas indicava o valor monetário de uma "ração de etape" de farinha de mandioca para calcular com precisão quanto dinheiro cada soldado receberia.[32] É provável que nem todo preso, soldado ou escravo recebesse, concretamente, sua ração diária, e os encarregados da distribuição às vezes eram acusados de desviar parte dela para vender, embolsando os lucros.[33]

É impossível saber com exatidão quanta farinha de mandioca a cidade de Salvador consumia, porque o único registro, mantido pelo celeiro público, não fazia distinção entre o que se destinava a outros lugares e o que era vendido no mercado local. Suas anotações mostram que o volume registrado subiu de cerca de 253 mil alqueires por ano na década de 1780 para 406 mil nos anos 1840 (ver tabela 4.2), mas a população também cresceu. Ainda que tudo isso fosse consumido dentro da cidade, a quantidade negociada no celeiro caiu de 0,646 para 0,531 litro por pessoa/dia, consideravelmente menos que o padrão de 0,907. Dados per capita, porém, atribuem a crianças de colo, mulheres e idosos o mesmo peso destinado aos homens sadios, e esses números, portanto, talvez não apresentem uma inconsistência tão radical em relação aos das rações apresentadas acima.[34]

Embarcações que transportavam farinha de mandioca partiam sobretudo de áreas dos extremos sul e sudoeste do Recôncavo, onde o solo era relativamente arenoso e as plantas de mandioca se desenvolviam bem (ver mapa 1.1). Na cidade comercial de Nazaré, cerca de 10 mil a 12 mil alqueires eram vendidos aos sábados. Os municípios de Jaguaripe e Nazaré forneciam 43% da farinha consumida em Salvador.[35] A área que abastecia a cidade, porém, ia muito além do Recôncavo. Primeiro, as cidades que se estendiam para o sul pela costa do Atlântico, até Camamu e os vilarejos que se alinhavam ao longo de sua grande baía, eram pontos de abastecimento de onde barcos pequenos facilmente velejavam para a cidade (ver mapa 4.1). Viajar de qualquer dos portos mais ao sul que se estendiam até São Mateus exigia um barco maior, pois grande parte da navegação se fazia em alto-mar. Havia ainda outros pontos de abastecimento ao norte, na província de Sergipe, logo depois da divisa com a Bahia. Por fim, em tempos de demanda particularmente intensa, tripulações traziam alimentos de ainda mais longe, do Rio de Janeiro, de Santos e em especial da província de Santa Catarina, onde abundantes suprimentos de farinha de mandioca eram obtidos, e necessariamente transportados apenas em navios de quilha saliente (ver mapa I.1).

Figura 4.6. Veleiros atracados em Nazaré antes de zarpar para Salvador, 1860.

Figura 4.7. Saveiros em frente à cidade, 1960.

Quanta farinha de mandioca um barco podia transportar? Como a farinha precisava permanecer enxuta, canoas só eram usadas em circunstâncias excepcionais. Apesar da terminologia confusa e sobreposta, em geral barcos eram maiores do que lanchas, e lanchas, maiores do que saveiros. Da farinha de mandioca transportada de Jaguaripe para Salvador durante dois meses de 1826, os barcos transportaram em média 503 alqueires, ao passo que as lanchas, em média apenas 92. Apesar disso, uma lancha transportou quatrocentos alqueires. Sumacas e iates eram bem maiores, transportando, com frequência, acima de mil alqueires, às vezes até 2 mil, 3 mil ou 4,5 mil. O bergantim os sobrepujava: um deles despejou 7,85 mil alqueires em Salvador.[36] Descarregar quantidades tão grandes exigia estivadores em terra firme, mas os mestres esperavam que seus tripulantes ajudassem. Essa atividade vigorosa e coordenada produzia muito movimento no porto.

O DIA A DIA

A gente do mar desenvolvia habilidades e percepções culturais distintas, que nos dizem muita coisa sobre a vida que eles levavam, suas posições sociais e sua influência sobre outras pessoas. Os tripulantes dos barcos que abasteciam Salvador notabilizavam-se por muitos tipos de expertise, sendo a primeira delas o conhecimento das melhores rotas. Canoas e barcos com alimentos para a cidade chegavam a Salvador não apenas através da baía, mas saíam de vários portos costeiros ao sul e navegavam por trás de ilhas, mantendo-se no mar aberto só por curtas distâncias entre um e outro ponto de proteção. De Maraú, por exemplo — a cerca de 135 quilômetros de Salvador em linha reta —, e de qualquer ponto na extensa baía de Camamu, era fácil chegar, por uma curta enseada, a uma grande ilha, atrás da qual era possível, para citar uma fonte de 1781, "navegando em rio morto", passar por Cairu e Valença, outras áreas de produção de alimentos, até um ponto ao norte do morro de São Paulo. Atravessando outro pequeno trecho aberto chegava-se à ponta meridional da ilha de Itaparica, onde um barco podia juntar-se a todos os outros que desciam o rio de Nazaré e Jaguaripe (ver mapa 1.1). Com bom tempo, dali seguiam direto para a cidade, mas, se fosse necessário, atravessavam para o que era chamado de "a barra falsa", entrando no estreito atrás de Itaparica e emergindo na ponta setentrional da ilha, de onde já avistavam a cidade do outro lado de sua baía maravilhosamente protegida.[37] Embora aumentasse o tempo de viagem, essa rota possibilitava aos pequenos barcos escapar de ventos fortes e tempestades perigosas. Não era isenta de riscos, porém. A passagem era estreita, e as águas rápidas de uma maré vazante com frequência provocavam naufrágios. Quando muito, apenas "pequenas embarcações de três velas particulares do país, [medindo] de cinquenta a sessenta palmos de comprimento", isto é, de onze a treze metros, conseguiam atravessá-la, mesmo que, em tempo de guerra, pelo menos uma escuna tenha recebido ordem para tomar essa rota. Suspeitou-se que em 1842 um iate a tenha usado sub-repticiamente para deixar a área.[38]

Marujos de todas as embarcações ficavam de olho nas mudanças do tempo. Nem mesmo dentro da baía de Salvador estavam livres de perigo. Durante os meses de outono e inverno, as rajadas de vento podiam mudar inopinadamente de direção até 270 graus. Essas tempestades sazonais impediam a chegada de barcos à cidade tanto através da baía como vindos dos portos do Sul; nos primeiros tempos, antes da criação em 1785 de um celeiro público e um armazém, o resultado eram "faltas grandes [...] repentinas" de alimentos na cidade. Depois de 1816, barcos menores entravam na enseada de Itapagipe, logo ao norte da cidade (ver mapa 1.2), e chegavam às docas através de um canal recém-

Figura 4.8. Veleiros descarregando provisões numa praia de Salvador, 1960.

-construído. Em qualquer estação, as escarpas da cidade quebravam os ventos, mas também os tornavam muito mais imprevisíveis. Para navios maiores que vinham do Sul do Brasil ou do outro lado do mar, os bancos de areia na entrada da baía, não assinalados e sempre mudando de lugar, representavam outro perigo.[39] O transporte aquático criava desafios para toda a "gente do mar".

As distinções sociais talvez se desmanchassem quando tripulantes faziam companhia uns aos outros por um longo tempo. Os barqueiros calculavam que a travessia de Camamu a Salvador levava 24 horas com tempo bom. Navios do Rio de Janeiro levavam cinco dias, com tempo bom, e muito mais se os ventos fossem contrários.[40] Por certo, em meio às tarefas comuns desenvolvia-se um clima de camaradagem, independentemente de raça ou situação jurídica, sabendo-se que o trabalho efetivo de cada um garantia a segurança de todos. E alguns deviam dormir enquanto outros ficavam de vigia, numa demonstração de confiança.

Marinheiros e mestres desfrutavam de uma mobilidade geográfica necessária, o que significava que pessoas de cor cruzavam o Recôncavo e subiam e desciam pela costa baiana, encontrando por onde andavam escravos confinados à terra firme, outros negros e mulatos, brancos pobres e proprietários de barco de melhor condição. Em suas conversas reforçavam o que tinham em comum, relatavam experiências, questionavam suas próprias opiniões arraigadas, trocavam ideias e partilhavam conhecimentos.

E marinheiros espalhavam notícias. Graças a eles, informações sobre acontecimentos do outro lado do Atlântico, em outras partes do Brasil, na cidade ou no campo difundiam-se com rapidez por toda a região. Um navio de além-mar, quando entrava no porto, era recebido por remadores de alvarengas e canoeiros que vendiam frutas e hortaliças frescas. Inevitavelmente trocavam informações com marinheiros a bordo, que por sua vez se encontravam com trabalhadores das docas e estivadores. Marujos, mesmo de passagem, demoravam-se dias ou semanas na cidade, enquanto mercadorias eram descarregadas e recarregadas, e o navio, reparado e aprovisionado. É de supor que bebessem e se divertissem muito nas vendas, enquanto conversavam com moradores, entre eles vendedoras de rua, com isso entrando em contato com outro sistema, urbano, de propagação de notícias. Fatos sobre a Revolução Francesa circularam amplamente em Salvador, e os acontecimentos políticos no Caribe foram muito discutidos, como ocorreu em outros pontos das Américas. Na cidade de São Francisco do Conde, à beira da baía, proprietários de escravos informaram, em 1816, que o espírito de insurreição se generalizara entre os escravos, "fomentado especialmente pelos da cidade [Salvador], aonde as ideias de liberdade comunicadas pelos marinheiros pretos vindos de São Domingos são gerais".[41]

Um inquérito sobre a revolta africana encabeçada por muçulmanos em 1835 revelou, nas palavras do presidente da pro-

Figura 4.9. Saveiros descarregando farinha, 1960.

víncia, que "em diversas partes do Recôncavo, e até [...] na vila de Valença, consta haver indícios de que a insurreição se ramificava por diversas partes da província, onde os insurgidos entretinham comunicações e inteligências". Os marinheiros foram o meio pelo qual provavelmente se deu essa coordenação, estabelecendo uma rede clandestina de comunicações através da rede ostensiva das ligações comerciais. Depoimentos posteriores revelaram que barqueiros muçulmanos se reuniam com outros da mesma religião para realizar refeições rituais em Salvador e que um barqueiro escravo participou de forma ativa da rebelião. Um africano forro que tinha um barco foi acusado, junto com a mulher, de participar do movimento, porque a polícia encontrou em sua casa indícios de culto e escritos muçulmanos. Mas com certeza o maior papel que esses e outros marinheiros desempenharam nos acontecimentos de 1835 foi simplesmente através dos contatos estabelecidos no exercício de suas tarefas diárias. Catorze anos depois, um apavorado chefe de polícia do Rio de Janeiro alegou que africanos em Salvador ainda estavam se "correspondendo" com africanos no Rio, para lá despachados depois do levante, e que o faziam "por escrituras de cifras". Pode ser, porém, que essas comunicações por escrito, se existiram, tivessem mais a ver com religião do que com revolta. Pouco depois do fim do comércio de escravos, em 1850, *quakers* ingleses em missão antiescravista ao Rio de Janeiro descobriram que libertos de fala iorubá tinham fretado um navio para levá-los de volta à África, e que planejavam fazer escala em Salvador, sem dúvida porque continuaram em contato com gente de lá, que a eles se juntaria na empresa. Esses africanos claramente mantinham relações através de centenas de quilômetros, e marinheiros devem ter desempenhado parte crucial em suas comunicações, levando e transmitindo recados e notícias.[42]

* * *

Ao transmitir e criar padrões de comportamento, dando significado a suas experiências, a gente do mar desempenhava uma função crucial na vida cultural e até política de Salvador, que ia muito além do sustento físico de seus habitantes. Trabalhar nas águas significava ter mobilidade geográfica e contato com uma grande diversidade de pessoas, o que ampliava experiências e gerava autoconfiança. Independentemente dos tipos de embarcação em que navegavam, de quantos homens formavam cada tripulação e do tamanho da carga que transportavam, esses homens estabeleciam elos de comunicação que não eram esquecidos com facilidade.

A ambiguidade de hierarquia é evidente entre eles. À primeira vista, aparece com a maior clareza: donos de barco diziam aos mestres o que deviam transportar e decidiam qual seria o destino; mestres comandavam ajudantes, porque estes eram pagos, e os escravos porque eram escravos. Olhando mais de perto, porém, descobre-se que escravos ocasionalmente se tornavam mestres, com autoridade sobre ajudantes brancos, e que negros forros adquiriam seus próprios barcos pequenos. Um escravo que capitaneava um barco não deixava de ser escravo, mas era muito mais do que isso também, pois tinha responsabilidades importantes e exercia autoridade até mesmo sobre homens livres. Marinheiros sofriam com o trabalho, que era ininterrupto e perigoso, mas também podia levar à solidariedade com outros, independentemente de cor ou situação jurídica. Quer fossem escravos, quer fossem homens livres, suas habilidades eram fundamentais para o êxito do negócio, fomentando autoconfiança e orgulho pela qualidade do trabalho. Eles com certeza tinham de cooperar ativamente para o bem comum.

5. O celeiro público

Marujos, capitães e donos de barco se encontravam com estivadores e carregadores, e com pequenos e grandes comerciantes no celeiro público à beira da baía em Salvador (ver mapa 1.3). Enquanto os vendedores de rua se acotovelavam e empurravam uns aos outros para comprar as hortaliças, as frutas, os peixes e as galinhas que chegavam de barco em todas as praias e desembarcadouros, no celeiro público homens e mulheres estavam sujeitos a regras institucionais específicas, que uma pequena burocracia fazia cumprir num único e determinado lugar. Diferentemente das mercearias, o celeiro público concentrava-se em apenas quatro alimentos essenciais: arroz, feijão, milho e, em especial, farinha de mandioca. Pessoas dos mais variados tipos ali se juntavam, e, ao cruzarem seus passos, tornavam indistintas, ainda que apenas nesse ambiente e por pouco tempo, as fronteiras sociais que as separavam. Essa proximidade podia criar ao mesmo tempo oportunidades de atrito entre elas e possibilidade de aliança e ação comum.

Até 1785, a maioria das embarcações que transportavam farinha de mandioca ancorava na baía perto da praia. Ali a farinha era vendida para os que se aproximavam em barcos a remo ou alvarengas. Quem quisesse comprar suprimento para uma só semana dificilmente conseguia fazê-lo. Além de ter de alugar um barco a remo, "se arrisca o negro ou a negra que vai a bordo comprar, e não menos se arrisca o dinheiro e o saco". A qualidade da farinha recebida nem sempre correspondia à da amostra, e a medição não era feita na presença dos compradores, só na de seus escravos. Dessa maneira, quem comprava eram, basicamente, os donos de mercearia ou atacadistas, que o faziam em grandes quantidades. Em época de escassez, o governador ordenava aos milicianos que distribuíssem a farinha de forma equitativa; mas, em vez disso, os sargentos separavam quantidades enormes para os figurões e vendiam o resto a bordo ou em suas próprias lojas por preços absurdos, ignorando as objeções de funcionários da câmara e deixando ir "para suas casas os pobres sem a mais pequena medida de farinha para subsistência de suas famílias".[1]

Numa época em que, como disse um professor local de grego, "o povo [da cidade], cometido da fome, se achava como em um desesperado frenesi", o governador Rodrigo José de Menezes e Castro — depois de visitar pessoalmente as áreas de abastecimento do Recôncavo e dedicar ao assunto "séria reflexão" — tomou medidas para melhorar a situação. Em público, ele dizia ter sido inspirado pela "falta de mantimentos da primeira necessidade que há tempos a esta parte experimenta o povo desta cidade", mas para a Coroa acrescentou que a escassez fora provocada por "monopolistas", e que pretendia evitar "desordens" a bordo dos barcos.[2] Para sua solução, usou como modelo o Terreiro de Trigo de Lisboa, fundado no século XVI, que funcionava como mercado central por onde todo o trigo que chegava à cidade tinha de passar, tornando as quantidades visíveis para todos e permitindo comparar a qualidade dos produtos.[3] O governador também levou em conta as queixas dos produtores e dos capitães de barco que traziam alimento para a cidade. Em vez de descarregarem de uma vez e deixarem outras pessoas encarregadas de vender o que tinham trazido, enquanto voltavam para ir buscar mais, eram obrigados a perder dias ancorados, à espera de fregueses. A bordo a farinha podia estragar com a chuva e a umidade, o que não era interessante para ninguém. Em dias de vento desfavorável, não chegavam barcos, deixando a cidade à míngua mesmo em tempos de abundância. Dessa maneira, em 1785 o governador Menezes criou o celeiro público. Essa instituição tinha a vantagem adicional de permitir às autoridades observar atentamente a disponibilidade de suprimentos.[4]

O governador Menezes aderia ao princípio iluminista de que era possível oferecer soluções racionais para a maioria dos problemas, e achava que o governo devia ajudar a encontrá-las. Nos três anos em que servira como governador de Minas Gerais, antes de ir para a Bahia em 1784, demonstrara um ousado (se bem que por vezes violento) espírito de inovação, construindo estradas, incentivando uma nova busca do ouro e ordenando intensos ataques aos índios. Também abandonou a fórmula colonial segundo a qual todos os produtos manufaturados deviam ser fornecidos pela metrópole, propondo com veemência que se criasse uma fundição. Na Bahia, dedicou imensa energia aos melhoramentos urbanos. Construiu um muro de arrimo para proteger a cidade baixa de deslizamentos, criou um matadouro e estabeleceu um leprosário. Um quase contemporâneo seu, que acreditava no *laissez-faire* e era crítico severo das ações de Menezes, declarou que ele agia guiado por "piedade e zelo mais religioso do que político". Mas uma câmara entusiasticamente laudatória pediu à rainha que o mantivesse como governador em Salvador.[5]

Encontrar um lugar para o mercado não foi fácil. Construí-lo a partir da estaca zero seria impensável, embora muito provavelmente Menezes tivesse pensado nisso como solução de longo prazo. Em vez de fazê-lo, apossou-se do andar térreo do armazém do Arsenal de Marinha, logo ao sul do centro comercial, na cidade baixa e de frente para sua principal igreja. A figura 1.1 mostra essa igreja a dois terços da distância da esquerda para a direita, no nível mais baixo da cidade; o celeiro público fica no primeiro plano, à beira-mar. O arsenal tinha uma pequena doca, em forma de meia-lua, que permitia a dois ou três barcos de tamanho médio entrar e descarregar com segurança.[6] Menezes mandou construir grandes tulhas de madeira enfileiradas no antigo armazém, cada uma com capacidade para quinhentos alqueires de farinha de mandioca (mais de 18 mil litros), e também preparar numerosas caixas para quantidades menores, de até 250 alqueires. Os corredores entre as tulhas tinham largura adequada para que quem trouxesse apenas uma saca ou duas (tipicamente, uma saca continha dois ou três alqueires) as deixasse ali sem atrapalhar o movimento de fregueses e estivadores. Menezes acrescentou uma sacada numa extremidade para que os funcionários pudessem supervisionar todo o espaço. A área geral do mercado não está explicitamente declarada nas fontes, mas anos depois, quando os titulares das tulhas e caixas foram identificados, havia 87. Todo o andar acima do mercado tinha, em certa época, servido de alojamento para oficiais da Marinha, mas os militares preferiam procurar quartos na cidade alta, e ali passou a funcionar o hospital naval. Ao que tudo indica, só em meados do século XIX alguém contestou esse arranjo, invocando a saúde pública, não obstante o fato de que, naquela época, e supostamente antes, "parece [que] de propósito os doentes e enfermeiros [do dito hospital] procuram manter no referido pátio a existência de lixos e águas imundas", na frente do celeiro.[7]

Nesse mercado os diversos participantes do comércio de farinha de mandioca se encontravam face a face. Os primeiros dias do celeiro, em setembro de 1785, foram tumultuosos. Multidões se reuniram para comprar seus suprimentos, e a pressão foi tão grande que, segundo consta, alguns escravos descalços tiveram os pés esmagados. Uma semana depois da abertura, porém, o governador gostou tanto do resultado que decidiu incluir, além da farinha de mandioca, feijão, arroz e milho como artigos chegados por via marítima que só podiam ser vendidos ali. Com o tempo, a farinha passou a representar 87% dos negócios.[8]

A estrutura institucional do mercado adquiriu importância não só por ser onde a "gente do mar" se encontrava com os comerciantes, mas por ditar as regras que governavam as transações. O regulamento era simples e direto. O mercado ficaria aberto "todos os dias do ano do nascer ao pôr do sol" mesmo nos dias em que a Igreja proibia o comércio, por ser a farinha de mandioca "para o cotidiano sustento". Uma pequena taxa era cobrada por alqueire para financiar o funcionamento do mercado, e qualquer renda excedente era destinada ao recém-criado leprosário. A taxa se aplicava a todas as provisões chegadas por via marítima — tanto as destinadas ao consumo da cidade como as de reenvio para outros portos da baía ou exportação para além da capitania — e ainda que os donos continuassem a vender sua carga à moda antiga, nos próprios barcos. Se quisessem usar o mercado, recebiam a chave de um recipiente, ou de mais de um, quando a carga era grande.[9]

Pelos estatutos, o administrador tinha de ser um comerciante de reconhecida honestidade, que visitaria o mercado duas vezes por dia, de manhã e de tarde. Designado pelo período de um ano de cada vez, não recebia pagamento por seu serviço "porque, devendo ser um homem de cabedal e de honra, é de esperar dele [que] se satisfaça com a glória que resulta a todo o bom patriota de servir ao público". Mas ele também tinha muito poder, pois podia mandar prender capitães ou aqueles que "dentro [do celeiro] ou no lugar das descargas e condução da farinha fizerem motim ou outra qualquer desordem". Um escritor acusou esses administradores de exercerem "despótica autoridade".[10]

O calibre dos administradores que o governador Menezes tinha em mente pode ser julgado por sua primeira indicação: Inocêncio José da Costa, o próspero comerciante português que tinha sua própria capela para rezar missa. Ele pertencia às irmandades mais prestigiosas de Salvador e era irmão da Santa Casa de Misericórdia e membro da Ordem de Cristo. Tinha um irmão magistrado na Relação. Inocêncio casou-se com a filha de um marechal ligado à nobreza de Portugal, e quando ela morreu obteve permissão da Igreja (não sabemos de que meios lançou mão) para casar-se com a cunhada, e depois com a filha do primeiro casamento de sua segunda mulher. Três vezes casado e viúvo, não teve filhos. Queria ser sepultado ao lado das três esposas, especialmente a terceira. O governador não esperava atrair esse homem com salário, mas com acréscimo de prestígio e autoridade.[11]

Outros administradores do mercado tinham antecedentes parecidos. Adriano de Araújo Braga, negociante internacional e comerciante de escravos, serviu de 1796 a 1799. Quando morreu, em 1816, era, entre outras coisas, sócio-proprietário de três embarcações: um navio, um bergantim a que dera o nome de *Imperador Adriano* e uma sumaca. A sumaca acabara de chegar de Angola com 75 escravos, onze dos quais logo morreram. Seu equipamento de bordo incluía coleiras de aço, grilhões e grande número de pipas de água. Braga tinha quatro casas na cidade, terra rica em mandioca em Nazaré e dezesseis escravos adultos, sete homens e nove mulheres, todos da África, além dos quatro filhos desses escravos nascidos no Brasil.[12]

José da Silva Maia, comissário de açúcar, serviu como administrador do mercado de 1802 a 1803. Sócio de Braga no *Imperador*

Adriano, tinha sua própria sumaca e um barco menor. Seu patrimônio incluía um armarinho excepcionalmente grande, treze escravos (compreendendo carregadores e estivadores, e dois marinheiros) e oito escravas (quatro costureiras, duas lavadeiras, uma rendeira e uma cozinheira), sem contar crianças. Quando morreu, em 1809, estava construindo um armazém no cais.[13]

O governador nomeou Francisco Dias Coelho administrador em 1806. No ano seguinte, em sociedade com o governador, Coelho desembarcou 932 escravos nas docas do próprio celeiro. Entre outros negócios, exportava tabaco e financiava o comércio de gado. Tanto Maia como Coelho apareciam na lista dos principais importadores da cidade em 1798.[14] Administradores do celeiro, pelo menos no período colonial, eram escolhidos nos níveis mais altos da classe mercantil portuguesa.

Funcionários do mercado recebiam salário. O escrevente mantinha registros de tudo que entrava e saía do celeiro, comparando seus números com os conhecimentos de carga do navio em poder dos capitães e encaminhando relatórios semanais para o governador (ou, num período posterior, para o presidente da província). Um tesoureiro mantinha em dia os livros sobre impostos coletados, ou outras taxas pagas, e sobre as despesas do mercado. Barqueiros se viam, invariavelmente, face a face com os fiscais. Um ficava na porta do lado do cais, marcando a giz cada saca de farinha, feijão, arroz ou milho que entrasse, anotando seu número e o nome do dono. Outro ia numa pequena canoa checar os suprimentos a bordo dos barcos cujos capitães vendiam direto aos fregueses, no velho estilo, ou que tencionavam seguir para outros portos, para ter certeza de que pagavam o imposto. Depois, um terceiro fiscal, dentro do mercado, observava cuidadosamente suas atividades e mantinha a ordem entre vendedores e compradores. Os fiscais abriam e fechavam as portas do mercado, mantinham o lugar limpo e certificavam-se de que os primeiros a chegar eram os primeiros a ser atendidos. Os fiscais talvez fossem portugueses, pois em 1799 um deles obteve permissão da Coroa para estender suas férias em Portugal. Finalmente, um meirinho foi incumbido de fazer cumprir o regulamento.[15]

Barqueiros ou conluiavam ou entravam em choque com os funcionários. Às vezes os subornavam "com grossas somas" para evitar o pagamento do imposto. Como disse a câmara, "é fama que as embarcações que chegam [...] e que ficam para o dia seguinte amanhecem [...] sem farinha alguma". Consta que capitães apresentavam guias de embarque que declaravam uma carga menor, para poderem vender parte dela noutros lugares antes de aparecerem em Salvador, manobra que conseguiam mediante o suborno de funcionários em Nazaré, rica em mandioca, ou cobrindo a verdadeira carga com bananas para enganá-los. Em 1834, o administrador do mercado propôs um sistema elaborado, pelo qual os capitães teriam de apresentar documentos especialmente reconhecidos, emitidos pelas autoridades nos pontos de exportação de alimento na província, para determinar a quantidade transportada; o presidente da província deve ter suspirado ao escrever na margem que "de nada valem as providências".[16]

Se às vezes pagavam suborno para conseguir o que queriam, capitães e comerciantes também tinham suas queixas contra os administradores, por serem excessiva ou insuficientemente rigorosos. Adriano de Araújo Braga tinha fama de homem honroso que demitia funcionários desonestos, mas também tomava medidas enérgicas contra os comerciantes a quem acusava de esconder mercadoria para especular. Dizia-se que Francisco Dias Coelho tinha feito "invenções usuárias", ao cobrar "execrando" taxas por vários serviços, o que multiplicava os tributos devidos por alqueire quatro ou cinco vezes. Designou um compadre como tesoureiro e dava aos fiscais rédea solta para aceitar propinas, e até promovia os que o faziam, provocando insatisfação entre os comerciantes honestos.[17]

O pessoal dos barcos se deparava com todo tipo de comerciante no celeiro público. Alguns eram homens de negócios nascidos em Portugal que moravam em Salvador. Nos anos 1840, eles se tornaram alvo das hostilidades de um homem de negócios nascido no Brasil, que conseguira ser nomeado administrador do mercado. João Pereira de Araújo França compartilhava a xenofobia generalizada de sua época, e em março de 1842 simplesmente proibiu qualquer português de vender no celeiro público, alegando que esses portugueses participavam da navegação de cabotagem, proibida por lei para estrangeiros. Disso deduziu que eles "não devem negociar mesmo em grosso com os gêneros cereais deste país, quanto mais a retalhos e concorrer [...] no celeiro público com brasileiros". Quando os comerciantes portugueses, sentindo-se vítimas, protestaram afirmando que não eram donos dos barcos, mas só da farinha de mandioca transportada, e que uma série de tratados lhes garantia o direito de operar livremente no comércio dentro do Brasil, França respondeu que os tratados nada diziam sobre "vender a retalho os gêneros de primeira necessidade de produção do país nem que possam vendê-los em repartição pública". Mais tarde denunciou, em tom moralista, "a imoderação com que ali se portavam, associando-se a indivíduos de um e outro sexo reconhecidos por sua imoralidade, acrescendo o ponto [...] de contato em que estavam com os operários do Arsenal da Marinha". Os comerciantes portugueses apresentaram seu caso à assembleia provincial, ao presidente da província e depois ao cônsul português; este remeteu o assunto à embaixada portuguesa no Rio de Janeiro, que o apresentou ao Ministério do Exterior brasileiro, que por sua vez o repassou ao ministro do Império, que pediu o parecer do conselheiro da Coroa. Esta última autoridade concluiu que as ações de França eram "ilegais e patentemente impolíticas e odiosas, sugeridas por essas errôneas noções de falso patriotismo que tantos males têm feito ao Brasil e tanto impedem o seu progresso e prosperidade". Observou também que o administrador, "ultrapassando as funções de seu cargo, arrogou as de intérprete e executor dos tratados, as quais por certo lhe não competem". Mas os burocratas persistiram em transferir a questão para outras pessoas, ou em pedir mais informações, muitas vezes deixando o cargo antes de receberem resposta. O registro termina quase três anos depois do incidente inicial, sem nos dizer se aqueles comerciantes em particular algum dia recuperaram o direito de operar no celeiro, apesar de cidadãos portugueses ali fazerem abertamente seus negócios na altura de 1857.[18]

Um desses negociantes portugueses perseguidos foi Antônio de Oliveira. Nascido na cidade do Porto, tinha vindo para o Brasil em 1811. Quando redigiu seu testamento, em 1849, vivia numa casa de quatro andares na cidade baixa, a pouca distância de sua grande loja, junto de uma doca onde ancorava sua alvarenga. Naquela época, tinha uma quantidade inusitada de dinheiro em moedas de prata e ouro espanholas, portuguesas e brasileiras, mas ao morrer, seis anos mais tarde, deixou pouco dinheiro em espécie, sendo a maior parte de sua renda proveniente do aluguel de imóveis. A julgar por seu patrimônio, um negociante no celeiro podia ser um comerciante de certa riqueza que provavelmente jamais passara um dia ao lado da tulha que alugava. Sua expulsão do mercado não o fez mergulhar na penúria.[19]

Mas muitos outros comerciantes eram africanos forros, homens e mulheres que, como os portugueses, compravam e vendiam farinha de mandioca, negociavam preços e arranjavam um jeito de entregar a mercadoria aos fregueses. Na época da criação do mercado, dizia-se que "as negras vulgarmente chamadas ganhadeiras vão comprar [...] arroz, milho e feijão a bordo das embarcações (como costumam) para revenderem ao povo [...] fazendo estancar [...] estes gêneros [os quais], [...] para que não ceda o preço, vão vendendo pouco a pouco". Se açambarcavam alimentos para vender mais caro, precisavam ter certeza de que os preços iam subir, e fazer isso com certeza exigia um acordo com as outras, para que juntas pudessem controlar a maior parte do negócio. Ficamos imaginando se a acusação era feita com base em fatos ou preconceitos. Mas certamente as africanas continuaram ativas nesse negócio. Às vezes elas, a exemplo dos colegas, fretavam um barco, como algumas fizeram em 1836, atravessando a baía para ir comprar direto dos produtores e trazendo de volta "dois, três e quatro sacos". Várias delas viajavam num barco só, e, quando chegavam ao celeiro, as sacas eram passadas de uma para outra, "e desaparecem", dificultando para os funcionários do mercado a tarefa de identificar quem deveria pagar o imposto.[20]

O imposto estava longe de ser a única despesa da vendedora. Ela pagava os custos de transporte, tanto o seu quanto o de sua mercadoria. Precisava alimentar-se durante os dias que passava fora e, se tivesse filhos, arranjar alguém para tomar conta deles em sua ausência. Às vezes era necessário subornar. Para obter lucro, precisava comprar a farinha no Recôncavo por um preço substancialmente menor do que em Salvador. Tudo isso exigia capital, que ela tinha juntado em transações anteriores, ou tomava emprestado. Talvez só pagasse ao barqueiro depois de vender o que trouxera. Prática e tino comercial contribuíam para uma operação bem-sucedida. As africanas provavelmente já traziam a habilidade necessária, porque em muitos lugares da África as mulheres tinham por hábito sair de sua aldeia para o campo a fim de comprar produtos agrícolas. Negociantes brancos da cidade de Nazaré, no Recôncavo, queixaram-se, em 1858, de que africanos alforriados — não disseram se homens ou mulheres — não só chegavam de Salvador, mas seguiam pelas estradas do interior para comprar farinha de mandioca diretamente dos agricultores, muitos dos quais eram negros ou mulatos, evitando assim todo e qualquer contato com os brancos. Em sua queixa, eles deram a entender que havia uma solidariedade racial entre as pessoas de cor que produziam a farinha de mandioca ou a levavam de cavalo para Nazaré, e os negros e negras forros que a compravam para revender em Salvador. Suspeito que a alegação diz mais sobre os preconceitos conspiratórios e raciais dos brancos do que sobre a realidade. É provável que esses africanos fossem simplesmente negociantes espertos e enérgicos, que não precisavam apelar para afinidades com os produtores para ter êxito.[21]

França, o administrador do mercado que se opunha aos portugueses, determinou pudicamente que as mulheres negociantes ficassem separadas dos homens, reservando-lhes corredores diferentes. Caetana Maria tinha amigos entre importantes remetentes de Nazaré, que protestaram contra a medida, mas França assinalou que Caetana Maria poderia continuar vendendo no mercado se ficasse no lado das mulheres. De acordo com França, a medida recebeu "o aplauso geral [...] de todos aqueles que não são malvados", apesar de sua definição de "malvados" não ter ficado clara. Se a separação persistiu depois de sua gestão, não sei dizer. Em 1857, 45% dos negociantes eram mulheres: 39 do total de 87. Embora supostamente lidassem com menos farinha do que os homens, por décadas a fio elas resistiram aos grandes negociantes do sexo masculino no celeiro, prova de sua determinação.[22]

A posição social era importante na relação entre os negociantes de qualquer tipo e os administradores. França não mirava apenas os nascidos em Portugal e as mulheres, mas qualquer um que não demonstrasse respeito suficiente. Em 1844, num esforço para controlar a distribuição de recipientes e caixas, convocou vários negociantes ao seu escritório. Um deles mandou dizer que não tinha nada a tratar com França. Este desceu a escada e foi à área dos recipientes para falar com ele, mas o homem reagiu "com arrogância, mantendo a cabeça coberta embora eu não estivesse usando um chapéu". França mandou expulsá-lo, negando-lhe permissão para vender. O sujeito não "lembrou, na ocasião, que tinha mulher e filhos", disse França em resposta a uma indagação do presidente da província. O pobre homem voltou ao mercado "armado com um cacete e pôs-se a vender da sua saca", e França mandou prendê-lo e encaminhá-lo, sob guarda, para o presidente, que o levou a julgamento. As fontes não indicam o desfecho do caso, mas uma postura diferencial era obviamente a mais segura no trato com o moralista e soberbo França.[23] Apesar disso, se a hierarquia tinha de ser imposta dessa forma, não se pode dizer que fosse uma regra tácita e aceita sem discussão. O vendedor expulso não aquiesceu. Ainda que tenha acabado na cadeia, talvez se jactasse de sua recusa a obedecer.

Além dos negociantes, havia os que trabalhavam para eles. Muitos negociantes não permaneciam pessoalmente no mercado, encarregando outras pessoas de vender os alimentos. Em 1808 esses empregados foram descritos como "miseráveis brancos, mulatos e negros sem bens e sem crédito" que aceitavam aquilo "para ganhar o escasso pão cotidiano", e como "gente de baixa extração e condição, e muitos deles mulatos e negros". Os próprios termos usados revelam as noções vigentes de posição e lugar na sociedade. Nos anos 1850, dizia-se que negociantes portugueses punham "vários africanos seus protegidos" para tomar conta de tulhas, e que estes, "apenas chegam os barcos", iam comprar todos os carregamentos, não deixando nenhuma farinha para os pequenos negociantes. Alegava-se que dessa forma os portugueses podiam cobrar os preços que quisessem. Apesar de os queixosos se apresentarem como defensores do freguês, suas alegações também revelam possíveis atritos entre negociantes. A proximidade não apagava diferenças ou rivalidades.[24]

Negociantes de farinha de mandioca chegavam até a designar escravos para cuidar de seus produtos no mercado. Um administrador do mercado resolveu acabar com essa prática nos anos 1830, dizendo que, embora o regulamento não proibisse, não era correto que escravos trabalhassem como vendedores, "a entorpecer que as pessoas livres se dediquem e ocupem tais lugares". Não está claro se sua atitude era protoabolicionista, uma resposta a pressões de trabalhadores livres para se livrarem de concorrentes escravos ou o reconhecimento da justiça das reclamações feitas por pequenos negociantes contra os donos de escravos que podiam se dar ao luxo de ir atrás de outro carregamento de farinha em vez de esperar para acabar de vender o que tinham comprado. Dois dias depois, quando o administrador descobriu dois escravos vendendo farinha de mandioca contra suas ordens, mandou enfiá-la em sacas e deixá-la de lado até que o dono voltasse. "A isto os ditos escravos se opuseram [...] e por isso os mandei prender." Nos anos 1840, França repetiu essas ordens, determinando, mais uma vez, que os donos não podiam encarregar seus escravos de vender. A prática não poderia ser tolerada porque, como dizia, significaria que conseguira "com eles me entender" — ou seja, que precisaria lidar com inferiores escravizados como se tivessem o status de pessoas livres, rebaixando sua própria posição.[25]

ESTIVADORES E CARREGADORES

Os participantes mais numerosos do mercado eram os negros, em especial africanos, incumbidos do trabalho braçal — os estivadores e carregadores que levavam as sacas de farinha do barco para a tulha e depois para os armazéns e mercearias ou para outros fregueses na cidade. Não sabemos exatamente quantos eram, mas a quantidade de farinha de mandioca com que lidavam por ano era qualquer coisa entre 250 mil e 400 mil alqueires — ou seja, de 700 a mil todo santo dia do ano (ver tabela 4.2) — portanto eram numerosos.

Muitos eram escravos. Em 1808, reclamava-se de que os administradores tinham, nos últimos onze anos, transformado seus escravos domésticos numa "companhia privativa para a descarga no celeiro, não consentindo carregadores de fora, fustigando alguém que se intromete ou retendo os carregado[re]s por dez, quinze, e mais minutos, [mesmo] quando são próprios do dono dos efeitos". Barqueiros e negociantes se queixavam de que essa atitude dobrava o custo da descarga. Os escravos, supostamente, roubavam farinha, e um mestre de embarcação não tinha como apresentar uma queixa porque, se o fizesse, segundo outra testemunha, o fiscal do mercado poderia castigá-lo deixando, de modo deliberado, de marcar algumas sacas com giz para acusá-lo de evitar, fraudulentamente, o pagamento do imposto. Dessa forma, escravos exerciam algum poder sobre comerciantes, talvez até sobre brancos. Essas queixas não só revelam a tensão subjacente nas relações entre barqueiros e burocratas do mercado como ressaltam o grande papel dos escravos no negócio.[26]

Escravos ganhadores e libertos também, quase sempre africanos, transportavam as grandes sacas de farinha de mandioca para as lojas. Como outros carregadores, formavam equipes, grupos de beira de cais que trabalhavam a frete. Comandados por um capataz que eles próprios escolhiam — e cuja posição era celebrada com elaborados rituais quando ele assumia o posto —, esses trabalhadores a ele recorriam para encontrar fregueses, distribuir tarefas e resolver disputas. Em 1860, o príncipe Maximiliano notou que "perto do Arsenal de Marinha [ou seja, do celeiro] é o grande ponto de reunião dos famosos carregadores baianos [que] são assinalados por seus donos para fazer frete". O príncipe descreveu romanticamente suas canções como improvisadas sobre uma melodia recorrente; e, embora em geral trate de farinha ou cachaça, com frequência jogam forte luz sobre as relações entre senhor e escravo e sobre o tratamento recebido, às vezes incluindo expressões de saudade pela terra da liberdade do outro lado do vasto oceano.[27]

Estivadores e carregadores não tinham medo de se defender quando ameaçados. No frenético esforço da comunidade branca, em 1835, para recuperar a autoridade sobre os africanos — responsáveis pela grande revolta muçulmana de janeiro daquele ano —, a assembleia provincial aprovou uma lei em junho para organizar uma matrícula de remadores, estivadores e carregadores que passariam a ser organizados em capatazias, sob controle de capatazes designados. Só em abril do ano seguinte, porém, é que o presidente da província divulgou a regulamentação necessária. As regras exigiam que cada ganhador, fosse escravo ou forro, usasse um bracelete de cobre no punho do braço direito, com uma plaqueta informando seu número de registro e a capatazia a que pertencia. Os capatazes, todos homens livres, usariam uma tira de couro negra cruzando o peito do ombro ao cinto, na qual seria presa uma placa de latão com o número de sua capatazia. Cada freguesia teria também um inspetor, um "cidadão brasileiro de boa conduta [que] saiba ler e escrever", que arrolaria os ganhadores, apontando os capatazes, executando uma inspeção semanal e impondo medidas disciplinares. O trabalhador estaria sujeito à cobrança de uma taxa diária (conseguisse ou não trabalho naquele dia), um terço da qual seria destinado ao capataz da equipe e dois terços ao inspetor. Remadores e estivadores seriam organizados por equipes, uma para cada área de descarga, e os capatazes "estarão sempre em terra" para controlar o serviço. Alvarengas deveriam exibir na popa o número da matrícula do remador encarregado.[28] A obediência às regras só começou a ser cobrada na prática quase um ano depois, em março de 1837, na freguesia de Conceição da Praia, onde ficava o celeiro público.

O resultado foi imediato e chocante: "[não apareceu ganhador algum] não só em terra mas ainda no mar". O juiz de paz informou que nem mesmo a alfândega tinha alvarengas à sua disposição. A paralisação criou "um terrível transtorno para o comércio e um desespero para os que precisam de conduzir o que hão mister para o seu próprio alimento". Isso, acrescentou,

> não permite a menor duração [...]. Em consequência deste terrível estado de coisas, sou instado por alguns farinheiros de Nazaré e Maragogipe, agora chegados a esta cidade, para que lhes dê a providência necessária para desembarcarem suas farinhas, pois se veem no aperto de voltarem com elas por não acharem ganhadores que façam este serviço.

Outro juiz de paz relatou que todas as alvarengas permaneciam amarradas no cais e apenas alguns "batelões das embarcações miúdas" estavam sendo usados. Quando tentou convencer os homens a voltar ao trabalho, eles simplesmente se recusaram. E, mais surpreendente, haviam "desaparecido todos os ganhadores que estavam matriculados nas duas capatazias de terra à exceção de quinze". O que com certeza foi considerado ainda pior, estavam "os negros dos saveiros desobedientes insultando aos inspetores e capatazes". O presidente da província teve de admitir que "nenhuma lei há que obrigue a alguém a seguir este ou aquele meio de vida, podendo por isso [...] deixarem de ser ganhadores os indivíduos assim alistados". Ordenou ao pessoal do Arsenal de Marinha que desembarcasse a farinha de alguns barcos e depois suspendeu a aplicação da lei, ao mesmo tempo que submetia o assunto à assembleia provincial. Os legisladores, por sua vez, sepultaram o assunto num comitê. A greve dera resultado.[29]

A ação revelou solidariedade e organização entre carregadores, estivadores e tripulantes de alvarengas no celeiro público, além de sua confiança na importância que tinham para manter o funcionamento do negócio. A tira de couro negra com placa de latão, embora certamente desenhada por brancos para dar importância à posição dos capatazes negros, servira, em vez disso, para distanciá-los dos trabalhadores acostumados a escolher os próprios líderes, sem distinções entre escravos e forros — distinções essas impostas pelos brancos. De outro lado, juntar forros e escravos na exigência universal do uso de braceletes (que lembravam algemas?) pode ter sido, para alguns, a principal objeção. O que todos queriam era, acima de tudo, preservar a autonomia. Vinte anos depois, quando tentou mais uma vez organizar os carregadores em grupos, a câmara fracassou de novo, devido à relutância dos trabalhadores em usar placas de metal no pescoço. Não fizeram uma paralisação por melhores salários ou melhores condições de trabalho, mas por autonomia e, aparentemente, por reconhecimento de sua posição corporativa dentro de uma sociedade estamental. Sua noção da própria posição social teve de ser reconhecida e respeitada.[30]

Em 1850, muitos homens de cor que trabalhavam nas alvarengas sofreram um golpe severo. Com o fim do comércio de escravos além-mar e o ardente desejo dos senhores de açúcar de forçar os escravos urbanos e os negros forros a trabalhar no campo, a câmara municipal convenceu o presidente da província a aprovar a petição de um grupo que propunha assumir o controle do serviço de transbordo, com a exclusão de todos os escravos e de todos os africanos, mesmo os livres. O cônsul britânico comentou que essas exclusões condenavam ao desemprego 750 africanos, muitos dos quais tinham adquirido a liberdade "pagando vultosas somas a seus [antigos] senhores". Trinta e tantos anos depois, era voz corrente que em 1850 quatro irmãos, os Cardoso, donos de um armazém e um embarcadouro, tinham comprado sessenta alvarengas, supostamente de pessoas agora impedidas de usá-las, e as transferiram para brasileiros nascidos livres, de raça não especificada, permitindo-lhes que o pagamento fosse feito "como pudessem". Se isso de fato aconteceu, os documentos contemporâneos não confirmam. O presidente da província nessa época, que fora chefe de polícia em 1834 e tinha grande hostilidade contra os africanos, ressaltou que com essas e outras medidas semelhantes os escravos seriam canalizados para o trabalho nos canaviais, impedindo-os de ficar concentrados na capital. Gabava-se, ainda, de ter acabado com o "desagradável espetáculo de uma multidão de africanos meio nus, aglomerados nas escadas e [nas] pequenas embarcações, o que dá uma triste ideia de nossa civilização ao estrangeiro que pela primeira vez aqui desembarca". Um presidente que veio depois dele queixou-se, em 1857, de que a medida diminuíra a concorrência, elevando os custos de transbordo e incentivando a emigração de africanos de volta para a África, o que resultou em escassez de mão de obra. Mas já em 1853 o aniversário da medida de 1850 sobre os serviços de transbordo serviu de pretexto para uma celebração do trabalho "livre", que persistiu no calendário anual até pelo menos 1879. É tristemente irônico que uma medida de impacto tão severo sobre aqueles que já tinham conquistado a liberdade — como observou o cônsul — fosse anunciada como medida protoabolicionista.[31]

LAÇOS EXTENSOS

O sistema estreitamente integrado de abastecimento de alimentos, ligando mestres de embarcação e donos de loja, transporte e venda a varejo, escravos em barcos e escravos nas ruas, significa que muitos indivíduos desempenhavam mais de uma função no comércio de alimentos. Manoel Carlos Gomes, merceeiro que vivia na ladeira da Misericórdia, tirou licença para sua escrava Ana vender nas ruas em 1789. Além disso, era dono de uma lavoura de mandioca na ilha de Itaparica. Sua propriedade rural incluía uma "casa em que se faz farinha, de taipa de mão coberta de telhas, [e] roda de rolar mandioca com os seus pertences". Era proprietário também de uma "canoa grande de vinhático" e de um grande barco com duas velas novas. Produzia a farinha, transportava-a para a cidade, e vendia-a em sua loja e supostamente na rua pela mão da escrava-vendedora Ana.[32] E havia vínculos entre Manoel José da Silva, sua mulher Joana e Antônio José Dias Lopes. Este foi um dos grandes importadores-exportadores do comércio de Salvador coagidos a levantar dinheiro para o lado português durante a Guerra de Independência em 1823. Em 1814, emprestou dinheiro para Manoel, proprietário de uma canoa e de um barco usados no transporte de alimentos na baía. Manoel casou-se com a viúva Joana Maria da Conceição, mulher de cor que, antes do casamento, tinha licença para vender nas ruas. Esse trio captura os múltiplos vínculos entre grandes comerciantes internacionais, transportadores de alimentos da baía e vendedoras de rua.[33]

Quando estendida em sua plenitude, a rede de comércio envolvia um número ainda maior de participantes. Incluía o produtor de mandioca que vendia a farinha para um pequeno negociante de uma cidadezinha do Recôncavo; esse negociante que a oferecia ao mestre de embarcação, que por sua vez a transportava para a cidade; o comerciante no celeiro público que comprava a farinha do dono do barco e a vendia para um merceeiro; o carregador que a levava para a loja, muito provavelmente na cidade alta; e o merceeiro que a repassava para uma vendedora de rua, possivelmente uma negra forra, vendê-la ao consumidor. Era um complexo e vibrante sistema comercial. E, como na maioria dos sistemas desse tipo, os participantes entendiam uns aos outros e aceitavam mutuamente certas regras e práticas, ainda que por vezes as contestassem.

Embora no celeiro público as pessoas pudessem ser agrupadas em categorias por sexo, raça, etnicidade e condição jurídica, todas elas se encontravam debaixo do mesmo teto. Os marujos e mestres de embarcação da baía eram todos homens, ao passo que tanto homens como mulheres comercializavam no mercado e fechavam negócios com donos de armazéns, na maioria homens, e com vendedores de rua, quase sempre mulheres. Escravos (muitos deles ao ganho), libertos e negros livres trabalhavam juntos descarregando as sacas de farinha de mandioca de barcos ou navios, despejando a farinha em tulhas, voltando a ensacá-la para os compradores, e carregando-a para as lojas. Apesar do fato de que todos os que trabalhavam no celeiro se deparavam com um lugar de ordem e regulamento — do qual os documentos falam acima de tudo —, aquele era também um lugar de desordem, risadas, diversão e conversas espirituosas. Os que trabalhavam nesse território em tempo integral conheciam bem uns aos outros, e por mais acrimoniosas que fossem suas relações em determinados momentos, o fato é que provavelmente viam os de fora como seres diferentes. Quem trabalhava nesse ponto central da rede comercial diferia das vendedoras de rua de um lado e dos barqueiros de outro, pois vendedoras e barqueiros tinham experiências e contatos mais amplos e uma variedade bem maior de alianças potenciais. É de supor também que houvesse maior solidariedade entre os que trabalhavam juntos todos os dias no celeiro.

O celeiro era também lugar de conflitos. Administradores e funcionários entravam em choque com barqueiros e negociantes. Mulheres africanas competiam de forma vigorosa com negociantes portugueses. Vendedores, mesmo escravos, discutiam veementemente com fregueses brancos. Desafiar a autoridade poderia ser demonstrado pela opção deliberada de não tirar o chapéu. Estivadores e carregadores resistiam, com êxito, a propostas para limitar sua autonomia, exigindo respeito e a prerrogativa de escolher os próprios líderes. Proximidade não significava, necessariamente, harmonia.

6. Da feira do gado ao açougue

A carne de gado era a grande fonte de proteína animal para os moradores de Salvador. Não é que evitassem carne de porco, peixe, frango ou ovos, mas esperavam comer carne vermelha todos os dias. A cidade consumia de 350 a seiscentas reses por semana, no fim do século XVIII e começo do século XIX.[1] Embora esse número seja moderado numa base per capita, a importância simbólica da carne de gado nessa sociedade não deve ser subestimada. Escassez de carne era sinal de perigo e insegurança. Autoridades urbanas levavam muito a sério sua obrigação de garantir o abastecimento e manter o preço acessível, e o assunto ocupava boa parte de seu tempo, para não falar nas resmas de papel consumidas na supervisão do negócio de gado e carne. A câmara municipal assumiu essa responsabilidade com base numa lei antiga e contando com o respaldo do governador colonial e de outros representantes do rei.[2] Nos anos 1780, refletindo o novo entusiasmo do governo português pela organização racional, o controle do negócio pela cidade se ampliou ainda mais, tornando-se mais sistemático. Um exame dos arranjos físicos e disposições legais do negócio da carne revela uma vigorosa rede comercial de máxima importância para a vida de Salvador.

CONTROLE PÚBLICO

O gado da cidade vinha, em primeiro lugar e acima de tudo, do árido interior da província, em especial do noroeste, da cidade de Jacobina e do médio São Francisco, mas também da área diretamente ao norte de Salvador, ao longo do rio Itapicuru e da província de Sergipe (ver mapa 4.1). Em segundo lugar, mas muito importante também, o gado era trazido de lugares mais remotos, sobretudo das províncias de Piauí e Goiás.[3] Eram pontos distantes de Salvador: o mais próximo, a cidade de Jacobina, principal local de reunião, por causa das vastas pastagens, ficava a 350 quilômetros, e as fazendas de criação de Goiás, a pelo menos mil quilômetros.

Todas as quartas-feiras, nos tempos coloniais, uma "grande Feira de Gado" era realizada em Capuame (atual Dias d'Ávila), cidade de cerca de trezentas casas em 1785, a cerca de cinquenta quilômetros de Salvador (ver mapa 1.1). Todo o gado destinado à região do Recôncavo tinha, por lei, de passar por ali, mesmo o que não ia para a cidade, mas para os engenhos ou as vilas do distrito. O superintendente da Feira do Gado, funcionário público, vivia num prédio que funcionava como secretaria. O lugar também incluía uma área para os vaqueiros comerem e dormirem. Os currais, construídos como paliçadas com pesadas estacas enfiadas no chão lado a lado, eram numerosos o suficiente para manter o gado de cada proprietário num compartimento próprio. Desse curral, o gado era tocado pela estrada das Boiadas até os matadouros da cidade, e dali a carne era entregue aos açougueiros (ver mapa 1.2).[4]

Até os anos 1780, a câmara municipal leiloava o direito de usar os açougues de propriedade pública, e os licitantes vitoriosos tinham direito a comprar gado na feira, processá-lo em seus matadouros e com isso — além dos próprios criadores — garantir o monopólio do comércio de carne tanto no atacado como no varejo. Em troca, esses negociantes tinham de vender a carne pelo preço fixado pela câmara, ou por menos.[5] Vez por outra, ninguém fazia um lance, e a própria câmara mandava trazer e abater o gado à sua custa. O mais comum era que um punhado de negociantes de gado apresentasse ofertas. Então um homem sozinho leiloava todos os açougues da cidade e criava, segundo se dizia, uma falsa escassez para pressionar a câmara a elevar o preço máximo permitido para a venda de carne.[6]

No começo de 1783, houve um debate na câmara municipal sobre as prováveis razões da contínua falta de carne. Alguns afirmavam que as causas estavam fora de controle e deviam ser atribuídas principalmente às "secas rigorosas" do interior, mas outros acusavam os marchantes de estar criando crises artificiais. Em setembro, a câmara descobriu, para seu espanto, que só havia gado na cidade para dois dias de consumo. A essa altura, elevou o preço máximo da carne, resultando, segundo a câmara, num aumento do número de cabeças levadas para o mercado. A insatisfação continuou generalizada, e queixas sem número chegaram ao gabinete do governador-geral.[7]

Como resposta, em março de 1784, o novo governador, o mesmo Rodrigo José de Menezes e Castro que criaria o celeiro público no ano seguinte, estabeleceu um "Plano para a Administração das Marchantarias" que alterou radicalmente o sistema antigo. Apesar de preservar o direito dos criadores de levar ou mandar o gado para o matadouro, o plano dava à câmara municipal firme controle sobre todos os demais segmentos do negócio — ou seja, sobre os marchantes, sobre a matança e sobre os açougueiros. Em vez de permitir que qualquer um fizesse um lance para explorar todos os aspectos do negócio, agora os marchantes ficavam restritos ao comércio entre a Feira de Gado e um matadouro publicamente administrado. Além disso, em vez de garantir ao autor do lance mais alto o direito de negociar gado, a câmara escolheria de oito a doze homens que ela considerasse dignos de confiança e que tivessem condições financeiras de pagar pelo gado que comprassem. Um novo matadouro central seria construído e administrado diretamente pela câmara por intermédio de um funcionário público, seu administrador. Embora criadores e marchantes tivessem permissão para contratar seus próprios magarefes, a câmara forneceria trabalhadores através de empreiteiros para quem quisesse, estipulando uma taxa a ser paga por esse serviço pelos donos de gado. Nenhum empregado tinha permissão para se interessar financeiramente pelo negócio. Açougueiros independentes, e não os negociantes de gado, agora fariam lances para ter o direito de operar os açougues de propriedade pública, onde poderiam vender por sua própria conta vinte arráteis de carne, ou seja, nove quilos, de cada animal que cortassem, sendo responsáveis pelo resto perante o dono do gado. A cidade providenciava não só os açougues, mas também "uma balança de ferro [...] conchas de cobre e pesos [...] com uma machada", cobrando uma taxa semanal pelo aluguel. Os açougueiros eram, por assim dizer, licenciados para conduzir um empreendimento público em nome da câmara municipal. Pelo novo sistema, como a câmara não mais receberia o dinheiro antes vindo dos lances oferecidos pelo monopólio do negócio, ela agora coletaria uma taxa por cabeça, paga pelos donos do gado, fossem criadores ou marchantes.[8]

O plano de Menezes significava mais sistema e mais ordem, e buscava proteger os consumidores fortalecendo o controle público do negócio. O superintendente da Feira do Gado e o administrador do matadouro, agindo de comum acordo, agora supervisionavam toda a operação. Ninguém podia negociar legalmente com gado ou carne depois que os animais saíssem da feira até que a carne fosse vendida ao consumidor final nos açougues. Para prevenir esse tipo de negócio, o boiadeiro que levasse o gado da feira precisava apresentar uma guia, com declaração do número de cabeças que levava, preparada pelo superintendente para ser entregue ao administrador do matadouro; este último, por sua vez, enviava documento similar para cada açougue, indicando de quem era a carne e sua quantidade. Essas regras continuaram em vigor até o começo dos anos 1820.[9]

Todo o negócio girava em torno de três pontos de organização, onde os envolvidos se encontravam uns com os outros. O primeiro era a reunião na feira e, bem depois, num pasto público perto da cidade. O matadouro de onde os quartos de carne eram distribuídos para os açougueiros formava um segundo local importante, revelando a paisagem social de Salvador. No fim estavam os açougues, onde os fregueses faziam suas compras.

A FEIRA DO GADO

O superintendente da Feira do Gado tinha responsabilidades múltiplas, como a de supervisionar vários empregados. Encarregado de "vigiar sobre ela evitando todas as desordens, monopólios e fraudes que costumam grassar naqueles lugares", ele precisava ser um homem forte, para impor sua vontade sobre uma população difícil de governar. Cabia-lhe prevenir o comércio sub-reptício fora dos limites da feira, até mesmo ordenando a prisão dos que violassem as regras, e fazê-lo num ambiente social inconstante e imprevisível. Considerava-se uma boa qualificação para quem quisesse ser superintendente da Feira do Gado ter previamente feito a "apreensão e dispersão dos negros fugidos desta cidade [de Salvador] e já aquilombados [no Riacho de Prata]". Um superintendente foi acusado de exercer sua "despótica autoridade", condenando homens livres ao cepo e impondo outros "tormentos". Mas tinha de ser alguém de certa posição social: um filho de mulata cujo pai se recusasse a reconhecê-lo como filho não serviria.[10]

A Feira do Gado tinha um grande defeito: sua localização. Estabelecida em Capuame no começo do século XVII numa época em que a maior parte do gado vinha da área diretamente ao norte, entre a cidade e o baixo São Francisco, pelo fim do século XVIII a maior parte do suprimento vinha do oeste e do noroeste. Boiadeiros dessas direções achavam que o lugar mais conveniente para negociar o gado era um lugarejo que passaria a chamar-se Feira de Santana. As velhas restrições ainda valiam, porém, e em 1818 a câmara municipal reiterou a proibição de negociar em qualquer ponto que não fosse a Feira de Capuame, e ordenou que "todos os compradores de gados que fazem as suas compras na feira denominada de Sta Anna sejam irremissivelmente obrigados a trazê-los à de Capuame e nela as fazerem registrar para virem no costumado guia". Mas a regra estava prestes a expirar. Já no ano seguinte o autor de uma petição se refere ao "mercado irregular de Sant'Anna". A Guerra de Independência (1822-3) e as reformas liberais subsequentes causaram o fim da Feira do Gado publicamente administrada. Em 1824, Feira de Santana sediava uma feira, realizada todas as terças-feiras, que atraía de 3 mil a 4 mil pessoas. Era, sem dúvida, a mais importante da província, e em 1855 ainda abastecia a cidade de gado "em grande escala". Ainda hoje é assim.[11]

Com o fim da Feira do Gado publicamente controlada, a cidade adquiriu uma grande pastagem, coisa que havia muito se propunha, relativamente perto do matadouro. Antes dos anos 1820, as reses, uma vez compradas por um marchante na feira, marchavam uns cinquenta quilômetros para dentro da cidade, por uma estrada poeirenta, ou tão lamacenta e escorregadia que se tornava impraticável na estação das chuvas. Percorriam esse trajeto sem uma única parada para comer ou beber, e chegavam ao matadouro exaustas, famintas, sedentas e, com frequência, doentes, ali permanecendo em currais onde havia água, mas não comida, até serem abatidas.[12] A nova pastagem localizava-se num lugar apropriadamente chamado Campina, a mais ou menos seis quilômetros do matadouro. Só o gado necessário para a matança do dia era retirado. No ano seguinte, a câmara ordenou a construção de cercas e currais, com casas cobertas de telha "para rancho dos condutores dos gados", mas, dois anos depois, quase nada tinha sido feito, e ela reclamou do estado de abandono do pasto. Por fim, em 1826, a câmara orgulhosamente anunciou que o pasto de Campina estava pronto. Continuava em uso nos anos 1860, embora nessa época um observador o descrevesse como "antes um hospital e cemitério de animais do que um depósito regular", pois não dispunha adequadamente de capim e água.[13]

Isso tudo queria dizer que, pelos anos 1820, o primeiro ponto de conexão do negócio do gado se dividira em dois: uma feira de propriedade privada onde o gado era comprado e vendido, acessível a qualquer um que se identificasse como marchante, e uma pastagem publicamente administrada, supostamente livre de qualquer tipo de transação comercial, onde os controles municipais eram fortalecidos. Apesar disso, em 1829, dizia-se que a pastagem se tornara também ponto de reunião para aqueles que buscavam convencer os donos a lhes vender o gado ilegalmente no mercado negro. Exigiu-se então que o administrador da pastagem passasse a mandar para os funcionários do matadouro um conhecimento de embarque com cada rebanho que partisse, a fim de que pudessem verificar se o imposto fora pago e nenhuma cabeça tinha sido vendida para açougues ilegais ao longo do caminho.[14]

Nem todo o gado chegava por terra. Com o passar do tempo e a introdução de embarcações maiores na baía, mais e mais reses chegavam de barco. De início essa rota era ilegal, porque o gado assim transportado só poderia vir do oeste, e não da Feira de Capuame, ao norte. Em 1807 o governador criticou com palavras severas proprietários de barco por participarem desse negócio. Mas num momento posterior, depois que Capuame foi abandonada e as regras de comércio foram liberalizadas, a rota aquática se tornou perfeitamente aceitável, e em 1830 parece que 40% do gado da cidade desembarcava na praia, em lotes de 23, 24 e até mesmo cinquenta cabeças. Em 1833, a câmara municipal designou um embarcadouro particular, Água de Meninos, para o desembarque, de onde as reses seguiriam para o pasto. Como ocorre com tantos regulamentos, as pessoas logo começaram a desobedecer, trazendo gado por outros pontos de desembarque e vendendo carne de modo clandestino, fora dos canais oficiais, sem pagar os impostos devidos.[15]

Pelos anos 1840, depois de décadas de crescimento urbano, a rota que o gado seguia do pasto para o matadouro atravessava muitos quarteirões da cidade. Na frente de cada rebanho, ia um vaqueiro soprando um berrante, tipicamente longo e pitoresco, um chifre retorcido tirado de um boi velho, para conduzir o gado e avisar aos passantes que deixassem as ruas livres. Atrás do rebanho vinham os demais vaqueiros, instigando os animais e por vezes provocando pequenas debandadas, com algumas reses tentando chifrar as da frente. Uma nuvem de poeira pairava sobre o bairro por muito tempo depois que a boiada passava. O chefe de polícia provincial, respondendo a queixas de cidadãos, tentou reduzir o perigo dessa prática para os pedestres. Insistiu para que pelo menos no último trecho o gado fosse conduzido apenas a meia-noite às cinco da manhã. Quando a câmara municipal objetou, alegando que o perigo era mínimo, pois "o [a]boiar dos tangedores" funcionava como alerta, o chefe de polícia respondeu que sua medida evitaria "sustos, contusões, ferimentos e mortes" e que, com certeza, o berrante do vaqueiro não era proteção adequada "aos decrépitos, às crianças e aos surdos". O presidente da província aprovou a nova regra, e a cidade o acusou pela subsequente falta de carne.[16]

O MATADOURO

O segundo ponto de interseção nos negócios de gado e de carne era o matadouro. De início, quando o novo plano para a comercialização da carne foi adotado, em 1784, a cidade tinha alugado propriedades para abater gado em quatro lugares, propriedades essas pertencentes a alguns negociantes de gado que perderam o controle sobre o negócio. Essas instalações ficavam distantes umas das outras, em cada ponta da cidade, e eram mal construídas e situadas de tal maneira que o novo administrador nomeado para o matadouro não tinha como "acautelar a fraude". Os vereadores insistiram com o governador para mandar fazer novas instalações, "que sejam capazes e dignas de se chamarem currais [...] sendo como é esta cidade tão nobre e populosa". O governador Menezes respondeu fornecendo os recursos para construir um novo estabelecimento inaugurado no domingo de Páscoa de 1789, com a presença de autoridades municipais. No que era então o extremo norte da cidade, para os lados da região abastecedora, ficava localizado junto a um pequeno curso d'água, e ao longo da estrada que ia do distrito de Soledade para o Forte do Barbalho (ver mapa 1.3).[17]

Para entender o esforço humano despendido em seu funcionamento, é importante esboçar uma descrição física, mais ou menos minuciosa, das instalações. Em 1799, um português o descreveu como um matadouro melhor do que os demais, "não só nas mais vilas e cidades da América portuguesa, como nem ainda nas de Portugal, sem excetuar a capital". Até vinte criadores ou marchantes podiam levar seus rebanhos ao mesmo tempo, "sem o risco de confundir-se". Um escritor de 1818 era da mesma opinião, e descreveu a estrutura como "bem-acabada e com todas as comodidades". No centro, uma área coberta de telha dava espaço para abater, esfolar e esquartejar. Ao lado havia uma sala grande onde os quartos de carne eram pendurados para escorrer o sangue, uma sala de pesagem com balanças e uma escrivaninha, e um terceiro salão, "onde há um abundante número de ganchos de ferro", todo dividido para que os quartos pertencentes a cada proprietário ficassem separados e ordenados. O matadouro incluía pequenos escritórios para o administrador, o escrevente e outros funcionários, e espaço onde os donos de gado ou seus vaqueiros pudessem armar as redes e passar a noite. Algumas instalações tinham piso de lajota ou de ladrilhos (mais fáceis de limpar), mas outras não possuíam revestimento, o que permitia o surgimento de formigueiros no meio do salão das carcaças. Quando a área foi cascalhada, ficou ainda mais difícil de limpar. As colunas de pedra que seguravam o teto foram mais tarde forradas com tábua, para evitar danos causados pelos bois.[18]

A passagem do tempo levou ou à deterioração objetiva do matadouro, ou alterou a percepção de sua salubridade — ou as duas coisas. Embora de início o pátio da matança tenha sido descrito como tão bem drenado, "sem que uma só gota se demore em ponto algum [...] e prontamente o lava [quando chove]", no fim dos anos 1820 quebrou-se a bomba que fornecia água "para lavar-se todos os dias o lugar do matadouro das reses a fim de evitar-se a putrefação procedida do encalhe do sangue", e vinte anos depois a cidade pretendia cavar um novo poço com essa finalidade, ou puxar água de propriedades vizinhas.[19] Magarefes jogavam os detritos numa "vala ou canal" aberto com inclinação suficiente, segundo se dizia em 1818, para fazê-los rolar para uma propriedade pública ali perto, onde as pessoas os apanhavam para servir de fertilizante. Com o crescimento da cidade ao redor do matadouro, os vizinhos passaram a se queixar do mau cheiro, mais ainda, é de supor, devido à crença incipiente, baseada na mais recente literatura científica, de que as doenças não resultavam tanto da vontade divina como das condições ambientais, especialmente dos chamados miasmas ou exalações pútridas. Em 1843, o administrador do matadouro achava o fedor inevitável, "em razão de se depositarem o sangue e mais fezes [...] em uma baixa [...] sem esgotadouro suficiente que vá ter ao rio". Isso apesar de a câmara municipal ter insistido com seu antecessor que "de maneira alguma" o esterco deveria permanecer ali, porque isso tornava o lugar "inteiramente imundo e intolerável, não só com prejuízo do asseio que deve respirar nesta repartição, porém até da saúde das pessoas ali empregadas e ainda as daquela vizinhança". Mesmo nas melhores condições o estabelecimento atraía numerosos urubus, que segundo um viajante "rondavam no ar sobre o matadouro".[20]

O gado muitas vezes adoecia e morria no matadouro. Na época do festival da pré-Quaresma de 1824, um jornal noticiou que a carne de tantas reses doentes era misturada à carne boa e enviada para açougues da forma normal, que até as vendedoras de rua se recusavam a comprar para revender. A câmara municipal reagiu já no dia seguinte ordenando uma investigação. Duas semanas depois, instruiu o administrador a nunca, jamais, em circunstância alguma, permitir o abate de gado que parecesse doente, porque "não está ao seu alcance [dos cidadãos] conhecer o vício, ao mesmo tempo que descansam na fé pública de sua administração". Três anos depois, instruiu-o a segurar todas as cabeças por 24 horas antes do abate, para observar seu estado de saúde. Porém, em seguida, por razões não especificadas, mas que talvez tivessem a ver com o desejo dos donos de vender o mais rápido possível, a câmara revogou a ordem. Em 1830, assegurou ao presidente da província que o administrador recebera firmes instruções para não autorizar a matança de nenhuma rês que parecesse doente. O administrador informou que um "doutor" verificava, por amostragem, tanto o gado como a qualidade da carne. Mas reclamações sobre a falta de salubridade da carne continuaram a aparecer como tema regular da correspondência.[21]

Dispor adequada e legalmente do gado que morria de causas naturais era um problema constante. Às vezes o número chegava a seiscentas reses por ano, quase doze por semana. De início, quando um boi ou uma vaca morriam no curral, o administrador do matadouro era obrigado a tomar providências para que a carne não fosse vendida ao público, sendo os animais mortos "conduzidos nos cavalos e lançados ao mar [...] com os fatos, aproveitando-se somente os couros". Isso foi em 1801. Em 1817, as carcaças eram trancadas num quarto durante a noite e enterradas de manhã num cemitério, com documentação passada em cartório para evitar disputas entre os donos e os que lidavam com o gado. O cemitério consistia num pequeno lote ao lado do matadouro.[22] O administrador explicou, em 1829, que não conseguia achar quem quisesse cuidar do enterro, salvo "um preto velho a quem já faltam as forças para abrir profundas covas, seguindo-se daí o enterrar na flor da terra". Em 1837, a câmara decidiu que as reses seriam queimadas, mas poucas semanas depois, por razões que parecem óbvias, rescindiu a instrução. Mais tarde, os vereadores reiteraram que as carcaças eram enterradas numa profundidade insuficiente, e um comitê, notando que os cães as desenterravam, recomendou que uma cerca fosse construída em volta do terreno.[23]

O administrador do matadouro, como o superintendente da Feira do Gado, tinha graves responsabilidades, especialmente a de assegurar que nenhuma esperteza fosse praticada, quer contra os donos do gado, quer por eles. Quando o superintendente da Feira do Gado informou que um homem tinha desobedecido às posturas municipais comprando gado depois de deixar a feira, ficou a critério do administrador do matadouro confiscar o respectivo gado e vender a carne abaixo do preço de mercado como punição. De acordo com o plano original, nenhum negócio poderia ser feito no matadouro, e a carne continuava pertencendo ao proprietário registrado do gado até que fosse vendida para o consumidor. Nem todos os administradores conseguiam fazer valer essa regra, e o autor de uma carta para um jornal alegou que "abusos e negligências" no matadouro permitiam que compra e venda fossem realizadas debaixo do nariz do administrador, e "o matadouro, só próprio para matar gado, hoje est[á] reduzido a [uma] praça de mercado ou feira, vendendo-se o principal alimento do povo para depois ser revendido".[24]

O cargo de administrador dava muitos poderes ao ocupante. Isso ensejava acusações de conduta imprópria. Em 1798 o administrador, Pedro Francisco de Castro, foi acusado ele mesmo de ser parte interessada no comércio de carne. Teria emprestado dinheiro a negociantes e arriscado dinheiro do próprio bolso comprando gado na feira e nas imediações. A câmara municipal o suspendeu, até que fosse concluída uma investigação, mas depois o reintegrou. Em 1802 a câmara finalmente o demitiu, mas o novo governador — ele próprio grande criador de gado — examinou o assunto e encaminhou os documentos para a Coroa. Embora a resposta demorasse quatro anos, mais uma vez Castro recuperou o cargo.[25] Em 1812 havia um novo administrador: Antônio de Araújo Santos, que morava não muito longe do matadouro. Depois de pelo menos dezessete anos de serviço, Santos adoeceu em janeiro de 1829 e, a pedido dele, o filho o substituiu. Quando o pai morreu, três meses depois, o filho descobriu, desolado, que a câmara municipal tinha nomeado Miguel de Souza

Requião para sucedê-lo. Requião servira no matadouro como escrevente por onze anos, e a câmara então o designou administrador com "serventia vitalícia". Ainda ocupava o cargo em 1855.[26]

Outros cuidavam do trabalho braçal. Primeiro, eram os quatro *curraleiros*, contratados pela cidade para lidar com o gado dos criadores ou marchantes que não tivessem seus próprios empregados para esse trabalho. Eles conduziam o gado do pasto ao matadouro todos os dias, para que as reses estivessem prontas para o abate de manhã, e voltavam no fim do dia levando as reses que não precisaram ser abatidas. Por serem responsáveis pelo gado até que a carne fosse levada para os açougues, e os couros e vísceras fossem entregues aos compradores, tinham de permanecer alertas o tempo todo.[27]

Depois eram os magarefes. Nos primeiros dias da instituição, cada um dos quatro curraleiros se encarregava de dez magarefes. Em 1850, os magarefes já trabalhavam sob a direção de um capataz, que os recrutava de acordo com um contrato que firmava com a câmara. Nessa época o número de trabalhadores caíra para vinte, apesar de a quantidade de reses ter aumentado muito. Nunca chegou a haver oitenta, ou cem, empregados, como alegou um contemporâneo.[28]

Eles começavam laçando a vaca ou o boi, depois o amarravam a um poste, enfiavam uma faca na jugular e arrastavam a carcaça para debaixo de uma trave, na qual a levantavam para retirar as vísceras e deixá-la "muito bem sangrada". Depois esfolavam e esquartejavam, levando os quartos para um edifício onde cada um era pendurado num gancho de ferro pelo tempo suficiente "até a carne enxugar" — ou seja, para que o sangue escoasse por completo (nos trópicos a carne tinha de ser consumida logo, para não apodrecer, sem tempo para curar). Também removiam "o sangue, imundícies e mais restos". Em média, um magarefe dava conta de oito a dez cabeças por semana. Era trabalho árduo, sujo, malcheiroso, mais comumente executado por negros, muitos deles africanos forros. Em 1857, porém, como parte de um renovado esforço para livrar a cidade de africanos e obrigá-los a procurar serviço nos canaviais, o regulamento determinava que o abate fosse feito "com exclusão d'africanos, logo que haja nacionais". Como o trabalho era difícil e pagava-se pouco, essa cláusula talvez fosse irrelevante. Apesar de ser um serviço humilde, matar gado exigia coragem e habilidade, e os trabalhadores podiam ter orgulho da rapidez com que abatiam um boi ou da perfeição do couro que tiravam. Se não fizessem direito, os donos se queixavam de que os couros "não servem senão para cola".[29]

Os magarefes às vezes aproveitavam a oportunidade para roubar carne. Desesperado, o administrador escreveu, em 1830, que, apesar de ter ordenado a prisão dos que apanhara em flagrante, "como sejam logo soltos e de novo admitidos pelo capataz no serviço, não deixam de continuar a furtar". Quando um criador de gado apanhou "o preto Venâncio, empregado na esfolagem das reses [acusado de] roubo de carne", Venâncio soltou um "atroz insulto", e o criador foi reclamar diretamente à câmara municipal. A câmara ordenou ao administrador que "não permita mais entrar no curral a qualquer pretexto o dito preto Venâncio", "fazendo ler a presente pelo escrivão [...] a todos os trabalhadores". É duvidoso que isso tenha dado algum resultado para a câmara ou para os criadores. Em 1848, um observador anônimo mas perspicaz notou que, como a cidade não queria pagar aos magarefes mais do que um valor miserável, "claro fica que somente tornando-se estes refinados ladrões podem se sujeitar a tão enfadonho trabalho por tão ridículo pagamento". O escritor disse ainda que roubavam "de cada boi que matam e esfolam enormes pedaços de carne [...] e isso presente o dono do gado ou seu agente, os quais, não tendo para onde apelar contra semelhante roubo, acham-se resignados a sofrer [tanto escândalo]".[30]

Forasteiros mandavam escravos roubar. Em 1816 o administrador, alertado por Manuel de Souza Lima — homem que ajudava no transporte dos quartos do matadouro para açougues legalizados —, foi pessoalmente ao matadouro de noite, "depois da Ave-Maria", pondo Souza Lima e o negociante de gado João Simões Coimbra "em diferentes lugares". Encontraram o portão "meio aberto" e o porteiro do lado de dentro, no momento em que dois negros saíam correndo. Conseguiram alcançar um deles com "dois quartos de carne dentro de um balaio". Ele se identificou como José, escravo nagô de Francisco de Andrade. O administrador descobriu que havia outros envolvidos. Um escravo do vizinho hospital de leprosos acusou uma negra livre, Andreza de Menezes, "que tem sempre vivido de vender nas quitandas carnes a enxerga", de pagar a Feliz de Araújo, mulato livre, para roubar carne. Alertado, o administrador foi à cidade e, como era de esperar, na rua íngreme que descia do convento do Carmo, encontrou duas mulheres jejes, Maria e Quitéria, ambas escravas de Andreza de Menezes, levando carne fresca em pedaços para suas barracas na Baixa dos Sapateiros. A prática continuou, e em 1829 o administrador do matadouro pegou "o preto Francisco, escravo de Rosa Rodrigues, por ser apanhado ao sair do curral com um balaio de carne furtada a qual pesou arroba e meia".[31]

Presença constante no matadouro era a das mulheres tripeiras. Embora estejam ausentes das fontes, para frustração dos historiadores, os contemporâneos sabiam de seu valor, e uma sala especial lhes fora reservada no projeto original do edifício do matadouro. A câmara municipal fixava os preços máximos para a cabeça, a língua, as tripas, o fígado e o coração — partes que só podiam ser vendidas em dois lugares na cidade. Usando bucho de gado, mas certamente também fígado, rim, bofe, coração e tripa, as tripeiras supriam as classes mais pobres. Logo que a rês era morta, punham-se a trabalhar com as vísceras. Em caso de roubo de carne do matadouro, as primeiras suspeitas recaíam sobre elas. Como os magarefes, eram tidas como perigosas, porque usavam facas.[32] Mas, em sua vida diária comum, eram provavelmente espertas mulheres de negócios, como as outras vendedoras de rua da cidade. Também precisavam encontrar fregueses para seus produtos e, a despeito do controle de preços, conseguir o melhor negócio possível.

Devido à topografia da cidade, não é de surpreender que os quartos fossem transportados do matadouro para os açougues não em carroças, mas em lombo de cavalo ou de mula. Em 1790, dizia-se "apodrecerem-se as carnes com os sóis, com as chuvas e com o tato [...] com os corpos dos mesmos cavalos e muito mais com as quedas dos indignos cavalos que as conduziam sobre as lamas e imundícies" das ruas. A câmara ordenou aos condutores de quartos que forrassem os cavalos com um couro antes de colocar a carga, para proteger a carne do "suor e imundície" dos cavalos, e que a cobrissem com encerados, ou panos de linho ou algodão, como defesa contra o sol e a chuva.[33]

No matadouro, cada quarto era marcado para indicar o açougue ao qual se destinava. Os responsáveis pelo transporte "[devem ser] instruídos nas marcas dos talhos a fim de não entregar os de um em outro". Não se sabe ao certo como era feita essa marca, se com tinta ou ferro quente. Os quartos eram pesados tanto no matadouro como no açougue, ficando os entregadores incumbidos de corrigir qualquer disparidade. Eles levavam uma nota especificando o peso correto. Alguns trabalhavam para outras pessoas, mas muitos eram donos dos cavalos que conduziam, e até se tornaram pequenos negociantes conceituados.[34]

OS AÇOUGUES

O estágio final do comércio da carne ocorria nos açougues. Em tese, a carne pertencente aos negociantes e criadores deveria ser destinada a esses estabelecimentos de propriedade pública de acordo com o número de cabeças que cada criador tinha levado da Feira do Gado, embora um criador se queixasse de que essa destinação era feita "arbitrariamente", dependendo da influência "da parte interessada". Criadores falavam com amargura das manobras usadas pelos marchantes para garantir que sua carne fosse para os açougues, em detrimento dos criadores. Por fim, passou-se a usar sorteios para saber que carne ia para qual açougue.[35]

No Brasil dos tempos coloniais e do começo do século XIX, como ocorrera em outras partes do mundo, achava-se que as lojas que vendiam artigos semelhantes deveriam ficar próximas umas das outras, para que os compradores pudessem rapidamente comparar preço e qualidade. No caso dos açougues, a câmara municipal acrescentou o argumento de que essa medida facilitaria também as inspeções oficiais em defesa do consumidor. Em 1799, a maioria dos açougues de propriedade pública concentrava-se em dois lugares: dezessete nos fundos do andar térreo do prédio da câmara municipal e oito na cidade baixa, poucas quadras ao norte do celeiro público. Anos depois, todos os dezessete açougues do prédio da câmara estavam fechados; sete tinham sido construídos num ponto mais ao norte, no distrito de Santo Antônio além do Carmo, e outros sete tinham se mudado para perto da igreja de São Bento, ao sul, onde antes de 1784 funcionara um matadouro de propriedade particular (ver mapa 1.3).[36] Depois, no regime mais liberal do Brasil independente, era permitido abrir açougues em qualquer parte da cidade.

Nos açougues, como o plano de 1784 deixou claro, a carne ainda pertencia ao criador ou ao marchante, e o próprio açougue era de propriedade pública. O direito de vender por conta própria nove quilos de carne de cada cabeça de gado tornou o negócio lucrativo o bastante para atrair açougueiros, que submetiam seus lances anualmente na época da Páscoa. Depois, todas as sextas-

-feiras apresentavam recibos ao administrador do matadouro, provando que tinham pagado ao criador ou negociante a quantia devida pela carne vendida naquela semana. Aos sábados de manhã, apareciam nos escritórios da câmara municipal com o dinheiro do imposto deduzido do que haviam pagado aos donos.[37]

Sua honestidade com frequência era posta em dúvida. Alguns açougueiros, embora de posse da devida licença, vendiam carne não proveniente do matadouro público, mas adquirida de outros criadores ou negociantes não autorizados, burlando o sistema. E havia outros que sub-repticiamente vendiam carne fora dos açougues oficialmente sancionados; dizia-se que a carne vendida no mercado negro na maioria das vezes era "carne podre". A "falsificação dos pesos" era motivo de "não pequena queixa", chegando aos ouvidos de um presidente da província que particularmente lamentava a prática, segundo dizia, por seu impacto na vida dos pobres.[38]

Levar alimentos de produtores distantes para consumidores urbanos era atividade complexa. Nos casos do gado e da carne, muitos participantes trabalhavam com afinco para que o negócio funcionasse. Os boiadeiros que conduziam os animais para a Feira do Gado e depois para a pastagem de propriedade municipal eram apenas o primeiro elo de uma longa cadeia de indivíduos que transportavam, distribuíam e vendiam carne. O matadouro apresentava um cenário em constante movimento, onde as reses eram abatidas, esfoladas, dessangradas e esquartejadas, ao mesmo tempo que a identidade do proprietário da carne, das entranhas e dos couros era claramente preservada, e o sangue, os excrementos e outros dejetos eram descartados. Transportar a carne para os açougues numa cidade conhecida por suas ladeiras exigia esforço e planejamento extras. Os açougueiros, depois, vendiam a carne para chefes de família ou para seus escravos, produzindo, finalmente, uma renda que então fazia o caminho de volta por toda a cadeia de comércio, até chegar ao criador de gado. Assim como muitos eram os envolvidos no negócio, muitas eram as oportunidades de rivalidade, conflito e disputa de posições.

7. Tensão

A tarefa de fornecer carne para Salvador revela algumas das tensões que permeavam essa sociedade, além da maneira como distinções sociais desapareciam e alianças se formavam. Geralmente, os negociantes de gado, os açougueiros e os que transportavam carne dentro da cidade tinham posição social mais ou menos equivalente. Alguns intermediários do mercado de gado e de carne eram mulatos, convocados juntamente com seus colegas brancos para aplicar suas regras e, apesar disso, como elas, às vezes eram descritos como meras criaturas dos donos de curtume e exportadores de couro. Já os negros livres que trabalhavam no matadouro eram mal pagos e vistos como perigosos para a sociedade — até mesmo revolucionários violentos. Às vezes faziam greve por melhores salários. Para os moradores da cidade, todos os boiadeiros e vaqueiros do interior eram abrutalhados e bárbaros, exigindo constante vigilância, mas ocasionalmente alianças se formavam entre os boiadeiros do interior e os marchantes que moravam na cidade.

Qual era o lugar dos marchantes e açougueiros de Salvador dentro da ordem social? A maioria ocupava a mesma classe geral de renda de Ana de São José da Trindade, apesar de nenhum dos que encontrei ser africano ou escravo forro, como era o caso dela. Seu prestígio era baixo, e em 1802 João Simões Coimbra, coronel miliciano mulato, considerou "indecoroso à sua dignidade marchantear por si mesmo", e contratou outra pessoa que, por uma pequena taxa, agia em seu nome. Essa prática pode ter sido comum entre os negociantes de gado, pois nos anos 1830 o administrador do matadouro declarou que "os nomes em que entram os gados [...] são supostos". Em 1809, a câmara municipal referiu-se de forma depreciativa à "multicidade [sic] de indigentes compradores que, desamparando os serviços mecânicos em que se empregam, concorrem tumultuariamente" para comprar gado na feira. Se compravam, não eram indigentes, mas o opróbrio de que líderes sociais com tanta frequência cumulavam todos os intermediários do comércio de alimentos afetava sobretudo esses negociantes de gado. Um governador aconselhou a câmara municipal a prestar muita atenção nesses marchantes, "que não deixarão de cogitar alguma traficância".[1]

De outro lado, os marchantes tinham alguma propriedade e certo grau de respeitabilidade. Para demonstrar que alguém não tinha qualificações para ser negociante autorizado, bastava alegar que era ligado aos ciganos, morava em casa alugada, e "não possui um palmo de terra em que possa criar gados". Alguns marchantes conseguiam subir um pouco, como Bartolomeu Francisco Gomes, descrito como negociante de gado em 1839 quando convocado como testemunha numa investigação no matadouro. Ao morrer, em 1848, porém, já era dono de dois armazéns onde revendia carne comprada de outros negociantes. Apesar disso, provavelmente não desfrutava de muito prestígio entre os colegas lojistas, na maioria portugueses, por ser um dos poucos merceeiros nascidos no Brasil e filho ilegítimo.[2]

Os marchantes dependiam muito de outros mais ricos do que eles. Independentemente dos recursos de que dispunham, todos os negociantes autorizados tinham de apresentar avalistas, para afiançar suas dívidas com os criadores. Um fiador precisava ter bens imóveis de valor igual a quinze vezes o patrimônio total de Ana de São José da Trindade, ou ser comerciante com crédito na praça, atestado por declarações juramentadas de outros homens de negócios.[3] Donos de curtume e comerciantes de couro emprestavam dinheiro para os marchantes ou davam garantia de solvência. (Os couros representavam 11% das exportações da Bahia no período de 1796 a 1811, chegando a 22% em 1802.) Em troca do respaldo financeiro, os negociantes vendiam os couros para seus fiadores por preços um pouco abaixo dos de mercado. Esse arranjo, dizia-se, tornava os marchantes "escravos dos abonadores", que "a seu arbítrio taxavam os preços dos couros".[4]

Já os açougueiros eram descritos pela câmara municipal como "pessoas da última classe da plebe". Mas havia distinções de riqueza entre eles: de vinte açougueiros que apresentaram lances por açougues dentro da cidade propriamente dita em 1805, oito conseguiram mais de um açougue, e alguns até cinco.[5] Apesar da precária posição social dos açougueiros, ou em razão dela, ao que parece eles não partilhavam algumas obsessões racistas da elite, mesmo nos anos 1830, época que se distinguia pelo atrito social. Seus açougues eram, pelo contrário, pontos de reunião de escravos à toa, alguns dos quais tinham sido mandados para comprar carne, mas ficavam conversando com outros.[6]

Vários açougueiros acumularam quase tanta riqueza quanto Ana de São José da Trindade. Jacinto Vieira Rios, que tinha um açougue em 1805, era dono de duas casas de dois pavimentos quando morreu, no fim de 1817. Não tinha escravos, o que era pouco comum entre pequenos negociantes. Casado na igreja, deixou um filho e duas filhas solteiras, e foi às filhas que legou o terço dos bens, isto é, tudo de que podia dispor legalmente, talvez em substituição do dote. Além das casas, seu patrimônio não incluía mais nada, a não ser uma grande quantidade de roupas, por exemplo, um casaco verde-oliva, três camisas brancas, oito coletes muito usados mas de alta qualidade — alguns de fustão, outros de cetim ou cambraia —, três calças de ganga, mais roupas de baixo e um chapéu de três pontas, "tudo velho". Antes de descontados os gastos com sepultamento e outras despesas finais, o valor de seu patrimônio era apenas um pouco menor do que o de Ana de São José da Trindade.[7]

Um açougueiro podia ter outros negócios, como Alexandre Gomes de Brito, que era dono de quatro açougues em 1805, e de cinco vinte anos depois. Também entregava carne do matadouro para outros açougueiros. Brito, que era mulato, vivia num bom lugar de frente para a praça do Pelourinho, embora em casa alugada, e era proprietário de uma casa de pedra bem perto do matadouro, em terras do convento do Carmo. Ali mantinha num estábulo os cavalos que usava para o negócio de entrega de carne e alojava alguns de seus escravos, incluindo duas mulheres jejes que vendiam frutas e hortaliças frescas numa barraca. Também era dono de dois vendedores de rua e de três criadas, todas africanas, uma das quais com um filho de cinco anos. Ele parece ter buscado a respeitabilidade tornando-se oficial da milícia e casando-se legalmente com uma negra forra. Morreu em 1826, devendo o que não tinha. A filha casou-se com um açougueiro, que deu continuidade a essa parte dos negócios.[8]

Os que transportavam carne do matadouro para os açougues eram na grande maioria homens de recursos modestos, como Brito, mas pelo menos um deles, João Simões Coimbra, era inegavelmente bem de vida. Coimbra, que a certa altura camuflou suas atividades de marchante e mais tarde ajudou a apanhar ladrões no matadouro, exemplifica a possibilidade de movimentar-se com êxito entre setores do negócio, nesse caso passando do negócio de gado para o de entrega de carne. Filho legítimo, nascido no bairro do próprio matadouro, era mulato. Durante meses em meados dos anos 1820, forneceu carne de seu gado para o açougue de Brito. Ainda em 1839, quando a câmara municipal convocou uma reunião de marchantes para discutir as razões do minguante suprimento de carne, Coimbra foi um deles. Mas por ocasião de sua morte, em 1860, já não comprava e vendia gado, concentrando-se exclusivamente no transporte de carne do matadouro público para os açougues. Por essa época, possuía um estábulo, sessenta mulas e um número equivalente de cangalhas para lidar com a carne. Investira em vários terrenos e auferia renda de vastos pomares de laranja, banana e coco; de mandiocais e equipamento para fabricar farinha; e da venda de milho, feijão, quiabo e forragem. Tinha 64 escravos, que alugava ou usava no cultivo da terra, no estábulo e no transporte de carne. Coimbra chegou a emprestar dinheiro para o administrador do matadouro. O valor de seu patrimônio era quase dezesseis vezes maior do que o de Ana de São José da Trindade, mulher de classe média. Seu herdeiro disse que os bens de Coimbra vieram de "excessivo e perseverante trabalho [...] rendimentos [que] não consumiu nem desbaratou". Tornara-se um homem de negócios altamente próspero e independente.[9]

Brito e Coimbra — que acabaram investindo no negócio de entrega de carne — eram bons amigos. Na época em que Coimbra negociava com gado e Brito era apenas açougueiro, Coimbra escreveu para o amigo dizendo que, em vez de mandar um recibo pelos 200$000 em dinheiro que Brito lhe mandara, seria melhor acertarem no dia seguinte, porque ele, Coimbra, estava de saída.

E acrescentou: "Ontem fui para a casa da minha mãe, quando vim foi à noite e recebi um mimo que V. M^{cê} [...] me mandou. Muito e muito obrigado pela lembrança". Noutra ocasião, Coimbra pediu a Brito que adiantasse a quantia que lhe seria devida no fim da semana para que ele, Coimbra, pudesse mandar pagar por um gado no interior.[10] Embora lidar com açougue, com gado ou com a entrega de carne pareçam ocupações distintas, as pessoas envolvidas faziam parte da mesma comunidade, com as mesmas crenças, e com noções parecidas sobre bondade e conduta honrada, não se considerando, geralmente, em oposição umas às outras.

CONFLITOS

O comércio de gado e de carne também causava muitos conflitos sérios, expondo as fraturas que dividiam a cidade. Os três pontos de interseção do negócio — a Feira do Gado, o matadouro e os açougues — provocavam, cada um, formas particulares de hostilidade e atrito, revelando a interação de pessoas de diferentes níveis de riqueza, diferentes cores e diferentes status jurídicos.

A Feira do Gado em Capuame era um lugar turbulento onde "inúmeras pessoas" de diferentes classes, raças e formações se encontravam, longe de casa e livres de laços sociais restritivos. Os boiadeiros, vindos de pontos distantes, provavelmente não conheciam uns aos outros. Endurecidos pela experiência de atravessar quilômetros e quilômetros de paisagem severa, eram conhecidos por se imporem pela violência, sem dúvida agindo em conformidade com regras às quais não tive acesso. Muita gente da cidade os acusava de "habitual indolência e ociosidade que superabundam em nosso país por falta de boas leis repressivas". Pior ainda, para os citadinos eles eram "facínoras destemidos e faltos de obediência", "que [se] valem da falta de justiça".[11] A fim de controlá-los, a câmara municipal pagava salários a dois milicianos daquele distrito, fornecendo-lhes cavalos. O subsequente mercado não governamental de gado em Feira de Santana também era descrito como lugar onde "ladrões de cavalo, negros aquilombados e vagabundos" se juntam para provocar "contínuas desordens, roubos e assassínios". Esses comentários talvez digam tanto sobre os preconceitos dos observadores quanto sobre as qualidades objetivas dos observados, mas indicam que havia tensão social.[12]

O pasto em Campina, como a Feira do Gado anterior, não costumava ser visto como lugar pacífico. Em 1829, a câmara pediu ao governador que destacasse uma guarda de três homens para o pasto, a fim de ajudar o administrador a impor sua autoridade. Dois anos depois, o administrador o descreveu como um "ponto onde concorre grande reunião de sertanejos e condutores de gado cujo caráter indomável se não pode ainda regular pela força moral e suave das leis, efeito da civilização que eles não têm". A "civilização", ao que tudo indica, ainda não havia chegado um quarto de século depois, quando, em 1858, a câmara municipal ressaltou a necessidade de uma presença policial no pasto "que evite quaisquer conflitos que quase sempre se dão pela reunião dos tangedores dos gados que ali chegam". Contínuas diferenças sociais perpetuavam preconceitos.[13]

Além dos atritos entre vaqueiros, e entre os vaqueiros e as autoridades, os donos de gado, fossem criadores ou marchantes, tinham suas razões para entrar em choque com o superintendente da Feira do Gado nomeado pela cidade. Embora legalmente encarregados de aplicar o regulamento como parte desinteressada, alguns superintendentes compravam e vendiam por conta própria, competindo com negociantes. Alguns usavam sua autoridade para pressionar os donos de gado a lhes vender uma ou duas reses abaixo do valor de mercado, ou faziam vista grossa quando uma ou outra parte cometiam fraude.[14]

Os marchantes às vezes reagiam tirando partido do intenso e tempestuoso conflito visível na feira. Um exemplo sobrevive em documentos relativos a uma queixa apresentada em 1806 por cerca de vinte moradores de Capuame, que acusaram o superintendente de ter ordenado o assassinato de André Corcino da Silva, um mulato. "Os sequazes por quem ele o mandou fazer o não chegaram a matar, mas o deixaram por morto com muitas cutiladas e esbordoadas", mas Silva sobreviveu e identificou os agressores. Os de Capuame acrescentaram que o superintendente costumava ameaçar prender "a pobreza", deixando-a "desinquietada". Aí está uma versão da história. O superintendente respondeu que os signatários da reclamação eram "homens da ínfima plebe, suspeitosos, de fácil conversa, mulatos, cabras, negros, vadios [...] que só se ocupam em jogos, tavernas e outros vícios [...] sem obediência e respeito às justiças". Disse que tinha prendido "um mulatinho" (diminutivo ofensivo), mas os amigos de Silva, "em descoberta resistência, assuada e motim [...] soltaram o dito preso". Durante a confusão, Silva "foi ferido não se sabe por quem ao tempo que eu me achava no interior de minha casa". Então um terceiro ponto de vista foi introduzido na história, embora nas palavras do próprio superintendente: o pior foi que, disse ele, certo negociante de gado, "pela razão de eu o proibir algumas coisas contra esta arrecadação, se conspirou contra mim, seduziu testemunhas e se fez, e faz, conspirado contra minha honra até o ponto de fazer-me citar com o injusto pretexto de que eu tinha dito [que] matassem o tal que resistia". Para agravar o caso, acrescentou o superintendente, esse marchante "conservando as testemunhas em casa, sustentando-os e mantendo-os, fazendo gasto na querela contra mim, e cura das feridas e ainda dando dinheiro para a demora das ditas testemunhas pelo espaço de dez para doze dias". As testemunhas podem ter sido vaqueiros que precisavam ser sustentados se ficassem na cidade, ou camponeses daquela região. Alguns provavelmente moravam na vila, de modo que, quando surgiu uma briga entre um marchante e o superintendente, o negociante pôde, jogando todo o seu peso em favor do pobre, tornar explícitas as tensões de classe e raça presentes o tempo todo.[15]

Os marchantes também entravam em choque com os criadores, pela simples razão de que os criadores queriam vender caro e os negociantes queriam comprar barato. Como grupo, os negociantes estavam em situação vantajosa, porque os criadores, geralmente ansiosos para vender o gado e voltar para casa o mais rápido possível, dispunham-se a aceitar um preço mais baixo do que o que poderiam alcançar levando o gado eles mesmos para a cidade. Os marchantes, além disso, de fato costumavam pegar emprestado dos criadores, pagando pelo gado não quando tomavam posse dele, mas somente meses depois. Brito, o negociante de gado, ia à feira levando dinheiro "em prata" para pagar pelo gado que tinha comprado anteriormente. Às vezes os marchantes não pagavam. Um governador, que também era criador, ficou furioso ao saber que um negociante de gado que devia a um criador tinha falido juntamente com seu fiador. Quando a câmara municipal se negou a tomar uma providência, o governador mandou prender todo mundo, incluindo o juiz de fora que atuava como presidente da câmara, e exigiu que sequestrassem os bens restantes do marchante e do fiador e completassem a diferença devida ao criador com fundos tirados dos cofres municipais ou do próprio bolso.[16] Além do mais, os marchantes sabiam tirar partido das vantagens de classe, pois os criadores "de ordinário não sabem ler nem escrever". Dizia-se que os negociantes faziam tudo ao seu alcance para desestimular os criadores de levarem seu gado eles mesmos para o matadouro.[17]

Os criadores que, apesar de tudo, o faziam logo se deparavam com magarefes e tripeiras cuja lealdade era para com os marchantes. As mulheres, supostamente por insistência dos negociantes, às vezes se recusavam a comprar as vísceras do gado dos criadores, fazendo questão de só comprar dos marchantes, como aconteceu em 1797. Mais indícios aparecem no seguinte incidente, de 1839: numa época em que o presidente da câmara municipal acreditava que os marchantes escondiam gado para forçar uma alta da carne, ele foi pessoalmente ao matadouro e confiscou e abateu quarenta reses. Só conseguiu dispor das vísceras de catorze, e para nove destas precisou devolver as entranhas ao dono do gado. Para os outros cinco casos fixou um preço inusitadamente baixo. Ninguém quis saber das vísceras restantes, "apesar de estarem presentes algumas fateiras e o administrador instou com elas que as comprassem [...] donde bem se coligiu estarem elas coniventes com os donos e agentes de gado". Sem dúvida, para continuar sendo clientes de determinado negociante que aparecia sempre no matadouro, as tripeiras pagavam um preço, incluindo uma diminuição de sua independência, mas a relação dava a elas uma segurança real. O mesmo se aplicava aos magarefes, que também costumavam ser leais aos marchantes. Como explicou um funcionário em 1809, os negociantes tinham seus "fâmulos protegidos que por isso são mais fielmente servidos do que o proprietário [do gado], desconhecido desses mesmos serventes". Laços de clientelismo uniam trabalhadores a marchantes, assim como os marchantes dependiam dos compradores de couro; em ambos os casos, o criador ficava fora da cadeia de proteção, relativamente isolado.[18]

Embora contassem com os que os apoiavam financeiramente, em certa ocasião os marchantes entraram em choque, de maneira amarga e exitosa, com outros que, apesar de ricos o suficiente para financiá-los muitas vezes, preferiram ser seus concorrentes. Nos anos 1830, quando a maior parte da regulamentação do negócio fora suspensa, a escassez ainda provocava queixas sobre a quantidade e o preço da carne. Em 1836, um grupo de ricos homens de negócios formou uma empresa com a proposta de administrar tanto o matadouro como os açougues públicos, garantindo abastecer a cidade pelo menos com uma quantidade mínima de reses e jamais vender a carne acima de certo preço, além de permitir que outros trouxessem seu gado também, desde que a empresa vendesse primeiro. Com efeito, o grupo propôs reinstituir características do negócio como funcionava antes de 1784 e privatizá-lo. A câmara aceitou a proposta da empresa no fim de dezembro de 1836, medida que ameaçava a existência dos marchantes.[19]

Cinco grandes comerciantes se juntaram para formar a nova empresa. Alguma coisa sabemos sobre dois deles. Tudo que se refere a Manoel José dos Reis diz que ele era capaz, confiável, correto. Nascido em Portugal, ganhou dinheiro como construtor no Brasil e tinha uma quantidade substancial de bens imóveis quando morreu, 35 anos depois de entrar na empresa de fornecimento de carne. Fora o principal investidor na recém-criada agência local do Banco do Brasil, inaugurada no começo de 1817. Seu filho se tornaria advogado. A mulher, Maria Constança da Purificação Pereira, era filha de um oficial militar. Ela morreu menos de três meses antes da assinatura do contrato para fornecimento de carne, deixando dois filhos, um deles ainda lactente. Como explicou Reis no testamento que ditou em 1864, os filhos eram muito jovens e, "tendo eu minhas ocupações no comércio para as quais saía de manhã, remédio não tive senão procurar quem me criasse deles e de minha casa tratasse. E para esse fim comprei e depois libertei a parda Eufêmia Maria da Conceição, que de mãe a eles constantemente serviu, até a época de seus casamentos". Eufêmia até ajudou a preparar os casamentos. Reis cuidadosamente especificou os móveis e roupas modestos que pertenciam a ela, e lhe concedeu o serviço de uma escrava africana e o usufruto de quatro casas contíguas. Era homem próspero, da mais alta correção burguesa. Não admira que a cidade tenha confiado nele para cumprir o contrato de fornecimento de carne.[20]

Antônio Pedroso de Albuquerque era outro sócio da companhia. Nascido no Rio Grande do Sul, tornou-se destacado empresário internacional, que emprestava dinheiro e comerciava escravos em Salvador pela altura dos anos 1820; ainda se dedicava a essas atividades nos anos 1830 e 1840, bem depois de o comércio de escravos ter sido formalmente proibido. Executou hipotecas de várias plantations no Recôncavo, e dessa maneira entrou para a elite dos proprietários de terra da província. Nos anos 1850 construiu uma algodoaria numa dessas propriedades. Antes de 1836 casou-se com uma mulher de próspera família baiana, que herdou uma imponente residência urbana onde, no fim dos anos 1850, o casal recepcionou o imperador em visita à cidade. O filho casou-se com a filha de um dos principais políticos baianos. Quando morreu, em 1878, Pedroso de Albuquerque tinha acumulado enorme fortuna, deixando um patrimônio que incluía seis engenhos de açúcar, 477 escravos e 39 imóveis urbanos, entre os quais uma casa perto do matadouro. Embora sua agressividade nos negócios e no tráfico de escravos talvez o tornasse suspeito em certos setores, seria difícil questionar seu tino comercial ou duvidar da probabilidade de que uma iniciativa com sua participação tivesse êxito.[21]

Mas a companhia de carne, por ameaçar os que anteriormente controlavam o negócio do gado, encontrou dificuldades quase desde o momento em que começou a funcionar. Seus adversários partiram para a ação direta. Em meados de janeiro de 1837, apenas um mês depois que o contrato entrou em vigor, a câmara municipal pediu ao presidente da província, em caráter de urgência, que fornecesse uma guarda para proteger o gado da companhia. Duas semanas depois, um empregado informou que bois da companhia estavam morrendo a uma taxa incomum. A câmara municipal suspeitou de trapaça dos "inimigos do contrato", e o presidente da província ordenou à Guarda Nacional que ajudasse o juiz de paz a investigar o caso no distrito por onde o gado passava. Essas medidas foram inúteis, e a câmara informou em meados de fevereiro que "um séquito de malfeitores" ali atuava "com o fim de ali esperar e fazer total destroço" do gado da companhia. Poucos meses depois, a câmara afirmou que por meio de "maquinações ocultas" os adversários da companhia no matadouro e em Feira de Santana estavam "seduzindo com dinheiro aos condutores para promover-lhe a mortandade (segundo consta) pela introdução de agulhas de ferro que matam sem deixar vestígios". Assim, marchantes e boiadeiros se juntaram contra forasteiros ricos.[22]

A companhia precisou lutar contra outras medidas, menos diretas mas igualmente efetivas, adotadas por aqueles que tiveram seus interesses prejudicados. Os açougueiros por ela empregados, supostamente subornados pelos "inimigos" da companhia, desviavam carne para vender de forma clandestina, ou a vendiam para colegas seus revenderem. Os vingativos marchantes também conluiaram para elevar o preço do gado na feira, a fim de arruinar a companhia. Finalmente, diretores da empresa descobriram, para seu desgosto, o que outras pessoas envolvidas no negócio estavam cansadas de saber: a "intransitabilidade" das estradas, sobretudo nos trechos íngremes e nas travessias dos rios.[23] Nada era fácil.

De início a companhia fingiu coragem sustentando que sua atividade já era, em março, um "benefício da saúde pública". Quando o presidente da província reclamou da falta de carne fresca, a câmara municipal negou, dizendo que era apenas propaganda contrária dos adversários da empresa, "traficantes de carne", acostumados ao "torpe e escandaloso lucro que tiravam do suor do povo". Em agosto de 1837, porém, a câmara admitiu que a companhia era incapaz de fornecer a quantidade de carne combinada. A firma apelou para a cláusula contratual relativa a "peste e inundação" para fugir de suas obrigações. Embora parecesse "possuir em grau eminente a base principal do crédito comercial", a companhia não cumpriu os termos do contrato. O controle legal do comércio de carne voltou para a câmara, e seu controle financeiro, para os marchantes. Suas táticas tinham funcionado.[24]

Os marchantes, por não ser clientes desses homens ricos nem estar enredados em relações de crédito com eles, sentiram-se livres para obrigá-los a recuar, apesar de suas modestas origens. Como os homens da companhia e os marchantes não lidavam uns com os outros numa base regular, não haviam ensaiado a maneira de conduzir seus encontros. Os negociantes, não podendo conseguir o que queriam usando as costumeiras ferramentas de dependentes e subordinados numa sociedade hierárquica e paternalista, recorreram por isso à violência, ainda que praticada apenas sub-repticiamente.[25]

Atritos também surgiam entre os donos de gado, quer fossem criadores, quer fossem marchantes, e os açougueiros que vendiam a carne para os consumidores. Os açougueiros eram às vezes acusados de atrasar o pagamento semanal aos donos da carne.[26] Os donos, não os açougueiros, é que fixavam o preço inicial para a venda da carne. "Farão logo no sábado, antes de vender uma só libra, público o preço que se lhes dá, gritando em voz alta ou mandando gritar pelos seus agentes, 'Por tal preço se vende cada arroba'." Durante o dia, porém, os açougueiros tinham o direito de baixar o preço para que não sobrasse carne, e era tarefa deles informar ao dono do gado por quanto tinham de fato vendido. Era fácil mentir. "Muita porção de carnes que o povo pagou a quatro patacas vai carregada [na conta como vendida] a três", com os açougueiros embolsando a diferença.[27]

Conflitos também ocorriam no matadouro. Os magarefes tentaram, em várias ocasiões, conseguir aumento de salário, mas a concorrência dos escravos os derrotou. Em 1826, o administrador acusou os trabalhadores "de se ligarem" para aumentar salários, deixando-o sem saída. "[Ele ou teria de] capitular com vantagens revoltantes que lhe foram por eles [esfoladores] propostas ou de deixar a cidade sem fornecimento de carnes." A câmara municipal então assumiu temporariamente a contratação dos trabalhadores, embora não esteja dito se e como encontrou homens dispostos a trabalhar.[28] Três anos depois, o administrador do matadouro teve nova razão para reclamar. Quando o preço pago pelo trabalho era sabidamente de oitenta réis por rês abatida, o empreiteiro de mão de obra anunciou que seus trabalhadores só o fariam por duzentos. O administrador protelou, mas, depois de meses de procura infrutífera por alternativas, informou que os magarefes tinham aceitado 120 réis por cabeça e ele concordara. Alguns criadores e marchantes declararam, então, que conseguiriam quem fizesse o trabalho por 110, o que acabou sendo promessa falsa. Em outubro de 1830 apenas oito trabalhadores apareceram: "Todos os mais deixaram de comparecer por não quererem menos de seis vinténs de esfolar cada rês". O resultado foi que, como explicou o administrador, "pouca carne [será] exposta à venda para o consumo da cidade". O administrador fez novo apelo aos marchantes, pedindo-lhes "o obséquio de mandarem os seus escravos para este trabalho". Alguns atenderam, porém não foi suficiente. No fim de duas semanas, só dois magarafes apareceram. O administrador mandou um empregado buscar os outros, mas eles se recusaram a ir. "Não se acha ainda um boi morto por falta de operários [...]. Amanhã não haverá carne na cidade." A câmara recuou, dizendo-lhe que no dia seguinte deveria fazer "a esfolagem por todos os meios a seu alcance, ainda pagando mais alguma coisa pela esfolagem, contanto que não deixe de haver fornecimento de carne para a cidade".[29] Essa é, acredito, a primeira greve salarial do Brasil, uma noção capitalista, em contraste com a subsequente paralisação de barqueiros e trabalhadores das docas, que cruzaram os braços pela restauração de sua autonomia corporativa. No próprio ato de fazer greve por melhores salários, entrando em conflito com patrões, eles forjaram uma classe.

O êxito dos trabalhadores durou pouco. No dia seguinte João Simões Coimbra, o marchante que se tornaria entregador de carne, ofereceu seus escravos "gratuitamente" para fazerem o abate. Em seguida, recrutou trabalhadores substitutos, provavelmente com a ameaça de que, se recusassem, não teriam trabalho algum. Poucos dias depois a câmara municipal anunciou que pagaria 87 réis em vez de oitenta. Não está claro se a oferta foi aceita, mas o conflito entre trabalhadores livres e escravos levou a brigas de faca.[30] No fim, a greve fracassou: donos de escravos os alugaram para fazer o abate, deixando os trabalhadores livres sem outra opção que não fosse aceitar o salário baixo. Em 1845, o pagamento por cabeça oscilava de setenta a oitenta réis, e um jornal local mencionou oitenta réis em 1848, mesmo preço de 1809, quando a moeda valia quatro vezes mais! Por tão pouco, continuaram a matar, limpar, esfolar e esquartejar; a remover a sujeira; a levar a carne para as balanças e pendurá-la nos ganchos; e a se livrar de qualquer rês morta por doença.[31]

Devido à sua raça, à sua etnia, à sua classe e ao negócio a que se dedicavam, os magarefes e as tripeiras eram sempre suspeitos de estarem prontos para usar de violência. Diariamente cobertos de sangue, faziam bem o tipo. Desde o momento da fundação do matadouro, o governador destacou um tenente, dois sargentos e quatro soldados com a missão específica de evitar desordem entre os trabalhadores, e a presença policial continuou por muito tempo. Em 1799, dizia-se que, armados como estavam, os trabalhadores do matadouro tinham "tanta dúvida em matar um homem quanta se lhe oferece em derribar um boi".[32] A Revolta dos Malês, em 1835, chamou a atenção geral para o suposto perigo apresentado por negros, em especial, é claro, negros africanos. Em seguida à revolta, investigadores prenderam seis magarefes por suspeita de envolvimento. Quatro eram escravos, os outros, libertos, e todos eram africanos. Poucos meses depois, o administrador do matadouro informou nervosamente que os trabalhadores ali, "em número de trinta a quarenta, são na maior parte africanos, que usam de necessidade para o serviço de duas a três facas cada um, choupas, machados e aguilhadas, além de um considerável número de fateiras, também africanas, que usam de facas para o seu serviço". Ele compartilhava das "desconfianças que justamente se tem de semelhante gente" e temia que o matadouro viesse a tornar-se "um ponto onde se possam armar para qualquer tentativa". O presidente da província, que também tinha medo dos negros, respondeu com rapidez, mandando três soldados "para os currais e aí se conservem todo o tempo da matança de gado". Três anos depois, o administrador ainda achava necessário ter uma guarda armada, pois "algumas pessoas que se empregam no tráfico de carne fresca tenham faltado o respeito à administração", e "nesta repartição concorre grande número de indivíduos e alguns armados das facas usadas no trabalho de esfolagem".[33] Nada nas fontes nos diz se os magarefes, negros na maioria africanos, sentiam contra os brancos a hostilidade que alguns brancos supunham. Mas, se é verdade que as pessoas acabam se vendo como reflexo da maneira como são vistas, é bem possível que eles, enfurecidos com sua impotência em face da exploração, pensassem em se voltar contra os mais afortunados.

A ansiedade vinha à tona a cada momento, com participantes do negócio do gado e da carne disputando entre si. Negociantes de gado diariamente precisavam ficar de olho nos magarefes que podiam roubar-lhes. Depois tinham de vender os couros abaixo do preço de mercado para o sujeito que financiara o investimento. Lidavam como podiam, mas quando se viram diante de um grande e específico perigo partiram para a ação contra os homens ricos que, em 1837, ameaçaram acabar com eles. O açougueiro estava à mercê dos marchantes como grupo, ainda que não da mesma pessoa semana após semana. Ao mesmo tempo, alguns açougueiros passavam na frente dos outros adquirindo, por meios ilegais, carne de melhor qualidade de negociantes com quem conluiavam numa operação sub-reptícia. O açougueiro também precisava ficar alerta para não ser enganado pelos entregadores de carne. Na Feira do Gado ou no pasto público de Campina, a negociação não envolvia apenas dinheiro, mas também posição e prestígio social. Em ambos os lugares, trocava-se deferência por proteção, porque do contrário a permuta social tácita se romperia. Os participantes simultaneamente avaliavam o peso do gado, observavam a cor da pele uns dos outros e calculavam o grau de "civilização" de alguém.

Em todo esse negócio do gado e da carne, indicadores raciais entrelaçavam-se com distinções sociais na forma complexa e amorfa ainda corrente no Brasil. Embora os magarefes negros e quase sempre africanos estivessem perto da base da escada social, eram forros ou nascidos livres. Tinham orgulho disso, e não estavam dispostos a ignorar a distinção entre eles e os escravos, ou pelo menos os escravos enviados pelos senhores para acabar com a greve no matadouro. Marchantes, açougueiros e entregadores de carne podiam ser brancos ou mulatos; muitos viam os magarefes, quase sempre negros, com uma mistura de desprezo e medo. Os negociantes tentavam adquirir respeitabilidade e reconhecimento social casando na igreja, tornando-se oficiais da milícia e comprando imóveis e escravos. Apesar disso, os vereadores estavam sempre prontos a fazer referência à cor de sua pele, ou à sua humilde posição social, mesmo quando a eles recorriam para fornecer a carne considerada tão essencial à sobrevivência da cidade. Um leitmotiv que ressoava nas ações da câmara municipal era a tendência a depreciar os outros, ou acusá-los de agir em nome de terceiros. A atenção aos mínimos detalhes e a grande extensão dos regulamentos do negócio denotam pouco apreço, por parte da câmara, pela honestidade e boa vontade das pessoas em geral.

Dada a natureza das fontes que usei — documentos do governo —, não é de admirar que as autoridades sejam alvo de críticas com menos frequência. Um açougueiro sem dúvida temia que sua carne e seu estabelecimento fossem inspecionados a qualquer momento por um funcionário municipal, cuja corruptibilidade precisava ser avaliada com sutileza e segurança. É fácil imaginar o favoritismo diariamente demonstrado, ou o preguiçoso e lerdo cumprimento do dever na burocracia que causavam perdas financeiras para outros. É provável que o poder exercido por superintendentes e administradores seja uma boa explicação para o fato de que esses cargos eram disputados. Imagino que esses funcionários eram por vezes realmente arbitrários em suas ações, como é frequente entre os que são poderosos numa esfera limitada, mas relativamente impotentes na sociedade em geral.

Atritos permeavam o negócio de carne e de gado. Homens, às vezes mulheres também, brigavam uns com os outros, movidos em parte por interesse financeiro, em parte por pontos de vista diferentes. Para reduzir a imprevisibilidade, eles contavam com a eficácia de noções generalizadas sobre a permuta patrão-cliente, na qual se oferecia proteção em troca de lealdade e deferência. Perante seus financiadores, é quase certo que os marchantes ocultavam qualquer ressentimento que sentissem em razão da demanda dos donos de curtume para que os couros lhes fossem vendidos por preços abaixo dos de mercado. E as mulheres tripeiras eram espertas o suficiente para saber que a longo prazo valia a pena demonstrar lealdade para com os marchantes, que estavam sempre presentes, fossem quais fossem os custos imediatos. Dessa maneira, os soteropolitanos conseguiam conter os conflitos diários. Mas como lidariam com a guerra aberta?

PARTE II

NOVAS REGRAS: REFORMA E RESISTÊNCIA

8. “O verdadeiro inimigo é a fome”

Por mais de doze meses, em 1822-3, os que lutavam para libertar o Brasil do controle português mantiveram sitiada a cidade de Salvador, onde se entrincheirava um exército português. O esforço para interromper o fornecimento de alimentos para a cidade por fim deu resultado, e os soldados portugueses, e mais um grande número de negociantes, embarcaram para a Europa. Antes de examinar as opções de que dispunham os moradores, e o papel político crucial que desempenharam no episódio altamente turbulento e emocional dessa grande transformação política, é importante compreender como se desenrolou a guerra. Essa tarefa implica um exame cuidadoso do próprio cerco — que nunca foi estudado em suas minúcias.

INDEPENDÊNCIA

A fase militar da luta do Brasil para se tornar independente de Portugal concentrou-se quase exclusivamente na Bahia, ainda que a faísca inicial tenha sido produzida fora da província e possa ser localizada catorze anos antes.[1] O príncipe regente de Portugal, mais tarde coroado com o nome de João VI, chegou ao Brasil em 1808, expulso da Europa pelo Exército de Napoleão. Ele não se limitou a estabelecer uma corte no exílio, mas instalou todo o aparelho de governo, promovendo o Brasil de simples colônia a sede de império. Ao abrir os portos do Brasil para o comércio com países amigos, especialmente a Grã-Bretanha, a nova administração pôs fim ao monopólio do comércio ultramarino exercido por casas comerciais portuguesas, eliminando uma característica que definira as relações coloniais até aquela data. O sistema judicial foi reorganizado, e apelos já não eram feitos a Lisboa. D. João acabou com a proibição da manufatura, incentivou a agricultura e fundou um banco nacional — sinalizando, com essas medidas, a nova posição não colonial do Brasil. Quando os franceses saíram de Portugal e uma nova ordem internacional foi estabelecida, ele elevou o Brasil ao status jurídico de reino, como o de Portugal, e resolveu permanecer no Brasil para ser coroado rei de ambos os países quando a mãe morreu, em 1816.

Uma revolução republicana rapidamente reprimida em Pernambuco no ano seguinte levou d. João VI a duvidar da lealdade dos brasileiros em geral, embora os que derrotaram esse movimento quimérico fossem quase todos brasileiros. Ele logo ordenou a transferência de vários batalhões de veteranos da guerra peninsular na Europa para cidades brasileiras. O 12º Batalhão, comandado por Inácio Luiz Madeira de Melo, foi enviado a Salvador. Com a chegada de tropas portuguesas, muitos brasileiros sentiram que a discriminação se agravava, e a tensão cresceu.[2]

Enquanto isso, em Portugal, aos poucos aflorava a insatisfação com a ausência do rei. Em agosto de 1820, iniciou-se uma revolta exigindo seu retorno. Os instigadores, apesar de ser oficiais do Exército português, se juntaram tanto a civis liberais, que desejavam transformar a monarquia absolutista numa monarquia constitucional, como a comerciantes que ansiavam pelo restabelecimento do monopólio português sobre o comércio com o Brasil, que, por ter deixado de existir, era, segundo eles, grandemente responsável pela depressão econômica portuguesa. Com sua fácil vitória em Portugal, de imediato os revolucionários convocaram as Cortes, o velho Parlamento que havia mais de um século não se reunia. Mas dessa vez seus delegados não seriam eleitos pelos poderes, como no passado, e sim por um processo razoavelmente democrático, e estariam incumbidos de criar uma base constitucional para um governo monárquico. Embora as Cortes incluíssem representantes escolhidos no Brasil, os primeiros brasileiros só chegaram oito meses depois do início das deliberações, em janeiro de 1821.

A maioria dos delegados das Cortes não tardou a ir longe demais, e, numa série de ações, conseguiu ofender a maior parte dos brasileiros. Então o rei foi convocado a comparecer a Lisboa imediatamente, e d. João teve de reconhecer que, se não obedecesse, Portugal declararia sua própria independência. Ele partiu, deixando o filho Pedro como príncipe regente no Brasil. As Cortes rejeitaram esse arranjo, duvidando da lealdade dos brasileiros, pelos quais alguns membros manifestaram franco desprezo, referindo-se à alarmante "heterogeneidade das castas" no Brasil e à mistura de "negros, e de mulatos, e de europeus de diferentes caracteres". A maioria dos políticos portugueses não via razão para tratar as províncias brasileiras de maneira distinta das de Portugal, onde supunham que a autoridade central fosse indiscutível num novo governo liberal unitário. Até mesmo alguns delegados brasileiros queriam ver a província do Rio de Janeiro despojada de sua posição especial, pois seu predomínio a partir de 1808 nunca fora bem-aceito nas províncias do Norte. As Cortes votaram pela abolição total do reino do Brasil como entidade separada, e pela submissão de todas as províncias ao governo de Lisboa, sem ao menos um vice-rei no Brasil. Em outubro, as Cortes instruíram d. João VI a ordenar a d. Pedro que deixasse o Brasil e retornasse para a Europa — ordem que chegou ao Brasil em dezembro de 1821.[3]

Conscientes do perigo, líderes brasileiros em Minas Gerais e São Paulo juntaram suas vozes às de líderes no Rio de Janeiro, exigindo que d. Pedro ficasse como príncipe regente no Brasil e exercesse o poder executivo a partir da capital brasileira. Incentivado por esse apoio, em 9 de janeiro de 1822 d. Pedro autorizou uma delegação de líderes brasileiros a anunciar: "Digam ao povo que fico". Essa declaração desafiadora, com a qual desobedecia ostensivamente a uma ordem do pai, o rei, assinalou um momento decisivo, impulsionando o Brasil rumo à independência total.

Três dias depois, as tropas portuguesas no Rio de Janeiro, quando se preparavam para voltar a impor sua vontade, foram cercadas por algo em torno de 10 mil milicianos e civis armados às pressas, que tinham conseguido se apoderar de várias peças de artilharia. Os quase 2 mil soldados portugueses, bem treinados e disciplinados, provavelmente teriam vencido qualquer batalha contra os brasileiros, mas a um custo altíssimo, tanto em vidas humanas como em boa vontade. Em vez de lutar, se renderam. Dentro de um mês, todas as tropas tinham partido do Rio de Janeiro para Portugal, escoltadas, até Pernambuco, por navios leais a d. Pedro. Quando um novo contingente de 1200 soldados portugueses chegou à costa do Rio de Janeiro, as forças de d. Pedro impediram seu desembarque, a menos que concordassem em se juntar ao incipiente Exército brasileiro. Foi o que 894 homens fizeram.[4]

Pedro agiu com rapidez para impor sua autoridade. Decretou que nenhuma lei de Portugal fosse obedecida no Brasil, a não ser quando sancionada por ele, e que todos os conselhos locais de governo lhe jurassem lealdade. Para conseguir apoio de outras partes do Brasil, convocou uma assembleia constituinte para o próprio Brasil, compreendendo claramente que essa medida conquistaria aqueles que, mesmo desejando ser governados de dentro do Brasil, tinham sido atraídos pelo constitucionalismo da revolução portuguesa. As Cortes deram um bom pretexto a d. Pedro em março e abril de 1822 ao examinarem uma proposta exigindo que os brasileiros voltassem a fazer comércio exclusivamente com Portugal e fechando os portos brasileiros ao comércio com outros países. D. Pedro salientou que, para os delegados das Cortes que legislavam dessa maneira para o Brasil, o país era "conhecido só nas cartas geográficas". Quando veio a notícia de que as Cortes tinham revogado a validade de todos os seus decretos, as posições de d. Pedro e das Cortes se confrontaram diretamente. Em 7 de setembro de 1822, d. Pedro declarou o Brasil independente. Em dezembro, aceitou a coroa como imperador Pedro I do Brasil.

DIVISÕES NA BAHIA

Nem todas essas ações tiveram a aprovação do resto do Brasil, notavelmente da Bahia.[5] Antes, em 10 de fevereiro de 1821, a guarnição militar de Salvador, em fidelidade com seus colegas em Portugal, se declarara a favor da revolução constitucionalista e depusera o governador, substituindo-o por uma junta de governo constituído, na maioria, por nativos de Portugal, incluindo diversos comerciantes. Muitos brasileiros não gostaram. Um burocrata português em Salvador notou a difusão de "quiméricas ideias de independência" e o avanço de uma "epidemia política", tanto assim que voltou para Portugal.[6] A junta de governo continuou firme em seu propósito liberal, pró-Portugal, e organizou uma eleição em setembro para representantes nas Cortes que redigiam a Constituição em Lisboa. Mas, percebendo a precariedade de sua posição, solicitou mais tropas de Portugal. Em resposta, as Cortes enviaram uma força expedicionária apelidada de Legião Constitucional, que chegou a Salvador em agosto de 1821, com 1137 soldados e oficiais, mais o acompanhamento habitual de esposas, filhos e criados.[7] O objetivo dessa força era claro, uma vez que, obviamente, não tencionava defender a Bahia contra uma invasão estrangeira.

As forças militares de Salvador, naquela altura, se dividiam em três categorias. As fileiras dos regimentos do Exército regular, presente no Brasil desde muito tempo, eram inteiramente recrutadas na província, e quatro quintos de seus oficiais eram também brasileiros. Os alistados em geral eram homens de cor, pobres, e os oficiais tinham ligações com importantes famílias de proprietários de escravos. Em seguida vinham as unidades 100% portuguesas: o 12º Batalhão, que viera em 1817, e a recém-chegada Legião Constitucional. Uma terceira categoria consistia de quatro unidades de milícia recrutadas entre os civis: homens que tinham emprego regular, mas vestiam farda e treinavam aos domingos, sem receber soldo. Uma dessas unidades era formada pelos negociantes mais ricos e seus vendedores, na maioria portugueses de nascimento. Uma segunda unidade foi descrita em 1799 como reservada para "artífices, vendeiros, taberneiros e outras qualidades de homens brancos", incluindo tanto brasileiros como portugueses, provavelmente mais portugueses. Por fim, havia dois regimentos, um para mulatos e outro para negros livres, os chamados Henriques, que receberam esse nome por causa de um soldado negro que lutara contra os holandeses no século XVII.[8] Já conhecemos João Simões Coimbra, coronel na milícia mulata, que negociava com gado e depois investiu em transporte de carne para os açougues. Não só negros livres nascidos no Brasil, como Luiz Gomes de Oliveira, fabricante de seda e alfabetizado, mas africanos forros, como Felipe Francisco Serra, José Simões e Manoel

Bomfim, serviam nos Henriques, e alguns africanos até alcançaram postos de comando. Entre os bens deixados pela vendedora de rua Ana de São José da Trindade por ocasião de sua morte em 1823 havia uma "farda [...] velha" pertencente a um miliciano mulato cujo nome não sabemos. Quem a teria usado? O pai de um ou mais dos filhos dela? Ou um dos dois filhos que morreram antes dela?[9]

No começo de fevereiro de 1822 a cidade de Salvador se dividiu em duas. Seguindo instruções recebidas de Lisboa, foi feita uma eleição para formar um conselho de governo provisório. Para desgosto da junta de inclinação portuguesa, que assumira o controle depois da ação militar do ano anterior, todos os candidatos vitoriosos, com uma única exceção, eram brasileiros. Uma crise surgiu como resultado de uma disputa sobre a nomeação pelo conselho de um governador militar para a província: ou o oficial brasileiro que comandara a revolta um ano antes, ou o comandante do 12º Batalhão, Inácio Luiz Madeira de Melo, nascido em Portugal, que também apoiara o golpe. Tanto um como o outro tinham os requisitos legais para o cargo. Um esforço infrutífero para chegar a um acordo estendeu-se pela noite de 18 de fevereiro, mas Madeira não cedeu. Ao amanhecer, iniciou-se uma briga entre as forças portuguesas e as brasileiras. Cerca de cem pessoas morreram, incluindo uma abadessa que tentou inutilmente impedir a entrada de tropas portuguesas, que alegavam que tiros haviam sido disparados da abadia. Fosse por esse tipo de violência, fosse pela experiência adquirida em batalhas na Europa, pela maior disciplina e organização, ou pelo planejamento avançado, o fato é que os portugueses venceram com facilidade e coagiram o conselho de governo provisório a nomear Madeira governador militar. O conselho continuou oficialmente encarregado dos assuntos civis da cidade, formalmente leal ao rei português. Madeira, porém, com frequência entrava em choque com seus membros, nos quais não confiava. Na esteira da batalha em Salvador, a maioria dos segmentos brasileiros do Exército e muitos milicianos negros e mulatos saíram da cidade e foram para o Recôncavo.[10]

A questão constitucional, liberal-conservadora, agora cedeu a vez a uma questão nacionalista, anticolonial. Como relatou um capitão da Marinha francesa, a maioria dos negociantes, donos de loja e vendedores portugueses ficou eufórica com a vitória de Madeira. Eles acenderam velas na janela de casa para demonstrar alegria e comemoraram ruidosamente, "enquanto eram enterrados os brasileiros que tinham sido mortos". A raiva cresceu dos dois lados, embora alguns portugueses tenham tomado o partido dos brasileiros.[11]

Um estado de espírito decididamente hostil às Cortes predominava nos distritos rurais do Recôncavo. Exportadores de açúcar haviam prosperado muito nos anos anteriores, não só porque a concorrência do Haiti fora eliminada por sua revolução numa época em que as exportações cubanas estavam apenas começando, mas também porque a abertura dos portos brasileiros ao comércio internacional tinha permitido a exportação direta para o norte da Europa, trazendo mais lucros para os senhores de engenho. Eles se opunham vigorosamente aos esforços das Cortes para retomar a velha prática colonial de conceder às casas mercantis portuguesas o direito exclusivo de controlar esse comércio exportador. Alguns senhores de engenho, além disso, eram resolutamente conservadores em suas atitudes políticas e talvez temessem que as Cortes portuguesas pudessem ceder à tentação de abolir a escravidão no Brasil, como ocorrera em Portugal bem antes disso. Um desses donos de canaviais resmungara contra a "peste revolucionária" que assolava a Europa.[12] Ter um monarca ou príncipe regente morando no Brasil o tornaria, sem a menor dúvida, mais sensível às preocupações dos açucareiros do que um parlamento eleito com sede no distante Portugal.

Em 25 de junho de 1822, a cidade de Cachoeira (ver mapa 1.1), sob a liderança de destacados senhores de engenho, declarou-se a favor de d. Pedro como regente, embora ainda professasse lealdade final a d. João VI. Quatro dias depois, outra importante cidade do Recôncavo, Santo Amaro, seguiu o exemplo de Cachoeira, e até o fim do mês fizeram o mesmo São Francisco do Conde e Maragogipe, às quais logo se juntaria Jaguaripe. As regiões de cana-de-açúcar e tabaco, e alguns setores de abastecimento de alimentos do Recôncavo, apoiaram o príncipe d. Pedro. Em setembro, quando d. Pedro declarou o Brasil independente, os líderes de várias cidades do interior combinaram de trabalhar em conjunto e estabeleceram formalmente um governo revolucionário sediado em Cachoeira, dando-lhe o nome de Conselho Interino do Governo da Província. Pouco radicalismo caracterizou suas ações, entretanto. Desde o início justificaram o que faziam alegando que tanto a cidade como o Recôncavo estavam num "deplorável estado de fermentação" e eles queriam apenas impedir "excessos anárquicos". Os escravos continuariam escravos.[13]

As cidades ao longo da costa meridional da Bahia estavam bem menos dispostas a romper laços com Salvador. Camamu (ver mapa 4.1) votou abertamente em favor dos portugueses e teve de ser trazida para o lado revolucionário pela milícia de Jaguaripe. Mais ao sul, onde hoje fica Itacaré, a câmara municipal forneceu apoio formal a d. Pedro, mas sub-repticiamente continuou a fazer negócios com Salvador. Só no fim de novembro de 1822 a câmara municipal de Porto Seguro venceu a resistência do juiz de fora e de outro membro do governo para declarar apoio a d. Pedro. Por fim, todos os distritos baianos, à exceção de Salvador, mandaram representantes para o Conselho Interino do Governo da Província, embora nem todos os moradores endossassem essa medida e muitos barqueiros continuassem a abastecer Salvador.[14]

Os dois lados percebiam a importância estratégica da Bahia. Os portugueses a viam como uma rica colônia, compreendendo que a província, se permanecesse com eles, incentivaria as províncias do Norte a continuarem leais também, dificultando as comunicações entre elas e o Rio de Janeiro. Os conselheiros de d. Pedro, reconhecendo os mesmos fatos, estavam decididos a impedir que isso acontecesse. Sem a Bahia, a independência de qualquer parte do Brasil estaria em dúvida, e, certamente, o novo país careceria de qualquer aparência de unidade, a não ser que fosse muito reduzido em seu tamanho. Essas percepções levaram a um acirrado enfrentamento, exigindo uma vasta mobilização de homens e recursos brasileiros ao longo de um período superior a doze meses, do fim de junho de 1822 a julho de 1823, e um esforço igualmente determinado por parte do governo português para não perder a Bahia.

Os líderes das cidades do Recôncavo que preferiram se aliar ao príncipe d. Pedro, sabendo o que teriam de enfrentar, logo buscaram a ajuda do Rio de Janeiro. D. Pedro, mesmo antes de declarar o Brasil independente, enviou Pierre Labatut, um francês que lutara na Europa e depois na Colômbia, junto com 260 soldados e 38 oficiais, para encabeçar um exército insurgente. Com ele, iam material e equipamento para as forças a ser formadas localmente: 5 mil fuzis, quinhentas carabinas, quinhentas pistolas, 2 mil lanças e quinhentos sabres, além de seis canhões. Labatut desembarcou em Alagoas, ao norte da Bahia, no fim de agosto, mas só seguiu para a Bahia em outubro, depois de conseguir mais homens em Pernambuco e retirar do poder a facção pró-portuguesa de Sergipe, e assim proteger a retaguarda. Rebeldes baseados em Cachoeira tinham, nesse ínterim, mobilizado a milícia de todas as cidades do interior e lançado um vigoroso esforço de recrutamento. Enquanto isso, Madeira recebera mais reforços. Com essas forças frente a frente, era óbvio, como tinha notado um arguto emissário do governo do Rio de Janeiro mesmo antes, que "[a junta de Cachoeira] tinha forças para se defender dos ataques que porventura os portugueses tentassem contra ela", mas "[à junta] faltavam todos os recursos que a pusessem em estado de poder vir atacar e expulsar os portugueses".[15] Diante do impasse, o lado brasileiro decidiu sitiar a cidade.

ABASTECENDO OS INSURGENTES

Para Salvador, a guerra passou a girar em torno do suprimento de alimentos. O desafio era garantir alimento para seu próprio lado e impedir que o outro o recebesse — coisa que os oficiais comandantes dos dois lados sabiam muito bem. Os insurgentes tinham pela frente um problema triplo. Primeiro, precisavam alimentar suas tropas, que acabaram totalizando 11 mil homens. Segundo, a maioria desses soldados tinha sido afastada de suas ocupações de rotina: produzir e transportar alimentos. Terceiro, os insurgentes precisavam socorrer um vasto número de refugiados que tinham abandonado a cidade de Salvador, fosse por preferência ideológica, fosse por medo de passar mais fome se ficassem. Líderes revolucionários registraram, apavorados, o "aumento de consumidores nesta província". Agiram com rapidez para garantir suprimentos e deram ordens para todas as cidades leais que cooperassem. Mas não quiseram correr riscos. Nazaré passou obviamente a ser visada pelos dois lados, devido à sua imensa produção de farinha de mandioca. Em 20 de agosto de 1822, um batalhão de voluntários de Cachoeira avançou e assumiu o controle da cidade. No começo de outubro, os insurgentes estabeleceram um comissariado de munições de boca, com a grande responsabilidade de reunir e distribuir gado e farinha de mandioca para os homens armados. De início, tentaram obter seus estoques de comida "por donativo e empréstimo ou por compras a dinheiro", porém, com o passar do tempo, só o dinheiro funcionou. Insurgentes descobriram que seus fundos eram limitados, e pelo menos um capitão de uma lancha se queixou de não ter sido pago pelos "65 alqueires de farinha" que entregara.[16]

Os baianos consideravam a carne fresca essencial, e sua falta um desastre. Foi problemática portanto a notícia vinda de Nazaré em outubro de 1822 de que "os negociantes deste gênero [gado] aqui pela maior parte europeus [...] deixaram de mandar vir o gado do sertão". Líderes insurgentes responderam a esses relatórios mandando um oficial de milícia e quarenta homens em direção oeste, além de Feira de Santana, para reunir gado e confiscar todas as cabeças pertencentes a criadores portugueses que se recusassem a cooperar. Depois, os líderes insurgentes ordenaram a todos os senhores de engenho de São Francisco do Conde e de Santo Amaro que contribuíssem com um boi cada um, independentemente de o animal estar ou não sendo usado para rebocar cana ou mover o engenho. Também requisitaram muitos rebanhos de fazendas pertencentes a ordens religiosas e do conde da Ponte, dono de imensas propriedades.[17]

Apesar desses esforços, o gado jamais era suficiente, o que aumentava a ansiedade. Em 6 de novembro, um primeiro-tenente encarregado de um pequeno forte deu esta informação: "Só tenho duas reses para fornecimento desta guarnição". Dois dias depois, fez menção à "última rês que tenho para municiar a guarnição". No dia 12, escreveu: "Só tenho gado para dois dias, porque, do que recebi, mandei metade para a Barra e fiquei com a maior parte de novilhos de quatro arrobas que são necessários dois para o consumo de um dia". Por meados de dezembro, com mil soldados sob seu comando, outro comandante de guarnição deu notícia de sua "terrível desesperação", exclamando: "Não sei o que devo obrar [...]. Eles clamam e com razão contra mim que em todos os lugares se dá arrátel e meio [680 gramas] de carne a cada soldado e que aqui apenas lhe dá um, sem o auxílio de feijão, toucinho, arroz, [...] e isto sempre tarde e às vezes nem isso". Depois, acrescentou: "Não sei na verdade como é possível impor leis militares a homens a quem falta todo mantimento". Compreendia que a falta de alimento adequado pode minar rapidamente o moral de qualquer soldado.[18]

A escassez de farinha de mandioca dominava a correspondência entre os oficiais insurgentes. "A suma necessidade [é] farinha para o sustento da tropa [...] vou rogar-lhe que faça toda a diligência para fazer suprir tal precisão fazendo descer farinha", disse um oficial, acrescentando que "a tropa decerto não pode ter subordinação estalando de fome". Alimentar o exército comandado pelo general Labatut tornou-se a mais alta prioridade quando ele apareceu em cena em outubro de 1822 e estabeleceu o quartel-general em Engenho Novo, não longe de Salvador (ver mapa 1.1). Pontos-chave foram designados para a coleta de suprimentos a ser despachados de barco através da parte norte da baía, se não pudessem vir por água de lugares mais ao sul.[19]

Os insurgentes puseram-se a trabalhar montando sua pequena frota de barcos armados para acompanhar os carregamentos de farinha de mandioca e arroz vindos do quadrante sudoeste da baía para posições do Exército. O conselho revolucionário queixou-se de que "alguns proprietários de barcos do giro de comércio [...] têm [os] ocultos [...] para não serem empregados no serviço da causa pública do Brasil". Necessitando de barcos "para servirem nas conduções [...] de gêneros", ordenou que eles fossem confiscados "com suas respectivas tripulações de mestres e marinheiros". Ordens semelhantes foram dadas a outro oficial para confiscar barcos ou canoas e usá-los no transporte de farinha de mandioca "ou para Cotegipe diretamente se as barcas inimigas derem lugar", ou para certo engenho de açúcar, e de lá para Acupe. A busca de barcos deixou escapar alguns: em junho de 1823 foi encontrado um pertencente a um homem português, um inimigo do Brasil, agora enfim requisitado para a causa patriótica, juntamente com seus "três pretos escravos marinheiros".[20] O que os documentos revelam, é claro, são os casos desses indivíduos que se recusaram a cooperar. O fato de que unidades de exército e de milícia, apesar de crises ocasionais, receberam alimentos durante um período de meses indica que seu sistema de aprovisionamento de gêneros alimentícios funcionou bem.

O CERCO

Tão importante como garantir alimentos para as tropas brasileiras era impedir que as portuguesas conseguissem os seus. Cercos, uma antiga tática militar, podem culminar com o assalto das muralhas, mas sua característica essencial é o corte do suprimento de gêneros alimentícios do inimigo. Como nenhuma cidade produz o alimento que consome, as cidades são alvos cobiçados, como Jericó, Numância, Jaén, Orléans, Tenochtitlán, Viena, Yorktown, para mencionar apenas alguns dos objetos de cerco mais conhecidos no mundo ocidental antes de 1822. Impedir a entrega de provisões não custa nenhuma vida aos sitiadores e pode ser de extrema eficácia. Salvador era especialmente suscetível porque fica numa península, e a área do entorno imediato não produzia muitos comestíveis. Suas provisões tinham de ser transportadas pela baía ou, no caso da carne, vinham por terra do interior distante.

A tarefa mais fácil era impedir que condutores de gado entrassem na cidade. Em julho de 1822, forças rebeldes, em especial a milícia negra dos Henriques, cortaram o suprimento de gado de Salvador ocupando as terras altas de Pirajá, logo ao norte da pastagem de Campina (ver mapa 1.2). Poucos dias depois, a câmara municipal admitiu que de quatro boiadas que vinham do norte com destino à Feira do Gado do Capuame, metade tinha sido "apreendida [...] por uma força armada do Recôncavo", e as outras duas voltaram. Nenhuma rês chegara ao matadouro, deixando a cidade sem carne fresca.[21] Não por acaso o general Labatut, ao entrar na província em outubro, ocupara Capuame imediatamente.

Para os insurgentes, controlar as remessas dentro da baía se mostrou mais difícil do que interceptar boiadas, mas ainda assim factível. Embora cerca de cem embarcações oriundas dos portos do Recôncavo costumassem aportar em Salvador todas as semanas, a maioria vinha de poucos lugares. Podiam ser vigiadas. Os líderes patriotas sabiam que a persuasão seria insuficiente e puseram uma guarnição em Jaguaripe, dada sua crucial importância. Essa cidade "demanda a maior segurança para privar o inimigo de receber dali os socorros de farinha e [outros] víveres". Interromper o tráfego na baía era para os insurgentes a chave do êxito. Nas palavras de um oficial da marinha francesa que escreveu de Salvador em julho de 1822:

> O verdadeiro inimigo que ameaça a Bahia é a fome: flagelo que se tornou inevitável pelas disposições da população circunvizinha. Esta cidade [...] não recebe quase nenhuma subsistência das províncias do norte. Somente recebe delas algumas boiadas. Todo o resto chega do fundo da baía, e o agressor que, seja por força de terra espalhada no campo ou seja simplesmente por alguns navios estacionados sobre um pequeno número de pontos escolhidos da baía, disporá de todos os recursos da Bahia. O bloqueio externo da enseada levará ao cúmulo a sua aflição.[22]

Ah, mas bloquear a entrada do Atlântico era justamente o problema insuperável. As forças rebeldes não tinham capacidade naval para impor um bloqueio. Embora pudessem parar embarcações que tentassem partir de vilas do Recôncavo, não tinham condições de impedir completamente que barqueiros baseados ao longo da costa meridional da Bahia chegassem à cidade. Em outubro de 1822, o conselho de governo em Salvador notou que, apesar de muitas cidades terem formalmente proclamado lealdade a d. Pedro, "não obstante, algumas daquelas vilas têm continuado a enviar a esta cidade os seus gêneros, ao contrário do que acontece com o Recôncavo, cujo comércio e comunicação estão de todo interceptados". Por sua vez, o lado brasileiro lamentou a descoberta de que um oficial de sua própria milícia mantinha contato com Salvador, "para onde ultimamente despachara um barco com víveres". No fim de novembro, o oficial encarregado de aprovisionar o esquadrão naval português informou que alguns alimentos continuavam chegando a Salvador:

> [os sofrimentos do povo são aumentados pela] proibição que há em todos os portos desde o rio da Prata até Pernambuco de despachar embarcações para este porto. Por consequência a farinha, a carne-seca e mais gêneros do país da primeira necessidade vão [completamente] faltar aqui. O que ainda não tem sucedido não só porque havia na terra abundância, mas porque nestes últimos dias têm entrado de Caravelas, S. Mateus, Alcobaça, Porto Seguro e até do Rio Grande algumas sumacas com estes gêneros, tendo saído dos ditos com passaportes para Pernambuco e o Rio de Janeiro, assinando por isso termos, prestando fianças.[23]

Ainda assim, os insurgentes tiveram êxito em dois sentidos. Organizaram um elaborado e eficiente método para assegurar seu próprio suprimento de gêneros, tanto farinha de mandioca como carne, ao que tudo indica sem criar inimizade com a maioria dos agricultores, produtores de alimentos, apesar de recrutarem muitos deles para o campo armado.[24] E, igualmente importante, interromperam o suprimento da maior parte dos gêneros alimentícios destinados aos portugueses. Ao impedir que praticamente qualquer alimento atravessasse a baía, e reduzir de modo significativo o suprimento que barqueiros pudessem trazer da costa, provocaram uma grande escassez dentro da cidade.

FOME NA CIDADE

Madeira, o comandante português em Salvador, não menos do que os capitães insurgentes, reconheceu que a briga por alimento era decisiva. Ele enfrentava uma dificuldade maior, porém, devido à distância de Portugal, única fonte segura de aprovisionamento para seus soldados e para os civis que eles protegiam. A travessia transatlântica levava em média sete semanas, embora, em circunstâncias pouco comuns, navios que viajavam para o ocidente pudessem reduzi-la para até quatro semanas.[25]

A ameaça para Salvador era evidente. Em abril de 1822, bem antes de Cachoeira e as cidades vizinhas declararem lealdade ao príncipe d. Pedro, "[Madeira temia que] o governo do Rio de Janeiro mande bloquear este porto para impedir que na cidade se recebam os mantimentos que continuam vir de outras partes da província". Os civis também sabiam do perigo. Como escreveu uma mulher em Salvador para o marido dois dias depois de Cachoeira declarar sua lealdade a d. Pedro, "daqui a pouco não haverá nem farinha nem carne. Deus nos acuda!".[26]

Qualquer um podia ver, como notara antes um oficial, que a ilha de Itaparica ficava estrategicamente localizada para o controle do tráfego "das vilas de Cachoeira, Maragogipe, Iguape e outros lugares deste Recôncavo". No fim de julho de 1822, Madeira ordenou um ataque e desembarque na ponta meridional da ilha, do lado do estreito. Mas o oficial encarregado da ofensiva descreveu como seus homens foram repelidos, apesar da superioridade numérica, pelos "inimigos [...] completamente invisíveis", tendo o grupo sido "assaltado por todos os lados [enquanto] não se via nada senão arvoredo". Seus homens enfrentaram "uma fuzilada tão viva e tão certeira que era impossível tentar um desembarque". Uma tentativa semelhante em janeiro de 1823, com uma força muito maior, foi igualmente derrotada.[27]

Pelo começo de outubro de 1822, as autoridades civis de Salvador perceberam o desespero de sua situação. O inimigo tinha avançado até os subúrbios da cidade, e as vilas do Recôncavo, a ilha de Itaparica e a costa imediatamente ao norte "se conservam no mesmo estado de separação desta capital". Além disso, "a comarca de Sergipe, da qual esta capital se fornecia de alguma porção de gado pela falta da do interior — e mesmo de algum milho e outros objetos da sustentação do povo —, agora acha-se em perturbação". Para os de Lisboa, explicaram melhor: "A interceptar-se a grande exportação das farinhas que a comarca de Porto Seguro faz para esta cidade, terá ela de sofrer grandemente, achando-se [já] privada das que lhe eram fornecidas pelo distrito de Nazaré no Recôncavo".[28]

Quando um esquadrão naval com doze navios chegou de Portugal no fim de outubro, Madeira e os civis portugueses ficaram aliviados. O cerco agora poderia ser rompido. O comandante do esquadrão, João Felix Pereira de Campos, porém, levou um susto ao saber, quando chegou, que se declararam "contrários à nossa causa todos os povos do Recôncavo da Bahia, limitando-se a nossa possessão ao recinto da cidade e o porto". Apavorado com "a urgente necessidade em que nos achamos pela escassez de víveres [...] visto que nos faltam os socorros das outras províncias com as quais se contava", adotou medidas imediatas para corrigir a situação e informou que tinha posto dois navios de guerra ao norte e outro ao sul "com os fins de [...] fazerem conduzir para este porto toda a embarcação costeira que conduza mantimentos de porto em porto". Mas seus navios foram apenas minimamente bem-sucedidos na missão, talvez porque os barqueiros transportassem tantos gêneros alimentícios em embarcações de baixo calado que se mantinham perto da costa, fora do alcance dos navios de guerra portugueses. Apesar disso, no começo de dezembro um espião em Salvador informou a um oficial brasileiro que uma fragata, navegando pela costa, obrigara várias sumacas, incluindo as que se dirigiam a Pernambuco, a aportar no celeiro público de Salvador, "com farinha, arroz e feijão".[29]

Críticos culparam Campos por não acabar com a escassez. O esquadrão naval estava na Bahia havia apenas cinco dias quando ele recebeu uma petição, com 655 assinaturas, insistindo para que bloqueasse os portos do Rio de Janeiro, Pernambuco e Alagoas, "vindo ao nosso mercado todos os produtos dos diferentes portos das mesmas províncias que, não se podendo introduzir nas suas capitanias, vêm com eles fomentar a nossa abundância e comércio". E os signatários fizeram uma sombria ameaça: "Sendo a falta de pão o germe de milhares de revoluções". Campos respondeu calmamente que sua principal tarefa era garantir a cidade como cabeça de ponte para outras expedições, e que não poderia abandonar Salvador para bloquear outros portos. Os cidadãos estavam convencidos de que tinham uma solução melhor — e talvez tivessem. Um jornal da cidade perguntou:

> Por que não se há de mandar a Caravelas uma embarcação de guerra para punir ali meia dúzia de malvados e deixar que os pobres farinheiros vendam e conduzam por aqui a farinha? [...] Mais. Não podemos nós abrir a comunicação de Nazaré com oitocentos homens de mar e terra? As forças inimigas que podem merecer alguma contemplação estão desde Pirajá até Feira [...] e o inimigo estará dispersado quando lhe faltar o mantimento de Nazaré e Maragogipe.

Do ponto de vista dos civis, porém, Campos nada fez.[30]

Em fevereiro de 1823 a situação tinha piorado ainda mais. Campos lamentou as "privações provenientes da falta de víveres [...]. Todos os mantimentos [estão] levados a um auge de preço excessivo e alguns totalmente extintos, como é legume e arroz". O conselho de governo civil provisório da cidade também ressaltou a escassez de farinha de mandioca, "aquele gênero essencial para a sustentação do povo". Madeira declarou que "as últimas povoações donde vinha alguma farinha de mandioca [Prado e S. Mateus] foram obrigadas [...] a revoltarem-se", e "a falta e carestia dos víveres é cada dia mais excessiva. O povo já sofre [...] e não sofrerá menos com a falta de carne-seca que há muito tempo não entra". Pode ser que exagerasse, pois um civil queixou-se, no mesmo mês, de que "já não comemos senão salgados (ainda que disto há bastante). O que falta é carne fresca e farinha de mandioca".[31]

A chegada de reforços foi tanto uma bênção como uma maldição para o lado português. Madeira continuou insistindo que precisava de mais soldados, e o governo de Lisboa mandou mais, porém isso apenas agravou a necessidade de alimento. Em meados de julho de 1822, ele tinha 1600 homens; em agosto, 2400. No fim de outubro, o esquadrão naval chegou com grandes reforços do Exército, elevando o número total de soldados e marinheiros em Salvador para 4285, sem contar os milicianos portugueses que já estavam lá. Por meados de fevereiro, só o Exército regular contava com 4222 homens. Outros 2 mil soldados desembarcaram em abril de 1823. Apesar de alarmados com a chegada de reforços portugueses, os insurgentes reconheceram que "bem que aumentam o número dos consumidores [na cidade]".[32]

Ao mesmo tempo, a fuga de moradores urbanos para o interior prosseguia, reduzindo a demanda civil por alimentos na cidade. Já pelo fim de agosto de 1822, apenas um membro da câmara municipal permanecia na cidade, e quando Madeira convocou os membros do ano anterior, ninguém apareceu. As autoridades civis exclamaram que "tem sido extraordinária a emigração dos naturais do país para o Recôncavo". Madeira informou no começo de 1823 que "repartições civis quase inteiras" tinham ido embora. Apesar disso, algumas questões jurídicas seguiam o curso normal. Quando a vendedora de rua Ana de São José da Trindade morreu, em março de 1823, seu testamento foi aberto e o inventário de bens, executado sem nenhum desvio visível da prática rotineira. Da mesma forma, funcionários deram prosseguimento ao inventário post mortem de pelo menos um grande patrimônio apesar da guerra, excetuando-se uma propriedade em Sergipe, que ficou para ser resolvida posteriormente, porque a comunicação tinha sido cortada.[33]

Os militares brasileiros também enfrentavam dificuldades e um desânimo crescente. As tropas de Labatut, apesar de terem repelido todas as ofensivas portuguesas, foram várias vezes também repelidas quando tentavam romper as defesas da cidade. A malária e outras doenças haviam se espalhado entre os soldados insurgentes. Em meados de abril de 1823, o Conselho Interino do Governo da Província em Cachoeira reconheceu, em particular, que era "incerto o êxito da guerra" e que suprimentos "tanto pecuniários como de víveres" escasseavam, "achando-nos ao mesmo tempo sitiantes e sitiados".[34]

ÚLTIMOS DIAS

Todos reconheciam que, se Salvador enfrentasse um bloqueio externo determinado, os portugueses não resistiriam. Os preparativos brasileiros para fechar o porto já estavam em andamento. Logo que d. Pedro declarou o Brasil independente, em setembro de 1822, seu ministro começou a formar uma Marinha e conseguiu recrutar Thomas Cochrane, famoso por suas ousadas proezas durante a guerra da Grã-Bretanha contra Napoleão, e na época servindo na Marinha chilena, para chefiar o projeto. Ele chegou ao Rio de Janeiro em meados de março de 1823 e pôs-se a trabalhar para dar feitio a uma força naval exequível: equipando seus navios, entendendo-se com oficiais britânicos que tinham vindo para o Brasil aderir à causa e treinando suas tripulações multilíngues. Já pelo começo de maio sua pequena frota estava na costa da Bahia perto de Salvador. O governo de d. Pedro despachou navios de provisões para a frota de Cochrane carregados de biscoitos para marinheiros, farinha de mandioca e hortaliças, e alertou as forças patrióticas da Bahia sobre a chegada de Cochrane e a necessidade de alimentos para sua frota. Os líderes insurgentes incumbiram dois senhores de engenho, experientes em administrar recursos humanos e materiais, de conseguir "capados, leitões, carneiros, galinhas e frangos" para esse fim, criando instalações para suprimentos no porto de Valença.[35]

O resultado da guerra dependia agora do controle da costa atlântica. Depois de um inconclusivo primeiro encontro com o esquadrão português, Cochrane decidiu usar seus dois navios mais rápidos e ágeis para bloquear Salvador, evitando uma grande batalha. Capturou cerca de quinze embarcações mercantes que velejavam rumo à cidade, incluindo pelo menos uma de Portugal e um navio dos Estados Unidos que transportava arroz e farinha de trigo. Por meados de junho, comerciantes de Salvador informaram que seis navios "carregados de víveres", que vinham de Buenos Aires, não haviam chegado, assim como não haviam aportado navios da Europa, para não falar em "algumas embarcações do Maranhão [e] numerosas sumacas que foram buscar farinha aos portos do Sul", "sem falar nas estrangeiras que frequentemente se dirigem aqui". Deduziram que Cochrane os capturara, e sabiam com certeza que ele capturara um bergantim "com arroz, farinha e outros gêneros".[36] Com essa notícia, a constante fuga de civis de

Salvador se tornou uma enchente furiosa, uma "extraordinária emigração que [...] já excede 10 mil pessoas". Todos tinham ido embora para fugir "da fome e da miséria que os oprimia[m]".[37]

Os portugueses resistiram o tempo que resistiram não só porque tinham menos bocas para alimentar, mas também porque, apesar da presença de Cochrane, não ficaram totalmente sem provisões. O governo português não tinha abandonado seu esquadrão e seu Exército, e continuou a mandar suprimentos, embora de maneira irregular e às vezes irracional: escapando do bloqueio de Cochrane, um navio chegou de Lisboa no começo de julho com 161 grandes barris de vinho, oito barris de azeite de oliva, 47 tambores de charque, 313 tambores de carne de porco, 120 pequenos tambores de bacalhau seco, 240 sacos de feijão e 3720 alqueires de sal, mas sem "biscoito ou farinha pois, além de ser um gênero essencial, é do que se está experimentando suma falta", escreveu um exasperado comandante naval. O governo de Lisboa também despachou cargas mais normais, e navios mercantes portugueses trouxeram alguns gêneros alimentícios.[38] É de supor que navios do norte da Europa e da América do Norte tenham feito o mesmo, pois capitães de navios estrangeiros sabiam que se burlassem a vigilância de Cochrane conseguiriam bons preços para os suprimentos que transportavam.

O ponto crucial, porém, é que alguns barcos de portos brasileiros ao longo da costa atlântica, atraídos pelos altos preços, continuaram a burlar o embargo imposto por Cochrane no começo de maio de 1823 e conseguiram levar farinha de mandioca e outros gêneros para Salvador. Um grande carregamento de carne-seca chegou do Rio Grande do Sul em 27 de maio, e a câmara municipal mencionou no início de junho as "sumacas proximamente chegadas com farinha". Até meados de junho de 1823 o capitão de uma sumaca, de 49 anos, e o proprietário, de 31, ambos nascidos em Portugal, viajaram entre Salvador e um porto de

Sergipe, com incursões ocasionais para o sul até São Mateus, porto que havia muito tempo se supunha sob domínio do lado patriota. Não está dito se a sumaca voltou com alimentos, mas parece quase certo que sim, porque aqueles locais estavam entre os pontos normais de abastecimento de Salvador, e é improvável que houvesse outros motivos para tantas viagens repetidas. As autoridades portuguesas, escrevendo em 10 de junho, informaram que seus espíritos se animaram e "a esperança tem crescido com a entrada sucessiva de diversas embarcações carregadas de farinha de mandioca e outros gêneros". Uma dessas sumacas sozinha transportou 3 mil alqueires. Como um dos brasileiros encarregados do esforço de guerra notou depois, com naturalidade, "eram repetidas as denúncias acerca de introdução de víveres na cidade sitiada".[39] O cerco não tinha provocado mortes por causa de fome, e os moradores da cidade não precisaram comer ratos.

Apesar disso, a intensa crise em torno de gêneros alimentícios incitou violenta dissensão entre os líderes no lado português. Com uma frota inimiga logo em frente, Madeira achou que tinha um bom motivo para impor a lei marcial em 9 de maio, pondo fim a qualquer aparência de liberalismo. Depôs o conselho provisório de governo e a câmara municipal, e em seu lugar instalou novas entidades inteiramente constituídas de comerciantes portugueses.[40] Mas em seguida Madeira e o comandante naval Campos se desentenderam sobre o curso a seguir, cada um acusando o outro de falta de ação. Madeira exclamou: "Até onde pode chegar a desgraça, que nós estejamos de fato bloqueados e tendo uma esquadra maior que a inimiga!". Mais de 229 signatários acusaram Campos de covardia, pois ele

> vê a sangue-frio conduzir e tomar embarcações de farinha, alimento principal do povo, por canoas armadas, dentro deste porto, dificulta e embaraça a saída de outras embarcações que tentavam ir

> procurar mantimentos aonde pudessem obtê-los, e longe de os animar e até de protegê-los, ele mesmo procura dissuadi-los, dizendo enfaticamente: "Onde vão vossas mercês? Já não chegam a tempo etc.", sendo por este modo o chefe quem principiou a bloquear-nos dentro do mesmo porto.

Mas, quando Madeira tentou depor Campos, os oficiais navais respaldaram Campos e se recusaram a velejar sem ele.[41]

Divergências fomentaram confusão em todos os níveis de governo. Até a câmara municipal, recém-nomeada por Madeira, teve sua tradicional autoridade em questões de abastecimento de gêneros submetida a um sério desgaste justamente por causa dele. A câmara queixou-se da

> confusão e desordem no celeiro [...]. O administrador e escrivão não recebem ordens do Senado [...] que só obedece ao general das armas, V. E^cia^. O intendente da Marinha também ali manda. O comissário de tropas para tomar farinha fá-lo como quer e quando quer com o incômodo do povo. E nesta ocasião se extraviam sacos aos monopolistas.[42]

As linhas de autoridade ficaram indistintas, e a câmara municipal já não pôde demonstrar sua preocupação com o povo.

Diante da crescente probabilidade de uma evacuação, era preciso tratar dos preparativos para uma longa viagem marítima, e houve mais aperto de cintos. Soldados e marinheiros passaram a sobreviver com meias rações. Quando Campos avisou que não poderia travar uma batalha contra Cochrane porque as autoridades civis não tinham fornecido os alimentos necessários, até mesmo o novo conselho de governo respondeu desafiadoramente: "esta junta não tem o atributo de fazer milagres para descobrir mantimentos dentro de uma praça sitiada e bloqueada". Madeira explicaria mais tarde que "a falta de mantimentos chegou ao estado da última extremidade; a tropa sofria já muitas privações; os mantimentos que havia nos nossos depósitos mal chegavam para sustentar-nos em uma longa viagem". Finalmente, com soldados e marinheiros já recebendo apenas meias rações, e as lealdades locais vacilando enquanto civis competiam com militares pelos pequenos estoques que ainda restavam, Madeira e Campos, com poucas objeções dos oficiais, marcaram a data da partida para 1º de julho, reconhecendo que cada dia de atraso significava menos alimentos para a viagem. Retirar-se passou a ser tarefa urgente.[43]

O dia da partida deve ter sido de furiosa atividade e inevitável desordem. Noventa navios zarparam da baía no começo da manhã de 2 de julho, incluindo 45 navios de guerra e navios de transporte de vários tamanhos, com 5504 homens. Viajando com a frota iam navios mercantes conduzindo civis: 133 servidores públicos e homens de negócios com suas famílias e criadagem, e as famílias dos oficiais. As provisões logo escassearam.[44] Na pressa e confusão da partida, eles deixaram para trás uma carga essencial de cinquenta tambores de biscoitos de marinheiro, 28 de farinha de trigo, um de farinha de mandioca, e mais de trinta bois trazidos de barco da costa meridional da província. Alguns navios partiram apenas com dois terços das rações e outros só com metade, e nenhum alimento especial para os doentes. Cochrane, que capturou vários navios mercantes e os mandou de volta para Salvador, tripudiou: "O inimigo saiu da Bahia escorraçado pela fome que lhe impusemos".[45]

Patriotas brasileiros vitoriosos entraram na cidade pisando nos calcanhares dos portugueses que partiam, e ao meio-dia içaram suas bandeiras nas principais torres da cidade. As linhas de suprimentos para as tropas já estacionadas nos arredores da cidade, ao todo 9515 homens — incluindo o exército de Labatut e milicianos —, foram espichadas um pouco mais para alimentar os soldados que chegavam. A intendência militar patriota baseada em Cachoeira tinha, desde sua criação no começo de outubro de 1822, comprado 11647 cabeças de gado, 42652 alqueires de farinha de mandioca, 934 alqueires de feijão, 1418 alqueires de arroz, 2475 alqueires de milho, 1067 quilos de toucinho, e "muitas" galinhas destinadas à soldadesca de várias guarnições. Sua eficiência foi decisiva.[46]

Os civis voltaram para a cidade de onde tinham fugido durante a guerra. Vendedoras de rua, magarefes e açougueiros tinham novamente muito serviço. Capitães e tripulantes chegaram com farinha de mandioca, arroz, milho e feijão para serem descarregados no celeiro público por estivadores, escravos e negros forros. Aliás, as grandes perturbações na região ainda limitavam a chegada de comestíveis, e o suprimento de farinha de mandioca no celeiro público ao longo de todo o ano de 1823, apesar da retomada das operações do mercado em julho, não passou de 35% do volume médio dos três anos imediatamente anteriores à guerra. Três semanas depois de entrarem na cidade, as autoridades reinstaladas tomaram providências para impedir a monopolização do comércio da carne, sinalizando o retorno de um abastecimento normal de gado para o matadouro. Donos de venda de volta a Salvador viram que seus estoques de alimentos, vinho e azeite de oliva haviam sido saqueados. Tiveram de começar de novo, num regime político radicalmente modificado.[47]

A vitória em Salvador assegurou a independência do Brasil, formalmente concluída por um tratado com Portugal em 1825. Os dois lados tinham constatado mais uma vez a verdade crucial de que os exércitos dependem do estômago. Atribuiu-se com justiça a Cochrane o mérito de ter completado o círculo em maio de 1823. Mais importante, porém, foi o êxito dos insurgentes em reduzir drasticamente o suprimento de gêneros da cidade durante meses, começando em julho de 1822. Isso não diminui a importância de outros aspectos da luta. Por deixar de concentrar suas forças para assegurar a ilha de Itaparica logo no início, Madeira não pôde comandar o tráfego aquático no Recôncavo. Enfrentando os portugueses em várias batalhas, as forças armadas brasileiras impediram que eles obtivessem ganhos importantes. Mas o cerco de Salvador mostrou-se essencial para a vitória. A guerra girou em torno de alimentos.

9. Tremores

A Guerra de Independência na Bahia provocou tremores ao longo das falhas tectônicas da sociedade de Salvador, causando inegável reviravolta. Se durasse anos, o resultado poderia muito bem ter sido uma ordem social radicalmente alterada, mas durou o bastante para que as tensões subjacentes viessem à tona. Ninguém pôde deixar de notar a precária posição dos que estavam no topo. A autoridade não permaneceu inquestionável, e os que dispunham de riqueza e poder político se mostraram incapazes de desempenhar a contento sua função paternalista. Trabalhadores assumiram papéis inéditos. Escravos vislumbraram uma possível liberdade, e com certeza ganharam poder de barganha. A guerra acabou antes que as velhas formas desmoronassem, mas seus efeitos foram profundamente sentidos. A vitória dependeu não de generais ou viscondes, mas de pessoas comuns — em especial dos barqueiros que sempre transportaram farinha de mandioca para Salvador e das decisões que tomaram. Embora as consequências tenham sido internacionais e amplas, a disputa foi intensamente local e particular, dependendo das ações de pessoas com frequência ignoradas.

O peso do deslocamento físico e o transtorno geral da guerra alteraram a percepção que as pessoas tinham das outras e de si mesmas. Não houve um só ser que a guerra não perturbasse. Os participantes do comércio de comestíveis foram os que se viram mais diretamente envolvidos no cerco, e devem ser examinados aqui, grupo a grupo. A maioria dos grandes negociantes portugueses em Salvador teve uma relação ambivalente com o oficial Madeira, divididos entre seus interesses comerciais e a lealdade à Coroa. Apoiaram o esforço inicial de Madeira para derrotar os brasileiros e acolheram com entusiasmo a ideia de voltarem a ter nas mãos o monopólio do comércio colonial. No começo da luta forneceram gêneros alimentícios em abundância para as tropas portuguesas. Mesmo já perto do fim, e no mesmo dia em que Madeira decretou a lei marcial, em maio de 1823, 33 negociantes, todos eles portugueses, se reuniram para aconselhá-lo no levantamento de fundos, substituindo a tesouraria anterior. Sete estavam entre os vinte maiores importadores de Salvador, a julgar pelo que pagavam à alfândega. Seis eram grandes traficantes de escravos, e outro aguardava a chegada de um bergantim de Moçambique naquele exato momento. Outro forneceu 23 arrobas (338 quilos) de açúcar à Santa Casa de Misericórdia num único mês em 1821. Dois outros estavam diretamente ligados ao comércio nacional de alimentos: um tinha duas sumacas e numerosos marinheiros escravos, e em ocasião anterior emprestara dinheiro a plantadores de mandioca em Nazaré. Outro possuía um grande barco e emprestou dinheiro a uma vendedora de rua. Julgo que os dezessete restantes eram do mesmo calibre.[1]

Mas Madeira manifestou desapontamento com a eficácia desse grupo e com a lealdade de negociantes e lojistas portugueses, queixando-se posteriormente de que "a maior parte" dos nas-

Figura 9.1. A Santa Casa de Misericórdia, 1960.

cidos em Portugal não tinha "em vista senão os seus interesses particulares". Dezenas tinham partido para Portugal bem antes da evacuação final da cidade pelas tropas em 1823. Um jornal bissemanal local informou no fim de 1822 que "os capitalistas têm mandado muito dinheiro para Lisboa; e à proporção que forem saindo navios irão muitos emigrados, cuja falta é sensível e cujos bens faltam no giro da terra". Num único navio iam 270 contos de réis em dinheiro, quase sete vezes o patrimônio de Ana de São José da Trindade. Mas outros negociantes portugueses, disse um homem da marinha — credores de gente do interior ou com "outros enlaces que os ligam ao terreno", talvez concubinas e filhos —, "estão resolvidos a seguir a sorte da província, seja qual for". Estes se agacharam e aguardaram.[2]

Joaquim José de Oliveira retrata a ambivalência dos que se situavam no ponto mais alto da comunidade mercantil portuguesa. Nascido em Portugal, foi um dos 33 indivíduos convocados por Madeira para supervisionar o levantamento de fundos para a causa, mas, quando Madeira deixou o Brasil, ele ficou. Quais eram seus interesses? Quatro anos antes, tinha conseguido uma licença para operar seu barco e era dono de sete escravos marinheiros quando morreu, em 1831, o que indica uma provável participação no comércio de alimentos. Sua lista de propriedades era enorme, incluindo uma *casa nobre*, o quase palácio onde morava. Além do negócio de navegação de cabotagem, era construtor de uma série de casas idênticas, todas enfileiradas perto de sua mansão. Entre seus escravos havia dois cavouqueiros, quatro pedreiros e três carpinteiros. Ele emprestava dinheiro tanto para brasileiros como para portugueses. Só o que os brasileiros lhe deviam equivalia ao dobro do patrimônio de Ana de São José da Trindade. Os registros sobre o valor de seus imóveis não sobreviveram. Não teve filhos e alforriou todos os escravos ao morrer, 35 homens e nove mulheres, mais os filhos. Porém não era homem generoso. Em seu testamento ele explica que tinha se casado com uma mulher de Salvador em 1812, que assinara um contrato pré-nupcial com separação de bens, "ela não trazendo coisa alguma para este consórcio". Embora a nomeasse inventariante do espólio, a ela só deixou, além de um pouco de dinheiro, o direito de usufruto. Em 1823, apesar dos serviços prestados a Madeira, ele preferiu mudar de lado, jurando lealdade ao novo país. As autoridades brasileiras compreenderam que não poderiam responsabilizá-lo pelos atos de Madeira.[3]

Alguns negociantes viram na guerra uma boa oportunidade de obter vantagens imediatas. Donos de armazéns e comerciantes no celeiro público, apesar de reduzidos em número devido à escassez, descobriram novas oportunidades de grandes lucros. O comandante naval Campos ficou furioso ao descobrir, no fim de janeiro de 1823, que um navio norte-americano com um carregamento de feijão se preparava para deixar Salvador, não tendo encontrado compradores, e que outros navios americanos planejavam fazer o mesmo.

> Os contratadores destes gêneros, tendo a comprá-los por alto preço como eles dizem se lhes oferece, e receando que depois venha maior concorrência e por isso baixando a melhor mercado e temendo o prejuízo que por isso lhes antevenha, deixam de comprar. Não sentindo — antes sendo-lhes indiferente — a desgraça proveniente de uma fome geral e mesmo imaginando talvez lucros vantajosos [que] por isso levarão os seus gêneros (que para então conservem) a um preço infinito.[4]

Quando Cochrane apareceu em maio, o problema ficou muito mais grave. Vereadores, escolhidos a dedo por Madeira, acusaram negociantes de cometerem "escandaloso abuso" por comprarem grandes "porções de farinha de mandioca, feijão, arroz e milho para os revenderem ao povo, mostrando deste modo aparecer absoluta falta destes artigos no celeiro público, quando eles ocultamente os têm em casa". A câmara decretou que esses artigos não podiam ser vendidos em grande quantidade "nas ruas públicas e nas portas das casas da parte de fora", mas só em pequenas porções e mesmo assim apenas por pessoas autorizadas, embora as licenças fossem distribuídas "grátis". Aqueles que mantinham grandes estoques em suas casas ou lojas tinham três dias para levá-los ao celeiro público. Os vereadores convidaram "cidadãos a darem tais denúncias destes regatões para se exterminarem tais abusos", mas, para seu desconsolo, descobriram "denunciantes [...] entrando em casas dos cidadãos e apreendendo os gêneros sem ordem legal". A câmara explicou tardiamente que os que soubessem de estoques guardados deveriam primeiro aparecer perante ela para preencher os requerimentos apropriados, antes que qualquer confisco pudesse ser ordenado. A situação exigia ações ousadas: quando um navio chegou de Portugal com "alguns mantimentos", Madeira de pronto pôs sentinelas a bordo, "a fim de não serem os gêneros extraviados privativamente".[5]

Participantes menos prósperos no comércio de gêneros, assim como o grosso da população citadina, sofreram grande deslocamento físico. Se não se conseguia encontrar um remador, estivador ou marinheiro, se não se encontrava nenhum trabalhador do Arsenal de Marinha na cidade, para onde tinham ido, e com quem? Embora as fontes se refiram à partida de pessoas de alguns recursos, o grande segmento da população envolvido com pequenos negócios, especialmente com o comércio varejista de alimentos, também tinha deixado a cidade, muitos a pé, rumo às cidades do interior. Durante a noite de 16 de maio, pouco depois da imposição da lei marcial, um dono de venda brasileiro, filho de um português que tinha duas mercearias, conseguiu sair da cidade, acompanhado de mais de vinte pessoas provavelmente do mesmo tipo mediano, através dos recifes ao sul do porto, "com água pelo umbigo", e chegar à ponta da península, de onde, andando para o norte pela praia do lado do Atlântico, alcançou o posto avançado insurgente no Rio Vermelho. Esse posto avançado era comandado, disse ele, por um "homem de muita coragem e valente e cor preta", sugerindo seu próprio patriotismo recente. Claro que ele não obteve os documentos normalmente exigidos quando alguém se mudava para outro lugar a fim de estabelecer residência. O conselho civil de governo manifestou surpresa com o fato de que até mesmo aqueles que podiam ter dinheiro para emprestar às forças portuguesas saíam da cidade, "muitos sem passaportes".[6] Certamente, durante a guerra, poucas pessoas ainda obedeciam aos regulamentos do comércio de grãos ou de carne. Em vez disso, o que acontecia era que certos indivíduos transformavam a casa em celeiro ou açougue logo que conseguiam adquirir certa quantidade de farinha de mandioca, ou uma vaca.[7] É de supor que muitos dos que fugiram da cidade, ou pelo menos a maioria dos brancos, tivessem parentes, amigos ou contatos comerciais no interior, ainda que distantes, aos quais podiam incomodar, por mais lotados que estivessem os alojamentos. Independentemente da cor da pele, os que tinham habilidades, como ferreiros, pedreiros, padeiros ou barbeiros, sempre conseguiam emprego entre outros desterrados.

Os vendedores de armazém onde não havia mais alimento para vender, os magarefes e açougueiros que não tinham nada para abater ou pendurar em suas portas para vender, e a maioria dos trabalhadores do celeiro público que tinham apenas algumas poucas sacas de farinha de mandioca para carregar, descarregar e pesar — todos esses trabalhadores desempregados do comércio de alimentos devem ter visto, em certo momento, que o Exército português estava condenado ao fracasso. Se permanecessem na cidade, passariam fome, talvez até morressem de inanição. Desde que soldados e marinheiros, e até mesmo oficiais, portugueses tinham desertado para o lado patriota, por que os civis deveriam ficar para trás?[8] É provável que tenham agido não por motivos ideológicos ou patrióticos, mas por uma questão racional, para evitar a fome. É quase certo que os homens válidos entre eles muito provavelmente teriam sido logo recrutados pelo exército insurrecional — não há notícia de que os portugueses quisessem brasileiros potencialmente desleais em suas fileiras —, mas suspeito que a escolha era clara, apesar de tudo: qualquer um que deixasse a cidade teria o que comer, e, afinal de contas, em termos relativos os embates militares diretos se mostraram raros.

A questão dos vendedores de rua é mais problemática. Se vendessem frutas e hortaliças produzidas em jardins de quintal e várzeas semirrurais perto da cidade, ainda teriam alguma coisa para vender, mas o que poderiam comprar? Sem farinha de mandioca ou carne para comer, elas certamente decidiriam sair bem antes do bloqueio de Cochrane. Para toda essa gente, deve ter sido um período ao mesmo tempo perturbador e instrutivo, ainda que visto como temporário; não alterou só suas relações umas com as outras, mas também suas noções de como funciona o mundo e de como o poder é exercido.

E que dizer dos escravos? O que lhes aconteceu pode ser distinguido com base em suas relações com os donos e no tipo de dono a que pertenciam. Os escravos ao ganho, muitos dos quais eram vendedores de rua ou carregadores, estavam na mesma categoria dos livres e dos forros, decidindo por conta própria se saíam ou ficavam, da mesma forma que escolhiam onde morar e o que fazer todos os dias. Escravos pertencentes a um senhor português que estivesse se preparando para partir para Lisboa provavelmente seriam logo vendidos, ou, caso isso não acontecesse, o dono arrolaria sua perda junto com a das outras propriedades e os abandonaria — quer dizer, alforriando-os para que achassem um jeito de sair da cidade. Se esse hipotético senhor de escravos português, como Joaquim José de Oliveira, esperasse ficar até o amargo fim e permanecer no Brasil depois que o exército de Madeira fosse embora, então muito provavelmente tentaria preservar ao máximo suas propriedades, alimentando os escravos o melhor que pudesse. Já os senhores de escravos brasileiros com toda a certeza levariam consigo para o Recôncavo os escravos domésticos ou trabalhadores qualificados de sua propriedade, embora as condições inseguras talvez incentivassem os escravos a fugir durante a jornada. Um senhor instruiu seu escravo a encontrá-lo num ponto designado no interior. Em vez disso, o escravo ingressou nas fileiras do Exército brasileiro. É duvidoso que tenha algum valor o relato de uma visitante escocesa segundo o qual escravos eram deixados "morrendo na rua" ou trancados para morrer em casas abandonadas na cidade.[9]

Um grupo sofreu perdas chocantes. Como faziam havia muito tempo, mesmo durante a guerra, escravos urbanos e negros livres de vez em quando se reuniam em áreas isoladas da mata em torno da cidade. O principal objetivo desses encontros podia ter sido religioso, ou simplesmente a oportunidade de se juntarem para desfrutar da companhia uns dos outros e preparar comida à sua maneira.[10] Dois encontros dessa natureza ocorreram em novembro de 1822: um perto do ponto culminante de Pirajá, cerca de oito quilômetros ao norte do centro da cidade, e outro perto de Itapoã, mais ou menos quinze quilômetros a nordeste. De acordo com o general Labatut, esses homens e mulheres, armados de arco e flecha e de facões, e carregando bandeiras, atacaram as forças brasileiras em Pirajá, agindo, supostamente, sob o comando de Madeira. Poucos dias antes, o experiente exército do próprio Madeira, formado por 2 mil veteranos do campo de batalha, tinha sido derrotado num ataque a Pirajá, e, se aqueles fugitivos de fato agiram por ordem sua, ele só pode ter visto aquela missão como suicida, talvez destinada a eliminá-los de seu território. Mas não achei nenhum documento do lado português que indicasse qualquer participação, ou mesmo qualquer conhecimento, desse episódio. Em vista da baixa opinião de Madeira sobre escravos e negros em geral, parece improvável que o estímulo tenha partido dele. Em março de 1822, ele demonstrou grande preocupação com o boato surgido entre os escravos de que as Cortes haviam decretado o fim da escravidão. Temia que isso transformasse o Brasil em outro Haiti. Em julho, lamentou "a loucura" dos líderes insurgentes e seu posicionamento "de armar pretos e mulatos". É mais provável que os escravos simplesmente tenham se armado por conta própria, para se proteger de incursões policiais, e o recém-chegado general Labatut, um francês, tenha interpretado mal sua intenção. Os soldados de Labatut capturaram 51 homens e vinte mulheres. O general mandou executar os homens e açoitar as mulheres, e, para justificar essas duras medidas, disse que serviriam para impedir que outros escravos se alistassem sob bandeira portuguesa, pois essas "hordas, unidas aos nossos inimigos lusitanos, poderiam sustentar uma longa guerra". Donos de escravos do lado brasileiro entenderam de outra forma, condenando o ato de mandar "barbaramente metralhar 52 [sic] negros". A barbaridade talvez os tenha de fato perturbado, mas eles sem dúvida ficaram preocupados também com tamanho prejuízo material. Se as mulheres do grupo eram vendedoras de rua na cidade não se pode saber, mas é bem possível.[11]

FENDAS NA PIRÂMIDE

A perturbação da guerra e a crescente tensão racial contribuíram para enfraquecer o pressuposto comum segundo o qual alguns tinham o direito de — ou até estavam destinados a — governar, e puseram em dúvida velhas noções sobre escravidão e liberdade. A mudança era visível até mesmo nas camadas mais altas. Forças revolucionárias em Portugal tinham ousado contestar o governo absoluto do rei hereditário. Embora d. João VI tivesse designado d. Pedro regente do Brasil, d. João depois assinou a ordem emitida pelas Cortes exigindo o retorno de d. Pedro para

Portugal, e então o filho desobedeceu ao pai. Como observou um contemporâneo, d. Pedro se pusera "contra o Direito Divino, não obedecendo às ordens do rei, contra o Direito Natural, não se submetendo às vontades de seu pai, e contra o Direito das Gentes, agindo contra os interesses da Coroa de Portugal".[12] Senhores de engenho do Recôncavo então se aliaram ao príncipe, ignorando as ordens da Coroa e tornando-se cúmplices do crime de d. Pedro. O Exército e a milícia se dividiram, com base na origem nacional, ignorando a disciplina militar. Os brasileiros cometeram o que se poderia chamar de traição.

A ameaça de fome tornou a subversão ainda mais aceitável. Quando Madeira decretou lei marcial no começo de maio de 1823, notou, como justificativa, que "girava uma imensidade de papéis incendiários" e "[que] falava o povo abertamente [...] [de uma maneira tendente a] atear a desordem". A câmara municipal fantoche repercutia suas opiniões, dizendo que a ação de Madeira fora necessária não só por causa da interceptação de alimentos pelo inimigo, o que deixava a cidade num "estado lastimoso", mas também porque "a escassez de mantimentos [...] [excitou] alguns espíritos turbulentos a afixarem [em] três dias sucessivos pasquins contra aquelas autoridades e contra o governador das Armas". Madeira criou tribunais militares para julgar quem ameaçasse seu governo, mas suas medidas não parecem ter feito grande diferença. Três semanas depois, reconheceu que, apesar de desde muito tempo antes existir uma facção republicana na cidade, "não pôde este partido fazer progresso", enquanto o povo estava satisfeito e as tropas recebiam "regularmente os seus pagamentos". Nas novas circunstâncias, "o partido aproveitou-se do momento para atear a desordem". Mais tarde ele explicaria sua decisão de abandonar Salvador destacando os "passos gigantescos dados pela sedição por diversos meios". O princípio da autoridade tinha sido frontalmente contestado.[13]

Uma contestação veio especificamente de negros e mulatos. Suas milícias desempenharam papel destacado entre os que deixaram a cidade em fevereiro de 1822. Os negros Henriques foram os primeiros a ocupar Pirajá em julho, isolando Salvador de sua fonte de abastecimento de gado. O número de Henriques no cerco chegou a 1100. Outros homens de cor constituíam a maior parte dos milicianos rurais e dos alistados do Exército que foram utilizados contra os portugueses. A experiência comum do serviço militar longe de casa certamente os transformou. Passar de um mundo familiar para um mundo desconhecido teria aberto a eles novas perspectivas, teria sido um teste para suas costumeiras expectativas e alteraria a visão que tinham de si e dos demais. Alguns ascenderam e se tornaram líderes, e o círculo de relações pessoais se expandiu para todos. Frequentes revoltas de soldados das forças armadas ocorreram no imediato pós-guerra, coisa inédita antes de 1822. Em 1824, uma unidade do Exército formada majoritariamente por soldados negros e mulatos amotinou-se quando recebeu ordem de seguir para outra província. A guerra trouxe à tona correntes até então mantidas submersas, agitando e turvando agora a sociedade. Brancos privilegiados se sentiam cada vez menos à vontade, à medida que se desgastava o éthos que os protegia.[14]

O próprio sistema escravista sofreu golpes. Escravos escaparam de senhores para ingressar em unidades militares cujos comandantes, como outros antes deles, faziam poucas perguntas, gratos por terem mais homens sob seu comando. O dono de um desses escravos, furioso, pediu permissão ao governo insurgente para capturar seu escravo nascido no Brasil — "bem-feito de pé e perna, rosto redondo, olhos grandes e brinco em uma orelha, bem preto" —, que fugira "como há muitos escravos que têm fugido para o Exército". João Angola, cujo nome diz que era africano, juntou-se a uma unidade brasileira posteriormente enviada para o Rio de Janeiro, onde, segundo boatos, se tornou criado pessoal de um oficial. Plácido da Silva, que fora escravo em Salvador, talvez envolvido no comércio de alimentos, serviu sob Labatut e conseguiu sua liberdade com o governo do Rio de Janeiro, juntamente com outros na mesma situação — o governo pagando compensação aos antigos proprietários.[15]

Com escravos cada vez mais recalcitrantes, os senhores de escravos alertaram para possíveis revoltas. Um sinal de sua sensação de perda de controle foi o esforço realizado pelo governo revolucionário, só cinco semanas depois da vitória, ordenando aos funcionários públicos que procurassem escravos fugidos e aos proprietários de terras que verificassem se não havia nenhum negro escondido em suas propriedades. No preâmbulo, a ordem dizia que estava agindo para "prevenir os graves prejuízos resultantes, tanto para pessoas privadas como para toda a Província em geral, da dispersão de escravos que ficam longe de seus senhores nas aldeias, nas matas, e em [outros] lugares do Recôncavo". Muitos desses agora ex-escravos com certeza vinham da cidade, o local mais perturbado pela guerra, onde tantos deles tinham trabalhado no comércio de alimentos. Em 1825, um artigo de jornal queixou-se da proliferação de quilombos em torno da cidade. Ostensivamente, o esforço para restaurar a autoridade funcionou, mas está claro, no subsequente registro de revoltas e insubordinação, que o sistema escravista nunca mais seria tão sólido na Bahia como havia sido nos tempos coloniais. Assim mesmo, a escravidão persistiu no Brasil por mais 65 anos, em contraste com as áreas escravistas da América espanhola, onde o sistema foi enfraquecido muito mais significativamente pelas guerras de independência generalizadas, que se arrastaram durante anos e anos.[16]

Os efeitos desorganizadores da guerra são revelados também nas decisões tomadas por um grupo da maior importância, o dos capitães e tripulantes, incluindo os escravos que operavam canoas, sumacas e outras embarcações na Bahia. Os números dão ideia de sua importância. De 8513 tripulantes em 1856, quase três quartos eram negros ou mulatos, e aproximadamente um quarto era composto de escravos (ver tabela 9.1). O êxito do cerco dependeu de homens como esses, e de sua cooperação com as forças brasileiras. Por serem tão essenciais no aprovisionamento da cidade, foram obrigados a tomar decisões que tiveram profundos desdobramentos. Que decisões tomaram?

Os que navegavam dentro da baía para abastecer as forças brasileiras enfrentaram perigosos desafios representados pelos portugueses. Um comandante brasileiro informou em meados de novembro de 1822 que nos três dias anteriores "várias barcas canhoneiras e entre elas a grande" tinham patrulhado os estuários dos rios Paraguaçu e Jaguaripe nos extremos norte e sul da ilha de Itaparica, "dando caça às [barcas] que por ali navegam, o que já tem as feito recuarem. Não pode ser outro objeto senão o cortar a condução de farinhas para o Exército". Outro oficial observou que a tática portuguesa "causa-nos grande prejuízo pela falta das farinhas que vai sendo sensível". No começo de dezembro, dois navios portugueses atacaram um barco carregado de farinha de mandioca, e seu capitão, em vez de deixar o inimigo ficar com o alimento, soltou corajosamente uma tábua embaixo do convés e afundou o barco. Ele foi muito elogiado por isso (de que maneira ele e a tripulação sobreviveram para contar a história não está explicado). Ainda em meados de junho de 1823, os portugueses colocaram "barcas ligeiras postadas nos diferentes canais do nosso mar interior, cortando assim a comunicação entre as vilas como [...] o transporte de víveres para o Exército".[17]

É notável a quantidade de barcos que, vindos de fora da baía, ao longo da costa atlântica, evitaram Salvador, em obediência aos revolucionários. Desistiram de um mercado altamente lucrativo na Salvador sitiada para fornecer gêneros alimentícios aos empobrecidos insurgentes. É claro que gêneros continuaram pingando em Salvador, o que permitiu aos portugueses ficar o tempo que ficaram. "Sumacas proximamente chegadas com farinha" vieram a Salvador até o último momento, apesar das proibições dos insurgentes, e é sobre estes que temos mais registros.[18] Seus contemporâneos sabiam, porém, que a farinha de mandioca da região alimentava principalmente as forças armadas brasileiras, e não os portugueses.

O governo revolucionário em Cachoeira tentou acabar com todo esse tráfego passando a exigir que os capitães dos barcos que partiam de um porto fornecedor de alimentos levassem um documento oficial, especificando a carga e o destino, e que retornassem com a contra-assinatura das autoridades no porto recebedor nos mesmos documentos. Diante da realidade da evasão de suas ordens anteriores, os líderes rebeldes decidiram, em março de 1823, baixar novos e mais severos regulamentos para o comércio. As novas regras eram bem claras: "De agora em diante ninguém mais possa negociar dentro da província em víveres de qualquer qualidade que seja sem obter uma licença e passaporte privativo deste conselho que durará dois meses". Poucos dias depois, eles foram mais longe, dizendo que os que transportavam gêneros alimentícios de barco teriam de obter de um juiz local um conhecimento declarando não apenas a origem e o destino do carregamento, mas também "o nome [...] da embarcação, mestre e todas as pessoas que nela forem, e ultimamente o dos víveres que transporta com sua quantidade e qualidade", apresentando, ao voltar, uma prova de que a intenção declarada foi cumprida. Essas medidas provocaram tal confusão e grita que o conselho se viu obriga-

Tabela 9.1. Raça e status jurídico de tripulantes em Salvador por tipo de embarcação, 1856 (número e porcentagem)

	EMBARCAÇÕES COSTEIRAS									
	CANOAS		BARCOS		ALVARENGAS		EMBARCAÇÕES MARÍTIMAS		TOTAIS	%
	Nº	%	Nº	%	Nº	%	Nº	%	Nº	%
RAÇA										
Negros										
Livres	701	19,6	111	17,7	804	22,6	84	11,2	1700	20,0
Escravos	750	21,0	106	16,9	1035	29,1	165	22,0	2056	24,2
Total de negros	1451	40,6	217	34,7	1839	51,7	249	33,2	3756	44,1
Mulatos										
Livres	939	26,2	147	23,5	1139	32,0	110	14,7	2335	27,4
Escravos	30	0,8	11	1,8	38	1,1	3	0,4	82	1,0
Total de mulatos	969	27,1	158	25,2	1177	33,1	113	15,1	2417	28,4
Índios										
Livres	48	1,3	74	11,8	0	0,0	20	2,7	142	1,7
Escravos	0	0,0	0	0,0	0	0,0	0	0,0	0	0,0
Total de índios	48	1,3	74	11,8	0	0,0	20	2,7	142	1,7
Subtotal	2468	69,0	449	71,7	3016	84,7	382	50,9	6315	
Brancos										
Livres	1110	31,0	177	28,3	543	15,3	368	49,1	2198	25,8
Escravos	0	0,0	0	0,0	0	0,0	0	0,0	0	0,0
Total de brancos	1110	31,0	177	28,3	543	15,3	368	49,1	2198	25,8
Total	3578	100,0	626	100,0	3559	100,0	750	100,0	8513	100,0

	EMBARCAÇÕES COSTEIRAS									
	CANOAS		BARCOS		ALVARENGAS		EMBARCAÇÕES MARÍTIMAS		TOTAIS	%
	Nº	%	Nº	%	Nº	%	Nº	%	Nº	%
STATUS JURÍDICO										
Livres	2798	78,2	509	81,3	2486	69,9	582	77,6	6375	74,9
Escravos	780	21,8	117	18,7	1073	30,1	168	22,4	2138	25,1
Total	3578	100,0	626	100,0	3559	100,0	750	100,0	8513	100,0

FONTE: Capitania dos Portos da Bahia, Mapa demonstrativo das embarcações nacionais de navegação de longo curso e cabotagem bem como do tráfico dos portos... e dos indivíduos que n'elles trabalhão ou se empregão, 31 de dezembro de 1885. In: Diogo Tavares (Chefe da Capitania do Porto) para José Maria da Silva Paranhos (ministro dos Negócios da Marinha), Salvador, 20 de fevereiro de 1857. Rio de Janeiro: Arquivo Nacional, SPE, XM-183.

do a admitir que suas ordens anteriores não foram "cabalmente entendidas". Disseram que os regulamentos não tinham intenção de impedir ninguém de comprar "farinha, milho, arroz em pequenas quantidades para seu próprio uso", mas apenas grandes quantidades. Os juízes deveriam determinar a ração apropriada "em relação à família de cada um". Ninguém também deveria comprar galinhas, porcos ou outros animais "para negócio"; o conselho não estabeleceu números específicos para esses artigos, "sendo que é fácil conhecer se é ou não para negócio". Logo o conselho reconheceu que ainda não recuara o suficiente: "Havendo mostrado a experiência que as portarias [...] não têm correspondido aos saudáveis fins", muitas foram revogadas, para que os compradores de comestíveis pudessem consumi-los e "negociá-los sem [...] licença [...] ou passaporte", embora os barqueiros ainda precisassem levar um documento declarativo "da quantidade específica dos víveres comprados que quiser transportar", e voltar com uma declaração assinada de que a carga foi vendida no destino designado.[19] Esses documentos provavelmente eram parecidos com o "passaporte" emitido em São Francisco do Conde, no Recôncavo, para um homem nascido em Portugal, mas que vivera dezoito anos "neste ameno e vasto Império do Brasil" e a ele jurou lealdade. Navegando dentro da baía, ele foi a Nazaré, segundo disse, referindo-se a si próprio na terceira pessoa, "com sua lancha denominada 'Brasileira' [...] a comprar farinha e víveres" para entregar às forças revolucionárias. Mas, tendo chegado a Nazaré "escudado com o seu passaporte", foi preso apesar de tudo. Só recuperou a liberdade depois que as autoridades de Nazaré conversaram com o oficial que emitira o documento e verificaram a verdade das declarações. Esse "passaporte" consistia numa tira de papel de três centímetros de largura, com o nome do homem, o do barco e o objetivo da viagem.[20]

Por que alguns capitães viajavam para Salvador e a maioria não? Os fatores que incentivaram a maioria a ficar do lado dos insurgentes são um ponto crucial para a compreensão da guerra. Antes de tudo, porém, como é que alguns conseguiram fazer comércio com a cidade sitiada? O sistema, tentado pelas autoridades brasileiras, de emitir passaportes e exigir uma contra-assinatura nos pontos de recebimento dependia da honestidade, da boa vontade e da lealdade política de autoridades locais. Isso era especialmente complicado quando esses funcionários tinham opiniões divergentes. Em Itacaré, seguindo uma prática comum, os dois juízes ordinários se revezavam a cada mês. Em setembro de 1822, o juiz concedeu licenças para "lanchas carregadas de farinha para a cidade", e concedeu-as até o último dia do mês. O juiz que assumiu em 1º de outubro não só "sustou a saída de duas lanchas com a mesma carga e com o mesmo destino [mas também] passou a mandar prender a todos os mestres que tinham ido vender farinha à cidade depois do dia 25 de agosto, dia em que se fez a Aclamação [de Pedro aqui]". A pessoa que relatou esses fatos concluiu que "os ditos mestres [...] não têm culpa, culpa tem aquele juiz [...] que foi quem deu os despachos".[21]

Um barqueiro podia forjar as contra-assinaturas exigidas, e as forças rebeldes estavam muito alertas para essa possibilidade. Manoel de Aguiar Silva, português residente em Cairu, foi identificado como "contrário à nossa causa". "Tendo saído em seu barco para a Bahia antes do glorioso dia da Aclamação de S[ua] A[lteza]", voltou com um documento assinado pelo sargento-mor em comando de Pirajuía (povoado rebelde à beira-mar que dava para o lado oeste da ilha de Itaparica), para comprovar que entregara toda a carga àquele lugar insurgente. Foi parado no forte do morro de São Paulo e enviado a Valença para exame dos documentos. Mas "aqui se não reconheceu a firma daquele sargento-mor [...] e por isso fica sendo duvidoso". Manoel foi mantido em prisão domiciliar até que se pudesse verificar. A fraude era uma probabilidade. Quando as autoridades portuguesas em Salvador pediram à câmara municipal da distante São Mateus, no sul, que promovesse "a exportação de farinha para esta cidade onde os condutores encontrarão, além de grande preço, toda a proteção de que carecerem", que espécie de proteção podiam oferecer? Ajudar a forjar uma assinatura decerto era uma.[22]

Um capitão de barco podia convencer um funcionário a dar um falso atestado de que a carga fora entregue como deveria, fazendo a declaração parecer perfeitamente legal quando voltasse ao seu porto de origem para buscar outra carga. Capitães podiam desembarcar parte da carga em Salvador, antes ou depois de fazerem escala num porto do lado patriota e obterem a assinatura necessária. Para conseguir essa ajuda, o capitão podia invocar laços de amizade ou parentesco — ou oferecer participação no lucro. Embora os portugueses em Salvador tivessem anunciado publicamente que os que levassem farinha de mandioca para a cidade conseguiriam "grande preço", o fato é que se queixavam, uns para os outros, de que o custo dos gêneros alimentícios na cidade tinha alcançado nível "exorbitante". Isso significava polpudas somas para os que ousassem abastecê-la, e propinas substanciais para os que lhes facilitassem o acesso. Era por isso que os portugueses podiam dizer, referindo-se a portos da costa meridional da Bahia, que "algumas daquelas vilas têm continuado a enviar a esta cidade os seus gêneros".[23]

Apesar desses poderosos incentivos, abastecer os portugueses foi mais a exceção do que a regra para a gente do mar da região. O fato de alguns barcos estarem escondidos, e o Conselho Interino do Governo da Província em Cachoeira ter de mandar capturá-los "com suas respectivas tripulações de mestres e marinheiros", significa apenas que a maioria não precisou ser tomada à força.[24] Muitos proprietários, provavelmente a maior parte deles — fosse pensando no futuro, fosse por sentimento patriótico ou por medo de ser apanhados —, decidiram apoiar o lado brasileiro e ofereceram seus barcos de modo voluntário. Resistindo à tentação de obter uma enorme soma de dinheiro, a maioria da gente do mar cooperou com os insurgentes, negando alimento aos portugueses e, em última análise, forçando sua retirada. Tivesse feito o oposto, talvez fosse outro o desfecho da guerra. Em vez disso, a maioria dos capitães de barco e seus tripulantes preferiu suprir os brasileiros. Seu apoio fez da guerra uma vitória brasileira.

Escravos também fizeram sua parte. Capitães que pensassem em ajudar os portugueses deviam pesar bem as vantagens e os riscos, como faria qualquer homem de negócios. Qual era o risco de ser apanhado por funcionários brasileiros e ter barco e escravos apreendidos? Na avaliação do perigo de ficar exposto, um fator importante era o tamanho e a natureza da tripulação. Quanto mais numerosa e menos confiável, maior a probabilidade de que um barco que violasse o embargo imposto pelos brasileiros fosse denunciado às autoridades insurgentes. Uma canoa que pudesse ser manejada por uma ou duas pessoas talvez conseguisse sem muita dificuldade. Mas, para que um barco maior tivesse sucesso em suas negociações com Salvador, todas as pessoas a bordo teriam de participar do subterfúgio, complicação que se agravava ainda mais para aqueles que comandavam grandes embarcações, como as sumacas. Como consequência, os escravos a bordo ganhavam poder de barganha se o capitão comerciasse com o inimigo. Podia-se contar que ficassem de boca calada?

Marinheiros escravos decerto tinham consciência não apenas da instabilidade geral da época, mas também das circunstâncias que os afetavam especificamente. O general Labatut quis formar um batalhão de ex-escravos, alforriados pelos senhores de engenho em benefício da causa, e lançou a ideia de persuadir ativamente os senhores a libertarem seus escravos, para que estes pudessem lutar do lado brasileiro. Fez isso em público, provocando entre os escravos rumores de que quem se apresentasse como voluntário seria alforriado — eles "em outra coisa não falavam".[25] Os escravos podiam contar com uma acolhida calorosa no exército rebelde. Labatut chegou a confiscar escravos de tenentes portugueses e alistá-los em seu exército com a promessa implícita de liberdade futura. Qualquer dono de barco flagrado em negócio com Salvador teria decerto sua embarcação expropriada para servir à causa dos insurgentes, como aconteceu com o homem português, inimigo do Brasil, cujo barco foi tomado, juntamente com "três pretos escravos marinheiros".[26] Isso deixou seus escravos marinheiros numa posição ambígua, pois, do ponto de vista jurídico, quem era agora seu dono? Podiam concluir, pela lógica, que estavam mais perto da liberdade. Dessa maneira, enquanto iam para Salvador e voltavam, será que não lhes ocorreu sabotar o negócio? Ou será que o capitão não temia que fizessem isso? Escravos podem muito bem ter influenciado a decisão de um capitão de apoiar os brasileiros.

Supostamente, os portugueses ofereceram liberdade aos escravos que operassem seus barcos-patrulha. É importante fazer aqui uma distinção entre o que os donos brasileiros temiam e o que de fato aconteceu. A guerra perturbou tudo, espalhando o pânico entre os donos da terra. Um senhor de engenho temia "alguma sublevação africana que os inimigos fomentem", e receava que eles então engrossassem suas "forças com os [...] escravos a quem proclamarão logo a liberdade" e iriam assim destruindo "todas as propriedades [...] roubando o que acharem, apossando-se dos mantimentos". As autoridades de Nazaré alegaram que comerciantes de alimentos nascidos em Portugal espalharam entre os escravos o boato de que as forças portuguesas, quando desembarcassem no distrito, libertariam os escravos que as tivessem ajudado. "A escravatura dá mostras de desejar ver efetuado tão pérfido intento no muito ardor que se tem notado de inquirir [a respeito de] notícias políticas." Esses relatos nos dizem tanto sobre o estado mental dos senhores como sobre o dos escravos, e pouquíssimo sobre o dos portugueses. Não encontrei nenhum registro do lado português que confirmasse essa alegação, mas os patriotas em Nazaré acreditavam firmemente que Madeira tinha "tripulado barcos com escravos e armado uma grande porção deles, forrando-os ou prometendo-lhes alforria".[27] É claro que ele de fato utilizou marinheiros escravos, pois os escravos representavam um quarto ou mais de todas as tripulações que aportavam em Salvador.

Seja verdade ou não que receberam alforria ou promessa de liberdade, ou se os brancos é que acreditavam nisso, o fato é que os escravos do lado brasileiro tinham considerável influência para afetar os acontecimentos, ainda que apenas pela ameaça implícita de se juntarem ao inimigo. Já não se podia supor que os escravos obedeceriam sempre aos seus senhores. Mesmo antes de começar a guerra, o cônsul francês tinha informado que "as ideias de liberdade continuam a fermentar entre os escravos"; apesar de que "ainda não pedem liberdade", eles "agem com independência".[28]

A guerra teve um efeito poderosamente perturbador em toda a sociedade de Salvador. De início os grandes negociantes que se dedicavam ao comércio de importação apoiaram a causa portuguesa, mas depois alguns pensaram melhor. Donos de venda fugiram para o interior em busca de sustento. Vendedores de rua, açougueiros e padeiros certamente foram atrás. Alguns escravos fizeram o mesmo, chegando até a ingressar no Exército brasileiro, enquanto outros se juntaram em quilombos. A "gente do mar", tão essencial para o sistema de abastecimento de alimentos de

Salvador, teve de fazer opções difíceis, decidindo se obedecia aos insurgentes ou se ganhava um dinheirão na cidade. Todos se tornaram mais ardorosamente cientes de uma identidade ligada ao lugar de nascimento. A raça passou a ser sentida com mais intensidade, os brancos temendo os negros em geral e os escravos em particular — ainda que a eles recorressem nas forças armadas. As velhas certezas sobre posição social vacilaram, e assim também o éthos paternalístico que mantivera de pé essa sociedade hierarquizada. Pessoas de modestos recursos, até mesmo escravos, compreenderam o poder que exerciam naquele momento definidor, agindo para derrotar os portugueses e dando um importante impulso para a transição de colônia para país independente.

10. Carne, mandioca e Adam Smith

Além do comportamento diário dos participantes no comércio de alimentos, e além do impacto arrasador e específico de uma guerra de longos meses de duração sobre eles, há questões sobre o papel do governo na regulamentação da economia, sobre ideologia e sobre noções de justiça e equidade que afetaram diretamente aqueles comerciantes e o público consumidor em geral. Quando negociantes e líderes políticos discutiam regras sobre a provisão de víveres essenciais, seus debates, antes e depois da guerra, expunham diferentes noções sobre a boa sociedade, sobre conduta ética e sobre o papel apropriado do governo. Tendo inicialmente me concentrado nos comerciantes, amplio agora os limites do assunto para abarcar toda a sociedade organizada.

No final do século XVIII, numerosos soteropolitanos questionavam a validade de valores paternalistas no tocante ao papel do governo. Até aquela altura o rei era visto como o protetor fundamental do público contra intermediários predadores, e governadores e vereadores eram considerados seus representantes nessa tarefa. Gradualmente, alguns se voltaram para uma nova filosofia liberal, que recomendava que as autoridades governamentais moderassem o impulso de impor restrições a indivíduos independentes e empreendedores em suas transações comerciais, deixando para os consumidores a tarefa de protegerem a si mesmos. Essa mudança ideológica se deu de forma irregular. O novo paradigma de início atraiu apenas intelectuais e alguns burocratas familiarizados com política econômica. Mas com o tempo os vereadores — estimulados pelas demandas de negociantes de gado, merceeiros, barqueiros e outros comerciantes grandes e pequenos — se converteram. Governadores, jornalistas e comerciantes foram atraídos para o debate, enquanto medidas liberais específicas eram discutidas, aplicadas, esquecidas ou rescindidas, para ser impostas de novo. Vou explorar agora, em linhas gerais, o ponto de vista mais antigo, conservador, antes de entrar na discussão do liberalismo econômico até os anos 1820.

PATERNALISMO

O paternalismo era a cola que segurava no lugar as peças de uma estrutura social hierárquica. Ainda em 1810, o príncipe regente João, mesmo quando explicava uma medida economicamente liberal ao "Povo", dizia que ela seria uma "nova prova, não só do amor que vos tenho como bom *pai*, mas ainda de que [...] o interesse de todos os meus vassalos está sempre presente aos meus olhos e merece a atenção dos meus *paternais* cuidados".[1] Como bons pais, ele e outros em posições análogas também tinham de disciplinar e punir. Homens e mulheres adultos eram imaginados como crianças em sua presença. Mas indispensável para o papel de pai era a expectativa de que os mais pobres e mais fracos seriam protegidos contra exploração porque, para manter uma ordem hierárquica, ela precisava ser tida como justa. Esse comportamento, ou a expectativa e a aprovação desse comportamento, estava entranhado na própria textura da sociedade. A lei vigente nas câmaras municipais no Império português, como também na América espanhola, declarava que os vereadores tinham o dever de fazer tudo que fosse possível para que "os moradores possam bem viver", e governadores justificavam uma medida afirmando que ela resultaria no "benefício comum dos povos desta cidade".[2] Desvios do ideal eram, sem dúvida, muito frequentes, e hoje é fácil rejeitar como hipócritas as razões apresentadas então para certas ações governamentais; não obstante, a noção generalizada do que significava bom governo incluía não apenas benevolência e misericórdia, mas também uma postura protetora em favor da gente comum para protegê-la de qualquer abuso. Havia uma estreita ligação entre o paternalismo e a hierarquia.

Esses entendimentos incentivavam fortemente as autoridades municipais a tomar providências para que o populacho recebesse um suprimento adequado de alimento não estragado a preços acessíveis. Isso eles faziam não fornecendo diretamente o alimento, mas criando e impondo regras a serem observadas pelos fornecedores. As pessoas acreditavam que um mercado público não regulado abriria as portas para os desonestos, os inescrupulosos, os gananciosos e os opressores e, se pudessem agir à vontade, todos os envolvidos no comércio de alimentos seriam tentados até a provocar mortes por fome só para ganhar dinheiro. Desde que todos os homens de negócios, pela própria natureza de sua atividade, teriam o lucro como objetivo único, o comércio de alimentos exigia supervisão especial, porque a própria vida dependia dos artigos vendidos. As malfeitorias dos que compravam alimento para revender prejudicavam não só os consumidores, mas a sociedade em si. Essas opiniões, oriundas de antigas tradições na Europa, tinham profundas raízes na cultura brasileira.[3] De início eram inquestionáveis, depois foram contestadas, mas continuaram a repercutir em Salvador até os anos 1860 pelo menos.

Os esforços das autoridades para proteger o povo na questão dos alimentos se davam em duas frentes. Uma delas consistia em controlar preços; a outra, em exercer vigilância constante sobre os envolvidos em quatro atividades interligadas: (1) os atravessadores, que interceptavam e compravam gêneros antes que chegassem aos mercados públicos, interferindo na relação entre o produtor e o consumidor, que idealmente ocorreria frente a frente; (2) os revendedores, que compravam gêneros não para usá-los ou transportá-los para outros lugares, mas apenas para revendê-los em pequenas quantidades, no mesmo mercado, sem ter melhorado o produto, mas com muito lucro; (3) os que compravam grandes quantidades, com intenção de monopolizar o mercado; e (4) os acumuladores, que seguravam o produto, provocando uma escassez artificial, e então esperavam os preços subirem para escorchar os compradores famintos. O rótulo "monopolista" era aplicado a todo aquele que pusesse o lucro pessoal acima do bem comum. Comércio, segundo a crença generalizada, era um jogo de soma zero: se uma pessoa ganhava, a outra necessariamente perdia, pois os comerciantes não criavam riqueza, apenas a tiravam dos outros. A situação ideal seria aquela em que consumidor e produtor tivessem contato direto; se isso não fosse possível, entre eles não deveria haver mais que um intermediário.[4]

Os atravessadores eram o alvo mais frequente do governo e do opróbrio público, porque se metiam entre o produtor e o consumidor, e podia-se dizer que sua atividade provocava a alta dos preços. Eles geralmente faziam apenas o que hoje se espera de qualquer intermediário, mas naquela época havia uma crença generalizada de que os produtores venderiam diretamente para os consumidores, e a preços mais baixos, se os intermediários não tramassem, de modo deliberado, para impedir.[5] As Ordenações Filipinas, baixadas em 1603 para reiterar e organizar legislação anterior, aplicavam-se não só a Portugal, mas a todas as colônias;

não permitiam especificamente a compra de "trigo, farinha [de trigo], centeio, cevada nem milho" para revenda, o pagamento adiantado a agricultores que cultivavam esses grãos, ou ações para açambarcá-los. Em 1704, uma lei estendeu essas proibições ao comércio com farinha de mandioca dentro do Brasil, e as mesmas regras valiam para a carne.[6]

Armazenar para fazer subir os preços, monopolizar o mercado, açambarcar a oferta ou conspirar com outros nesse sentido eram tidos como objetivo natural dos intermediários em geral — se conseguissem. O governador Rodrigo José de Menezes justificou a criação do celeiro público em 1785 notando que "a ambição de alguns atravessadores [...] se exercitava fazendo estancar nas suas próprias casas [...] arroz, milho e feijão, [o qual ainda] para que não ceda preço, vão vendendo pouco a pouco". Foi também para restringir a atividade desses inimigos públicos que ele baixou nova regulamentação pondo o controle do comércio de gado e de carne firmemente nas mãos da câmara municipal.[7]

Outro importante recurso utilizado pelas autoridades municipais nos tempos do Brasil colônia para proteger os consumidores era o controle dos preços de gêneros alimentícios. Europeus ocidentais já costumavam fazer isso, pelo menos em tempos de escassez, e a prática remontava ao século VIII na Inglaterra, onde só cairia em descrédito no fim do século XVIII, permanecendo nos estatutos até os anos 1830. O controle de preços só terminou em Boston em 1797, e era de uso generalizado na América espanhola.[8] As instruções dadas ao primeiro capitão-mor do Brasil (1549) incluíam uma cláusula segundo a qual ele deveria decidir "os preços que vos parecerem que honestamente podem valer as mercadorias que [...] se venderem, trocarem e escambarem". As Ordenações Filipinas jogaram a responsabilidade de estabelecer preços máximos para gêneros alimentícios sobre os ombros dos vereadores. Isentaram, porém, pão, vinho e azeite de oliva desses controles, embora, em tempos de escassez, as câmaras municipais estivessem autorizadas a impor controles também sobre esses artigos, e até fossem incentivadas a fazê-lo. As ordenações nada diziam sobre isentar a carne, e no Brasil a isenção do pão não se estendia à farinha de mandioca. De fato, em 1701 o governador da Bahia insistiu para que a câmara municipal exercesse vigoroso controle de preços sobre a farinha. Poucos anos depois, o rei decidiu que não teria direito a fiança quem quer que fosse preso por vender "publicamente carne [...] por maior preço do taxado pela câmara". Dessa maneira, os dois principais gêneros alimentícios em Salvador continuaram sujeitos a controle oficial de preços até o fim do século XVIII.[9]

PROTEÇÃO NA PRÁTICA

A proibição das nefandas atividades de intermediários e o estabelecimento do controle de preços funcionavam em conjunto. Se bem-sucedido, o controle de preços desencorajava os intermediários de tentar suas manobras, porque a vantagem, se houvesse, seria pequena. Melhor ainda, se os consumidores comprassem direto dos produtores, o controle de preços seria desnecessário, porque terceiros seriam incapazes de forrar os bolsos interferindo na transação.

Os registros estão repletos de acusações contra atravessadores e *forminas* (palavra local de significado incerto e flexível) que, supostamente, interferiam no negócio e vendiam por preços acima do máximo oficial. Qualquer agente que negociasse fora dos canais legais era chamado de *formina*, quer o artigo negociado fosse farinha de mandioca, quer fosse gado ou carne, mas a designação era mais aplicada para os dois últimos casos. No sentido mais geral, *formina* se referia àqueles que negociavam com gado depois de sair da Feira de Capuame, sobretudo aos negociantes que então, sub-repticiamente, vendiam a carne no varejo, aproveitando-se da escassez para cobrar preços acima dos fixados pela câmara.[10] Boaventura Soares "aparece nas estradas da Feira [...] onde transitam as boiadas, e compra algumas vezes oito a doze cabeças e as recolhe no quintal e casa que para isso tem de aluguel e nela as mata e vende a carne a enxerga", sem usar balança. Declarar que o gado tinha morrido no caminho da feira para o matadouro era um artifício muito usado. Numa ocasião, negociantes alegaram que duzentas reses tinham morrido num período de duas semanas.[11]

Além dos marchantes, os açougueiros eram, com grande frequência, acusados de negócios escusos. Muitos esforços eram gastos na tentativa de controlar seus tantos "horríveis atentados". Cobravam dos consumidores acima do preço máximo autorizado por lei, provavelmente depois de dizer que não tinham nada para vender. Ou "tiram dos açougues a carne gorda para a venderem de formina, ficando a magra e ruim para o povo". E praticam um "escandaloso roubo" do público ao pesar a carne. Para reprimir essa prática, em 1821 a cidade instalou balanças públicas nas principais áreas de açougues, para que os consumidores pudessem conferir o peso da carne comprada. Mas havia coisa pior: o procurador da câmara municipal informou que "vende-se de tarde carne chamada virada que muitas vezes está podre". A câmara reagiu à notícia baixando nova lei, que dizia: "Constando a este Senado que muitos açougues vendem carne ao povo até de noite [...] e até muitas vezes vendendo-a podre [...] há por bem ordenar que da publicação deste edital em diante não possa estar açougue aberto [...] depois das duas horas da tarde", reação lógica num clima tropical sem refrigeração. A iniciativa e a energia dos açougueiros exigiam regulamentação.[12]

Outras medidas visavam proteger o público de merceeiros inescrupulosos. Barris ou tambores de vinho e outras bebidas tinham de ser lacrados com o selo das autoridades municipais "para se evitar a mistura dos licores", embora se dissesse que donos de venda geralmente mandavam fazer "sinetas marcadas com as armas do Senado", "para eles mesmos porem os ditos selos". Funcionários municipais tratavam com rigor as vendas que comerciavam alimentos estragados, exigindo que conchas, panelas, vasilhas de medição e balanças estivessem "sempre limpas e asseadas".[13] Duas vezes por ano, o merceeiro tinha de levar seus pesos e medidas ao inspetor municipal, para verificar sua precisão, exigência que eles achavam irritante e onerosa. No caso da carne, do peixe e de bebidas vendidas em pequenas quantidades, a inspeção era exigida a cada dois meses, com base no argumento de que essas medidas se desgastavam com mais facilidade. Quando os lojistas se queixaram da inconveniência, a câmara municipal respondeu farisaicamente que os queixosos, "que não têm probidade, em todo o tempo procuram lesar ao público, e os oficiais deste Senado, zelosos do mesmo bem público que lhe resistem, são por eles inquietados com pleitos e requerimentos".[14] As vendas precisavam renovar sua licença todo ano, pagando uma taxa à câmara municipal, com pesadas multas aplicadas contra aquelas que deixavam de apresentá-la. Os donos de venda estavam sempre às voltas com funcionários dispostos a fazer cumprir as leis municipais, e tinham de avaliar se não seria o caso de oferecer suborno.[15]

Vendedoras de rua, fossem escravas ou livres, precisavam renovar suas licenças todos os anos, mesmo que as recebessem de graça. Leis municipais especificavam, minuciosamente, os preços máximos de tudo que vendiam, incluindo alface, berinjela, uvas, mangas grandes e pequenas, jacas grandes e pequenas, quatro variedades de banana e diversos doces. Por mais analfabetas que fossem, as vendedoras deviam levar "consigo as taxas dos gêneros que vendem", e eram multadas se não andassem com seus alvarás e "todos estes papéis". Se uma vendedora negociasse artigos que precisassem ser pesados ou medidos, em vez de contados, tinha de carregar os instrumentos necessários calibrados e verificar sua precisão duas vezes por ano. Isso acrescentava, facilmente, quase dois quilos à sua bagagem. Multas aplicadas contra vendedoras de rua por não andarem com o alvará, por venderem acima do preço máximo ou por violarem outros regulamentos representavam de 10% a 15% da receita municipal.[16] As vendedoras de rua eram boas para as finanças públicas.

Barqueiros que chegavam a Salvador com provisões para vender se deparavam com um vasto aparelho burocrático destinado a proteger o consumidor, mas que os capitães achavam inamistoso, hipócrita e certamente capaz de abusos. Em 1801, donos de barco de Camamu entregaram ao rei múltiplas reclamações sobre o tratamento que os funcionários municipais lhes dispensavam e os "vexames e perseguições" de que eram vítimas. Mesmo enquanto eles aguardavam a maré montante na ilha de Itaparica antes de seguirem para Salvador, os burocratas municipais exigiam a apresentação de documentos que só poderiam ser obtidos na cidade. Com esses "assaltos", diziam eles, os cobradores de multas "chupa[vam]-lhes a substância", pois não lhes restava outra saída senão "largar ali o dinheiro e calar-se". Chegando a Salvador, eram acusados e multados por qualquer coisa que viesse à cabeça dos funcionários, alguns "porque não têm as medidas nas embarcações não trazendo gêneros de medir [...], outros porque, chegando à cidade, por exemplo, em março ou abril pela primeira vez do ano, não aferiram em janeiro". Eles eram presos e levados para a casa do almotacé, enquanto eram "depositados em terra os panos e lemes dos seus barcos". Se durante o trajeto, "ou por ignorância e rusticidade ou para evitarem os rigores de um almotacé desenfreado na cobiça", pagassem ao policial que os prendera, eram soltos imediatamente. Quando se queixavam à câmara municipal, eram orientados a recorrer ao tribunal, mas, alegavam eles, "o pobre lancheiro não pode ficar demorando na cidade com demandas". Reconheciam que, quando as queixas se acumulavam, a cidade às vezes dispensava o policial em questão, mas "os pobres despojados [ficam] sem satisfação alguma". Funcionários municipais tinham outra visão, dizendo que os barqueiros andavam "atravessando e revendendo os mantimentos".[17]

Todas essas regras — tão incômodas para barqueiros, vendedoras, merceeiros, açougueiros, negociantes de gado e praticamente todo mundo envolvido no comércio de alimentos, e que com tanta frequência serviam de pretexto para coação oficial, quando não para suborno — tinham como justificativa a necessidade de proteger os consumidores contra comerciantes gananciosos. A intenção declarada do poder de polícia era manter a ordem protegendo a saúde e o bem-estar do povo, porque uma das obrigações do governo era promover um sistema justo.[18] Um grande segmento da população, tanto de pobres como de não tão pobres, confiava no Estado para ter um mínimo de proteção. A hierarquia, a deferência e a desigualdade, quando acompanhadas por uma benevolência protetora, tinham mais apelo do que a competição bruta proposta pelos críticos do sistema. A crença na virtude dessa proteção era tão forte que deixou uma imagem residual impressa na retina coletiva, e sobreviveu até bem depois que uma nova filosofia liberal se generalizou.

LIBERALISMO

No fim do século XVIII, muita gente começou a questionar a lógica dessas proteções. Uma crença oposta nas virtudes do liberalismo econômico fazia parte de uma grande transformação em curso no mundo atlântico. Seria melhor que os governos parassem de interferir na economia, que obstáculos ao comércio fossem removidos e o controle de preços, abolido. Essas convicções brotavam de princípios iluministas de universalismo, racionalismo e, especialmente, da crença na necessidade de libertar os indivíduos da ação coercitiva do Estado. As elites políticas em Portugal e no Brasil sentiram o empuxo dessas ideias transformadoras que vinha dos centros mundiais de poder econômico com os quais pretendiam competir.

Pressões sobre a câmara municipal de Salvador no sentido da liberalização vinham de dois lados. Os barqueiros, os marchantes, os donos de venda e outros vendedores de alimentos, ávidos por lucros, pressionavam de baixo, enquanto os agentes do governo central, em busca de crescimento econômico geral, pressionavam de cima. Os primeiros indícios de uma mudança de rumo no mundo português no tocante ao controle de preços e a outras regulamentações talvez possam ser localizados num decreto real baixado em 1765. Embora aplicável apenas a Lisboa — fosse porque a medida era vista como experimental, fosse pela presunção da Coroa de que Lisboa era a única cidade que importava —, seu preâmbulo captura perfeitamente a penetração da nova política. Começava mencionando "os prejuízos públicos que se têm seguido das taxas e das condenações que se fazem pelo Juízo de Almotaçaria". Em lugares populosos,

> [era certo que] só a multidão de vendedores [...], a concorrência dos mesmos vendedores e a abundância que dela resulta eram as que regulavam e moderavam os preços dos comestíveis. E sendo igualmente certo que, havendo o medo das referidas taxas e condenações impedido e desviado um grande número de vivandeiros [...] para não trazerem à sobredita cidade mantimentos, seria consequente que logo que aquele medo cessasse pela liberdade de cada um [...] de vender [...] sem o temor das ditas vexações, ne-

> cessariamente havia de crescer o número dos mesmos vivandeiros e com a concorrência deles a abundância dos víveres [aumentaria] para se diminuir o preço deles.

Percebendo tudo isso, o rei ordenava que "daqui em diante cessem todas as taxas [...] em todos os víveres que se venderem na dita cidade de Lisboa [...] de sorte que cada uma das pessoas que os transportarem, conduzirem e introduzirem, os possam livremente vender pelos preços que ajustarem com os compradores". Não só os grãos e o pão, o vinho e o azeite, mas todos os gêneros alimentícios ficaram isentos de qualquer controle de preços em Lisboa.[19]

Esse divisor de águas sem dúvida teve como inspiração as políticas adotadas na França, onde livros e artigos atacando o controle de preços e outras restrições sobre o comércio de grãos tornaram-se tão comuns que passaram a influenciar diretrizes públicas. O economista François Quesnay (1694-1774) e seus adeptos defendiam a noção de que a propriedade privada e o direito de dela dispor como o dono bem entendesse vinham da lei natural. Vencido por esses argumentos, o governo francês finalmente permitiu, em 1763 e 1764, que qualquer pessoa negociasse com grãos e até mesmo os estocasse, cobrando qualquer preço que o comprador estivesse disposto a pagar. O objetivo descarado da medida era proteger os produtores, e não os consumidores, e as medidas provocaram indignação popular. O governo cedeu, dando um passo atrás no começo dos anos 1770, mas apenas para adotar novas políticas liberalizantes poucos anos depois.[20]

Foi em 1764 que Adam Smith (1723-90), professor de filosofia e ética da Universidade de Edimburgo, chegou à França para uma temporada de dois anos. Ali conheceu Quesnay e deu início a um ativo diálogo com seu grupo. Em suas palestras anteriores, Smith já tinha explorado as implicações da lei natural, da propriedade privada e da propensão dos seres humanos a cuidar de si mesmos como guia de conduta econômica. Incentivado pelos novos contatos, voltando para a Escócia Smith dedicou-se a aprofundar sua análise. Tinha grande facilidade para decompor as partes constituintes de qualquer atividade econômica e avaliar o peso de cada uma. Descartou a noção francesa de que a agricultura era a fonte primária da riqueza nacional, sustentando, em vez disso, que a riqueza resultava de qualquer atividade comercial, fosse de agricultores, fosse de comerciantes, industriais ou operários. Afirmava que, se cada um tivesse permissão de fazer o que lhe ocorresse naturalmente, defendendo os próprios interesses, a riqueza da sociedade toda inevitavelmente cresceria, e com isso o bem-estar de todos os indivíduos. O funcionamento desimpedido do sistema de mercado, no qual cada um tivesse a liberdade de trocar seu trabalho e seus bens pelo trabalho ou pelos bens que desejava de outros, inevitavelmente produziria aquele resultado. O Estado não deveria tentar controlar o uso da propriedade privada de alguém. Ao contrário, era obrigação do governo garantir que cada pessoa tivesse a liberdade de defender os próprios interesses, sem infringir o direito das outras pessoas de fazerem o mesmo. De outro lado, monopólios e combinações — fossem de empregadores, fossem de operários, produtores ou comerciantes — deveriam ser proibidos, e Smith escreveu trechos notáveis condenando os comerciantes que tentavam formá-los. Seu livro *Uma investigação sobre a causa e a natureza da riqueza das nações*, publicado em 1776, provocou reverberações em toda a Europa Ocidental, e suas ideias influenciaram diretamente muitos indivíduos no mundo português.[21]

Um dos inspirados pela obra de Adam Smith foi o português Rodrigo de Souza Coutinho, mais tarde conde de Linhares (1755-1812), que ajudou a moldar o destino de Portugal e do Brasil. Quando jovem, pediu a um amigo que vinha da Inglaterra que lhe trouxesse um exemplar de *A riqueza das nações*, só dois anos depois de sua publicação, e passou a citá-lo com frequência em sua correspondência. Depois de longo período como embaixador português na Corte de Sardenha-Piemonte em Turim, Souza Coutinho foi chamado de volta a Lisboa em 1796 para ser ministro e secretário de Estado da Marinha e Domínios Ultramarinos. Em 1801 foi escolhido para chefiar também o erário real. Aos poucos foi se distanciando do mercantilismo e da noção propagada por seus defensores de que o único objetivo das colônias era ajudar a metrópole a garantir uma balança comercial favorável e que jamais se deveria permitir que as colônias competissem com produtores metropolitanos. Argumentava que o desenvolvimento de qualquer parte do Império fortaleceria Portugal. Enquanto pressionava vigorosamente pela adoção de reformas, fez inimigos poderosos. Em 1803, diante da pressão napoleônica sobre Portugal, Souza Coutinho recomendou à Coroa que se mudasse para o Brasil, proposta que desencadeou uma oposição tão furiosa, em especial entre os influentes francófilos da Corte, que o príncipe regente João o tirou do gabinete. Mas em 1807, quando Napoleão se preparava para invadir Portugal, Souza Coutinho foi chamado às pressas para supervisionar a transferência do governo para o Rio de Janeiro. No Brasil, como secretário de guerra e de relações exteriores, teve carta branca para promover as mudanças liberalizantes que julgava essenciais, a começar pelo comércio exterior, agora aberto a todos os países.[22] Um exemplo das ideias específicas de Souza Coutinho é sua instrução de 1798 para o vice-rei no Rio de Janeiro, dizendo que "a inteira e livre circulação de todos os gêneros, e a segurança de um mercado onde os preços só dependem da concorrência são os melhores meios de procurar uma segura abundância". Dois anos depois, modificou seus pontos de vista no caso das minas e florestas, dizendo que precisavam ser reguladas e não deviam ser entregues a "interesses dos particulares", mas salientou que "nestes casos, e só neles", o bem público requer "uma notável exceção aos princípios gerais da economia política". Em 1811, agora no Brasil, referiu-se ao "grande, belo e simples sistema de liberdade", e recomendou "a remoção de todos os obstáculos que se opunham ao natural nível que devia resultar da livre concorrência [...] deixando a cada um o melhor emprego daquilo em que se exercitava". Souza Coutinho patrocinou a primeira tradução portuguesa de *A riqueza das nações*. Incentivou, reiteradas vezes, diversas medidas liberalizantes sobre o comércio de alimentos, aplicando-as especificamente a Salvador.[23]

José da Silva Lisboa (1756-1835), natural de Salvador, tornou-se um dos principais protagonistas das ideias de Adam Smith no Brasil. Aos dezessete anos, foi mandado para a Universidade de Coimbra, em Portugal, onde estudou direito e observou a aplicação de importantes reformas fiscais e administrativas. De volta a Salvador para advogar e lecionar, mostrou agudo interesse por questões econômicas, preparando um longo relatório sobre toda a capitania para seu antigo mentor em Portugal.[24] Em 1797, fez uma rápida visita a Portugal, entregando a um editor os originais de seu tratado em sete volumes sobre direito marítimo, tributário e comercial, obra que revelou seu vasto conhecimento das práticas de outros países, bem como as tradições jurídicas do seu próprio. Em 1804, apareceu seu altamente influente *Princípios de economia política*, elaborado com o objetivo específico de apresentar a leitores portugueses e brasileiros as ideias de Adam Smith, apenas um ano depois de Jean-Baptiste Say ter publicado seu igualmente efetivo *Tratado de economia política* na França. Quando o governo português no exílio fez breve escala em Salvador em janeiro de 1808, Souza Coutinho conseguiu que o príncipe regente nomeasse Silva Lisboa o primeiro professor de "ciência econômica" num curso a ser criado sob sua direção no Rio de Janeiro. Apesar de ter se mudado para o Rio, Silva Lisboa decidiu produzir um livro didático em vez de lecionar o curso. Queixou-se também de que o salário oferecido não excedia o de um professor de escola primária e correspondia apenas à metade do de um professor de mineralogia, "uma ciência que, posto seja mui útil, não tem comparação com a ciência econômica que o maior mestre de *A riqueza das nações*, Adam Smith, considera própria do legislador e homem de Estado". Muitos anos depois, recebeu o título de barão, posteriormente visconde, de Cairu. Souza Coutinho contratou o filho de Silva Lisboa para preparar a tradução portuguesa de *A riqueza das nações*, publicada em 1811.[25]

JOSÉ DA SILVA RIBEIRO

Souza Coutinho e Silva Lisboa foram apenas os que mais se destacaram entre aqueles cujas ideias econômicas liberais afetaram o comércio de alimentos neste canto do mundo atlântico.[26] Mas a obra de Adam Smith teve influência direta sobre dois indivíduos estreitamente ligados à economia de Salvador: José da Silva Ribeiro e João Rodrigues de Brito. Ribeiro desempenhou um papel importante no debate cada vez mais amplo, como porta-voz de insatisfeitos participantes do comércio de alimentos. Tinha um armazém no porto que fornecia arroz e feijão à Marinha e, segundo se dizia, enriqueceu com o comércio da farinha de mandioca. Tornou-se tesoureiro do celeiro público em 1796. Acreditava firmemente na doutrina do *laissez-faire*, e a defendia sempre que possível. Toda pessoa — é evidente que não estava pensando em escravos — deveria ter "livre uso [...] do que é seu" e ser livre para dispor de seus produtos com "o maior lucro possível, no tempo e lugar por eles procurados. Esse é o interesse comum".[27]

Ribeiro concentrou-se especialmente no que considerava a difícil situação dos negociantes de gado e dos vendedores de farinha de mandioca. Alegaria, mais tarde, ter convencido o governador Fernando José de Portugal a remover, em caráter temporário, o preço fixo da farinha de mandioca, "como experiência", em 1795, medida que depois foi aprovada em Lisboa e tornada permanente. Tenha ou não exercido essa influência, o fato é que mantinha estreitos vínculos com aqueles comerciantes, e alguns anos depois falaria em nome deles para protestar contra crescentes taxas no celeiro público.[28]

Em março de 1797, um grupo de marchantes interessados em acabar com o controle de preços da carne apresentou longa petição à câmara municipal de Salvador. Foi Ribeiro quem a redigiu. Com catorze páginas escritas à mão, é um tratado de liberalismo econômico que, citando duas vezes Adam Smith, pelo número da página na edição francesa, afirmava que o bem-estar público era mais bem servido pela proteção dos interesses individuais, uma das máximas "tão evidentes como os próprios princípios da matemática". O velho sistema não funcionava porque o controle de preços impedia que a carne chegasse ao mercado legal em quantidades suficientes, sendo vendida sub-repticiamente no mercado negro a preços inflacionados. Só os ricos podiam pagar, e a situação dos pobres não era melhor do que se os preços fossem mais altos e a carne, mais abundante. A concorrência aberta e a liberdade de mercado resolveriam esses problemas. Quase plagiando Adam Smith, a argumentação de Ribeiro comparava o medo dos intermediários ao

> terror que nos tempos menos esclarecidos se tinha do poder da mágica. Os desgraçados que eram [então] acusados de mágica e feitiçaria não eram mais inocentes dos males que lhe[s] imputavam do que o são hoje dos males que se lhes atribue[m] os que são chamados atravessadores e monopolistas. A lei que [...] derrogou todo o litígio contra os feiticeiros, esta lei que tirou ao malvado a

> faculdade de satisfazer o seu ódio acusando o seu vizinho de um crime quimérico chegou enfim a dissipar este terror, suprimindo a causa que o entretinha. Tal seria sem dúvida o efeito da lei ou providência que daria ao comércio deste principal alimento — a carne — a liberdade a mais ilimitada.[29]

Nem todos se convenceram. A câmara municipal, ao transmitir esse abaixo-assinado ao governador, negou que a liberdade de preços dos gêneros alimentícios essenciais tivesse trazido qualquer vantagem.[30] O governador, porém, tomou o partido dos marchantes contra a câmara municipal e ordenou a suspensão do controle de preços da carne. A câmara obedeceu, mas não ficou sossegada. Argumentou que o preço da carne "de dia em dia se aumenta" porque os comerciantes abusam de sua "liberdade", que "não é adaptável nesta cidade [...]. Tiram partido dez ou doze homens correndo livremente após sua insaciável cobiça enquanto o povo geme".[31]

Então, em janeiro de 1798, Ribeiro organizou uma campanha dos "vivandeiros e condutores de mantimentos" para que o controle de preços fosse suspenso para *todos* os gêneros. Na "Representação" que escreveu em nome desses barqueiros, comerciantes de grãos e algumas vendedoras de rua, afirmou que era absurdo liberar os preços da farinha de mandioca e da carne e não fazer o mesmo com relação a outros alimentos. Com certeza, "milho, feijão, arroz, frutas, raízes e tudo quanto se inclui na espécie de vianda [são] de primeira necessidade". Admitia que o controle de preços fora imposto originariamente para proteger os pobres, mas mantê-lo se tornara um dos "maiores verdugos [...] causadores que são da maior penúria e carestia". Os almotacés, agindo de forma arbitrária, decidiam qual era o preço correto das frutas, raízes e de outros alimentos, fixando preços até para frutas de tamanhos diferentes e impondo, inconsistentemente, a alguns artigos equivalentes, preços mais baixos do que a outros. O então almotacé "tem almotaçado [...] o arroz e o feijão a 1$600 quanto vêm de fora com o custo de 2 mil réis e de mais". De modo ultrajante, "mandou cerrar as portas do celeiro público pelo rendeiro e meirinhos" até que sua vontade fosse obedecida. Tudo isso beneficiava acima de tudo os publicanos, cujas "coimas [...] repartem com os almotacéis, seus benfeitores". Artigos com preços muito baixos eram açambarcados "em breves minutos pelas pretas regat[ead]oras que logo abarcam todos para ao depois revender ao povo", enquanto outros vendedores deixavam de ir ao mercado, preferindo "vendê-los [os gêneros] furtivamente a quem melhor lhes pague". Os fregueses não tinham escolha senão comprar "das pretas".[32]

A petição deu resultado. Em meados de novembro de 1799, o governador informou à câmara municipal que Souza Coutinho, o secretário de Estado português encarregado dos negócios coloniais, tinha ordenado que as regras lisboetas de 1765 fossem estendidas a Salvador:

> A benefício dos vivandeiros e vendedeiros fique cessando todas as taxas e condenações provenientes em todos os víveres que se venderem nesta cidade e seu termo de sorte que cada uma das pessoas que os transportarem, conduzirem e introduzirem os possam livremente vender pelos preços que ajustarem com os compradores.[33]

Caracteristicamente, a câmara municipal não acolheu bem essas ordens. Argumentou que Ribeiro era um "monopolista" que em pouco tempo ficara rico por causa de seu cargo oficial no celeiro público, e que era conhecido por perturbar as sessões da câmara com reclamações infundadas, "fazendo [...] partido principalmente com os vendelhões por ter sido em algum tempo do número deles". Com frequência fazia demandas "exóticas", como, para citar um exemplo, "que a aguardente da terra e cana pertencesse à classe dos víveres para ficar livre da taxa". Apesar de tudo, depois de muita relutância em agir, em 1801 a câmara reivindicou a liberalização como ideia sua. Adotou o sistema "que nas cidades mais civilizadas e polidas se tem [adotado, que consiste] em tirar as taxas dos gêneros de primeira necessidade e deixar-se o preço livre [...] a exemplo do que se observa na cidade capital do reino".[34]

JOÃO RODRIGUES DE BRITO

Um ardoroso defensor do sistema liberal — que atacava diretamente a questão do atravessador — era o juiz João Rodrigues de Brito, português de nascença que integrava a Relação da Bahia e tinha estreitas ligações com senhores de engenho e negociantes locais. Vivia bem no centro de Salvador, não muito longe do palácio do governo e da prefeitura. Amigo de José da Silva Lisboa, fez comentários sobre um rascunho de seus *Princípios de economia política*. Leu muito sobre o assunto e era capaz de citar, por capítulos e versículos, obras de Adam Smith, Jean-Baptiste Say e muitos outros economistas europeus. Quando, no começo de 1807, o secretário de negócios coloniais em Portugal pediu que o governador da Bahia consultasse a câmara municipal de Salvador sobre os obstáculos que entravavam a prosperidade da colônia, a câmara solicitou o parecer de várias pessoas, entre elas Brito. Em resposta, ele escreveu um extraordinário ensaio, de cerca de oitenta páginas impressas, seguindo tão de perto a argumentação de Adam Smith, e aplicando-a tão diretamente ao comércio de alimentos e às instituições examinadas neste livro, que merece comentário à parte.

Em sua bombástica declaração de liberalismo econômico, Brito atacou o paternalismo remanescente do governo. Servidores públicos, disse ele, tinham sido incapazes de

> perceber aquela verdade tão altamente proclamada pelos economistas, que não há senão a inteligência de cada cidadão que possa regularmente ver o que mais lhe convém no exercício de sua indústria e o que mais convém a cada um é o que mais convém ao público, não sendo o interesse deste senão a soma dos interesses daqueles.

A liberdade era necessária — a liberdade de

> cultivar quaisquer gêneros que bem lhes parecer [...], de os mandar vender em qualquer lugar, por qualquer caminho, e pelo ministério de quaisquer pessoas, sem ônus ou formalidade alguma, de preferir quaisquer compradores que melhor lhos pagassem, e finalmente a de vender em qualquer tempo que lhes conviesse.[35]

O principal objetivo do tratado de Brito era argumentar, como Ribeiro, que a liberdade deveria ser assegurada especificamente àqueles que outros chamavam de açambarcadores ou atravessadores. Nada havia de sinistro nem sequer de misterioso no trabalho desses negociantes, "pequenos comerciantes que interpõem os seus serviços entre o produtor e o consumidor, com proveito de ambos, na esperança de algum benefício, que é a retribuição devida ao seu trabalho, empate e risco [de] seus capitais". Sua atividade "não pode ser onerosa ao lavrador nem ao consumidor, porque é meramente voluntária. O lavrador tem sempre a liberdade de conduzir seus frutos até a porta do consumidor, e este de lhos comprar imediatamente". Se o agricultor agia de outra forma, "é porque acha nisso o seu interesse". Tanto o agricultor como o consumidor se beneficiam, "porque a maior produção que resulta [...] difunde a abundância por toda a parte e com esta o bom preço".[36] Ele concentrou suas energias sobretudo nas duas características principais das reformas feitas por Rodrigo José de Menezes nos anos 1780: o celeiro público e o matadouro central.

Condenou a determinação de que farinha de mandioca, arroz, milho ou feijão não fossem vendidos em nenhum outro lugar, a não ser depois de postos à venda no celeiro público. Assinalou que os negociantes tinham de arcar não apenas com as despesas de uma viagem e um investimento de capital, mas também com "a perda do seu tempo [...] a contribuição que se lhes exigem a título de benefício da tulha (de que eles não queriam servir-se), aluguel da sacaria, salário da descarga [...]. Toda esta massa de encargos [...] equivale quanto aos efeitos a um roubo", mas com uma diferença. Se de fato fossem roubadas do barqueiro/negociante dez moedas em cada cem, ele "volta logo a ganhar outras cem moedas", guardando-as "com mais cautela". Mas se fosse obrigado "por força dos regulamentos a liquidar noventa unicamente [...] ele descorçoa, convencido que não há cautela contra as insídias dos rendeiros apoiados na força pública". Ele não só não volta, mas espalha "por toda a parte o desacorçoamento, desanimando aos que poderiam empreender iguais especulações". Essas restrições à liberdade comercial teriam, fatalmente, efeitos deletérios no abastecimento e no preço dos alimentos.[37]

Do mesmo modo, Brito criticou as regras que restringiam o comércio de gado e carne. Disse que até a câmara municipal reconhecia que "há alguns gêneros de indústria em que não se pode desconhecer a necessidade dos atravessadores". A câmara autorizava revendedores, "mas só debaixo de certas restrições e cautelas adotadas no intuito de prevenir que não sejam enganados os lavradores", limitando seu número "senão a oito até doze pessoas", com exigência de fiadores e de licenças.

> Estas cláusulas, porém, e restrições [...] destroem todo o efeito do remédio. Os atravessadores não são úteis senão quando seu número é indefinido sem limitação alguma, porque a própria concorrência de uns impede os outros de se locupletarem com ganhos exor-

> bitantes, que só o não são quando qualquer outro cidadão pode concorrer a participar deles, fazendo livremente o mesmo giro.

Concluía que a política "[resulta] em dano grave tanto dos criadores, que são então obrigados a vender-lhes os gados por menos do seu valor por falta de concorrência de compradores, como dos consumidores da cidade que hão de forçosamente comprar a carne mais cara pela falta de concorrência de vendedores".[38]

Ele então voltou sua ira contra o matadouro público e os açougues. Pelas regras, "o criador dos gados [...] está privado da liberdade de os mandar vender em qualquer lugar que lhe convém e pelo ministério de seus agentes". Não só é o seu vaqueiro "obrigado a meter [seu gado] nos currais", mas "o pobre homem é obrigado a entregar sua fazenda a uma administração alheia". O dono do gado não tem "o arbítrio de eleger os açougues onde lhe convém vender a sua carne, nem os cortadores que hão de cortá-la". Com esse tipo de arranjo, "digam-me, de onde vem o empenho [do cortador]"? Se os açougueiros "porfiassem com os donos da carne para obterem a preferência nos seus serviços, a coisa estaria então na ordem: eles não teriam outro meio de obter a desejada preferência senão o de servirem bem". Essa prática, afirmava Brito, incentivaria a criação de gado e aumentaria a produção, resultando em maior abundância e preços mais baixos.[39] Ninguém mais em Salvador expôs a posição liberal com tanta minúcia e clareza, sem dúvida não no que dizia respeito ao comércio de alimentos.

O governador conde da Ponte, que tinha sido designado em 1805, bem antes de Souza Coutinho voltar a assumir o poder em Portugal, encaminhou o relatório de Brito para Lisboa, mas o ofício de encaminhamento rejeitava-o integralmente. Abria com um ataque ad hominem aos comerciantes portugueses, dizendo que aqueles que queriam um comércio com menos regras eram apenas os que queriam "uma liberdade absoluta às fraudes e dolos", sobretudo os recém-chegados de Portugal, "pouco favorecidos na sua pátria e ambiciosos de melhor fortuna [ganho] precipitadamente". E seguiu em frente, atacando a própria teoria liberal e defendendo o mercantilismo. Apesar de reconhecer que "os arbitrários princípios [dos] economistas modernos" condenavam "todo o freio ou restrição [...] do comércio, ainda mesmo colonial, porém eu não posso deixar de sentir diversamente, conhecendo que os estabelecimentos coloniais da natureza destes têm por objeto principal (deverá chamar-lhe único) o interesse e utilidade da metrópole". Mas nenhuma palavra sobre as sugestões específicas de Brito com relação ao comércio de alimentos.[40] O ofício do governador, datado do fim de agosto de 1807, não teria chegado a Lisboa com o tratado de Brito antes de meados de outubro. Mas nessa altura as autoridades de Lisboa, mais preocupadas com a ameaça francesa à soberania portuguesa do que com questões coloniais, e com Souza Coutinho de novo no gabinete, já se preparavam para o pior.

No fim de novembro, a Corte e o governo portugueses, expulsos da Europa pelo Exército invasor de Napoleão, fugiram de Lisboa para o Brasil, passando rapidamente por Salvador em janeiro de 1808 a caminho do Rio de Janeiro. Diante da óbvia necessidade de mudar o sistema anterior que limitava o comércio brasileiro de além-mar a Portugal (agora nas mãos dos franceses), tão sentida por alguns senhores de engenho e exportadores brasileiros ansiosos para retomar as remessas para a Europa, e provavelmente ciente das opiniões de Silva Lisboa sobre o assunto, o príncipe regente d. João abriu os portos do Brasil ao comércio com todos os países amigos. De um só golpe ele aboliu o sistema colonial tão vigorosa e incisivamente defendido, poucos meses antes, pelo conde da Ponte.[41]

Enquanto isso, aspectos do impulso paternalista anterior continuavam a impulsionar a política pública oficial, com a ajuda de críticos da reforma. O êxito de Ribeiro ao conseguir que o governador suspendesse o controle de preços foi um primeiro passo na liberalização da economia dos gêneros alimentícios, mas acabar com a proibição contra atravessadores e açambarcadores como Brito recomendava exigiria outra luta. Embora a teoria liberal combatesse simultaneamente o controle de preços e as restrições à atividade de intermediários/atravessadores, os dirigentes políticos nem sempre compreendiam que as duas questões tinham raízes comuns e não podiam ser separadas. Até mesmo a lei lisboeta de 1765 que pôs fim ao controle de preços demandava que as autoridades agissem para a "extirpação dos monopólios e travessias". Visando à mesma finalidade em Salvador em 1801, os regulamentos proibiam a compra de grandes quantidades de farinha de mandioca antes de certa hora do dia para permitir que os fregueses comprassem direto dos produtores ou de seus agentes. Poucos anos depois, o gabinete do governador comentou favoravelmente numa petição afirmando que "apesar de serem proibidos pelas leis [...] são os mesmos atravessadores, tão animosos e destemidos, que [...] se animam [a atravessar] todos os efeitos que vêm de fora, tomando-os ali para depois revenderem ao povo, que até chegam a ir encontrar as embarcações". As opiniões dos políticos sobre os intermediários ainda eram uma mistura do velho paternalismo com o novo liberalismo.[42]

Mas mesmo a remoção do controle de preços só foi alcançada depois de muitas idas e vindas. De início, parecia que o curso da ação a seguir apontava firmemente para o liberalismo econômico. Vimos que Fernando José de Portugal (governador de abril de 1788 a setembro de 1801), seguindo as instruções de Souza Coutinho, adotou a causa de Ribeiro e suspendeu o controle de preços da farinha de mandioca (em 1795), da carne (1797) e finalmente de todos os gêneros alimentícios (1799-1801), permitindo que os negociantes cobrassem qualquer valor que o comércio suportasse, política corporificada numa postura municipal de 1801. Marcos de Noronha e Brito, o oitavo conde dos Arcos, governador da Bahia de setembro de 1810 a janeiro de 1818, continuava profundamente ambivalente. Primeiro buscou proteger os consumidores, fazendo críticas severas aos que "compram os mesmos víveres em grosso com o sinistro fim de revendagem". Mas, em 1812, achava que "a ilimitada liberdade [é a] única e mais segura regra que os homens até agora têm descoberto para promover a felicidade de todo e qualquer ramo de comércio". Três anos depois, reiterou que o controle de preços prejudicava tanto os criadores de gado como o público, mas em 1816 parecia ignorante de decisões anteriores e aprovou — mas só como "exceção" — a liberação do preço da carne. No ano seguinte, admitiu que, como a crise havia passado, "torne este negócio ao seu antigo estado, não podendo ninguém talhar gados livremente nem vendê-los por maior preço [do que] dantes estabelecido". O controle do preço da carne ainda estava em vigor em 1820, sem que ninguém se desse conta de que uma medida anterior o abolira.[43] O jornal semanal da comunidade portuguesa, formada basicamente de lojistas e outros comerciantes intermediários, referiu-se de modo favorável em 1813 ao "novo sistema econômico de que Adam Smith é o autor", mas reconheceu que antigos preconceitos representavam obstáculos à sua aplicação. Pessoas egoístas, para defender privilégios particulares, "pugnam pelo antigo sistema".[44] A ambiguidade em relação ao liberalismo persistiu até o fim do período colonial, e, quando se tratava de pô-lo verdadeiramente em prática, nem os adeptos do paternalismo nem os do liberalismo tinham se livrado das noções do outro. As decisões dependiam das contingências, e não da fidelidade a dogmas.

Talvez não tenha sido por acaso que a difusão inicial do pensamento e da prática liberais ocorreu no mesmo período em que foi criada uma ordem mais sistemática no comércio de alimentos, tal como estabelecido por Rodrigo José de Menezes, governador de 1784 a 1788. Ao organizar o celeiro público e o matadouro, ele impôs novas regras tanto aos comerciantes de farinha de mandioca como aos intermediários do negócio de gado e aos açougueiros. Podem ter sido justamente essas reformas que, fortalecendo o papel do Estado na economia, estimularam a reação dos marchantes, dos barqueiros e dos merceeiros, que exigiram maior liberdade. E a resistência dos vereadores às reformas liberais talvez fosse resultado não apenas de sua preocupação com o bem-estar dos consumidores, mas também do fato de eles perceberem que essas reformas significariam a perda de um dos seus principais atributos — a regulamentação do comércio de alimentos — e, com ela, a perda de significativa receita municipal proveniente das multas e das taxas de licenciamento de vendedores. Com o liberalismo, seu papel nesse negócio ficaria reduzido a fiscalizar e conferir pesos e medidas. Independentemente do motivo, os argumentos da câmara tiveram repercussão entre os moradores urbanos. A nova abordagem continuou sendo contestada até bem depois de a Guerra de Independência alterar o sistema político do Brasil.

A influência de Adam Smith pode ser percebida permeando não apenas os argumentos abstratos em defesa do liberalismo em Portugal e Salvador, mas também as justificativas de políticas específicas sobre o comércio da farinha de mandioca, da carne e de outros gêneros alimentícios. Pela altura de 1820, nem mesmo os que se opunham à liberalização achavam mais essas propostas bizarras ou inauditas, como teriam achado em tempos anteriores. E quer examinemos as declarações do secretário colonial Souza

Coutinho, quer as de um advogado como Silva Lisboa, as de um juiz da Relação e açucareiro como Brito ou as de um perene provocador e pequeno comerciante como Ribeiro, vamos constatar que seus argumentos mais sólidos devem imensamente a Smith.

11. "O povo não vive de teorias"

Pôr em prática o liberalismo econômico depois da independência foi mais difícil do que os teóricos poderiam imaginar. Sempre que as autoridades de Salvador cuidaram do comércio de gêneros alimentícios nas décadas de 1820 a 1860, elas oscilavam entre as políticas de *laissez-faire* e as de proteção ao consumidor, mudando de direção mais de uma vez. Os comerciantes de alimentos e os reformadores alegavam que a iniciativa individual desenfreada levaria à concorrência, à abundância e à queda de preços, enquanto muitos soteropolitanos viam a suspensão do controle de preços dos alimentos e o fim das restrições aos intermediários como uma porta aberta para alguns aproveitadores ganharem dinheiro e muita gente passar fome. Essas pessoas tinham saudade de um regime que, embora imperfeito, oferecera certas proteções previsíveis aos moradores da cidade. Os dirigentes políticos ficaram espremidos no meio. Não podiam ao mesmo tempo garantir a liberdade individual dos vendedores e obedecer ao velho imperativo de manter uma instância protetora para os compradores. As agências do governo, como as elites em geral, estavam frequentemente em desacordo. Mesmo quando os liberais alcançavam vitórias, às vezes as condições locais os obrigavam a recuar. Salvador revelou-se um caldeirão em que ideologias rivais entravam em choque, e vendedores de alimentos e o comércio de alimentos eram os objetos de discórdia.

DISCUTINDO IDEOLOGIAS

Os debates sobre planejamento político eram acalorados, com a liberdade individual e o liberalismo econômico de um lado e o impulso hierárquico-paternalista de outro. A nova Constituição brasileira garantia, especificamente, o direito de propriedade, e dizia que nenhum tipo de indústria ou comércio poderia ser proibido.[1] Mas o que significava isso? O debate, quando se tratava da elaboração de medidas concretas, oferecia abundantes razões de hostilidade contra o liberalismo econômico. Três questões provocavam disputas particularmente acirradas: o número e, em especial, a localização de açougues, o lugar dos intermediários no comércio de alimentos em geral e, o mais importante, o controle de preços.

A constante tensão entre os dois preceitos políticos opostos pode ser vista num debate sobre a questão, aparentemente trivial, de onde localizar os açougues. Já em 1821, um porta-voz da câmara municipal alegou que era difícil inspecionar a qualidade da carne vendida e dos pesos usados, ou evitar o mercado negro, porque o governo colonial autorizara um número excessivo de açougues espalhados por toda a cidade. Os açougues deveriam se "reconcentrar" no térreo da câmara, "onde noutro tempo existiram". Em 1824, um ano depois de expulsar as forças portuguesas de Salvador, a câmara municipal promulgou uma reforma amplamente liberal do comércio da carne, permitindo a qualquer pessoa abrir um açougue em qualquer lugar. Então os vereadores destacaram, com orgulho, "a multiplicidade dos açougues" que tinham surgido, "em os quais os mesmos compradores poderão com facilidade escolher carnes e comprá-las pelos preços que lhes agradarem". Mas dois anos depois pensaram melhor, notando que a nova política, longe de produzir os resultados esperados, tinha "facilitado [...] os abusos [...] pela multiplicidade de açougues visivelmente desnecessária, separação e distância deles e consequentemente pela invencível dificuldade da devida fiscalização no mais importante ramo do governo municipal". Voltando atrás, a câmara decretou que os açougues agora ficariam localizados apenas em quatro lugares, além de um açougue em cada uma das cinco freguesias mais remotas, e que não se venderia carne fora desses açougues. Câmaras subsequentes adotaram postura decididamente liberal em 1828 e 1829, mas voltaram atrás de novo em 1833. Reforçaram sua posição conservadora em 1839, ao condenar os "traficantes de carne que [...] sacrificam [...] a saúde de seus concidadãos [...] vendendo-lhes carnes podres em açougues que abrem ora aqui, ora ali, para escapar à vigilância da polícia".[2] As mudanças ziguezagueantes da política mostram a dificuldade de conciliar a liberdade de comércio e o desejo de proteger os consumidores. O centro do debate era, ostensivamente, a dificuldade de impor medidas sanitárias, mas por trás disso percebe-se uma dúvida persistente sobre a motivação dos açougueiros. "Pessoas mal-intencionadas" põem à venda "carne de [...] reses mortas de enfermidades, abrindo para esse fim uma casa que é logo fechada depois de cometido este ato da mais escandalosa imoralidade".[3] "Abusos", "pessoas mal-intencionadas", "escandalosa imoralidade", "traficantes" são expressões que sugerem uma contínua repugnância pelos intermediários em geral.

Uma segunda fonte de controvérsia eram os atravessadores, os intermediários entre produtores e consumidores. Eles, como os açougueiros, continuavam sendo alvo de opróbrio público. A câmara municipal recebia com frequência, por escrito, acusações como a que dizia que "monopolistas e marchantes" estavam prontos para "cometer toda a sorte de malversações", vendendo carne por "um preço excessivamente maior ao que foram compradas as reses". Os que negociavam farinha de mandioca eram igualmente coniventes: a câmara municipal se queixava do fato de que "existem companhias de certos homens, conhecidos com o nome de 'guerrilhas', os quais assaltam a todas as embarcações, quer estrangeiras, quer nacionais, e com esta criminosa travessia conseguem conservar nas suas mãos todos os gêneros da vida debaixo do preço que lhes apraz". Uma noção da atitude geral nos é dada por uma ação realizada em 1830 numa cidade vizinha cuja câmara propôs prender os "atravessadores e monopolistas que em grosso comprarem farinhas, ou mesmo em retalho, para vender ao público". Em 1825, um autor descreveu Cachoeira, cidade da baía do outro lado de Salvador, dizendo que ali era ponto de reunião do "odioso enxame de dinheirosos mas não humanos monopolistas e atravessadores regatões dos gêneros de primeira necessidade, [...] sanguessugas da sociedade que [...] vendem por quatro ao povo o que lhes custara um". As emoções eram fortes, e os intermediários no comércio eram os alvos.[4]

Antes de continuar explorando essas divisões ideológicas, vale a pena fazer uma pergunta: quem eram esses atravessadores, que supostamente obtinham tanto lucro com as reformas liberais? Que classe de gente representavam? A resposta até hoje é contraditória. Pedro do Espírito Santo, rico negociante açucareiro, tinha dois engenhos de açúcar com grandes lavouras de cana, pelo menos 170 escravos, muitos mandiocais — e bastante gado. Em 1828, o administrador do matadouro fez-lhe uma acusação: "de propósito afastara do mercado os concorrentes, comprando-lhes suas boiadas a fim de só ele poder dispor do gado nesta semana a seu arbítrio". Então o preço da carne disparou, apesar da abundância de gado naquela estação, porque Espírito Santo limitou severamente o número de cabeças que mandava para o matadouro. Com veemência, o administrador queixou-se dele e da "torpe cobiça e ambição dos monopolistas e atravessadores que, iludindo a lícita franqueza do comércio, não desprezam todos os meios de promover a fome, a fim de arrancarem, com a arma da necessidade que tem o povo do primeiro alimento, um lucro ilícito". Em resposta, a câmara municipal mandou o administrador confiscar 160 reses do rebanho de Espírito Santo naquele dia, para abater e distribuir entre os açougues. Quando Espírito Santo protestou, descrevendo-se como alguém que "costuma comprar grandes boiadas e revezá-las em seus pastos, que são muito bons, a fim de remetê-las à cidade", a câmara usou suas próprias palavras como prova de que sua verdadeira ocupação era "monopolista". Onze anos depois Espírito Santo estava de volta. O funcionário encarregado da pastagem que a cidade mantinha em Campina informou ter ouvido vagas alegações de que num lugar chamado Santo Antônio "se retinha gado para sustentar a escassez e falta entre o povo de um gênero de primeira necessidade". Assim sendo, partiu à procura do lugar e encontrou no caminho vaqueiros que lhe disseram onde as reses eram retidas e que "eram pertencentes a Pedro do Espírito Santo". Não é de surpreender, pois, que a câmara municipal descrevesse atravessadores como abastados — ou seja, "bastante dinheirosos, só se lembram de aumentar sua riqueza com o padecimento dos outros membros [da] comunhão social".[5]

Talvez atravessadores fossem, porém, pessoas de uma classe bem diferente. No começo dos anos 1840, a câmara municipal identificou "atravessadores de gêneros de primeira necessidade" como "africanos revendões". Um suposto "bando de atravessadores" incluía a cabra Custódia de tal e (o que mais é) dois ousados africanos, Ignácio e Manuel Joaquim, nagôs, que, deixando de serem deportados como deviam, passam todos com a maior sem-cerimônia e desrespeito às autoridades do país, a se embarcarem em saveiros, indo além do Forte do Mar encontrar as embarcações de barra-fora que importam tais legumes, de sorte que quando elas largam o ferro, já toda essa carga se acha por eles comprada.[6]

"Atravessador" podia significar uma mulata e dois homens africanos, ou o proprietário de vários engenhos de açúcar cujo patrimônio era avaliado em 43 vezes o de Ana de São José da Trindade, a próspera vendedora de rua. Uma diferença é que os negros negociavam farinha de mandioca, enquanto Espírito Santo vendia gado. Além disso, os dois pontos de vista sobre o status dos atravessadores não são necessariamente contraditórios, uma vez que a expressão "bastante dinheiroso" podia ser aplicada a uma pessoa de recursos decididamente modestos, como uma africana que se esperava fosse miserável ou escrava. É provável que muitos pequenos comerciantes fossem malconceituados, precisamente por serem pequenos atores, difíceis de identificar mas que ainda assim pareciam estar em toda parte.[7] Também vale notar que uma das objeções já citadas ao envolvimento dos iorubás com a comercialização da farinha de mandioca é a de que eram "ousados" e tratavam as autoridades com "rudeza e falta de respeito". É provável que a preocupação com a autoridade afetasse o ponto de vista de muitos daqueles que denunciavam o novo liberalismo econômico.

A questão que gerava mais intensa controvérsia depois da independência era, como tinha sido antes, a do controle de preços. Formalmente abolidos em Salvador no fim do século XVIII, esses controles tinham tornado a se infiltrar na prática colonial, em grande parte devido à rotatividade de governadores sem memória institucional e ao contínuo desejo da câmara municipal de aplicá-los. Com o Brasil ainda parte do Império português, as Cortes de Lisboa em 1821, "considerando que só a livre concorrência de compradores e vendedores pode produzir a abundância", extinguiram todos os controles de preços de gêneros alimentícios vendidos em qualquer parte dos domínios portugueses.[8] Em 1823, a Assembleia Geral Constituinte e Legislativa do recém-independente Brasil decidiu que todas as leis em vigor até aquela data, ainda que baixadas pelas Cortes, fariam parte da legislação brasileira, a não ser que tivessem sido alteradas em momento posterior, mencionando especificamente a validade da medida de 1821 sobre preços. A lei nacional sobre governança municipal que passou a vigorar cinco anos depois incluía uma cláusula segundo a qual as câmaras municipais no Brasil deveriam "[abster-se] absolutamente de taxar os preços dos gêneros ou de lhes pôr outras restrições à ampla liberdade [do comércio] que compete a seus donos". De modo que o movimento geral da legislação era no sentido de acabar com todos os controles de preços, pois a elite política nacional nos anos 1820 e começo dos anos 1830 estava enamorada do dogma liberal.[9]

E como se saíam os vendedores e açougueiros? Com a independência e a mudança para o liberalismo, as oportunidades de ganhar a vida aumentaram significativamente. Em 1830 havia de 130 a 140 açougueiros na cidade — ou seja, quase quatro vezes mais do que nos tempos coloniais. Seis anos depois a câmara declarou que "esta cidade conta acima de trezentos talhos", índice de crescimento que excedia, em muito, o da população da cidade.[10] Em março de 1822, a câmara municipal aboliu a exigência de licenças para vendedoras de rua, mantendo-a, porém, àquela época, para "as pessoas que venderem quaisquer gêneros com porta aberta", ou seja, para os merceeiros. As vendedoras de rua devem ter gostado da falta de supervisão oficial.[11]

Nos anos 1830, líderes da cidade identificaram explicitamente o liberalismo como ameaça ao bem-estar público. A lógica dos economistas políticos não os influenciava. A legislação carimbada com essa filosofia garantia "a franqueza ilimitada" para os negociantes de gado, que controlavam "um gênero tão necessário e importante" e estavam, "sem a menor dúvida, na posse exclusiva de um monopólio". A câmara municipal não sabia o que fazer para escapar legalmente do "laço que [caiu] na mão de meia dúzia de indivíduos", e os vereadores condenavam em termos enérgicos as "ótimas teorias" que tornam "lícito todo o ramo de comércio ou indústria". Agora "todo o gado é comprado pelos atravessadores na porteira das fazendas, passando-o progressiva a outros possuidores e até mesmo no recinto desta cidade não cessa semelhante translação de domínio". O açambarcamento era o resultado lógico. "Dá-se [...] aqui uma regra vigorosa contra os princípios de economia política segundo os quais mais lucra quem mais vende; por isso que no caso presente lucra mais o que menos vende." Os vereadores expressavam nostalgia: "Antigamente, debaixo do regime do governo absoluto, eram remediados tais monopólios mandando-se soldados ao interior a conduzirem o gado". Protestos semelhantes choveram sobre as autoridades "contra a liberdade ilimitada do comércio da farinha de mandioca e carne verde".[12] Restrições ao papel do Estado eram imorais — ou pelo menos amorais —, e o público merecia coisa melhor dos seus chefes. No começo de 1833, o presidente da província, plenamente ciente de que a lei proibia "a taxa nos gêneros", afirmou que não "parece que, sem ofender-se a lei, se podem coibir os abusos que pesam sobre os consumidores, principalmente os das classes mais necessitadas". Queixou-se aos seus superiores no Rio de que a lei liberalizante de 1828 tinha elevado o preço dos gêneros alimentícios, em especial dos essenciais, a níveis excessivos, o que se refletia no "descontentamento que aparece no povo".[13] A reação não demoraria.

O controle de preços parecia absolutamente necessário. Os resultados previstos pela teoria liberal não se concretizaram, e moradores da cidade viram, no decorrer dos anos 1820, constantes aumentos de preço dos gêneros alimentícios, de ano para ano. Sabemos que a desvalorização da moeda é responsável por parte do aumento. Mas um motivo particular de ansiedade era a ampla falsificação de moedas de cobre, que muitos donos de venda se recusavam a receber. Enquanto isso, os males da economia açucareira brasileira, diante da concorrência crescente dos produtores de cana cubanos, fizeram os rendimentos cair. Salvador ainda enfrentava os problemas endêmicos de transporte inadequado na região, de mistura com o crescimento da população urbana, para não falar na escassez periódica provocada por secas ou enchentes. A percepção da realidade, porém, é mais importante do que a própria realidade, podendo-se até dizer que constitui a única realidade significativa, e vozes se levantaram para responsabilizar as novas políticas liberais pelo alto custo dos alimentos.

Os preços altos alimentaram a agitação política. A ameaça de desordem, por sua vez, estimulou a armazenagem especulativa, resultando em novas altas de preço, e os líderes da cidade perceberam claramente a conexão entre uma coisa e outra. Não hesitaram em intervir de forma vigorosa em tempos de perturbação. Certa ocasião, por causa da "atual crise política da província", a câmara municipal apressou-se a garantir o abastecimento de carne comprando gado por sua própria conta. Mas essas providências não foram suficientes. Uma revolta relativamente menor e o pânico por ela provocado elevaram em um terço o preço da farinha de mandioca num período de seis semanas.[14]

Os insurgentes prometeram dar mais atenção a questões de alimento do que faziam os que estavam no governo. "[O governo provisório] tomará medidas para que apareça abundância de víveres" e "cuidará em desviar e castigar os atravessadores dos gêneros de primeira necessidade". Outro movimento federalista declarou que a revolução seria "o único meio de fazer baratear a farinha". O presidente da província reconheceu que "a falta e excessiva carestia da farinha de mandioca continuam, e o povo geme e grita contra esse flagelo". Um veterano da Guerra de Independência juntou-se ao coro, dizendo que "a paciência do povo tem limites [...] o pai de família sofre com esta miséria e a fome".[15] Constantes reviravoltas políticas contrastavam com séculos de governo colonial, quando as restrições que o governo impunha aos homens de negócios para proteger os consumidores andavam de mãos dadas com um governo autoritário. Pelo menos era essa a impressão que tinham muitos contemporâneos, e o liberalismo econômico perdia cada vez mais seu prestígio.

O debate atingiu o auge em meados dos anos 1830. Quando o presidente da província, designado pelo governo central, cobrou dos vereadores explicações para o motivo da alta do preço da carne, eles viram nisso uma brecha para promover sua causa. Explicaram que não tinham autorização para fixar os preços máximos, por mais que quisessem, "por ser notoriamente sabido" que governos controlam os preços de artigos de primeira necessidade "ainda nos países mais livres e constitucionais", reconhecendo que "o preço dos gêneros de primeira necessidade" não pode seguir "a regra de economia", porque, por mais caros que venham a custar, as pessoas precisam comprá-los para sobreviver. "A câmara confessa que um não sei quê de repugnante encontra ela em considerar-se propriedade d'alguém aquilo que constitui a urgente e primeira necessidade pública".[16] Eles aparentemente compreendiam o verdadeiro caráter da construção da realidade de

Adam Smith, e não acreditavam que as forças de mercado fizessem parte da natureza.

"O município se acha em crise", declarou a câmara em meados de setembro de 1837. Algum meio precisava ser encontrado para impedir que o povo fizesse justiça com as próprias mãos, cometendo "qualquer atentado que a necessidade pode sugerir". A tranquilidade pública estava ameaçada. Os vereadores propuseram restabelecer o controle de preços da carne e prepararam um projeto de lei municipal declarando que "aos criadores é [...] livre o preço no mercado; aos marchantes e particulares, porém, fica proibido vendê-la por mais de 2$560 a arroba". Quando encaminharam o texto para o presidente interino da província, seguiu-se furiosa discussão. Como era de esperar, ele vetou, alegando que o projeto contrariava diretamente a lei de 1828 sobre governança municipal, para não mencionar a Constituição. Em resposta, a câmara salientou que, pela proposta, os criadores de gado continuavam tendo permissão para fixar seus próprios preços, mas ele não quis saber. Argumentou que os intermediários tinham direito à mesma proteção que os criadores de gado. Os vereadores se recusaram a ceder. Só o controle de preços poderia impedir de levar "o povo à desesperação".[17]

Então os vereadores conseguiram apoio inesperado de cima, graças a um novo governo que tomou posse no Rio de Janeiro. Um ministério do Partido Conservador adotou, ao assumir, medidas que fizeram o relógio andar para trás numa série de reformas políticas liberais que iam de julgamentos pelo tribunal do júri a juízes de paz eleitos. O presidente em exercício da província da Bahia percebeu de imediato o significado da mudança. Em 16 de outubro de 1837, ciente do colérico descontentamento em Salvador e diante de sinais de que a escassez de gêneros poderia provocar tumultos, ele cedeu, autorizando a câmara a fixar um limite para o preço da carne. Como os vereadores temiam que a falta de carne "leve o povo à desesperação", e uma vez que segundo eles a única solução era fixar um limite de preço, o presidente tinha decidido, por ora, "consentir [...] até para tirar aos perturbadores da tranquilidade pública esse pretexto para a desordem". Ressaltou que seria apenas uma experiência. A câmara agiu de imediato, anunciando publicamente que muitas práticas da antiga era colonial seriam restauradas, até mesmo limitando os açougues aos de propriedade pública, que seriam leiloados para quem oferecesse o lance mais alto. E fixou um preço máximo para a carne.[18]

Mas chegaram tarde. Três semanas depois, em 7 de novembro, começou uma grande revolta na cidade. De início seus líderes declararam que "a província da Bahia fica inteira e perfeitamente desligada do governo denominado Central do Rio de Janeiro, e considerado estado livre e independente", mas em seguida mudaram de ideia e declararam que voltariam a fazer parte do Império brasileiro quando o príncipe e herdeiro presuntivo atingisse a maioridade, em 1844. O movimento — apesar dessa confusa explicação sobre secessão e do protesto contra o recém-instalado primeiro-ministro conservador, que tinha, segundo alegavam, tomado o lugar de "um brasileiro liberal" — na verdade tomou rumos conservadores, exigindo o regresso de diversas características do antigo regime.[19] Até tempos recentes os historiadores o viam como uma revolta predominantemente "regionalista" contra o governo central, vinculando-o ao federalismo, meta supostamente liberal. Com o passar do tempo, eles têm notado que autonomia local não se traduz, necessariamente, em liberdade individual ou numa economia de mercado, e deram mais atenção ao programa social dos insurgentes. Negros livres nascidos no Brasil, mulatos e brancos pobres tiveram grande influência na direção que a revolta tomaria, e o movimento respondia às suas dificuldades e às aflições dos consumidores pobres. Em seu primeiro manifesto, a junta revolucionária declarou: "A Bahia conhece a marcha errada da administração [...] para o aspecto da fome".[20]

Embora a revolta tenha sido sufocada cinco meses depois, em março de 1838, o paternalismo governamental entrou em voga de novo. O governo legalista restaurado aprovou uma lei municipal baixada em maio que reproduzia exatamente a redação tentada pela câmara municipal anterior, declarando que "aos criadores [...] é livre o preço no mercado; aos marchantes, porém, e particulares fica proibido vendê-lo por mais de 2$880 a arroba". A consolidação do Estado pós-colonial exigia algumas concessões aos valores do antigo regime. O controle de preços da carne continuou em vigor e só foi removido formalmente décadas depois. A era do liberalismo desenfreado chegava ao fim. A câmara municipal capturou bem o espírito da época, quando afirmou, mais tarde, que "[é] a classe indigente em prol de quem principalmente se elaborara [a postura em questão]", e manifestou repulsa contra o "escandaloso espírito de forminagem, lucros torpes e depravação de costumes que repele a execução das leis e ameaça de aniquilar o nosso estado social". Algumas pessoas continuavam insistindo na eficácia do liberalismo, mas suas vozes eram abafadas e quase sempre ignoradas pelas autoridades municipais. Em meados dos anos 1840, a câmara descreveu os que protestavam como "a casta de traficantes" que, "torturando todas as regras de hermenêutica", se baseiam em "uma muito ampla e ilimitada inteligência que [eles] tendem sempre a deduzir da Constituição". Esses críticos egoístas, dizia-se, sustentavam que a Constituição era violada por "*toda* medida policial que tenha por fim garantir a grande massa dos consumidores contra as escandalosas especulações e roubos que se cometem à sombra das franquezas comerciais".[21]

A LUTA PELA FARINHA

Nos anos 1840, a questão de onde a farinha de mandioca podia ser vendida criou atritos entre a câmara municipal e os proprietários de armazéns de gêneros alimentícios, levando, na década seguinte, a um grande entrechoque social de opiniões opostas sobre o que era bom e justo. De início, os liberais avançaram pouco, depois conseguiram atrair a câmara municipal para o seu lado, mas acabaram enfrentando a indignação generalizada como resultado.

As origens da controvérsia remontam ao fim do período colonial. É bom ter em mente que a partir de 1785 os barqueiros eram obrigados a entregar a farinha de mandioca, o milho, o arroz e o feijão ao celeiro público, e só ao celeiro público, de modo que o público e as autoridades tinham clara noção do aprovisionamento disponível, e os consumidores podiam comprar em pequenas quantidades, para satisfazer as necessidades de momento, comparando a qualidade e os preços entre os vendedores. Merceeiros e vendedoras de rua só tinham permissão para adquirir seus suprimentos depois que os consumidores tivessem a oportunidade de prover as necessidades da família. Como os próprios vereadores depois reconheceram, com o aumento da população e a expansão da área urbana as pessoas quase sempre preferiam comprar mais perto de casa, ou "até a noite".[22]

As velhas regras continuaram em vigor depois da Guerra de Independência, mas por volta de 1826 a câmara municipal já achava que especuladores e açambarcadores estavam subvertendo o esforço original de 1785, que se dirigia a evitar "o monopólio" no celeiro público. Alguns vendiam até grãos contrabandeados e não pagavam o imposto, numa espécie de segundo celeiro público paralelo e ilegal, contrariando o "saudável fim" de concentrar num único lugar a venda de grãos para garantir a transparência no comércio. Dessa maneira, no mesmo ano em que tentou restringir o número de açougues, a câmara limitou os estoques de farinha de mandioca guardados nas vendas a um alqueire, quantidade mais tarde elevada para quatro, e exigiu que as lojas vendessem em pequenas quantidades, nunca excedendo um décimo de alqueire (cerca de três litros e meio) de cada vez. Durante um período de agitação em 1833, até mesmo essa concessão foi limitada às vendas nas partes mais distantes da cidade, enquanto as mais próximas ao celeiro público foram proibidas de vender farinha de mandioca em qualquer quantidade. No início dos anos 1840, inspetores municipais perseguiam os violadores e obrigavam aqueles que guardavam farinha de mandioca "com o fim iníquo de fazer subir o preço" a devolver o estoque ao celeiro.[23] Nessa questão, o princípio geral que prevalecia entre os vereadores era o mesmo dos tempos coloniais: para proteger os consumidores, o governo tinha o direito e o dever de restringir a liberdade do comércio de farinha de mandioca. O celeiro público vinculava produtores e consumidores de forma mais direta, em contraste com as transações secretas entre os intermediários e os barqueiros.

Os merceeiros naturalmente se opunham a essas limitações de suas atividades, enquanto a câmara municipal insistia em aplicá-las. Em 1842, os proprietários de loja por fim conseguiram fazer a assembleia provincial revogar as velhas regras, mas o presidente da província vetou o projeto de lei. Três anos depois, voltaram à carga, apresentando uma petição ao presidente, assinada por 32 consumidores que se queixavam de não poder comprar nas lojas a farinha de que precisavam para sua família.[24] A câmara municipal reagiu com uma estridente denúncia dos lojistas. "De há muito que a cobiça dos taverneiros desta cidade almeja a total aniquilação do celeiro público para, a seu salvo, monopolizar sobre a farinha. [...] Sempre o nome do povo e os interesses das classes indigentes vêm figurar nessas representações", mas na verdade eram os merceeiros, dizia a câmara, que promoviam essas petições. Se conseguissem o que queriam, "nunca mais no celeiro se dará a reunião de todo este gênero para se ter o tipo de seu valor". Ainda que a farinha de mandioca fosse descarregada ali, o comestível "será logo conduzido às tais tavernas", e vendido "o que for concertado nas guerrilhas (pois que tais companhias exclusivas fazem todo o comércio dos gêneros de primeira necessidade na Bahia) [...] por um preço exorbitante encapotado na pequenez possível das compras que darão aos tais taverneiros um ganho excessivo". Já a regulamentação em vigor, diziam, permitia ao freguês comprar até mesmo ⅓2 de alqueire (pouco mais de um litro) no celeiro público, servindo muito bem às famílias mais pobres. Quanto ao argumento de que o celeiro público ficava longe, ou não vendia à noite, "não [é] missão dos encarregados do governo dos povos induzi-los à indolência e falta de prevenção sobre os meios de subsistência para que lhe forneça à porta por um preço muito alto a troco de alguns passos até onde os ache mais baratos". O celeiro incentivava o "concurso de vendedores que se não pode jamais dar em uma taverna onde o concurso está sempre de compradores". O celeiro público era "a última obra da antiga sabedoria que resta em recurso aos habitantes pobres", e acabar com ele seria "o último golpe que tenha este povo a receber da péssima aplicação que se tem feito das teorias econômicas".[25] Dessa forma, os argumentos contra e a favor estavam expostos com a maior clareza. Quem venceria?

Diante da incerteza sobre o destino do celeiro público, em 1847 o presidente da província nomeou uma comissão para examinar se deveria mantê-lo. Seu relatório foi ambíguo. Dizia que, de fato, o mercado atendia a um requisito de grande utilidade para as "pessoas empregadas no pequeno comércio de comprar farinha [nas vilas do Recôncavo] para vender nesta cidade", oferecendo-lhes "o cômodo depósito" para armazenar seus produtos. Mas não se podia mais exigir que os navios maiores que faziam navegação de cabotagem o utilizassem, em vez de descarregar onde quisessem, pois sua intenção era demorar-se no porto o mínimo possível. Para fugir dessas demoras, muitos simplesmente evitavam passar por Salvador. A comissão concluiu que negociantes que operavam com grandes quantidades deveriam ter permissão para descarregar a farinha de mandioca direto em seus armazéns.[26]

O relatório da comissão não deu em nada na época, mas em 1849 os merceeiros conseguiram convencer a câmara municipal recém-eleita, pode-se bem imaginar por que meios, a abandonar a velha postura e adotar uma posição firmemente liberal, abolindo por completo as velhas regras. A câmara deu permissão para a venda de farinha de mandioca em todas as lojas, com uma condição: as lojas tinham de ficar localizadas em praças onde os concorrentes pudessem também se estabelecer, e onde os fregueses poderiam então comparar preços. O administrador do celeiro público protestou amargamente, dizendo que "muitos indivíduos, donos de vendas da cidade alta e outros que em diferentes lugares revendem aquele gênero", tinham corrido para os barcos e comprado "todas as grandes porções que havia no mar, deixando só pequenos restos [para o celeiro público], e fizeram desembarcar para suas casas". Como consequência, disse ele, o preço subiu 55%. A agora liberal câmara municipal negou que o preço tivesse subido, e disse que, muito bem, se subiu, foi por causa do "grande temporal que então houve". Os vereadores alegaram que "todo mundo estimou arguida providência" e afirmaram que "a liberdade é a alma do comércio. Todas e quaisquer restrições que se lhe ponha são peias que o privam de todo o andamento, de toda a prosperidade". Os lojistas não se gabaram publicamente, mas devem ter comemorado seu sucesso, depois de tantos anos.[27]

Defensores do sistema mais antigo não desistiram. O conflito chegou ao auge, mais uma vez, quando a cidade enfrentou uma calamitosa escassez de farinha de mandioca no fim de 1856, causada por uma severa seca e pela epidemia de cólera do ano anterior.[28] Reagindo a vociferantes e generalizadas alegações de que os lojistas estavam armazenando a farinha, a câmara revogou sua decisão de 1849 e, em janeiro de 1857, determinou que toda a farinha de mandioca que entrasse na cidade fosse vendida primeiro no celeiro público, e somente ali, para que todos pudessem ver quanta farinha havia. Depois racionou a quantidade a ser vendida a cada comprador e proibiu que "atravessadores", incluindo vendedoras de rua, comprassem diretamente nos barcos ancorados na baía. É notável que enfatizaram a transparência sem tentar fixar um preço máximo.[29]

Todas as posturas municipais tinham de ser aprovadas pela assembleia provincial, embora a prática costumeira fosse entrarem em vigor provisoriamente até que o legislativo se reunisse. Nesse caso, apesar de a próxima reunião só estar prevista para outubro, o presidente da província convenceu a câmara a suspender sua aplicação até aquela data. A câmara concordou com relutância, mas disse que só o faria como teste, lembrando "a história" e o sucesso do celeiro público na prevenção de monopólios em tempos de escassez, "desde o governo de D. Rodrigo [José de Menezes]". O presidente, João Lins Vieira Cansansão de Sinimbu (1810-1907), era um empedernido liberal em economia que passara anos na Europa trabalhando em seu doutorado na progressista Universidade de Jena, e casara-se com a filha de um comerciante britânico-alemão que conheceu em Dresden. Quando a assembleia se reuniu, não tomou nenhuma decisão sobre o assunto, talvez porque Sinimbu o tenha posto a par de seus pontos de vista. Os vereadores voltaram a escrever-lhe em novembro, notando que havia farinha de mandioca em abundância no interior, e apesar disso os preços na cidade continuavam a subir. Puseram a culpa nos merceeiros.[30]

No fim de janeiro de 1858, quando a seca se agravava e os preços mais uma vez disparavam, a câmara reeditou a lei do ano anterior, argumentando que, como o legislativo não a derrubara, sua validade estava garantida. Não só repetia que toda a farinha de mandioca tinha de ser vendida no celeiro público, mas exigia que todos os estoques mantidos na época fossem entregues ao mercado no prazo de vinte dias. De imediato, o preço da farinha de mandioca caiu 24%.[31]

Sinimbu via tudo de outra maneira. Enviou à câmara uma longa carta apresentando minuciosamente seus princípios econômicos liberais. Acusou os vereadores de não se empenharem o bastante no "exame das matérias econômicas". Afirmou que seu poder "não chega ao ponto de obrigar o produtor a mandar seus gêneros para um lugar em que não pode dispor deles à sua vontade". Como os vereadores o ignoraram, ele declarou sua decisão inválida e ordenou ao chefe de polícia da província que assegurasse aos lojistas o direito de vender farinha de mandioca e impedisse que os inspetores municipais fizessem seu trabalho.[32]

Seu ato provocou indignação urbana. Em 25 de fevereiro, a câmara enviou ao presidente uma cáustica repreensão, declarando seu direito de promulgar a postura e acusando-o de malfeitoria e usurpação de autoridade. A resposta dele foi rápida. Suspendeu do cargo, por um período de 160 dias, a maioria dos vereadores, apelando a um detalhe da lei e acusando-os de "deixar de cumprir [...] uma ordem [...] legal de outro empregado [público]", e convocou os suplentes. Um vereador deposto proclamou que

> o povo [...] não vive de teorias, vive de realidades! E quando sabe que [...] a falta de gêneros [resulta do] simples monopólio que deles fazem alguns homens desalmados [...] não podem deixar de praguejar aos causadores de seus sofrimentos. E é então o governo o alvo a que atiram todas as vistas porque é ao governo que cumpre, por um dos seus mais rigorosos deveres, promover a felicidade do povo.

Apareceram cartazes nas paredes em protesto, alguns até com ameaças à vida do presidente.[33]

Domingo, três dias depois, as coisas pioraram ainda mais. Uma multidão se reuniu na praça em frente ao palácio do governo para protestar contra uma questão aparentemente sem relação alguma com gêneros alimentícios — a proteção dada pelo presidente a uma ordem francesa de freiras acusada de abusar do poder na administração de um recolhimento para mulheres jovens — e ao meio-dia a área estava lotada. (O palácio do governo é o prédio grande na parte mais alta do centro da figura 1.1.) O cônsul britânico descreveu os presentes como sendo "compostos exclusivamente das camadas mais baixas", e o chefe de polícia afirmou que não havia "um só homem de importância" na multidão, mas um ilustrador contemporâneo retratou vários homens de cartola. Além de uma vendedora de rua cuja barraca se espatifou na confusão subsequente, todos os retratados eram homens. A multidão logo esqueceu as freiras e passou a exigir alimentos melhores e mais baratos, acusando o presidente de tomar o partido dos lojistas gananciosos contra o povo faminto. Gritava slogans rimados, clamando por "carne sem osso e farinha sem caroço". Invadiu o prédio da câmara, que também ficava na praça, e subiu na torre, tocando o sino, antigo meio de convocar o povo em tempos de crise. De volta à frente do palácio do governador, a multidão tornou-se violenta. Pedras voaram. Quando quebraram janelas do palácio — um edifício em cuja reforma Sinimbu investira muito esforço —, soldados foram chamados, alguns da cavalaria. Soldados a pé, com baionetas caladas, juntaram-se a oficiais montados para dispersar a multidão. Por volta das sete da noite tinham conseguido.[34]

Na manhã seguinte, os manifestantes voltaram, dessa vez para impedir a posse dos novos vereadores. No ato de ocupar a prefeitura e apossar-se do espaço que simbolizava a tomada de decisões, eles insistiam na legitimidade de suas demandas. O presidente da câmara convocou soldados para tirar a multidão das salas. Houve novos confrontos violentos na praça e 53 participantes da balbúrdia acabaram na cadeia, incluindo quinze escravos e outros três homens de cor, o que sugere que os presos eram, na grande maioria, brancos. Outros, é provável que pessoas de cor, foram sumariamente alistados na marinha.[35]

Sinimbu e os lojistas pareciam vitoriosos. Os recém-empossados vereadores se apressaram a revogar a lei controvertida e a permitir que lojistas estocassem quanta farinha de mandioca quisessem. Sinimbu prometeu algumas medidas paliativas, dentro dos limites de sua autoridade, "para minorar o mal de que o [...] povo se queixava", e foi pedir conselho à Associação Comercial, formada por comerciantes, dos quais um terço era estrangeiro, quase todos britânicos. Não é de surpreender que favorecessem o liberalismo e o apoiassem. A solução de longo prazo para os preços altos era incentivar a "franca e livre concorrência", que era "o maior inimigo do monopólio". A crise atual era resultado da seca, e "todas as medidas restritivas que se puderem imaginar não farão crescer um pé de mandioca nem trarão um grão de farinha" para o mercado. Era o que Sinimbu queria ouvir, mas suas ações não o tornaram nem um pouco popular. Mais ameaças à sua vida foram feitas depois do tumulto, e quando presidia um desfile em março ouviu-se um tiro e a bala por pouco não o atingiu. Nunca se conseguiu descobrir se foi disparado por um soldado que participava do desfile ou por um espectador. Quando partiu para o Rio de Janeiro, em junho, Sinimbu foi escoltado até o navio por uma guarda armada para garantir sua segurança.[36]

Os presidentes iam e vinham, mas o povo de Salvador ficava. Logo que Sinimbu partiu para ocupar uma cadeira no Senado, os vereadores originais reassumiram seus postos na câmara municipal e reeditaram a lei controvertida. O vice-presidente da província,

Figura 11.1. Câmara de vereadores, Salvador, c. 1860.

homem dali, apresentou-a à assembleia legislativa. A câmara reiterou seus argumentos, alegando que o comércio de farinha de mandioca tinha caído nas mãos de três ou quatro indivíduos que formavam um "monopólio calculadamente estudado e realizado", combinando os preços "de compra assim como de venda". Esses homens, "não se contentando com razoáveis lucros, soem especular com as necessidades do povo, de quem somente almejam sugar até a última substância". Numa cutucada não muito sutil na atitude desdenhosa de Sinimbu, acrescentaram que aqueles que consideravam apenas a liberdade comercial não tinham se empenhado suficientemente "ao estudo das circunstâncias do nosso mercado". O legislativo aprovou a medida, concordando que a principal causa da escassez e dos preços altos era a retenção de produtos pelos negociantes.[37]

O prestígio do celeiro público tinha, não obstante, diminuído, e quando a seca deu uma trégua, a controvérsia também. Pelo fim de 1860 a cidade havia designado vários outros lugares, além do mercado, onde a farinha de mandioca podia ser comprada pelas vias legais. No ano seguinte, vereadores de uma nova câmara municipal mais uma vez penderam para o lado do liberalismo econômico, e liberalizaram completamente o comércio de farinha, permitindo aos negociantes estocarem a quantidade que quisessem, e vendê-la onde bem entendessem. Em consequência disso, um pequeno grupo de comerciantes assumiu o controle do negócio. Mais ou menos nessa época, um comitê municipal descreveu o velho celeiro da seguinte maneira: "a casa está porca, o assoalho imundo, o pavimento térreo coberto de lama, a tal ponto que, em alguns lugares, os tijolos estão completamente cobertos". Em 1886, o celeiro público fechou suas portas definitivamente. Em 1878, durante uma das secas mais severas já registradas no Nordeste do Brasil, o velho celeiro público foi lembrado com nostalgia como "o único meio seguro, regular e pronto de saber sempre, num momento dado [...] a existência real no mercado da farinha".[38]

O liberalismo econômico ganhou pouco terreno em Salvador. Nos anos 1820, com o Brasil recém-independente, as leis nacionais incorporaram seus princípios, embora na prática seus defensores em Salvador alcançassem apenas modesto êxito. Nos anos 1830, houve uma reação, quando o povo notou que os preços disparavam enquanto a concorrência entre os vendedores continuava anêmica. Vinte anos depois, as pessoas entenderam que o campeão do liberalismo Sinimbu estava tomando partido contra o povo, especialmente contra os pobres e os quase pobres, em favor dos poucos favorecidos pela sorte. A resistência em Salvador surge como um esforço determinado para reafirmar valores comunitários herdados e um empenho vigoroso a favor de um conceito mais antigo de justiça, um conceito que exigia que as pessoas investidas de autoridade protegessem os fracos da opressão dos fortes. A revolta de 1837 e o tumulto de 1858 visavam restaurar uma economia moral anterior, e não subverter a ordem social. Basicamente, o debate girava em torno de uma definição do bom e do certo, e da aguda tensão entre liberdade individual e bem-estar coletivo.[39]

A teoria liberal pressupunha uma sociedade caracterizada pela distribuição mais ou menos igualitária da riqueza e do poder, mas a hierarquia social ainda parecia natural no Brasil e continuava em geral incontestada, ainda que muita gente discordasse de seu próprio lugar na pirâmide. Num ambiente de acentuada desigualdade, medidas economicamente liberais permitiam que uns poucos se apoderassem por completo do mercado. No entendimento da câmara municipal em 1858, "é uma realidade a existência de um monopólio nos gêneros alimentícios, e este não pode ser destruído pela liberdade de comércio, porque nada vale esta liberdade quando não há [...] a livre concorrência".[40] Obrigado a optar, o povo preferia o paternalismo do governo — ainda que levasse à escassez e ao mercado negro de alimentos — ao liberalismo, que, através do aparentemente inevitável processo do capitalismo, levava a oligopólios, à persistente escassez e a preços altos. Tudo sugeria ao povo de Salvador que o liberalismo econômico não funcionava. Era uma teoria inútil.

12. Considerações finais

É fácil dizer que Salvador era uma sociedade de ordens, mas o que significa isso em termos de experiência das pessoas? Quais são as exceções — neste caso numerosíssimas — que distendem e encarneiram as categorias cuja finalidade seria justamente contê-las? Riqueza e posição social herdada com certeza tinham grande peso na construção de uma urdidura invisível destinada a manter as pessoas em seus lugares. Mas a ordenação vertical da sociedade era perturbada por contatos interpessoais, reversões de status, movimento físico e mobilidade social individual. Isso era verdade mesmo metaforicamente quanto ao arranjo físico da cidade. É verdade que a cidade alta dos escritórios governamentais, das igrejas barrocas e das elegantes casas de pedra parecia distanciar-se da cidade baixa, com suas vielas sujas, seu celeiro público, suas casas de comércio, os molhes e trapiches. Mas vendedoras de rua conduziam seu negócio tanto na parte alta como na parte baixa, e o matadouro, apesar de originariamente localizado fora da cidade, ficava em terreno alto. Em todo distrito encontravam-se escravos ganhadores, negros forros, negros e mulatos nascidos livres, e brancos — pobres, ricos e de classe média, brasileiros e portugueses —, todos vivendo e trabalhando lado a lado. A vendedora de rua de origem africana Ana de São José da Trindade, que acabou dona de uma casa de três andares, com janelas de vidro e pinturas inglesas de moldura dourada, era visivelmente mais rica do que muitos varejistas portugueses. Escravos capitães de barco exerciam autoridade sobre marujos brancos. Embora os bairros abrigassem, pelo que se pode observar, pessoas mais ou menos parecidas em termos de riqueza, neles se acotovelavam indivíduos de diferentes cores. Esses bairros mistos e os contatos comerciais diários tendiam a obscurecer as distinções entre as camadas sociais e a incentivar mudanças de identidade. Pelo menos se pode dizer que essas distinções eram elásticas, com categorias sobrepostas cobrindo uma série contínua de posições. Múltiplas barreiras eram penetráveis e sujeitas a negociação, e por isso mesmo era preciso que todos estivessem sempre alertas a mudanças de posição.

O negócio e a azáfama do comércio de gêneros alimentícios estavam no coração da vida da cidade. Os que compravam e vendiam víveres trabalhavam com energia e constância, construindo um vigoroso e dinâmico sistema de mercado. Negociantes compravam gado nas feiras do interior, e boiadeiros traziam-no diariamente para o matadouro, onde robustos trabalhadores abatiam, evisceravam, tiravam o couro e sangravam os animais com habilidade, enquanto outros transportavam os quartos de carne para serem vendidos aos consumidores nos açougues. Os barqueiros aproveitavam-se do transporte aquático para abastecer a cidade de calorias e muitas outras coisas. No celeiro público, mulheres e homens — alguns trabalhando por conta própria, outros como agentes de terceiros, uns nascidos em Portugal e outros na África — compravam milho, feijão, arroz e farinha de mandioca dos capitães de barco e dos marujos para revender a chefes de família ou a vendedoras de rua e merceeiros. Eram ajudados nessa tarefa pelos que carregavam e arrastavam peso: tripulantes de barcaças, estivadores e carregadores, tanto escravos como livres. No merceeiro da esquina o consumidor encontrava à venda farinha de mandioca produzida logo ali, do outro lado da baía, e especiarias importadas da Índia longínqua. As ruas eram repletas de vendedoras oferecendo frutas e hortaliças, ovos, farinha de mandioca, sal e guloseimas, tanto doces como salgadas. Marinheiros e magarefes, estivadores e carregadores, africanos no celeiro público e na rua — todos exerciam com confiança atividades meticulosas. As diferenças surgiam com base no que as pessoas faziam, nem sempre em quem eram.

Todas essas pessoas estavam ligadas entre si. Não só havia os contatos diários, face a face, entre fornecedores e varejistas, mas havia também os necessários adiantamentos de dinheiro a crédito escada abaixo, das grandes casas comerciais para os merceeiros e vendedoras de rua, e depois o constante fluxo de quitações no sentido inverso. Todos se esforçavam para ampliar sua malha de patrões e fregueses, desenvolvendo essenciais relações de confiança. A família, os amigos e os vizinhos estendiam a rede social dentro da comunidade maior.

Estamos falando de uma sociedade escravista. Às vezes tem-se a impressão de que quem não fosse escravo tinha escravo. Mas os escravos não eram meramente bens móveis, e nesse ambiente urbano era impraticável tratá-los como se fossem. Eles negociavam por conta própria, guardando o que ganhavam além de certa quantia, muitas vezes usando suas economias para comprar a liberdade. A escravidão também tornava possível a crueldade dos troncos e dos grilhões, dos esmagadores de polegares, da decepagem de um lábio com um impiedoso golpe de peixeira. Realidades contraditórias dificultam as conclusões simplistas.

Acontecimentos políticos e mudanças de ideia sobre o papel do governo tinham um impacto direto sobre o trabalho dos comerciantes de alimentos. A Guerra de Independência, que se prolongou por um ano, trouxe uma súbita mudança da realidade e da percepção da realidade. A milícia negra interrompeu o fornecimento de carne para a cidade, medida crucial para impor um cerco. Marujos e capitães, na maioria homens de cor e muitos deles escravos, optaram, no geral, por levar a farinha de mandioca para o exército insurgente e não para os portugueses refugiados na cidade, apesar da tentação de ganhar muito dinheiro. A guerra ressaltou as diferenças entre brasileiros e portugueses, e aproximou açucareiros brancos de marujos e soldados não brancos. Ao mesmo tempo, chamou a atenção para as diferenças raciais entre os combatentes negros e mulatos do lado brasileiro e, do outro, os soldados portugueses quase invariavelmente brancos. O tumulto da guerra também debilitou o sistema escravista e incutiu entre os senhores o medo de todas as pessoas de cor, muitas delas envolvidas no comércio de alimentos.

Essa sociedade nunca foi harmoniosa, e menos harmoniosa ficou ao longo dos anos aqui examinados. Aos motins de soldados negros seguiu-se uma greve de magarefes negros por melhores salários. Em 1835, um grande levante de africanos na cidade, a Revolta dos Malês, levou à descoberta de uma ampla rede de comunicações entre eles, que não apenas se estendia sobre a cidade, mas alcançava também o interior distante. Dois anos depois, carregadores e estivadores, homens de cor, iniciaram uma greve por se recusarem a fazer parte de equipes de trabalho chefiadas por capatazes que os brancos escolhiam. Em novembro de 1837, o elevado custo da carne contribuiu para provocar uma grande revolta, que abriu espaço para a participação ativa de negros e mulatos exigindo mais atenção para a vida difícil dos pobres em tempo de preços altos.

Essas tensões devem ser entendidas levando em conta o contexto de um persistente legado cultural que validava a noção de uma sociedade estamental como apropriada e justa. A legitimidade do privilégio, da honra e do apreço público, concedidos a uns e negados a outros, dependia da simultânea convicção de que os de cima tomariam conta dos de baixo, em especial quando se tratava da supervisão do governo sobre gêneros alimentícios de primeira necessidade. As pessoas acreditavam que uma das mais importantes funções do governo consistia precisamente em proteger o povo dessa maneira. Ele o fazia impondo controle de preços e regulamentando a atividade de vendeiras ambulantes, merceeiros, barqueiros, marchantes e açougueiros, enfim, todos que negociavam com alimentos. A regulamentação do comércio da farinha de mandioca foi mantida por muito tempo, especialmente a exigência de que a farinha só fosse para as mercearias, ou para as mãos das vendedoras de rua, depois de posta à venda no celeiro público, onde todos pudessem ver a quantidade disponível, comparar sua qualidade e fazer as compras para a família.

Aos poucos, líderes políticos e intelectuais aceitaram e aplicaram princípios de economia diametralmente opostos, derivados de uma filosofia liberal individualista. O fim da regulamentação teve o apoio de merceeiros, marchantes, barqueiros e comerciantes no celeiro público, assim como do secretário de negócios ultramarinos em Lisboa, de um juiz da Relação, de um advogado baiano e de um dono de trapiche que atuava como porta-voz dos marchantes e barqueiros. A câmara municipal de início fez objeções, mas depois obedeceu relutantemente às diretrizes baseadas nas novas noções de economia política.

Os reformistas, porém, não contestaram a validade das gradações sociais e, com isso, acabaram expondo as novas ideias ao repúdio. Tal mudança de política deflagrou uma reação dos consumidores — que por vezes descambou em violência. A abundância prometida e a queda de preços resultante da concorrência não se materializaram. Ao permitir que os compradores passassem por cima do celeiro público e comprassem direto dos fornecedores, estocando quantidades ilimitadas, a câmara municipal abriu caminho para acusações de açambarcagem de alimentos para provocar alta. Essas acusações tornaram-se especialmente ruidosas num período de grande escassez, em 1857-8, resultando em tumultos. A verdadeira batalha, porém, foi sempre ideológica, com pessoas debatendo visões conflitantes do Bem. O que estava em questão era o valor da liberdade individual versus justiça e retidão. Alguns lutavam pela equidade, pela dignidade social e por uma sociedade justa, as quais tinham preferência em relação àquela liberdade.

Examinar participantes identificáveis do comércio de gêneros alimentícios possibilita uma compreensão mais matizada da complexa e variável sociedade de Salvador. A força e a criatividade do espírito humano surgem como a energia propulsora dessa sociedade — o que talvez seja sempre o caso.

Figura 12.1. Saveiro visto de Itaparica, 1973.

Apêndice A: Poder aquisitivo no decorrer do tempo em Salvador

Quando o poder aquisitivo da moeda varia de modo significativo no decorrer do tempo como ocorreu no Brasil, um patrimônio de vários *contos* pode ser sinal de extraordinária riqueza num certo momento e pode ser relativamente comum entre pessoas de classe média várias décadas depois. Uma técnica habitual usada para solucionar esse problema é simplesmente converter a moeda numa dada época para outra de uma economia mais estável, por exemplo, a libra esterlina ou o dólar americano.[1] No entanto, é natural perguntar se a taxa cambial é o melhor guia para o poder aquisitivo, dado que muitos dos que se encontram no nível mais baixo da escala socioeconômica nunca, ou raras vezes, compraram bens importados nem dependiam de exportações para sua sobrevivência. Para eles, um critério mais importante é o alimento, e, como regra geral, no decorrer do tempo o preço de todos os bens produzidos em âmbito local tende a marchar em sincronia com o preço dos alimentos. Por esse motivo também incluí aqui o preço da mandioca e da carne fresca. Além disso, quase todos os inventários patrimoniais em Salvador de 1780 a 1860 incluíam escravos, mesmo entre aqueles que listavam poucas outras coisas. É bem sabido que os preços de escravos aumentaram de forma drástica durante o período aqui estudado, embora tenha havido fases em que declinaram,[2] de modo que me determinei a levar tal preço também em conta ao calcular o valor real de um patrimônio. Escolhi 1824 como ano-base para estabelecer um índice por diversas razões. Ele se encontra aproximadamente na metade do caminho do período estudado. Àquela altura a guerra pela independência brasileira havia terminado, mas a instabilidade política que se seguiu ainda não começara, de maneira que os valores continuaram a refletir as compreensões coloniais das realidades econômicas. A economia de exportação da região ainda prosperava. E nessa data pude incluir dados de preços para todos os quatro itens de minha pesquisa, isto é, farinha de mandioca, carne, escravos e a libra esterlina (ou melhor, os *pence* esterlinos). Decidi arbitrariamente, seguindo o exemplo de outros, dar o mesmo peso a esses quatro fatores.[3] As fontes para os dados estão indicadas na tabela A.

Tabela A. Como chegar a um índice de preços e taxas de câmbio para Salvador, 1790-1860, com conversão de multiplicadores

ANO	PREÇO DA FARINHA DE MANDIOCA[a] (RÉIS POR LITRO)	MÉDIA DE 5 ANOS	ÍNDICE DA FARINHA DE MANDIOCA (1824 = 100)	PREÇO DA CARNE[b] (RÉIS POR KG)	MÉDIA DE 5 ANOS	ÍNDICE DA CARNE (1824 = 100)	TAXA CAMBIAL[c] (PENCE POR MIL-RÉIS)
1789	13,20			40,70			66,0
1790	10,60			40,70			66,4
1791	10,00	12,50	31	40,70	41,80	26	67,7
1792	13,40	13,40	33	40,70	44,50	28	70,9
1793	15,40	15,10	37	46,40	47,20	29	67,7
1794	17,60	17,20	43	54,20	50,40	31	63,9
1795	19,20	18,20	45	54,20	52,80	33	67,1
1796	20,40	19,50	48	56,30	61,00	38	
1797		23,00	57		68,00	42	
1798	20,70	24,20	60	79,30	74,90	47	
1799	31,62	24,00	59	82,00	82,90	52	
1800	24,26	22,70	56	82,00	83,60	52	
1801	19,27	23,20	57	88,40	84,80	53	
1802	17,49	20,10	50	86,50	84,60	53	
1803	23,34	17,60	44	84,90	84,90	53	63,4
1804	16,26	16,60	41	81,00	84,00	52	60,6
1805	11,58	17,20	42	83,80	85,60	53	60,8
1806	14,23	18,30	45	83,60	85,40	53	61,8
1807	20,38	17,30	43	94,70	84,20	52	64,2
1808	29,01	17,50	43	83,90	81,00	50	72,0
1809	11,30	18,90	47	75,00	81,70	51	73,6
1810	12,70	19,60	48	67,60	80,20	50	71,7
1811	21,00	17,50	43	87,20	80,50	50	73,6
1812	23,90	18,40	46	87,30	82,80	52	76,6
1813	18,40	19,90	49	85,40	86,10	54	76,6
1814	16,00	21,20	53	86,50	86,30	54	76,1
1815	20,00	25,50	63	84,10	87,80	55	64,0
1816	27,90	29,90	74	88,00	92,30	57	57,0

TAXA CAMBIAL (RÉIS POR PENCE)	MÉDIA DE 5 ANOS	ÍNDICE DA TAXA CAMBIAL (1824 = 100)	PREÇO MÉDIO DE UM ESCRAVO AFRICANO MOÇO COM OFÍCIO, SEM DOENÇA[d] (EM RÉIS)	MÉDIA DE 5 ANOS	ÍNDICE DO PREÇO DE ESCRAVOS (1824 = 100)	ÍNDICE MÉDIO DE FARINHA DE MANDIOCA, CARNE, TAXA CAMBIAL E PREÇO DE ESCRAVOS (1824 = 100)	MULTIPLICADOR PARA QUALQUER NÚMERO
15	15	74					
15	15	73					
15	15	73				43	2,30
14	15	74				45	2,23
15	15	73				47	2,14
16	15	74				49	2,03
15	15	75				51	1,97
	15	76				54	1,85
	15	74				58	1,73
						53	1,88
						55	1,80
						54	1,85
						55	1,82
						51	1,95
16	16	80				59	1,70
17	16	80				58	1,73
16	16	80				58	1,71
16	16	78				59	1,70
16	15	75				57	1,76
14	15	72				55	1,80
14	14	70				56	1,79
14	14	67				55	1,81
14	13	67	129 444	130 576	68	57	1,75
13	13	66	118 000	129 182	68	58	1,73
13	14	68	144 285	129 182	68	60	1,68
13	14	72	125 000	131 821	69	62	1,62
16	15	72		143 571	75	66	1,51
18	15	75	140 000	146 250	77	71	1,41

(*continua*)

ANO	PREÇO DA FARINHA DE MANDIOCA[a] (RÉIS POR LITRO)	MÉDIA DE 5 ANOS	ÍNDICE DA FARINHA DE MANDIOCA (1824 = 100)	PREÇO DA CARNE[b] (RÉIS POR KG)	MÉDIA DE 5 ANOS	ÍNDICE DA CARNE (1824 = 100)	TAXA CAMBIAL[c] (PENCE POR MIL-RÉIS)
1817	45,00	30,60	76	95,10	103,00	64	72,3
1818	40,80	29,50	73	107,90	108,30	67	66,1
1819	19,40	27,90	69	139,80	114,40	71	57,8
1820	14,20	24,60	61	110,60	144,80	90	51,5
1821	19,90	35,20	87	118,70	160,90	100	50,0
1822	28,50	35,70	88	247,10	155,60	97	49,0
1823	94,20	37,30	92	188,30	166,80	104	50,7
1824	21,90	40,40	100	113,20	160,70	100	48,2
1825	22,20	40,40	100		131,80	82	51,8
1826	35,30	27,60	68	94,00	103,60	64	48,1
1827	28,60	36,40	90		119,40	74	35,2
1828	29,80	36,40	90		128,30	80	31,6
1829	65,90	33,80	84	144,80	152,90	95	24,6
1830	22,50	32,40	80	146,20	161,90	101	22,8
1831	22,20			167,70			25,0
1832	21,70			188,70			35,1
1833							37,8
1834							38,7
1835							39,2
1836							38,4
1837							29,5
1838							28,6
1839							31,6
1840							31,0
1841							30,3
1842							26,8
1843	19,00			173,60			25,8
1844	18,30			173,60			23,1
1845	37,40	36,70	91	217,10	200,14	125	25,4
1846	52,10	41,30	102	208,00	211,00	131	26,9
1847	56,70	46,30	115	228,40	223,78	139	28,0

TAXA CAMBIAL (RÉIS POR PENCE)	MÉDIA DE 5 ANOS	ÍNDICE DA TAXA CAMBIAL (1824 = 100)	PREÇO MÉDIO DE UM ESCRAVO AFRICANO MOÇO COM OFÍCIO, SEM DOENÇA[d] (EM RÉIS)	MÉDIA DE 5 ANOS	ÍNDICE DO PREÇO DE ESCRAVOS (1824 = 100)	ÍNDICE MÉDIO DE FARINHA DE MANDIOCA, CARNE, TAXA CAMBIAL E PREÇO DE ESCRAVOS (1824 = 100)	MULTIPLICADOR PARA QUALQUER NÚMERO
14	16	79	165 000	164 167	86	76	1,31
15	17	82	155 000	172 280	90	78	1,28
17	17	85	196 666	178 280	94	80	1,26
19	18	91	204 736	177 050	93	84	1,19
20	19	96	170 000	176 550	93	94	1,06
20	20	99	158 846	169 307	89	93	1,07
20	20	99	152 500	174 421	91	97	1,03
21	20	100	160 454	190 631	100	100	1,00
19	22	108	230 303	210 771	111	100	1,00
21	24	120	251 052	226 414	119	93	1,08
28	28	139	259 545	260 323	137	110	0,91
32	33	164	230 714	284 262	149	121	0,83
41	37	183	330 000	305 265	160	130	0,77
44	37	183	350 000	312 489	164	132	0,76
40	36	178	356 065	333 872	175	176	0,57
28	33	163	295 666	328 206	172	168	0,60
26	29	145	337 631	326 933	172	158	0,63
26	26	131	301 666	330 886	174	152	0,66
26	28	136	343 635	349 753	183	160	0,63
26	29	145	375 833	376 437	197	171	0,58
34	30	151	390 000	406 656	213	182	0,55
35	32	157	471 052	427 929	224	191	0,52
32	33	164	452 758	446 845	234	199	0,50
32	34	168	450 000	465 095	244	206	0,49
33	35	171	470 416	478 551	251	211	0,47
37	37	183	481 250	486 750	255	219	0,46
39	38	190	538 333	486 416	255	223	0,45
43	39	194	493 750	498 269	261	228	0,44
39	39	192	448 333	510 176	268	169	0,59
37	39	194	529 677	510 404	268	174	0,58
36	38	189	540 789	505 233	265	177	0,56

(*continua*)

ANO	PREÇO DA FARINHA DE MANDIOCA[a] (RÉIS POR LITRO)	MÉDIA DE 5 ANOS	ÍNDICE DA FARINHA DE MANDIOCA (1824 = 100)	PREÇO DA CARNE[b] (RÉIS POR KG)	MÉDIA DE 5 ANOS	ÍNDICE DA CARNE (1824 = 100)	TAXA CAMBIAL[c] (PENCE POR MIL-RÉIS)
1848	42,20	45,40	112	227,90	222,76	139	25,0
1849	43,20	43,10	107	237,50	224,24	140	25,8
1850	32,60	39,00	96	212,00	221,88	138	28,7
1851	40,70	42,60	105	215,40	221,88	138	29,1
1852	36,10	44,10	109	216,60	218,68	136	27,4
1853	60,20	45,90	114	227,90	230,96	144	28,5
1854	50,70	50,40	125	221,50	251,66	157	27,6
1855	41,70	64,50	160	273,40	281,44	175	27,5
1856	63,50	72,90	180	318,90	327,74	204	27,5
1857	106,60	86,80	215	365,50	381,10	237	26,6
1858	101,90	99,70	247	459,40	427,70	266	25,5
1859	120,20	97,60	241	488,30	438,60	273	25,6
1860	106,20	85,80	212	506,40	430,14	268	25,8

[a] De Kátia M. de Queirós Mattoso, *Au Nouveau Monde: Une Province d'un nouvel empire — Bahia au XIXe siècle.* Paris, Universidade Paris-Sorbonne, 1986, tese de doutorado, pp. 447-58. A autora não tem dados para 1833-42.

[b] Ibid.

[c] Extraído de Kátia M. de Queirós Mattoso, *Bahia: A cidade de Salvador e seu mercado no século XIX* (São Paulo e Salvador: Hucitec e Secretaria Municipal de Educação e Cultura, 1978, p. 243n. Coleção de Estudos Brasileiros, n. 12), com dados adicionais sobre a taxa cambial em Lisboa para o período anterior a 1808 compilados e calculados a partir de <gpih.ucdavis.edu/Datafilelist.htm> e de Nicolaas Wilhelmus Posthumus, *Inquiry into the History of Prices in Holland.* 2 v. Leiden, Brill, 1946-64, v. 1, pp. 607-16.

[d] De Maria José de Souza Andrade, *A mão de obra escrava em Salvador, 1811-1860.* São Paulo e Brasília: Corrupio e CNPq, 1988, pp. 207-8. (Baianada, n. 8.) Seu estudo baseia--se em 1269 inventários de 1811 a 1860.

TAXA CAMBIAL (RÉIS POR PENCE)	MÉDIA DE 5 ANOS	ÍNDICE DA TAXA CAMBIAL (1824 = 100)	PREÇO MÉDIO DE UM ESCRAVO AFRICANO MOÇO COM OFÍCIO, SEM DOENÇA[d] (EM RÉIS)	MÉDIA DE 5 ANOS	ÍNDICE DO PREÇO DE ESCRAVOS (1824 = 100)	ÍNDICE MÉDIO DE FARINHA DE MANDIOCA, CARNE, TAXA CAMBIAL E PREÇO DE ESCRAVOS (1824 = 100)	MULTIPLICADOR PARA QUALQUER NÚMERO
40	37	185	539 473	507 294	266	175	0,57
39	37	182	467 894	520 807	273	175	0,57
35	37	183	458 636	529 711	278	174	0,58
34	36	178	597 241	557 623	293	178	0,56
36	35	175	585 312	607 044	318	185	0,54
35	36	177	679 032	698 174	366	200	0,50
36	36	179	715 000	749 976	393	213	0,47
36	36	180	914 285	853 851	448	241	0,42
36	37	184	856 250	990 772	520	272	0,37
38	38	187	1 104 687	1 047 772	550	297	0,34
39	38	189	1 363 636	1 086 915	570	318	0,31
39	39	192	1 000 000	1 144 581	600	327	0,31
39	39	192	1 110 000	1 157 879	607	320	0,31

Apêndice B: Volume de gêneros alimentícios negociados no celeiro público, 1785-1849 (em alqueires)

ANO	FARINHA DE MANDIOCA	%	ARROZ	%	MILHO	%	FEIJÃO	%	TOTAL	%
1785	83 949,75	88,88	6003,75	6,36	2522,50	2,65	1973,50	2,09	94 449,50	100
1786	221 078,25	82,56	13 056,50	4,88	26 199,50	9,78	7449,50	2,78	267 783,75	100
1787	230 060,50	82,03	18 169,50	6,48	24 539,00	8,75	7675,25	2,74	280 444,25	100
1788	289 809,50	87,52	10 520,50	3,18	23 020,50	6,95	7774,75	2,35	331 125,25	100
1789	269 992,75	86,55	7247,00	2,32	28 840,25	9,25	5856,00	1,88	311 936,00	100
1790	274 636,50	86,87	7605,00	2,41	22 288,00	7,05	11 629,00	3,68	316 158,50	100
1791	289 648,50	91,05	11 157,00	3,51	10 581,50	3,33	6745,75	2,12	318 132,75	100
1792	365 378,50	93,63	9538,00	2,44	11 819,00	3,03	3505,50	0,90	390 241,00	100
1793	257 502,50	90,12	10 087,00	3,53	12 621,00	4,42	5513,00	1,93	285 723,50	100
1794	237 140,25	89,23	7245,75	2,73	14 897,75	5,61	6475,00	2,44	265 758,75	100
1795	282 444,00	89,03	7416,75	2,34	21 418,50	6,75	5967,00	1,88	317 246,25	100
1796	300 292,00	89,91	10 043,00	3,01	19 376,00	5,80	4285,00	1,28	333 996,00	100
1797	289 089,00	89,61	7077,00	2,19	18 497,00	5,73	7954,00	2,47	322 617,00	100
1798	278 949,00	86,44	6263,00	1,94	25 716,00	7,97	11 772,00	3,65	322 700,00	100
1799	288 611,00	87,66	10 243,00	3,11	24 006,00	7,29	6375,00	1,94	329 235,00	100
1800	281 155,00	88,23	7574,00	2,38	21 806,00	6,84	8135,00	2,55	318 670,00	100
1801	279 908,00	89,17	5610,00	1,79	23 091,00	7,36	5299,00	1,69	313 908,00	100
1802	362 218,00	92,11	6186,00	1,57	19 296,00	4,91	5546,00	1,41	393 246,00	100
1803	302 031,00	87,81	9641,00	2,80	25 797,00	7,50	6472,00	1,88	343 941,00	100

ANO	FARINHA DE MANDIOCA	%	ARROZ	%	MILHO	%	FEIJÃO	%	TOTAL	%
1804	200 406,00	85,95	6254,00	2,68	21 644,00	9,28	4853,00	2,08	233 157,00	100
1805	287 181,00	86,73	17 407,00	5,26	21 216,00	6,41	5316,00	1,61	331 120,00	100
1806	347 083,00	84,76	29 721,00	7,26	27 244,00	6,65	5434,00	1,33	409 482,00	100
1807	391 807,00	84,24	38 163,00	8,20	28 056,00	6,03	7104,00	1,53	465 130,00	100
1808	297 751,00	81,25	32 202,00	8,79	30 150,00	8,23	6370,00	1,74	366 473,00	100
1809	290 709,00	82,51	20 146,00	5,72	34 335,00	9,75	7142,00	2,03	352 332,00	100
1810	311 376,00	84,53	17 435,00	4,73	33 898,00	9,20	5656,00	1,54	368 365,00	100
1811	360 671,00	86,12	23 363,00	5,58	28 046,00	6,70	6712,00	1,60	418 792,00	100
1812	327 691,00	79,51	45 799,00	11,11	29 860,00	7,25	8773,00	2,13	412 123,00	100
1813	346 567,00	83,11	34 630,00	8,30	29 029,00	6,96	6791,00	1,63	417 017,00	100
1814	325 259,00	76,16	64 707,00	15,15	32 529,00	7,62	4590,00	1,07	427 085,00	100
1815	336 349,00	74,72	69 562,00	15,45	39 658,00	8,81	4572,00	1,02	450 141,00	100
1816	368 837,00	80,05	55 654,00	12,08	32 439,00	7,04	3831,00	0,83	460 761,00	100
1817	447 133,00	86,40	28 824,00	5,57	32 992,00	6,37	8579,00	1,66	517 528,00	100
1818	335 368,00	82,60	20 774,00	5,12	38 043,00	9,37	11 832,00	2,91	406 017,00	100
1819	409 438,00	86,14	25 486,00	5,36	32 510,00	6,84	7895,00	1,66	475 329,00	100
1820	431 345,00	89,58	21 174,00	4,40	22 712,00	4,72	6264,00	1,30	481 495,00	100
1821	440 259,00	89,92	13 780,00	2,81	29 921,00	6,11	5652,00	1,15	489 612,00	100
1822	348 934,00	89,54	11 849,00	3,04	23 983,00	6,15	4921,00	1,26	389 687,00	100
1823	152 214,00	89,09	11 025,00	6,45	4845,00	2,84	2766,00	1,62	170 850,00	100

(continua)

Apêndice B (*continuação*)

ANO	FARINHA DE MANDIOCA	%	ARROZ	%	MILHO	%	FEIJÃO	%	TOTAL	%
1824	336 234,00	92,69	16 698,00	4,60	7898,00	2,18	1921,00	0,53	362 751,00	100
1825	409 654,00	89,64	24 132,00	5,28	17 561,00	3,84	5630,00	1,23	456 977,00	100
1826	399 369,00	90,29	19 893,00	4,50	17 347,00	3,92	5732,00	1,30	442 341,00	100
1827	371 071,00	86,62	26 139,00	6,10	23 959,00	5,59	7236,00	1,69	428 405,00	100
1828	411 175,00	88,62	18 293,00	3,94	28 461,00	6,13	6051,00	1,30	463 980,00	100
1829	433 011,00	83,47	39 811,00	7,67	37 126,00	7,16	8844,00	1,70	518 792,00	100
1830	467 863,00	80,00	44 662,00	7,64	65 273,00	11,16	7052,00	1,21	584 850,00	100
1831	401 377,00	83,52	25 587,00	5,32	48 412,00	10,07	5173,00	1,08	480 549,00	100
1832	350 723,00	87,67	21 368,00	5,34	24 580,00	6,14	3369,00	0,84	400 040,00	100
1833	341 343,00	91,20	14 520,00	3,88	15 171,00	4,05	3262,00	0,87	374 296,00	100
1834	474 208,00	92,32	17 063,00	3,32	19 605,00	3,82	2757,00	0,54	513 633,00	100
1835	478 931,00	87,27	25 118,00	4,58	37 173,00	6,77	7590,00	1,38	548 812,00	100
1836	470 569,00	91,11	20 673,00	4,00	21 751,00	4,21	3499,00	0,68	516 492,00	100
1837	462 023,00	91,72	12 705,00	2,52	27 403,00	5,44	1588,00	0,32	503 719,00	100
1838	315 889,00	85,32	16 712,00	4,51	36 014,00	9,73	1606,00	0,43	370 221,00	100
1839	380 110,00	90,12	17 929,00	4,25	22 802,00	5,41	930,00	0,22	421 771,00	100
1840	316 223,00	89,04	12 913,00	3,64	24 347,00	6,86	1668,00	0,47	355 151,00	100
1841	368 350,00	92,69	12 475,00	3,14	15 223,00	3,83	1337,00	0,34	397 385,00	100
1842	526 160,00	91,61	12 966,00	2,26	29 538,00	5,14	5680,00	0,99	574 344,00	100
1843	381 006,00	88,01	20 295,00	4,69	30 127,00	6,96	1473,00	0,34	432 901,00	100

ANO	FARINHA DE MANDIOCA	%	ARROZ	%	MILHO	%	FEIJÃO	%	TOTAL	%
1844	368 873,00	90,56	16 985,00	4,17	19 779,00	4,86	1694,00	0,42	407 331,00	100
1845	375 888,00	90,76	26 106,00	6,30	11 342,00	2,74	837,00	0,20	414 173,00	100
1846	445 822,00	91,80	23 508,00	4,84	14 104,00	2,90	2209,00	0,45	485 643,00	100
1847	441 426,00	93,92	15 938,00	3,39	10 013,00	2,13	2621,00	0,56	469 998,00	100
1848	456 597,00	92,61	20 452,00	4,15	13 014,00	2,64	2961,00	0,60	493 024,00	100
1849	261 931,00	92,21	10 442,50	3,68	9145,00	3,22	2535,00	0,89	284 053,50	100
Total	22 386 098,00	87,44	1 292 022,25	5,05	1 576 610,50	6,16	346 710,25	1,35	25 601 441,00	100

FONTE: Mappa demonstrativo do numero de alqueires dos differentes generos que pagarão a contribuição e o rendimento, a despeza e o liquido, e teve principio em 9 de setembro de 1785 até 31 de maio de 1849, Arquivo Público do Estado da Bahia, M. 1611.

Notas

Abreviaturas

ABNRJ	*Anais da Biblioteca Nacional do Rio de Janeiro*
Admin.	Administrador
AHM	Arquivo Histórico Militar, Lisboa
AHU	Arquivo Histórico Ultramarino, Lisboa
AIHGB	Arquivo do Instituto Histórico e Geográfico Brasileiro, Rio de Janeiro
AMS	Arquivo Municipal de Salvador, Salvador
AN	Arquivo Nacional, Rio de Janeiro
ANTT	Arquivo Nacional da Torre do Tombo, Lisboa
APEB	Arquivo Público do Estado da Bahia, Salvador
ASCM	Arquivo da Santa Casa de Misericórdia, Salvador
BN/SM	Biblioteca Nacional, Seção de Manuscritos, Rio de Janeiro
CP	Colonial e Provincial
Cx.	Caixa
IT	Inventários e Testamentos
Inv.	Inventário
Jourdan, Breve noticia	Antonio Jourdan, Breve noticia sobre o provimento das carnes na cidade da Bahia, 1818, AN, SPE, cód. 807, v. 13
JP	Juiz de Paz

LB	*Colleção das Leis do Império do Brasil*
M.	Maço
MDU	Ministro e Secretário de Estado da Marinha e Domínios Ultramarinos, Portugal
MGuerra	Ministro da Guerra
MI	Ministro do Império
MJ	Ministro da Justiça
MM	Ministro da Marinha
MRE	Ministro (ou Ministério) de Relações Exteriores
PP-BA	Presidente da Província, Bahia
PRO	Public Record Office, Londres
Ribeiro, Discurso	José da Silva Ribeiro, Discurso sobre o celleiro publico da Bahia, s/d [1807], incl. em José da Silva Ribeiro, Memorial, s/d [1808], BN/SM, II-33, 24, 40, doc. 2
Ribeiro, Memória	José da Silva Ribeiro, Memoria, s/d [1808], BN/SM, II-33, 24, 40, doc. 1
Rio	Cidade do Rio de Janeiro
SH	Seção Histórica
SJ	Seção Judiciária
SL	Seção Legislativa
SPE	Seção do Poder Executivo
Test.	Testamento
ncat.	não catalogado
VP	Vice-presidente

NOTA: A menos que explicitamente declarado, toda a correspondência citada originou-se em Salvador. Muitos documentos do Arquivo Municipal de Salvador (AMS) que não estavam catalogados quando esta pesquisa foi feita (e aqui indicados como "ncat.") foram catalogados desde então. Algum material do Arquivo Público do Estado da Bahia (APEB) foi recatalogado com novos números depois que a pesquisa estava concluída.

INTRODUÇÃO [pp. 19-27]

1. Para o pensamento sobre a história do mundo atlântico, ver David Eltis, "Atlantic History in Global Perspective", *Itinerario*, Laiden, v. 23, n. 2, pp. 141-61, 1999; J. H. Elliott, "Atlantic History: A Circumnavigation". In: ARMITAGE, David; BRADDICK, Michael J. (Orgs.). *The British Atlantic World, 1500-1800*. Nova York: Palgrave and Macmillan, 2002; e Júnia Ferreira Furtado (Org.), *Diálogos oceânicos: Minas Gerais e as novas abordagens para uma história do Império ultramarino português*. Belo Horizonte: Ed. da UFMG, 2001.

2. Sobre esta variedade e interligação, ver, por exemplo, Laura de Mello e Souza, *Desclassificados do ouro: A pobreza mineira no século XVIII*, Rio de Janeiro: Graal, 1982; Vera Lúcia Ferlini, "Pobres do açúcar: Estrutura produtiva e relações de poder no Nordeste colonial". In: SZMRECSÁNYI, Tamás (Org.). *História econômica do período colonial: Coletânea de textos apresentados no I Congresso Brasileiro da História Econômica (Campus da USP, set. 1993)*. São Paulo: Hucitec, Fapesp e Associação Brasileira de Pesquisadores em História Econômica, 1996, pp. 28-9, 31; e Luciano Figueiredo, *O avesso da memória: Cotidiano e trabalho da mulher em Minas Gerais no século XVIII*. Rio de Janeiro e Brasília: José Olympio e Ed. da UnB, 1993. E sobre a América espanhola, ver R. Douglas Cope, *The Limits of Racial Domination: Plebeian Society in Colonial Mexico City, 1660-1720*. Madison: University of Wisconsin Press, 1994.

3. Sobre o valor de testamentos como documentos históricos, comparar Sarah Cline, "Fray Alonso de Molina's Model Testament and Antecedents to Indigenous Will in Spanish America", com Kevin Terraciano, "Native Expressions of Piety in Mextec Testaments", ambos em: KELLOGG, Susan; RESTALL, Matthew (Orgs.). *Dead Giveaways: Indigenous Testaments of Colonial Mesoamerica and the Andes*. Salt Lake City: University of Utah Press, 1998, pp. 24-5, 126-7. Ver também Kátia M. Queirós Mattoso, *Testamentos de escravos libertos na Bahia no século XIX*. Salvador: Centro de Estudos Bahianos, Universidade Federal da Bahia, 1979, p. 21; e James Lockhart, *The Nahuas After the Conquest: A Social and Cultural History of the Indians of Central Mexico, Sixteenth through Eighteenth Centuries*. Stanford, CA: Stanford University Press, 1992, pp. 251-2.

1. A CIDADE NUMA BAÍA [pp. 29-60]

1. Andrew Grant, *History of Brazil Comprising a Geographical Account of That Country, Together with a Narrative of the Most Remarkable Events Which Have Occurred There Since Its Discovery...* Londres: Henry Colburn, 1809, p.

205; Charles Darwin para Robert Darwin (seu pai) [8 fev.-1º mar. 1832]. In: DARWIN, Charles. *The Life and Letters of Charles Darwin, Including an Autobiographical Chapter*. Org. de Francis Darwin. Nova York: Appleton, 1898, p. 204. Muitos comentaram sobre o impacto visual da cidade: ver sra. (Nathaniel) Kindersley, *Letters from the Island of Teneriffe, Brazil, The Cape of Good Hope, and the East Indies*. Londres: J. Nourse, 1776, p. 23. Johan Brelin, *De passagem pelo Brasil e Portugal em 1756*. Lisboa: Casa Portuguesa, 1955, p. 104. Este autor pensava que 1200 a 1400 navios podiam ancorar na baía ao mesmo tempo.

2. Daniel P. Kidder, *Sketches of Residence and Travels in Brazil Embracing Historical and Geographical Notices of the Empire and Its Several Provinces*. 2 v. Filadélfia: Sorin and Ball, 1845, v. 2, pp. 19, 63 (citação); James Prior, *Voyage along the Eastern Coast of Africa to Mosambique, Johanna and Quiloa; to St. Helena; to Rio de Janeiro, Bahia, and Pernambuco in Brazil, in the Nisus Frigate*. Londres: Richard Phillips, 1819, p. 100; Johann Baptist von Spix e Karl Friedrich Phillip von Martius, *Através da Bahia: Excerptos da obra "Reise in Brasilien"*. Trad. Manuel Augusto Pirajá da Silva e Paulo Wolf. 3. ed. São Paulo: Editora Nacional, 1938, p. 89 (Brasiliana, ser. 5, n. 118); Alcide d'Orbigny, *Viagem pitoresca através do Brasil*. Belo Horizonte e São Paulo: Itatiaia e Edusp, 1976, p. 103 (Reconquista do Brasil, n. 29).

3. Ferdinand Denis, in: TAUNAY, Hippolyte; DENIS, Ferdinand. *Le Brésil, ou histoire, moeurs, usages et costumes des habitants de ce royaumme*. 6 v. Paris: Nepveu, 1822, v. 4, p. 59. Sobre o lago chamado Dique, ver também Maximiliano [Imperador do México (Fernando José Maximiliano da Áustria)], *Recollections of My Life*. 3 v. Londres: Richard Bentley, 1868, v. 3, p. 135, e Robert Avé-Lallemant, *Viagens pelas províncias da Bahia, Pernambuco, Alagoas e Sergipe* (1859). Trad. de Eduardo de Lima Castro. Belo Horizonte e São Paulo: Itatiaia e Edusp, 1980, p. 28 (Reconquista do Brasil, n. 19.). Sobre a história deste lago (é em parte artificial), ver Braz Hermenegildo do Amaral, *História da Bahia do Império à República*. Salvador: Imp. Oficial do Estado, 1923, p. 184. Sobre as datas dos mapas 1.2 e 1.3, ver Bahia, Presidente da Província, *Falla*, 1846, p. 31 (devo essa referência a Cláudia Trindade).

4. José Maria dos Santos Lopes, Petição, Lisboa, s/d [anterior a 2 mar. 1805], AHU. D. Cat. Bahia 28.366 (citação); Fernando José de Portugal para Marquez Mordomo-Mor, 17 set. 1793, BN/SM, 1, 4, 11; Inv., José da Silva Maia, 1809, APEB, SJ, 04/1790/2260/01, fol. 4v; Taunay e Denis, op. cit., v. 4, pp. 22, 71. Uma lista de doze trapiches em 1829 aparece em Domingos Antonio Rebello, "Corographia, ou abreviada história geographica do Imperio do Brasil". 2. ed. *Revista do Instituto Geográfico e Histórico da Bahia*, Salvador, v. 55, p. 138, 1929. Ver também Waldemar Mattos, *Panorama econômico da Bahia, 1808-1960: Edição comemo-*

rativa do sesquicentenário da Associação Comercial da Bahia. Salvador: [tip. Manu Editôra], 1961, pp. 13-4. Uma noção geral das dimensões sociais das várias seções da cidade pode ser encontrada em Anna Amélia Vieira Nascimento, *Dez freguesias da cidade de Salvador: Aspectos sociais e urbanos do século XIX*. Salvador: Fundação Cultural do Estado da Bahia, 1986, pp. 33-4. As primitivas fronteiras e algumas características físicas de cada paróquia são apresentadas em "Lista de informações e discripções [sic] das diversas freguezias do Arcebispado da Bahia, enviadas pela Frota de 1757...", em Eduardo de Castro e Almeida (Org.), "Inventario dos documentos relativos ao Brasil existentes no Archivo da Marinha e Ultramar". *ABNRJ*, Rio de Janeiro, v. 32, pp. 177-84, 1909. Sobre como o comércio brasileiro de escravos estava ancorado no Brasil, ver David Eltis, "The Volume and Structure of the Transatlantic Slave Trade: A Reassessment". *William and Mary Quarterly*, Williamsburg, série 2, v. 58, n. 1, p. 30, jan. 2001.

5. Kindersley, op. cit., p. 33; Taunay e Denis, op. cit., v. 4, pp. 26, 39-40; L. F. de Tollenare, *Notas dominicais tomadas durante uma viagem em Portugal e no Brasil em 1816, 1817, & 1818*. Salvador: Progresso, 1956, p. 307; Gustavo Beyer, "Ligeiras notas de viagem do Rio de Janeiro à capitania de S. Paulo, no Brasil, no verão de 1813, com algumas noticias sobre a cidade da Bahia e a ilha Tristão da Cunha, entre o Cabo e o Brasil e que ha pouco foi ocupada". Trad. de A. Löfgren. *Revista do Instituto Histórico e Geográfico de São Paulo*, São Paulo, v. 11, pp. 275-6, 1907. Sobre o edifício da câmara municipal e sua prisão, ver Rebello, "Corographia", p. 148.

6. Taunay e Denis, op. cit., v. 4, p. 34; D'Orbigny, op. cit., p. 103. Queixoso: João Rolando, queixado: João Batista de Figeiredo, 8 mar. 1839, Auto crime, APEB, SJ, 04/128/12, fols. 2, 8v, 15v, 16.

7. Kidder, op. cit., p. 63 (citação); Tollenare, op. cit., p. 302; Maria Graham (Lady Maria Calcott), *Journal of a Voyage to Brazil and Residence There during Part of the Years 1821, 1822, 1823* (1824). Reimp. Nova York: Praeger, 1969, p. 134; Robert Elwes, *A Sketcher's Tour Round the World*. Londres: Hurst and Blackett, 1854, p. 93; Avé-Lallemant, op. cit., p. 26; José Francisco da Silva Lima, "A Bahia ha 66 anos". *Revista do Instituto Geográfico e Histórico da Bahia*, Salvador, n. 34, p. 115, 1908. Sobre cidadãos britânicos em Salvador, ver Kidder, op. cit., v. 2, pp. 25-6. Sobre mercadores portugueses na cidade alta, ver Catherine Lugar, *The Merchant Community of Salvador, Bahia, 1780-1830*. Stony Brook: Universidade Estadual de Nova York, 1980. Tese de doutorado, p. 249, nota 23.

8. Inv., José da Silva Barros, 1823, APEB, SJ, 04/1826/2297/13, fols. 7, 8, 8v, 32; Câmara para Governador, 19 nov. 1788, e anexos, APEB, CP, M. 201-14, doc. 5. Nascimento, op. cit., p. 89; Patricia Ann Aufderheide, *Order and Violence: Social Deviance and Social Control in Brazil, 1780-1840*. Minneapolis: Universidade de Minnesota, 1976. Tese de doutorado, p. 97.

9. [Miguel Antonio de Mello], Informaçam da Bahia de Todos os Santos [1797], cópia anexa em Rodrigo de Souza Coutinho para Fernando José de Portugal, Lisboa, 26 set. 1798, BN/SM, I-31, 21, 34, n. 2 (citação); Mappa da enumeração da gente e povo desta capitania da Bahia... 5 dez. 1780, in: ALMEIDA (Org.), "Inventario dos documentos", *ABNRJ*, Rio de Janeiro, n. 32, p. 480, (1910); Governador [Conde da Ponte] para Visconde de Anadia, 16 jun. 1807, in: *ABNRJ*, Rio de Janeiro, n. 37, p. 460, 1915; Brazil, Directoria Geral da Estatística, *Recenseamento da população do Imperio do Brazil* [*sic*] *a que se procedeu no dia 1º de agosto de 1872*. Rio de Janeiro: Typ. Nacional, 1873-6, Imperio, Bahia, Salvador. Os censos da cidade anteriores a 1872 são discutidos por Thales de Azevedo em *Povoamento da cidade do Salvador*. 3. ed. Salvador: Itapuã, 1969, pp. 181-200, 231-7; Kátia M. de Queirós Mattoso, *Bahia: A cidade de Salvador e seu mercado no século XIX*. São Paulo e Salvador: Hucitec e Secretaria Municipal de Educação e Cultura, 1978, pp. 127-33 (Coleção Estudos Brasileiros, n. 12); Kátia M. de Queirós Mattoso, *Bahia, século XIX: Uma perspectiva no Império*. Rio de Janeiro: Nova Fronteira, 1992, pp. 83-7, 104-10; Nascimento, op. cit., pp. 59-68; e, para os censos mais antigos, Avelino de Jesus da Costa, "População da cidade da Baía em 1775". In: *Actas do V Colóquio Internacional de Estudos Luso-Brasileiros, Coimbra, 1963*. Coimbra: Gráfica de Coimbra, 1964, v. 1, pp. 191-274. Todos esses números valem para o município, que incluía algumas paróquias rurais.

10. Richard M. Morse, Michael L. Conniff e John Wibel (Orgs.), *The Urban Development of Latin America, 1750-1920*. Stanford, CA: Stanford University Center for Latin American Studies, 1971, pp. 23, 37, 54, 78, 95, 105; Nicolás Sánchez-Albornoz, *The Population of Latin America*. Trad. ingl. de W. A. R. Richardson. Berkeley: University of California Press, 1974, p. 128; Arnold J. Bauer, *Goods, Power, History: Latin America's Material Culture*. Cambridge: Cambridge University Press, 2001, p. 91; Bailey W. Diffie, *A History of Colonial Brazil, 1500-1792*. Malbar, FL: Krieger, 1987, pp. 452-4; Campbell Gibson, "Population of the 100 Largest Cities and Other Urban Places in the United States, 1791-1990". In: U. S. Census Bureau, Population Division Working Paper, n. 27, s/d, tabela 2. <www.census.gov/population>.

11. PP-BA para MJ, 14 fev. 1835, AN, SPE, Série Judiciária, IJ[1]707, 1835; Avé-Lallemant, op. cit., p. 22.

12. Stuart B. Schwartz, *Sugar Plantations in the Formation of Brazilian Society: Bahia, 1550-1835*. Cambridge: Cambridge University Press, 1985, pp. 163-4 (Cambridge Latin American Studies, n. 52); B. J. Barickman, *A Bahian Counterpoint: Sugar, Tobacco, Cassava, and Slavery in the Recôncavo, 1780-1860*. Stanford, CA: Stanford University Press, 1998, pp. 32-9.

13. Para um relato dos primórdios do mercado de escravos, ver Luiz Felipe de Alencastro, *O trato dos viventes: Formação do Brasil no Atlântico Sul*. São Paulo: Companhia das Letras, 2000; para um resumo da fase tardia, ver Schwartz, *Sugar Plantations*, pp. 340-1.

14. Alexandre Vieira Ribeiro, "O comércio de escravos e a elite baiana no período colonial". In: FRAGOSO, João Luís Ribeiro; ALMEIDA, Carla Maria Carvalho de; SAMPAIO, Antônio Carlos Jucá de (Orgs.). *Conquistadores e negociantes: Histórias de elites no Antigo Regime nos trópicos — América lusa, séculos XVI a XVIII*. Rio de Janeiro: Civilização Brasileira, 2007, pp. 314-24; Maria José de Souza Andrade, *A mão de obra escrava em Salvador, 1811-1860*. São Paulo e Brasília: Corrupio e CNPq, 1988 (Baianada, n. 8), pp. 188, 195 e 197 (em 1269 inventários para o período 1811-60, Andrade encontrou 6974 escravos, incluindo 2657 homens africanos e 1697 mulheres africanas).

15. Andrade (op. cit., p. 104) descobre que 78,4% dos escravos africanos cuja origem é indicada em inventários post mortem levados a cabo de 1811 a 1888 eram de áreas banhadas pelo golfo do Benin, 19,3% eram de Angola e do Congo, e 2,2% eram da África Oriental. Carlos Ott, em *Formação e evolução étnica da cidade de Salvador: O folclore bahiano* (2 v. Salvador: Manú, 1955-7), v. 1, pp. 61, 68 (Coleção Evolução Histórica da Cidade de Salvador, n. 5), contou as classificações étnicas atribuídas a 57 500 escravos enterrados por uma instituição de caridade e descobriu que a proporção de africanos ocidentais para africanos centrais aumentou drasticamente depois de 1800. Dois *quakers* que visitaram a Bahia nos anos 1850 relataram que a maioria dos escravos da cidade havia sido trazida "da costa do Benin perto da província de Mina": John Candler e William Burgess, *Narrative of a Recent Visit to Brazil to Present an Adress on the Slave Trade and Slavery Issued by the Religious Society of Friends*. Londres: Edward Marsh, 1853, pp. 11-2. Ver também Pierre Verger, *Trade Relations between the Bight of Benin and Bahia from the 17th to 19th Century*. Trad. ingl. de Evelyn Crawford. Ibadan: Ibadan University Press, 1976, pp. 1-2; João José Reis e Beatriz Galloti Mamigonian, "Nagô and Mina: The Yoruba Diaspora in Brazil". In: FALOLA, Toyin; CHILDS, Matt D. (Orgs.). *The Yoruba Diaspora in the Atlantic World*. Bloomington: Indiana University Press, 2004, pp. 80-1; e David Eltis, "The Diaspora of Yoruba Speakers, 1650-1865: Dimensions and Implications", no mesmo volume, p. 31.

16. A eliminação de identidades étnicas específicas no Brasil resta por ser estudada em profundidade; um início foi feito por João José Reis, *Rebelião escrava no Brasil*, pp. 307-19; ver também Reis e Mamigonian, op. cit., p. 84.

17. Corpo do Comércio e mais cidadãos ao príncipe regente João, s/d [pouco depois de 28 fev. 1814], em Ott, op. cit., v. 2, p. 107 (uma versão desse documen-

to traduzida para o inglês aparece em Robert Edgar Conrad [Comp. e org.], *Children of God's Fire: A Documentary History of Black Slavery in Brazil*. Princeton, NJ: Princeton University Press, 1983, pp. 401-6; Candler e Burgess, op. cit., p. 49.

18. Sobre ex-escravos proprietários de escravos, ver, além de evidência mais adiante neste livro, a afirmação de Elwes, op. cit., p. 97. Kátia M. de Queirós Mattoso, em *Testamentos de escravos libertos na Bahia no século XIX* (Salvador: Centro de Estudos Bahianos, Universidade Federal da Bahia, 1979, p. 32), indica que 50,8% dos testamentos deixados por libertos em Salvador referiam-se à posse de escravos, proporção essa que aumenta para 75,5% no caso de mulheres libertas. Ver também Iraci del Nero da Costa e Francisco Vidal Luna, "De escravo a senhor". *Revista do Arquivo Público Mineiro*, Belo Horizonte, n. 41, pp. 113, 115, jul./dez. 2005; e Sheila de Castro Faria, *Sinhás pretas, "damas mercadoras": As pretas-minas nas cidades do Rio de Janeiro e de São João del-Rey (1700-1850)*. Niterói: Universidade Federal Fluminense, 2004. Tese de doutorado não publicada, pp. 160-1.

19. José da Silva Lisboa, "Carta muito interessante do advogado da Bahia... para Domingos Vandelli, Bahia, 18 de outubro de 1781". In: ALMEIDA (Org.), "Inventario dos documentos", *ABNRJ*, Rio de Janeiro, v. 32, p. 505, 1910; Inv., José Pereira da Silva, 1846, APEB, SJ, 04/1973/2445/01, p. 19. Ver também Marcus J. M. de Carvalho, *Liberdade: Rotinas e rupturas do escravismo urbano, Recife, 1822-1850*. 2. ed. Recife: Ed. da UFPE, 2002, p. 276.

20. Sobre a idade de mulheres libertas, ver Stuart B. Schwartz, "The Manumission of Slaves in Colonial Brazil: Bahia, 1684-1745". *Hispanic American Historical Review*, Durham, v. 54, n. 4, pp. 615, 617, nov. 1974. Que eu saiba não foi feito nenhum estudo quantitativo sobre gênero entre proprietários que libertaram escravos em Salvador, mas, por minhas leituras de numerosos inventários patrimoniais, acredito que tal estudo revelaria uma situação similar à do México discutida por Frank "Trey" Proctor III em "Gender and Manumission of Slaves in New Spain" (*Hispanic American Historical Review*, Durham, v. 86, n. 2, pp. 309-36, maio 2006).

21. Mapa geral no qual se vem todas as moradas de cazas q. [h]a na cidade da Baia com distinsam das q. tem cada uma das freguezias de que ela se compoem, seus fogos e numero dos clérigos q. tem e dos [h]omens brancos, pardos, e pretos, cazados, viuvos, e solteiros, e igualm[te] todas as mulheres cazadas, viuvas, e solteiras, com a distinsão de suas qualidades, e ultimam[te] o numero dos escravos que tem esta cidade e o total de todas as almas, tudo com a maior clareza e distinsão possivel, Bahia, 20 jun. 1775, Estampa 3, em Costa, "População da cidade", Apêndice.

22. Sobre abastecimento de água, ver Luís dos Santos Vilhena, *A Bahia no século XVIII*. 2. ed. Org. de Braz do Amaral. Intr. de Edison Carneiro. Salvador:

Itapuã, 1969, pp. 102-4; Taunay e Denis, op. cit., v. 4, p. 45; Tollenare, op. cit., p. 299; Spix e Martius, op. cit., pp. 139, 141; Conde de Suzannet, *O Brasil em 1845 (Semelhanças e diferenças após um século)*. Trad. de Márcia Moura Castro. Introd. de Austregésilo de Athayde. Rio de Janeiro: Casa do Estudante do Brasil, 1957, p. 184. Apenas em meados do século é que o governo da província contratou uma companhia privada para construir um sistema de água encanada (Amaral, *História da Bahia*, p. 173); ele contava com máquinas a vapor para bombear água para o alto dos íngremes morros (Maximiliano, op. cit., v. 3, p. 177).

23. As citações são de Lisboa, "Carta muito interessante", p. 496; Kidder, op. cit., v. 2, p. 22; e do cônsul francês para o ministro do Exterior, 1844, citado em Pierre Verger, *Notícias da Bahia — 1850*. Salvador: Corrupio, 1981, p. 21. Para outros detalhes, ver "Carta I", em João Rodrigues de Brito et al., *Cartas economico-politicas sobre a agricultura e commercio da Bahia*. Lisboa: Imp. Nacional, 1821, p. 27; e Oskar Canstatt, *Brasil: Terra e gente*. 2. ed. Trad. de Eduardo de Lima Castro. Introd. de Artur Cezar Ferreira Reis. Rio de Janeiro: Conquista, 1975, p. 190 (Temas Brasileiros, n. 18). Para contar as ruas e ladeiras, usei a lista em Alexandre José de Mello Moraes [Pai], "Praças, largos, ruas, becos, travessas, templos, [e] edifícios que contém as dez freguezias da cidade do Salvador, Bahia de Todos os Santos". In: ______ (Org.). *Brasil histórico*. Rio de Janeiro: Pinheiro, 1866. Série 2, t. I, p. 281.

24. Lima, "A Bahia ha 66 anos", p. 104; Alexander Majoribanks, *Travels in South and North America*. Londres e Nova York: Simpkin, Marshall and Appleton, 1853, p. 46. Ver também Taunay e Denis, op. cit., v. 4, pp. 85-6; Prinz von Maximilian Wied, *Viagem ao Brasil, Maximiliano, Príncipe de Wied-Neuwied*. Trad. de Edgar Sussekind de Mendonça e Flavio Poppe de Figueiredo. Belo Horizonte: Itatiaia e Edusp, 1989, p. 469 (Brasiliana, n. 1); e Canstatt, op. cit., p. 194.

25. Taunay e Denis, op. cit., v. 4, pp. 34, 85 (citação); Kidder, op. cit., p. 21; Lima, "A Bahia ha 66 anos", p. 105n; João José Reis, "A greve negra de 1857 na Bahia". *Revista USP*, São Paulo, n. 18, p. 13, jun./ago. 1993. Sobre espaço público, sigo Maria Cecília Velasco e Cruz, "Puzzling Out Slave Origins in Rio de Janeiro Port Unionism: The 1906 Strike and the Sociedade de Resistência dos Trabalhadores em Trapiche e Café". *Hispanic American Historical Review*, Durham, v. 86, n. 2, pp. 217-8, 220-2, maio 2006.

26. Ou ao menos assim era no Rio de Janeiro; ver Thomas Ewbank, *Life in Brazil; or, A Journal of a Visit to the Land of the Cocoa and the Palm...* (1856). Reimp. Detroit: Blaine Ethridge, 1971, p. 184.

27. Mattoso, *Bahia: A cidade de Salvador* (pp. 286-9), examina mais detalhadamente distintas categorias de trabalho escravo. Para o Rio, ver Leila Mezan Algranti, *O feitor ausente: Estudo sobre a escravidão urbana no Rio de Janeiro*.

Petrópolis: Vozes, 1988, esp. pp. 49 e 88; e Marilene Rosa Nogueira da Silva, *Negro na rua: A nova face da escravidão*. São Paulo: Hucitec, 1988. Embora escravos ao ganho também estivessem presentes nas colônias britânicas, muitos dos subsequentes estados norte-americanos consideraram a prática ilegal; ver Kenneth M. Stampp, *The Peculiar Institution: Slavery in the Ante-Bellum South*. Nova York: Vintage, 1956, p. 208; "Alabama Slave Code of 1852" [parágrafo 1005]. In: ROSE, Willie Lee (Org.). *A Documentary History of Slavery in North America*. Nova York: Oxford University Press, 1976, p. 181 (devo as duas últimas referências a Sandra Lauderdale Graham).

28. Flávio Rabello Versiani, "Escravidão no Brasil: Uma análise econômica". *Revista Brasileira de Economia*, Rio de Janeiro, v. 48, n. 4, pp. 463-78, dez. 1994.

29. Por exemplo: Inv., Manoel Tavares, 1816, APEB, SJ, 04/1725/2195/09, fols. 132-3; Inv., José Gomes da Costa, 1824, APEB, SJ, 04/1783/2253/09, fol. 52; Inv., José Ferreira de Azevedo e sua mulher, 1838, APEB, SJ, 03/1063/1532/03, fols. 76, 79-81, 115; Inv. e Test., Joaquim Teixeira de Carvalho, 1846-7, APEB, SJ, 04/1473/1942/05, fol. 14; Inv., Henrique José Teixeira Chaves, 1847, APEB, SJ, 04/1447/1916/05, fols. 83, 86; Inv. (2º), João Simões Coimbra, 1870 (1860), APEB, SJ, 03/1052/1521/02, fols. 35v, 231; Inv., Sabina da Cruz, 1872, APEB, SJ, 03/1100/1569/07, fols. 10v, 28. No Brasil, a prática de permitir aos escravos comprar sua liberdade dependia inteiramente do costume até 1871, quando foi contemplada na lei (Lei nº 2040, 28 set. 1871, em Brazil, *Colleção das leis do Imperio do Brasil*, art. 4, par. 2).

30. Test., 1º mar. 1813, anexo a Inv., Ignacio José da Silva, 1817, e o próprio inventário, APEB, SJ, 07/2873/04, fols. 4v, 9v, 11. Sobre a prosperidade de alguns ex-escravos e sua posse de escravos, ver Faria, *Sinhás pretas*, pp. 143-60, e Keila Grinberg, *O fiador dos brasileiros: Cidadania, escravidão e direito civil no tempo de Antônio Pereira Rebouças*. Rio de Janeiro: Civilização Brasileira, 2002, p. 184.

31. D'Orbigny, op. cit., p. 106 (citação); Avé-Lallemant, op. cit., p. 24; Henry Martyn, *Memoir*. Org. John Sargent. Londres: J. Hatchard and Son, 1820, p. 141; Robert Walsh, *Notices of Brazil in 1828 and 1829*. 2 v. Boston: Richardson, Lord, and Holbrook & Carvill, 1831, v. 1, p. 204, v. 2, p. 60. Para sacerdotes, ver Júnia Ferreira Furtado, *Chica da Silva e o contratador dos diamantes: O outro lado do mito*. São Paulo: Companhia das Letras, 2003, p. 54; para oficiais de milícias, ver Hendrik Kraay, *Race, State, and Armed Forces in Independence-Era Brazil: Bahia 1790s-1840s*. Stanford, CA: Stanford University Press, 2001, p. 98.

32. Nascimento, op. cit., p. 95.

33. Corpo do Comércio e mais cidadãos para Príncipe Regente João, s/d [pouco depois de 28 fev. 1814], em Ott, op. cit., v. 2, p. 107 (uma versão traduzida desse documento aparece em Conrad, op. cit., pp. 401-6). Sobre aconteci-

mentos de 1798, ver Luís Henrique Dias Tavares, *História da sedição intentada na Bahia em 1798* (*"A conspiração dos alfaiates"*). São Paulo: Livraria Pioneira, 1975; István Jancsó, *Na Bahia, contra o Império: História do ensaio de sedição de 1798*. São Paulo e Salvador: Hucitec e EDUFBA, 1995 (Estudos Históricos, n. 24), e Arquivo Público do Estado da Bahia, *Autos da devassa da Conspiração dos Alfaiates*. Salvador: Secretaria da Cultura e Turismo, Arquivo Público do Estado, 1998.

34. Conde da Ponte para visconde de Anadia, 16 jul. 1807, em Ignacio Accioli de Cerqueira e Silva, *Memórias históricas e políticas da província da Bahia*. 2. ed., 6 v. Org. de Braz do Amaral. Salvador: Imprensa Oficial do Estado, 1919-40, v. 3, pp. 228-30; conde dos Arcos para marquês de Aguiar, 2 e 16 maio, e 1º set. 1814, e anexos, AN, SPR, IJJ[9] 323, fols. 5-30, 42-7, 133-60. Ver também João José Reis, "Slave Resistance in Brazil: Bahia, 1807-1835", *Luso-Brazilian Review*, Madison, v. 25, n. 1, pp. 111-4, verão 1988; João José Reis, "'Nos achamos em campo a tratar da liberdade': A resistência negra no Brasil oitocentista". In: MOTA, Carlos Guilherme (Org.). *Viagem incompleta: A experiência brasileira (1500-2000)*. São Paulo: Senac, 2000. v. 1: Formação: Histórias, pp. 241-63.

35. Reis, *Rebelião escrava no Brasil*; cônsul britânico Porter, Report, 1º abr. 1847, F.O. 84/679, citado em Verger, *Trade Relations*, p. 379.

36. Candido Mendes de Almeida (Org.), *Codigo Philippino; ou Ordenações e leis do reino de Portugal recopiladas por mandado d'el rei D. Philippe I...* Rio de Janeiro: Instituto Philomathico, 1870, livro 4, títulos 46, 48, 96; Inv., Henrique José Teixeira Chaves, 1847, APEB, SJ, 04/1447/1916/05, fol. 91; Sandra Lauderdale Graham, "Making the Private Public: A Brazilian Perspective". *Journal of Women's History*, Baltimore, n. 1, pp. 31-2, primavera 2003; Alida C. Metcalf, *Family and Frontier in Colonial Brazil: Santana do Paranaiba, 1580-1822*. Berkeley: University of California Press, 1992, pp. 95-100.

37. Por exemplo, Inv., Bartolomeu Francisco Gomes, 1848, APEB, SJ, 04/1697/2167/06, fol. 4v.

38. John Turnbull, *A Voyage Round the World...* Londres: Maxwell, 1813, p. 32; Pedro Moacir Maia (Org.), *O Museu de Arte Sacra da Universidade Federal da Bahia: Fontes para a história da Igreja no Brasil*. São Paulo: Melhoramentos, [1957], pp. 37-129, 345-57; Robert C. Smith, *Arquitetura colonial bahiana: Alguns aspectos de sua história*. Salvador: Secretaria de Educação e Cultura, 1951 (Publicações do Museu do Estado, n. 14); Jaime C. Diniz, *Mestres de capela da Misericórdia da Bahia, 1647-1810*. Org. de Manuel Veiga. Salvador: Centro Editorial e Didático da UFBA, 1993, pp. 87-110; Jaime C. Diniz, *Organistas da Bahia, 1750-1850*. Rio de Janeiro e Salvador: Tempo Brasileiro e Fundação Cultural do Estado da Bahia, 1986, pp. 50-162.

39. Test. e Codicilo (1º), Innocencio José da Costa, 1805, APEB, SJ, 08/3465/02, fol. 2. Para descrições de alguns outros oratórios, ver Inv., José da Silva Barros,

1823, APEB, SJ, 04/1826/2297/13, fol. 8; Inv., José Gomes da Costa, 1824, APEB, SJ, 04/1783/2253/09, fol. 15; Inv., Joanna Maria da Conceição, 1816, APEB, SJ, 04/1715/2185/01, fol. 5; Inv., Manoel Tavares, 1816, APEB, SJ, 04/1725/2195/09, fol. 102v; Inv., Maria do Carmo, 1817, APEB, SJ, 01/02/02/03, fol. 8; Inv., Ignacio José da Silva, 1817, APEB, SJ, 07/2873/04, fol. 10; Inv., Antonio Moreira de Azevedo, 1834, APEB, SJ, 05/2019/2490/05, fol. 57.

40. Test., 11 jul. 1828, anexo a Inv., Joaquina Maria de Santana, 1829, APEB, SJ, 04/1845/2316/01, fol. 4v; Test., Francisco José de Brito (2º), 1855, APEB, SJ, 03/1354/1823/22, fol. 2 (sobre sua ocupação, ver Francisco Joaquim de Brito para PP-BA, s/d [antes de 16 abr. 1846]), anexo a Câmara para PP-BA, 6 maio 1846, APEB, CP, M. 1399, 1846, doc. 14), Test. e Codicilo (1º), Innocencio José da Costa, 1805, APEB, SJ, 08/3465/02, fol. 1.

41. A. J. R. Russell-Wood, "Prestige, Power, and Piety in Colonial Brazil: The Third Orders of Salvador". *Hispanic American Historical Review*, Durham, v. 69, n. 1, pp. 61-89, fev. 1989; Mattoso, *Bahia, século XIX*, pp. 397-404.

42. Patricia Ann Mulvey, *The Black Lay Brotherhoods of Colonial Brazil*. Nova York: City University of New York, 1976. Tese de doutorado; A. J. R. Russell-Wood, *The Black Man in Slavery and Freedom in Colonial Brazil*. Nova York: St. Martin's, 1982, pp. 128-60; A. J. R. Russell-Wood, "Black and Mulatto Brotherhoods in Colonial Brazil: A Study in Collective Behavior". *Hispanic American Historical Review*, Durham, v. 54, n. 4, pp. 567-602, nov. 1974; Furtado, *Chica da Silva*, pp. 169-70, 174; Julita Scarano, "Black Brotherhoods: Integration or Contradiction?". *Luso-Brazilian Review*, Madison, v. 16, n. 1, pp. 1-17, verão 1979. Sobre admissão para a Santa Casa de Misericórdia, ver A. J. R. Russell-Wood, *Fidalgos and Philanthropists: The Santa Casa de Misericórdia of Bahia, 1550-1755*. Berkeley: University of California Press, 1968, pp. 124-5. Para um exemplo de um "compromisso" de uma irmandade negra, ver Kenneth Mills, William B. Taylor e Sandra Lauderdale Graham (Orgs.), *Colonial Latin America: A Documentary History*. Wilmington, DE: Scholarly Resources, 2002, pp. 280-96. Sobre irmandades similares na América espanhola, ver Nicole von Germeten, *Black Blood Brothers: Confraternities and Social Mobility for Afro-Mexicans*. Gainesville: University Press of Florida, 2006, e as fontes aí descritas.

43. Martyn, op. cit., p. 153; Reis, *Rebelião escrava no Brasil*, pp. 93-205.

44. William Scully, *Brazil: Its Provinces and Chief cities*... Londres: Trübner, 1868, p. 352; João José Reis, "Candomblé in Nineteenth-Century Bahia: Priests, Followers, Clients". *Slavery and Abolition*, [s.l.], v. 22, n. 1, pp. 116-34, 2001; Rachel E. Harding, *A Refuge in Thunder: Candomblé and Alternative Spaces of Blackness*. Bloomington: Indiana University Press, 2000, esp. pp. 22, 23, 33-40, 57, 61-2; Edison (de Souza) Carneiro, *Candomblés da Bahia*. Salvador: Museu

do Estado, 1948 (Publicações n. 8); Ruth Landes, *The City of Women* (1947). Reimp. Albuquerque: University of New Mexico Press, 1994, esp. pp. 37, 226-7; Luís Nicolau Parés, "The 'Nagôization' Process in Bahian Candomblé". In: FALOLA, Toyin; CHILDS, Matt (Orgs.). *The Yoruba Diaspora in the Atlantic World*. Bloomington: Indiana University Press, 2004, pp. 185-208; Roger Bastide, *The African Religions of Brazil: Toward a Sociology of the Interpretation of Civilizations*. Trad. ingl. de Helen Sebba. Baltimore: Johns Hopkins University Press, 1978; Eduardo França Paiva, *Escravidão e universo cultural na colônia: Minas Gerais, 1716-1789*. Belo Horizonte: Ed. da UFMG, 2001, p. 222. Sobre batida de tambores africanos em outras partes do mundo atlântico, ver John Thornton, *Africa and Africans in the Making of the Atlantic World, 1440-1680*. Cambridge: Cambridge University Press, 1992, pp. 226-8.

45. Taunay e Denis, op. cit., v. 4, pp. 65-6; Elwes, op. cit., p. 98; Francisco Michele y Rójas, *Exploración official por la primera vez desde el norte de la America del Sur siempre por rios... de 1855 hasta 1859*. Bruxelas: A, Locroix, Verboeckhoven, 1867, p. 658. Sobre a mentalidade pré-científica refletida em ex-votos, ver Guilherme Pereira das Neves, "O reverso do milagre: Ex-votos pintados e religiosidade em Angra dos Reis (RJ)". *Tempo*, [s.l.], v. 7, n. 14, p. 48, jan./jun. 2003. Mesmo no século XX a polícia brasileira acreditava no poder da magia. Ver Yvonne Maggie, *Medo do feitiço: Relações entre magia e poder no Brasil*. Rio de Janeiro: Arquivo Nacional, 1992.

46. James Wethrell, *Brazil: Stray Notes from Bahia, Being Extracts from Letters, etc., during a Residence of Fifteen Years*. Liverpool: Webb and Hunt, 1860, p. 19. Referências a bentinhos são frequentes em documentos contemporâneos; ver, por exemplo, Inv., Joanna Maria de Assumpção, 1792, APEB, SJ 07/3195/07, fol. 7v; Test., Rosa Maria da Conceição, 1805, APEB, SJ, 07/3243/39, fol. 1; Treslado de Test., 16 jan. 1823, em Inv. e Test., Ana de São José da Trindade, 1823, APEB, SJ, 04/1840/2311/02, fol. (primeira parte) 6v; Inv., Ana Joaquina de Jesus, 1800, APEB, SJ, 04/1710/2180/02, fols. 4-4v.

47. Rolf Reichert, Org. e Trad., *Os documentos árabes do Arquivo do Estado da Bahia*. Salvador: Centro de Estudos Afro-Orientais, Universidade Federal da Bahia, 1970 (Publicações n. 9); Reis, *Rebelião escrava no Brasil*, pp. 180-2. Ver ilustrações em Carlos Julião, *Riscos iluminados de figurinhos de brancos e negros dos uzos do Rio de Janeiro e Serro do Frio*. Intr. de Lygia da Fonseca Fernandes da Cunha. Rio de Janeiro: Biblioteca Nacional, 1960, prancha 33; e Ewbank, op. cit., p. 27. Ver também Laura de Mello e Souza, *O diabo e a Terra de Santa Cruz: Feitiçaria e religiosidade popular no Brasil colonial*. São Paulo: Companhia das Letras, 1986, pp. 210-1, 214, 214n, 219-21; Eduardo França Paiva, "Celebrando a alforria: Amuletos e práticas culturais entre as mulheres negras e mestiças do

Brasil". In: JANCSÓ, Istvan; KANTOR, Iris (Orgs.), *Festa: Cultura e sociabilidade na América portuguesa*. São Paulo: Hucitec e Edusp, 2001, p. 509n; e Márcio Sousa Soares, "Cirurgiões negros: Saberes africanos sobre o corpo e as doenças nas ruas do Rio de Janeiro durante a primeira metade do século XIX". *Locus: Revista de História*, Juiz de Fora, v. 8, n. 2, pp. 44-50, 2002; Maximiliano, op. cit., v. 3, p. 114 (ver também Tollenare, op. cit., p. 298).

48. Peter Brown, "A More Glorious House". *New York Review of Books*, Nova York, v. 44, n. 9, 29 maio 1997.

49. Charles R. Boxer, *Portuguese Society in the Tropics: The Municipal Councils of Goa, Macao, Bahia, and Luanda*. Madison: University of Wisconsin Press, 1965, pp. 6-7. Em 1696, o rei encarregou a Relação de Salvador da tarefa de decidir quem seria elegível; ver Affonso Ruy, *História da Câmara Municipal da cidade de Salvador*. 2. ed. Salvador: Câmara Municipal de Salvador, 1996, p. 46. O grau em que um governador podia então influenciar ou mesmo determinar a escolha dos membros da câmara está sujeito a alguma controvérsia entre os historiadores: confrontar Boxer, op. cit., pp. 74-5, 75n, 177-9, com Eulália Maria Lahmeyer Lobo, *Processo Administrativo Ibero-Americano* (*Aspectos socioeconômicos: Período colonial*). Rio de Janeiro: Biblioteca do Exército Editora, 1962, p. 397.

50. F. W. O. Morton, *The Conservative Revolution of Independence: Economy, Society and Politics in Bahia, 1790-1840*. Oxford: Universidade de Oxford, 1974. Tese de doutorado, pp. 65-6; Mattoso, *Bahia, século XIX*, p. 256. Sobre o eleitorado amplo, ver Richard Graham, *Clientelismo e política no Brasil do século XIX*. Trad. Celina Brundt. Rio de Janeiro: Ed. da UFRJ, 1997, pp. 142-9.

51. PP-BA para Câmara, 31 jan. 1829, AMS, 111.7, fol. 116; Silva, *Memórias históricas*, v. 4, pp. 249-50.

52. Câmara para Governador, 8 jun. 1807, AHU, Cat. 29.987; PP-BA para MI, 19 jan. 1850, AN, SPE, IJJ[9] 339, 1850.

2. A RUA E A VENDA [pp. 63-90]

1. Licenças, 1807, AMS, 88.4, fol. 219; Treslado de Test., 16 jan. 1823, em Inv., Ana de São José da Trindade, 1823, APEB, SJ 04/1840/2311/02, fols. 4-9v.

2. Inv., Ana de São José da Trindade, 1823, APEB, SJ 04/1840/2311/02, fols. 5v-8v e (segunda paginação) fols. 11, 25. Seu patrimônio perfazia 2:711$475 depois dos custos de funeral, ou 2:792$819 depois da correção monetária para valores de 1824 (ver Apêndice A). Daí em diante, os números monetários entre parênteses ou colchetes referem-se a valores de 1824. Sobre rosários no Brasil,

ver Elisabeth W. Kiddy, *Blacks of the Rosary: Memory and History in Minas Gerais, Brazil*. University Park: Pennsylvania State University Press, 2005, pp. 16-9. Para uma visão diferente sobre a mobilidade dos negros, ver Rachel E. Harding, *A Refuge in Thunder: Candomblé and Alternative Spaces of Blackness*. Bloomington: Indiana University Press, 2000, p. 15, e as obras por ela citadas. Sobre mulheres penhoristas na América espanhola, ver Jane E. Mangan, *Trading Roles: Gender, Ethnicity, and the Urban Economy in Colonial Potosi*. Durham: Duke University Press, 2005, p. 108.

3. Test., cópia anexa a Inv., e o próprio Inv., Antônio José Pereira Arouca, 1825, APEB, SJ, 04/1717/2187/02, fols. 4, 15v-16; Licença 23 set. 1815, AMS, 88.5, fol. 156 (listado como Antonio José Pereira Rouca).

4. Câmara para PP-BA, 30 set. 1851, APEB, CP, M. 1401; PP-BA (Francisco Gonçalves Martins), *Falla*, 1º mar. 1852, pp. 18-9; Câmara para PP-BA, 22 ago. 1854, APEB, CP, M. 1402; Comissão encarregada, Praça de S. João, [Relatório], 21 jan. 1857, cópia anexa em Câmara para PP-BA, 22 jan. 1857, APEB, CP, M. 1403; José Antonio de Araújo para PP-BA, 8 jun. 1878, e anexos, APEB, CP, M. 4632.

5. Maximiliano, op. cit., v. 3, p. 129; 1º Livro das Denunciações na Visitação do Santo Ofício, Bahia, ANTT, Manuscritos do Brasil, livro 16 (1591), citado em Luiz Mott, "Subsídios à história do pequeno comércio no Brasil". *Revista de História*, São Paulo, n. 105, p. 87, 1976; A. C. de C. M. Saunders, *A Social History of Black Slaves and Freedmen in Portugal, 1441-1555*. Cambridge: Cambridge University Press, 1982, pp. 77-8.

6. Richard Lander e John Lander, *Journal of Expedition to Explore the Course and Termination of the Niger with a Narrative of a Voyager Down That River to Its Termination*. (1832) Reimp. Nova York: Harper, 1854, v. 2, pp. 202-4; Joachim John Monteiro, *Angola and the River Congo*. Londres: Macmillan, 1875, v. 2, pp. 25, 27-9. Ver também Robert A. Le Vine, "Sex Roles and Economic Change in Africa". In: MIDDLETON, John (Org.). *Black Africa: Its People and Their Culture Today*. Londres: Macmillan, 1970, pp. 177, 179; Niara Sudarkasa, *Where Women Work: A Study of Yoruba Women in the Marketplace and in the Home*. Ann Arbor: Museum of Anthropology, University of Michigan, 1973, pp. 25-32 (Anthropological Papers, n. 53); Toyin Falola, "Gender, Business, and Space Control: Yoruba Market Women and Power". In: HOUSE-MIDAMBA, Bessie; EKECHI, Felix K. (Orgs.). *African Market Women and Economic Power: The Role of Women in African Economic Development*. Westport, CT: Greenwood, 1995, pp. 25-7 (Contributions in Afro-American and African Studies, n. 174); Selma Pantoja, "A dimensão atlântica das quitandeiras". In: FURTADO, Júnia Ferreira (Org.), *Diálogos oceânicos: Minas Gerais e as novas abordagens para uma história do Império ultramarino português*. Belo Horizonte: Ed. da UFMG, 2001, pp. 45-67 (Humanitas, n.

67). Há uma extensa literatura sobre vendedores de rua por todo o mundo atlântico e além.

7. AMS, 88.1, fols. 198-201; AMS, 88.4, fols. 211-212v; AMS, 88.5, fols. 266--267v; AMS, 7.1, fols. 15-21. Agradeço a Gail Sanders por me assistir na coleta desses dados.

8. Inv., José Pinto de Almeida, 1830, APEB, SJ, 04/1729/2199/03, fols. 118, 128, 328 (sobre Genoveva); Inv. (1º), José Caetano de Aquino, 1833, APEB, SJ, 05/2003/2474/03, fol. 47; Inv., Manoel José Dias, 1836, APEB, SJ, 05/1958/2430/08, fols. 11v-12. Os arquivos estão repletos de inventários patrimoniais que falam de possuir vendedores a serem mandados para as ruas, mas nem sempre está claro se eles trabalhavam diretamente para o proprietário ou eram alugados para terceiros; ver, por exemplo, os três seguintes: Inv. e Test., José Antonio Correia, 1838, APEB, SJ, 04/1602/2071/02, fol. 8; Inv., Manuel Gonçalves Ferreira, 1820, APEB, SJ, 04/1732/2201/03; Inv., José da Silva Barros, 1823, APEB, SJ, 04/1826/2297/13, fol. 7v; sobre riqueza substancial de alguns desses proprietários, ver Licenças, 1789, AMS, 88.1, fol. 214v, e Inv., Rosa Maria de Jesus, 1808-11, APEB, SJ, 01/269/514/02, fol. 18v; Inv., Maria do Carmo, 1817, APEB, SJ, 01/02/02/03; e Inv., Tomasia Maria do Sacramento, 1823, APEB, SJ, 04/1590/2059/02, fol. 4v. A prática de possuir escravos para vender nas ruas também era comum em outras cidades brasileiras; ver Mary C. Karasch, *Slave Life in Rio de Janeiro, 1808-1850*. Princeton, NJ: Princeton University Press, 1978, p. 206; Maria Odila Leite da Silva Dias, *Quotidiano e poder em São Paulo no século XIX: Ana Gertrudes de Jesus*. São Paulo: Brasiliense, 1984, pp. 92-7.

9. Madre Maria Thereza Marianna, "Religiosa do Desterro", e Madre Julianna Tereza, "do Convento do Desterro", estavam listadas entre aquelas que tiraram licenças para seus escravos como vendedores: Licenças, 1789, AMS, 88.1, fols. 210 e 213v. Ver também Susan A. Soeiro, "The Social and Economic Role of the Convent: Women and Nuns in Colonial Bahia, 1677-1800". *Hispanic American Historical Review*, Durham, v. 54, n. 2, p. 231, maio 1974; e Nascimento, op. cit., p. 73.

10. Inv. (1º), José Caetano de Aquino, 1833, APEB, SJ, 05/2003/2474/03, fols. 46-46v.

11. João Rodrigues de Brito, "Carta I", em Brito et al., op. cit., p. 28; sobre Ludovica ver Inv. (1º), José Caetano de Aquino, 1833, APEB, SJ, 05/2003/2474/03, fol. 46v.

12. Lima, "A Bahia ha 66 anos", p. 94; Robert Dundas, *Sketches of Brazil Including New Views of Tropical and European Fever with Remarks on a Premature Decay of the System Incident to Europeans on Their Return from Hot Climates*. Londres: John Churchill, 1852, p. 202. Ver também Kidder, op. cit., v. 2, p. 19; e Prior, op. cit., p. 101.

13. Maximiliano, op. cit., v. 3, pp. 171-2, 284; Canstatt, op. cit., p. 199; Inv. (1º), José Caetano de Aquino, 1833, APEB, SJ, 05/2003/2474/03, fol. 24, e Inv. (2º), José Caetano de Aquino, 1836, APEB, SJ, 05/1962/2434/04, fols. 14, 61.

14. Maximiliano, op. cit., v. 3, p. 172; Posturas approvadas pela Assembleia Legislativa, 18 maio e 17 jun. 1859, AMS, 115.9, fol. 111. Para medida similar adotada para a área em torno das igrejas do Bonfim e Monte Serrat, ver Edital, 1º out. 1855, anexo a Câmara para PP-BA, 20 maio 1857, APEB, CP, M. 1403, e PP-BA para Câmara, 10 out. 1855, AMS, 111.12, fol. 262. Ver também Graham (Lady Maria Calcott), op. cit., p. 133.

15. Câmara para PP-BA, 20 ago. 1831, AMS, 111.8, fol. 100; PP-BA para Câmara, 22 ago. 1831, AMS, 111.7, fol. 244; carta de "Philopolito", em *O tolerante na Bahia*, 25 abr. 1839, p. 1, col. 1, em Arquivo Histórico do Exército, Rio de Janeiro, D-26-709 (Hendrik Kraay copiou gentilmente esse documento para mim). Sobre mendigos na câmara municipal, ver Walter Fraga Filho, *Mendigos, moleques e vadios na Bahia do século XIX*. São Paulo e Salvador: Hucitec e EDUFBA, 1996, pp. 148-9.

16. Vilhena, op. cit., v. 1, p. 93. Sobre outras locações subsequentes de quitandas, ver Câmara, Edital, 25 maio 1822, AMS, 116.6, fol. 63v; Câmara para PP-BA, 22 fev. 1826, AMS, 111.6, fols. 201v-202; PP-BA para Câmara, 30 jan. 1826, AMS, 111.7, fol. 18; AMS, 7.1, fols. 71-118; e *Jornal da Bahia*, 13 jan. 1854, citado em Verger, *Trade Relations*, p. 444.

17. Câmara para Governador, 18 jul. 1798, APEB, CP, M. 201-14, doc. 64; Câmara para Fiscal Geral, 4 jul. 1835, AMS, 116.8, fol. 24. Esta foi também a motivação em Minas Gerais; ver Figueiredo, op. cit., p. 69. Sobre o uso de equivalente de barracas em outros países, ver Fernando Iwasaki Cauti, "Ambulantes y comercio colonial: Iniciativas mercantiles en el virreinato peruano". *Jahrbuch für Geschichte von Staat, Wirtschaft und Gesellschaft Lateinamerikas*, [s.l.], n. 24, pp. 184, 200, 1987; Judith Marti, "Nineteenth-Century Views of Women's Participation in Mexico's Markets". In: SELIGMANN, Linda J. (Org.). *Women Traders in Cross-Cultural Perspective: Mediating Identities, Marketing Wares*. Stanford, CA: Stanford University Press, 2001, pp. 26-9, 41-3; e Gracia Clark, *Onions Are My Husband: Survival and Accumulation by West African Market Women*. Chicago: University of Chicago Press, 1994, pp. 12-3. Sobre o uso da palavra "quitanda" em Luanda, ver Monteiro, *Angola and the River Congo*, v. 2, p. 25.

18. Antônio Calmon du Pin, Proposta [de lei] ao Conselho Geral da província, 2 dez. 1828, APEB, CP, M. 1070-4; Atas, Sessão 13 jan. 1829 e Sessão 17 jan. 1829, APEB, SL, 197, fols. 18v-19, 21-21v (ver também fol. 41v); Chefe da Polícia para PP-BA, 27 nov. 1835, citado em Reis, *Rebelião escrava no Brasil*, p. 508; Câmara para PP-BA, 17 out. 1838, APEB, CP, M. 1397, doc. 50; PP-BA para Câmara,

25 out. 1838, AMS, 111.10, fol. 71v; Lei 374, 12 nov. 1849, em Bahia, *Colleção das leis e resoluções da Assemblea Legislativa e regulamentos do governo da provincia da Bahia*, Câmara para PP-BA, 26 mar. 1857, e resposta a lápis do presidente, APEB, CP, M. 1403, bem como a correspondência correlacionada, Câmara para PP-BA, 20 fev., 14 mar. e 2 jun. 1857, em ibid. Ver também Manuela Carneiro da Cunha, *Negros, estrangeiros: Os escravos libertos e sua volta à África*. 2. ed. Rev. e ampl. São Paulo: Companhia das Letras, 2012, pp. 123-5. Similares às exceções dos anos 1820 para vendedores de rua em Salvador eram os prevalecentes na Jamaica do século XVIII; ver Sidney W. Mintz, *Caribbean Transformations*. (1974) Reimp. Baltimore: Johns Hopkins University Press, 1984, pp. 197-8, 205.

19. Sobre itens não alimentícios comercializados por vendedores de rua, ver Bando [n. 18], 12 set. 1788, BN/SM, II-33, 34, 1; Câmara para Governador, 29 out. 1800, AMS 111.4, fol. 176v; Maximiliano, op. cit., v. 3, pp. 167, 172; Protesto de Rita de Cássia de Jesus Ramalho, 1854, citado em Cecília Moreira Soares, "As ganhadeiras: Mulher e resistência em Salvador no século XIX". *Afro-Ásia*, Salvador, n. 17, pp. 69, 1996. Sobre carne fresca, ver Câmara para Almotacéis, 21 mar. 1818, e Câmara, Edital, 23 jul. 1823, AMS 116.6, fols. 7 e 81 (citação); portaria proposta anexa em Câmara para PP-BA, 18 ago. 1847, APEB, CP, M. 1400; Postura anexa em Câmara para PP-BA, 18 ago. 1847, AMS, 111.11, fol. 227; Posturas aprovadas pela Assembleia Geral, 18 maio e 17 jun. 1859, AMS, 115-9, fol. 111.

20. Câmara, Edital, 21 fev. 1824, AMS, 116.6, fols. 86v-87; e Câmara para PP-BA, 28 fev. 1824, AMS, 111.6, fol. 181. Essa ainda era a regra em 1855; Câmara para PP-BA, 18 set. 1855, e anexos, APEB, CP, M. 1402. Não encontrei nenhuma referência a aumento de demanda por peixe durante a quaresma. Embora a carne fosse geralmente proscrita pela Igreja durante a quaresma, havia tantas exceções que parece provável que fizesse pouca diferença em Salvador. Para as exceções, ver Sebastião Monteiro da Vide, *Constituições primeiras do arcebispado da Bahia, feitas e ordenadas pelo...* São Paulo: Typographia "2 de Dezembro" de Antonio Louzada Antunes, 1853, livro 2, tít. 16, parágrafos 394, 396, 397; tít. 18, parágrafos 406, 408, 410; e tít. 20, parágrafo 412.

21. Maximiliano, op. cit., v. 3, p. 284.

22. Edital que o Conselho Geral [da Provincia] reputou Postura, 14 ago. 1829, art. 15, AMS 119.5, fol. 9v; Vilhena, op. cit., pp. 93, 129; Admin. do Curral para Câmara, 9 nov. 1829, AMS, ncat., Correspondência recebida, Curral, 1829. Para outro exemplo de carne furtada, ver Admin. do Curral para Câmara, 4 maio 1816, AMS, 33.2, fols. 146v-147.

23. James Wetherell, *Brazil: Stray Notes from Bahia, Being Extracts from Letters, etc., during a Residence of Fifteen Years*. Liverpool: Webb and Hunt, 1860, p. 21; Vilhena, op. cit., pp. 93, 130. Sobre carne de baleia, ver também Taunay e

Denis, op. cit., v. 4, p. 53; Tollenare, op. cit., pp. 293, 340; Kidder, op. cit., v. 2, p. 24; Daniel Parish Kidder e James Cooley Fletcher, *Brazil and the Brazilians Portrayed in Historical and Descriptive Sketches.* Filadélfia: Childs and Peterson, 1857, p. 485; e Myriam Ellis, *A baleia no Brasil colonial.* São Paulo: Melhoramentos; Edusp, 1969, pp. 41-2.

24. Manuel Querino, "Dos alimentos puramente africanos". In: CARNEIRO, Edison (de Souza) (Comp.). *Antologia do negro brasileiro.* Rio de Janeiro: Edições de Ouro, 1967, pp. 449-53; Robert W. Slenes, *Na senzala uma flor: Esperanças e recordações na formação da família escrava — Brasil sudeste, século XIX.* Rio de Janeiro: Nova Fronteira, 1999, pp. 190-4. Sobre condimentos, ver Carlos Ott, op. cit., v. 1, p. 145. Ver também Ruth Landes, *The city of women* (1947). Reimp. Albuquerque: University of New Mexico Press, 1994, p. 119. Tabus religiosos atuais referentes a comida, mesmo quando preparada para venda pública, são mencionados no *Correio da Bahia*, 26 nov. 2001, p. 2. Sobre cozinhar na própria rua, ver Prinz von Maximilian Wied, op. cit., p. 469.

25. Ellena, citada por Reis, *Rebelião escrava no Brasil*, p. 373. As obras de vários autores foram úteis para a redação deste parágrafo: Reis, "A greve negra", pp. 11-2; Marco Aurélio A. de Filgueiras Gomes, "Escravismo e cidade: Notas sobre a ocupação da periferia de Salvador no século XIX", *Rua: Revista de Arquitetura e Urbanismo*, [s.l.], v. 3, n. 4-5, p. 10, jun./dez. 1990; Sidney W. Mintz, "The Role of the Middleman in the Internal Distribution System of a Caribbean Peasant Economy". *Human Organization*, [s.l.], v. 15, n. 2, pp. 21, verão 1956; Mintz, *Caribbean Transformations*, p. 213; Clifford Geertz, *Peddlers and Princes.* Chicago: University of Chicago Press, 1963, pp. 32-3; Clifford Geertz et al., *Meaning and Order in Moroccan Society: Three Essays in Cultural Analysis.* Cambridge: Cambridge University Press, 1979, pp. 222, 225, 227; Craig Muldrew, *The Economy of Obligation: The Culture of Credit and Social Relations in Early Modern England.* Londres e Nova York: Macmillan e St. Martin's, 1998, p. 43; e Clark, op. cit., pp. 128-40. Também recorri à minha própria experiência de barganhar no interior do Brasil.

26. Anúncios de três escravos fugitivos aparecem no *Jornal da Bahia*, 10 fev. 1854, 4 mar. 1857, 18 maio 1854, citados em Verger, *Trade Relations*, p. 444; Johann Moritz Rugendas, *Malerische Reise in Brasilien.* (1835) Ed. fac-sim. Stuttgart: Daco-Verlag, 1986, 2ᵉ Div., prancha 8; Elwes, op. cit., p. 94; Maximiliano, op. cit., v. 3, p. 144; Canstatt, op. cit., p. 192; Majoribanks, op. cit., p. 46.

27. Avé-Lallemant, op. cit., p. 24 (citação); Inv., Ana de São José da Trindade, 1823, APEB, SJ 04/1840/2311/02, fol. (segunda parte) 20; Test. Rosa Maria da Conceição, 1805, APEB, SJ, 07/3243/39; Silvia Hunold Lara, "Signs of Color: Women's Dress and Racial Relations in Salvador and Rio de Janeiro, *c.* 1750-

-1815", *Colonial Latin American Review*, [s.l.], v. 6, n. 2, p. 213, 1997. Sobre escravos sempre andarem descalços, ver (entre muitas fontes) Grant, op. cit., p. 236, e Majoribanks, op. cit., p. 42.

28. Rugendas, *Malerische Reise*. 2e Div., prancha 8; Johan Brelin, *De passagem pelo Brasil e Portugal em 1756*. Lisboa: Casa Portuguesa, 1955, p. 104; Tollenare, op. cit., p. 298; Candler e Burgess, op. cit., p. 53. Para exemplos de joias, ver a magnífica ilustração em Edward J. Sullivan (Org.), *Brazil: Body and Soul*. Nova York: Guggenheim Museum, 2001, pp. 272-81.

29. Ana de Lourdes Ribeiro da Costa, "Moradia de escravos em Salvador no século XIX". *Clio: Revista de Pesquisa Histórica*, Recife, n. 11, p. 99, 1988 (Série História do Nordeste). Segundo tese desta mesma autora (conforme aparece em Fraga Filho, op. cit., p. 26), 30% daqueles que moravam nesses quartos em porões numa paróquia central eram escravos ao ganho que viviam por conta própria, e 79% eram negros ou mulatos. Um locatário africano de um quarto desses é mencionado em Inv., José Pedro Torres, 1829, APEB, SJ, 04/1710/2180/06, fols. 42, 44. Ver também Reis, *Rebelião escrava no Brasil*, p. 129.

30. Inv., Ana de São José da Trindade, 1823, APEB, SJ 04/1840/2311/02, fol. (segunda parte) 10-11, 19v.

31. Licenças, 1819, AMS, 88.5, fol. 176v; Test., Rosa Maria da Conceição, 1838, APEB, SJ, Registro de Testamentos, livro 27, fols. 148v-150; registros sobre Maria da Cruz em Irmão Mordomo dos presos pobres para Provedor e Mesários, 28 nov. 1852, ASCM, Despesa desencadernada, 1852/53, M. 339; Test., Maria da Cruz, [assinado 1849] 1853, APEB, SJ, 05/2105/2575/41, fol. 2.

32. Maria Inês Côrtes de Oliveira, *O liberto: O seu mundo e outros* (*Salvador 1790-1890*). São Paulo e Brasília: Corrupio e CNPq, 1988, p. 36 (Baianada, n. 7); Sheila de Castro Faria, "Mulheres forras: Riqueza e estigma social". *Tempo*, [s.l.], n. 9, pp. 65-92, jul. 2000; Faria, *Sinhás pretas*; Furtado, *Chica da Silva*, p. 105-11, 129-31, 135, 139-41, 144, 151-2. Ver também Mattoso, *Testamentos de escravos*, pp. 11-2. Sobre a riqueza de um homem liberto africano no Rio de Janeiro, ver Zephyr Frank, *Dutra's World: Wealth and Family in Nineteenth-Century Rio de Janeiro*. Albuquerque: University of New Mexico Press, 2004, pp. 131-40.

33. Subdelegado do Curato da Sé para Chefe de Polícia, 11 dez. 1871, APEB, CP, M. 6241, 1871, caderno 4 (devo essa referência a Sandra Lauderdale Graham); Inv., Benedita Maria Carneiro, 1798, APEB, SJ, 04/1604/2073/03, fols. 1-15v (ela própria tirou uma licença de vendedora de rua em 1789; Licenças, 1789, AMS, 88.1, fol. 212v); Fraga Filho, op. cit., p. 69.

34. Inv., conta de cirurgião em José Pinto de Almeida, 1830, APEB, SJ, 04/1729/2199/03, fol. 231; anúncios de fugitivos no *Jornal da Bahia*, 10 fev. 1854, e 4 mar. 1857, citados em Verger, *Trade Relations*, p. 444; Inv., José Botelho de Si-

queira, 1821, APEB, SJ, 03/1093/1562/01, fol. 3. Ver também doenças descritas em inventários post mortem mencionados por Andrade, op. cit., p. 154. Sobre o abandono de escravos enfermos, ver Russell-Wood, *The Black Man in Slavery*, p. 46.

35. "No esquife denominado Bangué", Escrivão da Santa Casa de Misericórdia, Atestado, 4 fev. 1835, em Inv., José Pinto de Almeida, 1830, APEB, SJ, 04/1729/2199/03, fol. 240v; João José Reis, *A morte é uma festa: Ritos fúnebres e revolta popular no Brasil do século XIX*. São Paulo: Companhia das Letras, 1991, pp. 146-7, 193-200.

36. Juiz de Paz (Vitória) para PP-BA, [?] set. 1832, e anexos, especialmente Delegado (Districto do rio Vermelho) para Juiz de Paz, 24 maio 1832; idem., Depoimento, 4 jun. 1832; interrogatório de Maria Joaquina de Santa Anna, 22 jun. 1832, nas dependências do Juiz de Paz; A Justiça contra Maria Joaquina de Santa Anna (registro de tribunal), e petição de Maria Joaquina de Santa Anna para ser liberada sob fiança, tudo em APEB, SJ, Juízes de Paz, 1ª Vara, Cx. 1048, M. 2682 [pasta 4]. Ver também Brazil, *Código criminal do Império*, arts. 202 e 280, para base legal das acusações contra Maria Joaquina.

37. Ver Sandra Lauderdale Graham, "O impasse da escravatura: Prostitutas escravas, suas senhoras e a lei brasileira de 1871". Trad. Mariana Erika Heynermann. *Acervo: Revista do Arquivo Nacional*, Rio de Janeiro, v. 9, n. 1-2, pp. 48-52; Alexandra Kelly Brown, *"On the Vanguard of Civilization": Slavery, the Police, and Conflicts between Public and Private Power in Salvador da Bahia, Brazil, 1835-1888*. Austin: Universidade do Texas em Austin, 1998. Tese de doutorado, pp. 224-37.

38. Câmara ao PP-BA, 29 out. 1800, AMS, 111.4, fol. 176; Câmara, Edital, 9 mar. 1822, AMS, 116.6, fols. 60-60v.

39. Inv., Manoel Ferreira Dias, 1807, APEB, SJ, 04/1771/2241/10, fol. 11; Inv., José Pinto de Almeida, 1830, APEB, SJ, 04/1729/2199/03, fols. 21-21v; Inv. e Test., Antonio José Ferreira Sampaio, 1834, APEB, SJ, 05/1999/2470/05, fols. 2, 8; *Correio Mercantil* (Salvador), 26 out. 1835; anexo a APEB, SJ, Auto crimes, 09/313, M. 3181, doc. 1, p. 4, col. 2; Inv. e Test., Antonio José Pinto (2º), 1855 [1854], APEB, SJ, 05/2152/2621/03, fol. 1. Cf. o uso francês da palavra "chez" ou do termo em inglês "merchant house" [casa mercante]. Embora as lojas fossem licenciadas, não encontrei evidência (exceto para açougues) de que a cidade especificasse onde podiam se localizar, diferentemente de Potosi, na Bolívia (Mangan, op. cit., pp. 48-57).

40. Para o uso intercambiável das palavras "venda" e "armazém" para lojas que vendiam apenas gêneros alimentícios e bebidas, ver Inv., José Pinto de Almeida, 1830, APEB, SJ, 04/1729/2199/03, fols. 15, 21, 25, 43; e Commodidades que o marechal de campo graduado Luiz Paulino de Oliveira Pinto de França

offerece para o estabelecimento de uma feira, em "Decreto", 9 ago. 1819, LB, 1819. Sobre o uso intercambiável de "venda" e "tenda", ver Inv., Ana Joaquina de Jesus, 1800, APEB, SJ, 04/1710/2180/02, fols. 7-7v. Sobre a definição em dicionário de "tenda", ver Rafael Bluteau, *Diccionario da língua portugueza*, versão Antonio de Moraes Silva. Lisboa: Simão Thaddeo Ferreira, 1789. Sobre o uso de "venda" e "taverna" para o mesmo estabelecimento, ver Inv., Antonio Lopes da Silva, 1827, APEB, SJ, 04/1702/2172/05, fols. 7 e 22; e Inv., Bartolomeu Francisco Gomes, 1848, APEB, SJ, 04/1697/2167/06. Mesmo os termos "armazém" e "taberna" não são discriminados em Câmara para PP-BA, 23 mar. 1830, AMS, 111.8, fol. 9. Algumas vezes a palavra "loja" era usada (por exemplo, Inv., Henrique José Teixeira Chaves, 1847, APEB, SJ, 04/1447/1916/05, fol. 14), mas apenas raramente para uma loja que vendesse gêneros alimentícios, em contraste com a situação em Minas Gerais, conforme descrito em Júnia Ferreira Furtado, *Homens de negócio: A interiorização da metrópole e do comércio nas Minas setecentistas*. São Paulo: Hucitec, 1999, pp. 241-3 (cf. Figueiredo, op. cit., p. 41).

41. Inv., José Pinto de Almeida, 1830, APEB, SJ, 04/1729/2199/03, fol. 19v (citação); Inv., Antonio Lopes da Silva, 1827, APEB, SJ, 04/1702/2172/05, fol. 22; Inv., José Pereira de Carvalho, 1846, APEB, SJ, 03/1063/1532/05, fol. 11; Inv., Manoel Ferreira dias, 1830, APEB, SJ, 04/1771/2241/10 (fui conduzido a esta última referência por Hendrik Kraay).

42. Testemunho de Antonio Pedro de Alcantara, 1822, em "Documentos relativos ao governo da Bahia, 1822", em APEB, *Anais*, n. 27, p. 134, 1941. Sobre a natureza perecível dos bens nas vendas, ver Inv., Bartolomeu Francisco Gomes, 1848, APEB, SJ, 04/1697/2167/06, fol. 5, e José Pinto de Almeida, 1830, APEB, SJ, 04/1729/2199/03, fol. 21. Mappa de importação... a Bahia... anno de 1809, AN, SPE, IJJ[9] 319, fol. 15, mostra que 17,5% de todas as importações de Portugal para Salvador entre 1796 e 1811 consistiam em gêneros alimentícios. Ver também José Jobson de A. Arruda, *O Brasil no comércio colonial*. São Paulo: Ática, 1980, tabela 20B, p. 200.

43. Inv., Balthazar de Andrade Bastos, 1865, APEB, SJ, 05/1965/2437/06, fol. 5.

44. Lima, "A Bahia ha 66 anos", p. 96; Grant, op. cit., p. 233. Ver também D'Orbigny, op. cit., p. 105.

45. Inv., José Pinto de Almeida, 1830, APEB, SJ, 04/1729/2199/03, fols. 8v-9v.

46. AMS, 88.1, fols. 198-201; AMS, 88.4, fols. 211-212v; AMS, 88.5, fols. 266--267v. Agradeço mais uma vez a Gail Sanders por me assistir em reunir esses dados. Sobre mulheres e vendas em Minas Gerais durante o século XVIII, cf. Furtado, *Homens de negócio*, p. 256, com Figueiredo, op. cit., pp. 55-6.

47. Inv., Ana Rosa de Jesus, 1796, APEB, SJ, 04/1586/2055/07, fol. 5v; *Cidade d'Ouro*, 1815 (n. 72), 1816 (n. 76), 1819 (n. 34, 46) e 1823 (n. 12), todos citados

em Maria Beatriz Nizza da Silva, "Mulheres e patrimônio familiar no Brasil no fim do período colonial". *Acervo*, Rio de Janeiro, v. 9, n. 1-2, p. 97, dez. 1996 (a mesma informação é encontrada em Maria Beatriz Nizza da Silva, "Mulheres brancas no fim do período colonial". *Cadernos Pagu*, n. 4, p. 80, 1995; Correição feita no sitio da Fonte de s. Pedro, 26 jun. 1780, AMS, 45.2, fol. 198v; e Soares, "As ganhadeiras", p. 68.

48. Inv., Ana Joaquina de Jesus, 1800, APEB, SJ, 04/1710/2180/02; Inv., Florinda de Aragão, 1805, APEB, SJ, 04/1766/2336/07.

49. Sobre proprietário brasileiro de loja, ver Inv., Bartolomeu Francisco Gomes, 1848, APEB, SJ, 04/1697/2167/06, fols. 6, 7; sobre proprietário de loja escravo, ver João José Reis, "Domingos Pereira Sodré: Um sacerdote africano na Bahia oitocentista", *Afro-Ásia*, Salvador, n. 34, p. 266, 2006; sobre o "Corpo Comercial", ver Ignacio Madeira de Mello (comandante militar) para El-Rey, 2 abr. 1822, AHM, 2ª Div., 1ª Sec., Cx. 39, n. 1.

50. Francisco de Sierra y Mariscal, "Idéas geraes sobre a revolução do Brazil [sic] e suas consequências", *ABNRJ*, Rio de Janeiro, n. 43-4, 1920-1, pp. 55-6; Henry Koster, *Travels in Brazil in the Years from 1809 to 1815*. Londres: Longman Hurst, Reese, Orme and Brown, 1816, p. 170. Ver também Stuart B. Schwartz, "The Formation of a Colonial Identity in Brazil". In: CANNY, Nicholas; PAGDEN, Anthony (Orgs.). *Colonial Identity in the Atlantic World, 1500-1800*. Princeton, NJ: Princeton University Press, 1987, pp. 19, 24.

51. Test. (1º) e Codicilo, Inocencio José da Costa, 1805, APEB, SJ, 08/3465/02, fol. 1; Test., Joaquin José de Oliveira, 25 jun. 1831, APEB, SJ, Registro de Testamentos, Livro 20, fols. 102-102v; Test., 24 set. 1856, anexo a Inv., Antonio Pinto Rodrigues da Costa, 1860/62, APEB, SJ, 06/2873/07, fols. 1 e 6v. Sobre a ação da turba, ver F. W. O. Morton, *The Conservative Revolution*, pp. 299-307, 321; João José Reis, "A elite baiana face os movimentos sociais, Bahia: 1824-1840", *Revista de História*, São Paulo, v. 54, n. 108, pp. 347-51, 363-7, dez. 1976. Sobre a situação comparável em Pernambuco, ver Jeffrey C. Mosher, *Political Struggle, Ideology, and State Building: Pernambuco and the Construction of Brazil, 1817-1850*. Lincoln: University of Nebraska Press, 2008, pp. 197-201.

52. Inv., Luiz Antonio Soares, 1808, APEB, SJ, 05/2033/2504/10, fol. 13; Inv., Manoel Tavares, 1816, APEB, SJ, 04/1725/2195/09, fols. 43v, 59; Lima, "A Bahia ha 66 anos", p. 96.

53. Inv., Bartolomeu Francisco Gomes, 1848, APEB, SJ, 04/1697/2167/06, fols. 3, 4; Test., Joaquim José de Oliveira, 25 jun. 1831, APEB, SJ, Registro de Testamentos, Livro 20, fol. 100; e Inv. (2º), Joaquim José de Oliveira, 1831 e 1832, APEB, SJ, 02/875/1344/03, fol. 8. Encontrei apenas uma referência a uma funcionária mulher negra (Termo de exame, anexo a Almotacel para Governador, 19 nov. 1801,

APEB, CP, M. 209-1), em contraste com a situação em Minas Gerais; ver Mafalda P. Zemella, *O abastecimento da capitania de Minas Gerais no século XVIII*. 2. ed. São Paulo: Hucitec; Edusp, 1990, p. 164; Furtado, *Homens de negócio*, pp. 255-6.

54. Reis, *Rebelião escrava no Brasil*, pp. 380-1.

55. Cópia da petição anexa em Rodrigo de Souza Coutinho para Fernando José de Portugal, Palacio Queluz [Lisboa], 6 nov. 1798, APEB, CP, M. 86, fols. 276-276v. Sobre petições para a Coroa, ver A. J. R. Russell-Wood, "'Acts of Grace': Portuguese Monarchs and Their Subjects of African Descent in Eighteenth-Century Brazil", *Journal of Latin American Studies*, Cambridge, v. 32, n. 2, pp. 307-32, maio 2000.

56. Autuação da petição de Joaquim de Almeida, 1834, Auto crime, APEB, SJ, 04/128/3 (M. 3175, n. 3), fols. 7v, 10, 35v-36v, e Acareação e inquirição ad perpetuam, anexo a ibid., mas paginado em separado, fols. 4-4v, 6v.

57. Donald Campbell, "[Discussion]", Londres, 14 ago. 1804, Chatham Papers, PRO, 30/8/345, pt. 2, fol. 233, conforme citado em Kenneth Maxwell, *Conflicts and Conspiracies: Brazil and Portugal, 1750-1808*. Cambridge: Cambridge University Press, 1973, p. 215 (Cambridge Latin American Studies, n. 16.); Vilhena, op. cit., p. 244.

3. LIGAÇÕES [pp. 91-119]

1. Mattoso, *Bahia, século XIX*, p. 151; Conde de Suzannet, op. cit., p. 47 (citação). Ver também Donald Ramos, "Marriage and the Family in Colonial Vila Rica". *Hispanic American Historical Review*, Durham, v. 55, n. 2, pp. 205-9, 218, maio 1975; Emilio Willems, *Latin American Culture: An Anthropological Synthesis*. Nova York: Harper and Row, 1975, p. 53; Furtado, *Chica da Silva*, pp. 69, 266-7; Maria Beatriz Nizza da Silva, *Sistema de casamento no Brasil colonial*. São Paulo: T. A. Queiroz; Edusp, 1984, pp. 50, 53-6 (Coleção Coroa Vermelha, Estudos Brasileiros, n. 6). Sobre exigências da Igreja, ver Sheila de Castro Faria, *A colônia em movimento: Fortuna e família no cotidiano colonial*. Rio de Janeiro: Nova Fronteira, 1998, pp. 58-61. Em áreas de pequenas propriedades rurais da província do Rio de Janeiro, o casamento formal pode ter sido mais comum; ibid., p. 148.

2. Por ex., Inv., José Pinto de Almeida, 1830, APEB, SJ, 04/1729/2199/03, fol. 104v. A frase citada data pelo menos da época do Código Filipino de 1603; Almeida, *Codigo Philippino*, livro 4, tit. 46, parágrafo 2, col. 1, n. 1. Conforme explicado na col. 2, n. 1, e especificamente referenciado em tit. 46, par. 1, o concubinato não implicava propriedade conjunta, como entre marido e esposa, mas

apenas o direito de herança dos filhos. Para uma visão alternativa do significado de "concubina", baseada em registros da Inquisição, ver Ronaldo Vainfas, "Moralidades brasílicas: Deleites sexuais e linguagem erótica na sociedade escravista", em *História da vida privada no Brasil*, v. I: Cotidiano e vida privada na América portuguesa. Org. de Laura de Mello e Souza, Fernando A. Novais. São Paulo: Companhia das Letras, 1997, pp. 236-8; mas cf. Silva, *Sistema de casamento*, p. 44. A prática no mundo português oferece um contraste nítido aos princípios determinados na lei espanhola: *Las siete partidas del sábio Rey D. Alonso el IX con las variantes de más interés, y con la glosa del lic. Gregorio Lopez*. Barcelona: Antonio Bergens, 1844, partida 4, título 14, lei 3, pp. 1055-6.

3. Muriel Nazzari, "Concubinage in Colonial Brazil: The Inequalities of Race, Class, and Gender". *Journal of Family History*, [s.l.], v. 21, n. 2, pp. 107-18, abr. 1996; Test., Antonio José Pinto (2º), 1855 [1854], APEB, SJ, 05/2152/2621/03, fol. 1; Inv. e Test., Antonio José Ferreira Sampaio, 1834, APEB, SJ, 05/1999/2470/05, fol. 4v. Um exemplo, porém, da igualdade de um casal não formalmente casado em Salvador é o de Faustina dos Passos, que tinha uma pequena fortuna própria a acrescentar à de seu parceiro conjugal; Henrique José Teixeira Chaves para José Thomas dos Santos, 17 jan. 1846, anexo a Inv., Henrique José Teixeira Chaves, 1847, APEB, SJ, 04/1447/1916/05, fol. 147, e este inventário em si, fol. 177v. Ver também Nascimento, op. cit., p. 125; e Furtado, *Chica da Silva*, p. 55.

4. Test. 16 nov. 1848, anexo a Inv., Bartolomeu Francisco Gomes, 1848, APEB, SJ, 04/1697/2167/06, fol. 6; Inv., José Pinto de Almeida, 1830, APEB, SJ, 04/1729/2199/03, fols. 1, 73, 89, 99 299v; Test. 4 fev. 1822, anexo a Inv., José Gomes da Costa, 1824, APEB, SJ, 04/1783/2253/09, fol. 4v.

5. Ver, por exemplo, Inv., José da Silva Barros, 1823, APEB, SJ, 04/1826/2297/13, fols. 53-53v, 55v. Um testador precisava negar a paternidade especificamente se quisesse que mais tarde uma corte rejeitasse alegações de direitos de herança feitas por filhos de uma mulher com que ele havia vivido; Test., 24 set. 1856, anexo a Inv., Antonio Pinto Rodrigues da Costa, 1860/62, APEB, SJ, 06/2873/07, fols. 4, 5, 6v, 7v. Alida Metcalf, em *Family and Frontier in Colonial Brazil: Santana do Paranaíba, 1580-1822* (Berkeley: University of California Press, 1992, pp. 101-2), relata que deserdar filhos naturais era uma prática comum na cidade por ela estudada, mas não achei que tenha sido o caso em Salvador.

6. Test., 18 jun. 1807, e Inv., João Nunes, 1808, APEB, SJ, 05/2048/2519/17, fols. 1-6; Licenças, 1789, AMS, 88, fol. 211.

7. Inv., José da Silva Barros, 1823, APEB, SJ, 04/1826/2297/13, fols. 53-55v, 61, 66.

8. Luzia Pedreira de Sales Lobo e Maia, Declaração, em Inv., Antonio Pedreiras Jiquitibá Rebouças, 1829, APEB, SJ, 08/3440/27, fol. 1, Test. 1º fev. 1806, anexo a Inv., Feliz Ferreira de Santana, 1806, APEB, SJ, 04/1770/2240/04, fol. 6v.

9. Furtado, *Chica da Silva*, p. 46.

10. Test., 25 ago. 1827, cópia em Treslado de Test., Francisco Ferreira da Gama, 1836, APEB, SJ, 03/1276/1745/24, fols. [2-5].

11. Prostituição de escravas não era incomum. Ver Mary C. Karasch, op. cit., p. 346; Russell-Wood, *The Black Man in Slavery*, p. 37; Graham, "O impasse da escravatura", pp. 31-68. A prostituição não era ilegal no Brasil, de modo que os registros não são numerosos. Historiadores com demasiada frequência não admitem a possibilidade de sexo por prazer da mulher, por livre opção.

12. Felix Justiniano de Albuquerque (Alferes), Relato, 7 jun. 1859, cópia anexa em Francisco Felix da Fonseca Pereira e Pinto (comandante das Armas) para Antonio Ladislau de Figueiredo Rocha (Chefe de Polícia), 9 jun. 1859, PE, CP, M. 6461 (fui conduzido a esse documento por Hendrik Kraay); Tollenare, op. cit., p. 299.

13. Costa, "Moradia de escravos", pp. 99, 102; Mattoso, *Testamentos de escravos*, p. 39; Isabel Cristina Ferreira dos Reis, *Histórias de vida familiar e afetiva de escravos na Bahia do século XIX*. Salvador: Centro de Estudos Baianos, 2001, pp. 104-5, 115-6, 162-4.

14. Canstatt, op. cit., p. 192; Test., 16 jan. 1823, anexo a Inv., Ana de São José da Trindade, 1823, APEB, SJ, 04/1840/2311/02, fol. 6; sobre Benedita, ver Inv. e Test., Manuel José da Cunha, 1821, APEB, SJ, 04/1740/2210/01, fol. 10.

15. Ver Florence E. Babb, *Between Field and Cooking Pot: The Political Economy of Marketwomen em Peru*. 2. ed. Austin: University of Texas Press, 1998, p. 53; Linda J. Seligmann (Org.), *Women Traders in Cross-Cultural Perspective: Mediating Identities, Marketing Wares*. Stanford, CA: Stanford University Press, 2001, p. 4.

16. Reis, *Histórias da vida familiar*, pp. 31-2; José Roberto Goés, Manolo Florentino, "Crianças escravas, crianças dos escravos". In: DEL PRIORE, Mary (Org.). *História das crianças no Brasil*. São Paulo: Editora Contexto, 2000, pp. 182-3.

17. Sandra Lauderdale Graham, *Caetana diz não: Histórias de mulheres da sociedade escravista brasileira*. Trad. Pedro Maia Soares. São Paulo: Companhia das Letras, 2005, pp. 44-9; Stuart B. Schwartz, *Slaves, Peasants, and Rebels: Reconsidering Brazilian Slavery*. Urbana: University of Illinois Press, 1992, pp. 137-60.

18. Test., 21 mar. 1864, Manoel José dos Reis, 1873, APEB, SJ, 05/2190/2663/15, fol. 2; Test., 1868, anexo a Inv., Sabina da Cruz, 1872, APEB, SJ, 03/1100/1569/07, fols. 1 e 2v (devo a última referência a Sandra Lauderdale Graham).

19. Acareação e inquirição *ad perpetuam*, anexo a Autuação da petição de Joaquim de Almeida, 1834, Auto crime, APEB, SJ, 04/128/3, fols. 4v-6v; Queixoso: José Callisto de Oliveira; Queixado: Luiz Baptista Correia, Salvador, 25 ago. 1834, Auto crime, APEB, SJ, 04/128/4 (M. 3175, n. 4), fols. 12, 24-33.

20. Commandante de Armas para Chefe de Polícia, 8 abr. 1870, APEB, CP, M. 6464 (devo a referência a Hendrik Kraay); Canstatt, op. cit., pp. 192, 199; Maximiliano, op. cit., v. 3, p. 108.

21. Acusação de Bento Alvares de Carvalho e Manoel Rodrigues Branco, 1832, Auto crime, APEB, SJ, 04/127/2 (M. 3175, n. 2), 2ª parte.

22. Test. e Inv. (1º), Manuel José da Cunha, 1821, APEB, SJ, 04/1740/2210/01, fol. 10; Quadro da População do 21º quarteirão do Curato da Sé, [1855], APEB, CP, M. 1602, fols. 3, 7. Ver também Costa, "Moradia de escravos", p. 100.

23. Edital, 2 set. 1853, anexo a Câmara para PP-BA, 20 maio 1857, APEB, CP, M. 1403; Postura n. 65, 25 fev. 1831, AMS, 119.5, fol. 37.

24. Em contraste, ver Cheryl English Martin, *Governance and Society in Colonial Mexico: Chihuahua in the Eighteenth Century*. Stanford, CA: Stanford University Press, 1996, pp. 135-9; e Mangan, op. cit., p. 215, nota 64.

25. Ellena citada em Reis, *Rebelião escrava no Brasil*, p. 373; Postura n. 35, em Posturas do Senado da Câmara [1716]... fielmente copiadas... 1785, ANRJ, SH, cód. 90, fol. 7.

26. Kraay, *Race, State, and Armed Forces*, pp. 199, 202; Alexandra Kelly Brown, op. cit., pp. 87-9.

27. Câmara para Governador, 24 out. 1801, APEB, CP, M. 209-1 (também em AMS, 111.4, fol. 184v) (citação); Tenente coronel Joaquim José Velloso para Commandante das Armas, 9 out. 1832, APEB, CP, M. 3394; Câmara para PP-BA, 26 fev. 1834, AMS, 111.8, fol. 236v; Carta de "Philopolito" em *O tolerante na Bahia*, 25 abr. 1839, p. 1, col. 1, Arquivo Histórico do Exército, Rio de Janeiro, D-26-709; PP-BA para Commandante das Armas Interino, 24 mar. 1824, em *O Independente Constitucional*, 5 abr. 1824, p. 2, col. 1, em AN, IG[1] 249/432 (devo as duas últimas referências a Hendrik Kraay). Sobre a moeda em cobre, ver F. W. O. Morton, *The Conservative Revolution*, pp. 326-7; e Reis, "A elite baiana face os movimentos sociais, Bahia: 1824-1840", pp. 354-7.

28. Traslado dos Autos de Summaria [a] que se procederão no Juizo de Paz da Freguezia da Conceição da Praia pela sublevação dos prezos da Justiça na Fortaleza do Mar, 1833, APEB, CP, M. 2853, fol. 46.

29. Reis, *Slave Rebellion in Brazil: The Muslim Uprising of 1835 in Bahia*. Trad. de Arthur Brakel. Baltimore: Johns Hopkins University Press, 1993, pp. 73-5, 167, 184-5. Ver também Grinberg, op. cit., p. 142.

30. Licenças, 1807, AMS, 88.4, fols. 218 e 219v; Queixosa: Thereza Maria de Jesus; Queixado: Gonçalo José dos Santos Paz (ou Pereira), Juizado de Paz de Santo Antonio além do Carmo, 29 out. 1838, Auto crime, APEB, SJ, 09/313/11, n. 6.

31. Mattos, op. cit., pp. 66-7; José Antônio Caldas, *Noticia geral de toda esta capitania da Bahia desde o seu descobrimento até o presente anno de 1759*. Ed.

fac-sim. Salvador: Câmara dos Vereadores, 1951, fols. 525-33. Mais sobre o status de várias casas mercantes pode ser encontrado em Mesa de Inspeção para Rainha, 23 fev. 1789, ANTT, Junta do commercio, M. 10, n. 20. A maioria dos merceeiros não era mencionada em nenhuma dessas fontes. Ver também Lugar, op. cit., pp. 32-4, 53-6.

32. Inv., José da Silva Maia, 1809, APEB, SJ, 04/1790/2260/01, diversos trechos, e Inv., José Pinto de Almeida, 1830, APEB, SJ, 04/1729/2199/03, fols. 15-9, 25, 143 (sobre a posição de Silva Maia dentro da comunidade mercante, ver Lugar, op. cit., p. 169); Conta apresentada por Joaquim Carneiro de Campos referente a setembro de 1821 ordenada a ser paga em 14 de outubro de 1821, ASCM, Pacote 224; Ignacio Madeira de Mello para MGuerra, 1º abr. 1822, AHM, 2ª Div., 1ª Sec., Cx. 39 n. 1; Abaixo-assinado, s/d [anterior a 28 jun. 1851], APEB, CP, M. 3784; Inv., Manoel Tavares, 1816, APEB, SJ, 04/1725/2195/09, fols. 22, 26-28v, 30, 99v, 101, 104. O patrimônio de Tavares foi avaliado em 5:256$469 (7:411$621).

33. Alguns proprietários de lojas foram especificamente mencionados de carecer dos fundos necessários para ser registrados na Junta do Comércio; Juiz de Fora dos Orfãos para El-Rey, 6 set. 1822, cópia anexa em idem para El-Rey, 16 maio 1823, AHU, Bahia, Avulsos, Cx. 265, doc. 68; Vilhena, op. cit., v. 1: pp. 57, 131. Sobre o serviço militar deles, ver, por exemplo, Inv., Manoel Ferreira Dias, 1807, APEB, SJ, 04/1771/2241/10, fol. 1, e Queixoso: Luiz Baptista Correia; Queixado: José Callisto de Oliveira, 25 ago. 1834, Auto crime, APEB, SJ, 04/128/4 (M. 3175, n. 4), fol. 24. Ver também Lugar, op. cit., p. 220.

34. *Relatorio apresentado á Mesa e Junta da Casa da Santa Misericordia da Capital da Bahia pelo provedor Conde de Pereira Marinho por occasião da posse em 2 de julho de 1885*. Salvador: Tourinho, 1885; Eul-Soo Pang, *In Pursuit of Honor and Power: Nobleman of the Southern Cross in Nineteenth-Century Brazil*. Tuscallosa: University of Alabama Press, 1988, pp. 120, 250; Verger, *Trade Relations*, pp. 398-9, 324, nota 30; Barickman, op. cit., p. 136; Eul-Soo Pang, *O Engenho Central de Bom Jardim na economia baiana: Alguns aspectos de sua história, 1875-1891*. Rio de Janeiro: Arquivo Nacional e Instituto Histórico e Geográfico Brasileiro, 1979, p. 42n; Mattoso, *Bahia, século XIX*, p. 497.

35. Livro de Notas de Francisco Ribeiro Neves, 1840-1842, APEB, SJ, 15, 27, fol. 79; Inv., Luiz Manoel da Rocha, 1853, APEB, SJ, 04/1689/2159/03, fols. 3, 19, 119, 380.

36. Test., Luiz Manoel da Rocha, 1853, APEB, SJ, 05/2105/275aa/35, fol. 1; Inv., Luiz Manoel da Rocha, 1853, APEB, SJ, 04/1689/2159/03, fols. 11v-13, 14-8, 19--26v, 29-37, 38, 54, 56. Dívidas reduziram o valor de seu patrimônio para 4:117$705 (2:058$853), fols. 620-1.

37. Test., cópia anexa em Inv., e o próprio Inv., Bartolomeu Francisco Gomes, 1848, APEB, SJ, 04/1697/2167/06, fols. 1-4, 6-7, 19-23v, 37-37v, 39, 54, 168, 169, 171 (o patrimônio foi avaliado em 1:269$460 [723$592], fol. 175); Marchantes chamados ao curral em 1839 pelo presidente da Câmara, anexo a Câmara para PP-BA, 14 jan. 1839, APEB, CP, M. 1397, e a própria carta da câmara. Sobre o negócio de gêneros secos pertencente ao locador da venda ocupada por Gomes, ver Test. (1º), 24 out. 1844, anexo a Test. (2º), Estevão Vaz de Carvalho, 1867, APEB, SJ, 05/2186/2655/52, folha não numerada.

38. Inv., Luiz Manoel da Rocha, 1853, APEB, SJ, 04/1689/2159/03, fol. 12; Inv., Balthazar de Andrade Bastos, 1865, APEB, SJ, 05/1965/2437/06, fols. 38v-40; Inv., Paulo José Fernandes, 1820-4, APEB, SJ, 07/3267/15, fol. 36. Sobre África, ver Gareth Austin, "Indiginous Credit Institutions in West Africa, c. 1750-c. 1960". In: AUSTIN, Gareth; SUGIHARA, Kaoru (Orgs.). *Local Suppliers of Credit in the Third World, 1750-1960*. Nova York: St. Martin's, 1993, p. 101.

39. Inv., Ana de São José da Trindade, 1823, APEB, SJ, 04/1840/2311/02, fol. 8; Joaquina emprestou a Manoel 1:200$000 (1:284$000), Test., Manoel José Machado, 19 jul. 1821 (falecido em 16 abr. 1824), APEB, SJ, Registro de Testamentos, livro 10, fol. 158; Câmara para PP-BA, 12 jan. 1846, AMS, 111.11, fol. 163v. Sobre práticas similares em outras partes, ver S[arah] L. Cline, *Colonial Culhuacan, 1580-1600: A Social History of an Aztec Town*. Albuquerque: University of New Mexico Press, 1986, pp. 90-7; Mangan, op. cit., p. 116; e Afonso de Alencastro Graça Filho, *A princesa do Oeste e o mito da decadência de Minas Gerais: São João del Rei, 1831-1888*. São Paulo: Anablume, 2002, p. 72. Ainda hoje, pelo Brasil afora, é comum ver placas em pequenas mercearias avisando que não se vende fiado, o que significa que muitos fregueses esperam comprar fiado.

40. Inv., Antônio José Pereira Arouca, 1825, APEB, SJ, 04/1717/2187/02, fol. 6; Lima, "A Bahia ha 66 anos", p. 95. Sobre o fluxo transatlântico de crédito durante a primeira metade do século XVIII, ver Luís Lisanti [Filho] (Org.), *Negócios coloniais (Uma correspondência comercial do século XVIII)*. Brasília e São Paulo: Ministério da Fazenda e Visão Editorial, 1973, v. 4, pp. 563, 606.

41. Sobre bancos, ver Inv., Antonio da Cunha Bastos, 1856, SJ 4/1671/2141/11, fols. 42-9, 90, 95; Lima, "A Bahia ha 66 anos", p. 95; Thales de Azevedo e Edilberto Quintela Vieira Lins, *História do Banco da Bahia, 1858-1958*. Rio de Janeiro: J. Olympio, 1969, pp. 48-89, esp. pp. 56-67 (Coleção Documentos Brasileiros, n. 132). Sobre empréstimos institucionais para senhores de engenho, ver Schwartz, *Sugar Plantations*, pp. 204-12; Russell-Wood, *Fidalgos and Philanthropists*, pp. 106, 197; Susan A. Soeiro, *A Baroque Nunnery: The Economic and Social Role of a Colonial Convent — Santa Clara do Destêrro, Salvador, Bahia, 1677-1800*. Nova York: Universidade de Nova York, 1974, tese de doutorado, pp. 115-54. Havia, é

verdade, uma Caixa Econômica fundada em 1834 (vide Francisco Marques de Góes Calmon, *Vida econômico-financeira da Bahia (elementos para a história) de 1808-1899*. [Salvador: Imp. Oficial do Estado, 1925, p. 54]), mas não encontrei referência a ele até bem mais tarde no século XIX; Test., Manoel José dos Reis, 21 mar. 1864, em Inventário, 1873, APEB, SJ, 05/2190/2663/15, fol. 2. Sobre como a similar economia dominada pelo café no Rio foi financiada no segundo quarto do século XIX, ver Joseph E. Sweigart, *Coffee Factorage and the Emergence of a Brazilian Capital Market, 1850-1888*. Nova York: Garland, 1987, pp. 106-16.

42. "Discurso preliminar, histórico, introductivo com natureza de descripção economica da comarca, e cidade da Bahia... [1789-1808?]", *ABNRJ*, Rio de Janeiro, n. 27, p. 348, 1905; e Test., Antonio José Pinto (2º), 1855 [1854], APEB, SJ, 05/2152/2621/03, fol. 1v. Para um exemplo de agiota, ver Inv., Antonio da Cruz Velloso, 1811, APEB, SJ, 04/1709/2179/02.

43. Inv., José Pinto de Almeida, 1830, APEB, SJ, 04/1729/2199/03, fols. 4, 6v, 7v, 19, 19v, 22, 24, 461v (seu patrimônio totalizava 14:648$916 [11:133$176]); Inv. e Test., Antonio José Ferreira Sampaio, 1834, APEB, SJ, 05/1999/2470/05, fols. 6v-7.

44. Lisboa, "Carta muito interessante", p. 504; Governador para Martinho de Mello e Castro, 15 set. 1795, BN/SM, 1, 4, 11, fol. 217. O governo, no entanto, presumivelmente porque um empréstimo ao governo era considerado mais seguro, era capaz de tomar dinheiro emprestado a 5%; ver Test., Inocencio José da Costa, 1805, APEB, SJ, 08/3465/02.

45. Balthazar de Andrade Bastos para Domingos de Almeida Carmo, 12 ago. 1865, anexo a Inv., Balthazar de Andrade Bastos, 1865, APEB, SJ, 05/1965/2437/06, fol. 43 (citação), e ver fols. 42, 91; Inv., José Teixeira de Souza, 1814, APEB, SJ, 05/2213/2713/29, fols. 91-91v. Sobre vínculos patrono-cliente, ver Richard Graham, *Clientelismo e política*, pp. 312-23. Jay Kinsbruner, em *The Colonial Spanish-American City: Urban Life in the Age of Atlantic Capitalism* (Austin: University of Texas Press, 2005, p. 148, nota 19), ao negar a presença de relações patrono-cliente em transações de crédito, compreende erroneamente a natureza em geral ambígua e ambivalente de tais relações.

46. Inv., Henrique José Teixeira Chaves, 1847, APEB, SJ, 04/1447/1916/05, fol. 15 (ele afirmava ter conservado cada item com uma nota de quem o havia penhorado, quando e por quanto); Inv., Ana de São José da Trindade, 1823, APEB, SJ, 04/1840/2311/02, fol. 8. Não tenho conhecimento de regulamentos da cidade referentes a penhoras, tais como na Cidade do México; Marie Eileen François, *A Culture of Everyday Credit: Housekeeping, Pawnbroking, and Governance in Mexico City, 1750-1920*. Lincoln: University of Nebraska Press, 2006, pp. 49-52, 56-8.

47. Turnbull, op. cit., p. 47; Grant, op. cit., p. 229; Tollenare, op. cit., p. 352. Sobre liquidação, ver, por exemplo, Exequente: Bernardino José de Almeida, Executado: Jeronimo de Queiroz, APEB, SJ, Cachoeira, 1860, M. 1662, n. 8. Poucos eram os credores que podiam, por exemplo, atracar uma barcaça quando um pagamento não fosse recebido; Inv., José Pereira de Carvalho, 1846, APEB, SJ, 03/1063/1532/05, fol. 50.

48. Inv., José Pinto de Almeida, 1830, APEB, SJ, 04/1729/2199/03, fol. 43. As mesmíssimas palavras são empregadas para um leilão de uma loja de gêneros alimentícios e alguns escravos um quarto de século depois: Inv., Antonio da Cunha Bastos, 1856, APEB, SJ, 4/1671/2141/11, fol. 10v.

49. O inconveniente de acordos meramente verbais é demonstrado pelo caso de uma mulher africana liberta que negociava com têxteis, era analfabeta e não mantinha registros escritos; quando ela morreu, os credores apresentaram suas contas ao executor, mas ele não teve meios de encontrar aqueles que deviam dinheiro a ela; Inv., Sabina da Cruz, 1872, APEB, SJ, 03/1100/1569/07, fol. 39 (devo essa referência a Sandra Lauderdale Graham). Sobre oralidade, ver Mattoso, *Testamentos de escravos*, p. 42, e, para a França do século XVIII, Steven L. Kaplan, *Provisioning Paris: Merchants and Millers in the Grain and Flour Trade during the Eighteenth Century*. Ithaca, NY: Cornell University Press, 1984, p. 354.

4. "GENTE DO MAR" [pp. 120-46]

1. *Livro que dá razão do Estado do Brasil* (1612). Ed. fac-sim. Rio de Janeiro: Instituto Nacional do Livro e Ministério da Educação e Cultura, 1968, p. 39; Mapa geral de toda qualidade que [h]a na Capitania da Bahia e navegação para a Costa da el'Mina, Angola e outros portos de Africa e de todas as que navegão de porto a porto para o Rio de Janeiro, Pernambuco, Pará e outros portos desta costa do Brazil, como tão bem dos barcos, lanxas e outras pequenas embarcações que navegão pelos rios e ribeiras desta Capitania na conclusão dos viv[e]res e pescado para sua manutensão... Baia, 27 de maio de 1775, fac-sim. em Avelino de Jesus da Costa, "População da cidade da Baía em 1775". In: V Colóquio Internacional de Estudos Luso-Brasileiros, Coimbra, 1963. *Actas*... (Coimbra: Gráfica de Coimbra, 1964), Estampa 5 (uma cópia desse documento, com título ligeiramente diferente, pode ser encontrada em Manuel da Cunha Menezes para Martinho de Mello e Castro, 3 jul. 1775, AIHGB, arq. 1-1-19, fol. 229); Governador para El-Rey, 28 fev. 1798, APEB, CP, M. 158, fol. 282; Capitania dos Portos da Bahia, Mapa demonstrativo das embarcações nacionaes da navegação de longo curso e cabotagem bem como do trafico de portos... e dos individuos que

n'ellas trabalhão ou se empregão, 31 dez. 1856, anexo a Diogo Ignacio Tavares (Chefe da Capitania do Porto) para MM, 20 fev. 1857, NA, APE, XM-183. Nada encontrei que sugerisse mesmo remotamente que oitocentas a mil embarcações atracassem *todos os dias*, conforme alegado por Mattoso, *Bahia: A cidade de Salvador*, p. 143.

2. Denis, em Taunay e Denis, op. cit., v. 4, pp. 27, 40; Grant, op. cit., p. 239; Kidder, op. cit., v. 2, p. 19.

3. Manuel da Cunha Menezes para Martinho de Mello e Castro, 3 mar. 1775, em Costa, "População da cidade", p. 273. Essa ainda era uma questão em 1857; Diogo Ignacio Tavares (Chefe da Capitania do Porto) para José da Silva Paranhos (MM), 20 fev. 1857 e anexos.

4. Sobre posse parcial por parte de capitães, ver Relação das farinhas exportadas para o celleiro público da Bahia desde 1 de 8bro até 31 do mesmo de 1826, [Jaguaripe], APEB, CP, M. 1609 — ver, por exemplo, o registro sobre Silvestre Francisco Canedo; a respeito dessa disputa entre proprietário e capitão, ver Carlos Antonio de Cerqueira, Auto, 26 abr. 1793, APEB, CP, M. 201-31, doc. 2.

5. [Ilegível] para José Nunes Freire, Vila Viçosa, 25 set. 1822, APEB, CP, M. 4631.

6. Inspector de farinha para governador, Nazaré, 14 abr. 1794, APEB, CP, 201--31, doc. 5; Relação da Bahia, Accordão, 22 set. 1821, cópia anexa em Ouvidor do Crime para [Governador], 6 out. 1821, APEB, CP, M. 245; e Traslado do officio do secretario da Comissão militar desta Villa [de Valença] e inventario que se procedeu..., 14 dez. 1822, BN/SM, I-31, 6, 1, doc. 53.

7. João Damaceno para Conselho Interino, Maragogipe, s/d [pouco antes de 2 abr. 1823], e anexos, APEB, SP, M. 4631; *Correio Mercantil* (Salvador), 2 maio 1843, p. 4, citado em Reis, *Histórias de vida familiar e afetiva*, p. 55; Lista de embarcações que tem saído do porto de Vila de Maragogipe... desde o primeiro de agosto de 1786, s/d [*c.* 5 set. 1786], BN/SM, II-33, 21 88; Relação das farinhas exportadas deste porto para o celleiro público da Bahia em o presente mez de julho 1826, Jaguaripe, APEB, CP, M. 1609, s.v. "barco Santa Rita".

8. Baseio-me aqui em William Jeffrey Bolster, *African-American Seamen: Race, Seafaring Work, and Atlantic Maritime Culture, 1750-1860*. Baltimore: Johns Hopkins University, 1991, tese de doutorado, pp. 426-38.

9. Câmara para Governador, 25 nov. 1809, APEB, CP, M. 127; Chefe de Policia de Ilhéus, 6 dez. 1837, em *Publicações*, Arquivo Público do Estado da Bahia, 4: 415, 1941; *Gazeta Commercial da Bahia*, n. 11, 24 maio 1833 (devo essa referência a João José Reis); Inv., Manoel Tavares, 1816, APEB, SJ, 04/1725/2195/09, fols. 101, 101v, 104; Reis, *Rebelião escrava no Brasil*, p. 464.

10. Inv., Rosa Maria de Jesus, 1808-1811, APEB, SJ, 01/269/514/02, fols. 4-5v, 10-1, 14-5 (o valor estimado de todo o patrimônio era de 18:360$540 [37:639$107]); Licenças, 1789, AMS, 88.1, fol. 214v; Abaixo-assinado 9 maio 1823, AHM, 2ª Div., 1ª Sec., Cx. 41, n. 5, s.v. Manuel José dos Santos. Sobre outros abastados proprietários de navios que transportavam gêneros alimentícios, ver Test., cópia anexa a Inv., e o próprio Inv., Antônio José Pereira Arouca, 1825, APEB, SJ, 04/1717/2187/02, fols. 4, 15v-16; Licença, 23 set. 1815, AMS, 88.5, fol. 156 (listado como Antonio José Pereira Rouca); Junta Provisória para Campos, 18 jun. 1823, AHM, 2ª div., 1ª Sec., Cx. 40, n. 1-1; Inv., Luiz José Pereira Rocha, 1843, APEB, SJ, 04/1751/2221/03, fols. 4-5, 15-7.

11. Capitania dos Portos da Bahia, Mapa demonstrativo das embarcações nacionaes..., 31 dez. 1856, AN, SPE, XM-183; Mapa geral de toda qualidade de embarcasoens... Baia, 27 de maio de 1775, fac-sim. em Costa, "População da cidade", Estampa 5; Manoel da Cunha Menezes para Martinho de Mello e Castro, 3 mar. 1775, em ibid., pp. 272-3. Sobre remadores, ver Inv. e Test., Manuel José da Cunha, 1821, APEB, SJ, 04/1740/2210/01, fol. 10; Inv., Antonio Moreira de Azevedo, 1834, APEB, SJ, 05/2019/2490/04, fol. 23v; Inv., Antonio José de Andrade, 1820, APEB, SJ, 04/1747/2217/06, fol. 4. Sobre serviço de barcaça, ver Inv., José Ferreira de Azevedo e Maria Francisca da Conceição Azevedo, 1838, APEB, SJ, 03/1063/1532/03, fols. 8-10v. Sobre treinamento de rapazes jovens como marinheiros, ver Inv., Rosa Maria de Jesus, 1808-11, APEB, SJ, 01/269/514/02, fol. 4.

12. Manoel da Cunha Menezes para Martinho de Mello e Castro, 3 mar. 1775, in Costa, "População da cidade," p. 273; Inv. e Test., José Antônio Correia, 1838, APEB, SJ, 04/1602/2071/02, fols. 5, 5v, 8; Réo: Hygino Pires Gomes e seus escravos marinheiros, 1851, Auto crime, APEB, SJ, 08/260/6497.

13. Inv. e Test., Antonio Pinto Rodrigues da Costa, 1860/62, APEB, SJ, 06/2873/07, fol. 6; Relação geral de todos os moradores do 6º quarteirão da Freguezia da Rua do Passo [1855], APEB, CP, M. 1602, fol. [7], item sobre Ruffino, idade 25. A partir de inventários post mortem com frequência é difícil saber se escravos ao ganho moravam com o senhor ou por conta própria.

14. Inv., Florinda de Aragão, 1805, APEB, SJ, 04/1766/2336/07, fols. 4-5, 6; Thornton, op. cit., pp. 19-20, 37; Robert Smith, "The Canoe in West African History". *Journal of African History*, [s.l.], v. 11, n. 4, pp. 517-9 e 522, 1970; W[illiam] Jeffrey Bolster, *Black Jacks: African American Seamen in the Age of Sail*. Cambridge, MA: Harvard University Press, 1997, pp. 45, 49, 51, 55.

15. Inv., Florinda de Aragão, 1805, APEB, SJ, 04/1766/2336/07, fols. 4-5. Sobre os perigos do alcatrão, ver U.S. Department of Labor, Occupational and Health Administration [Ministério do Trabalho dos Estados Unidos, Administração de Ocupações e Saúde], *Regulations* (www.osha.gov). Fui levado a pensar sobre esse

aspecto por Luiz Geraldo Silva, *A faina, a festa e o rito: Uma etnografia histórica sobre as gentes do mar, sécs. XVII ao XIX*. Campinas: Papirus, 2001, p. 189.

16. Marcus J. M. de Carvalho, em "Os caminhos do rio: Negros canoeiros no Recife da primeira metade do século XIX" (*Afro-Ásia*, Salvador, n. 19-20, [1997], p. 92), defende opinião semelhante, da mesma forma que Bolster (*African-American Seamen*, p. 430).

17. Capitania dos Portos da Bahia, Mapa demonstrativo das embarcações nacionaes... 31 dez. 1856, AN, SPE, XM-183; Inv., Pedro do Espírito Santo, 1850, APEB, SJ, 04/1624/2093/05, fol. 59; Inv., José Ferreira de Azevedo e Maria Francisca da Conceição Azevedo, 1838, APEB, SJ, 03/1063/1532/03, fols. 76, 79-80; Inv. e Test., Joaquim Teixeira de Carvalho, 1846-7, APEB, SJ, 04/1473/1942/05, fols. 10v, 14; João Pereira dos Santos para Madeira e anexos, 30 maio 1823, BN/SM, II-33, 36, 17.

18. Mapa Geral de toda qualidade de embarcasoens... Baia, 27 de maio de 1775, fac-sim. em Costa, "População da cidade", Estampa 5; Capitania dos Portos da Bahia, Mapa demonstrativo das embarcações nacionaes..., 31 dez. 1856, AN, SPE, XM-183; Antônio Alves Câmara, *Ensaio sobre as construções navais indígenas do Brasil*. 2. ed. São Paulo: Editora Nacional, 1976, pp. 56-63; Inv., João Ferreira de Oliveira Silva, 1856-74, APEB, SJ, 04/1658/2127/05, fol. 23v. Sobre seus veleiros, ver Wetherell, op. cit., p. 26 (citação). Para seu valor, ver Inv., Joanna Maria da Conceição, 1816, APEB, SJ, 04/1715/2185/01, fol. 17. Outras descrições podem ser encontradas em George Gardner, *Travels in the Interior of Brazil, Principally through the Northern Provinces and the Gold and Diamond Districts during the Years 1836-1841* (1846). Reimp. Boston: Milford House, 1973, p. 118; Avé-Lallemant, op. cit., pp. 81, 98 e 272; e Maximiliano, op. cit., v. 3, p. 254.

19. Câmara, op. cit., pp. 145-91; Pedro Agostinho [Silva], *Embarcações do Recôncavo: Estudo de origens*. Salvador: Museu do Recôncavo Wanderley Pinho, 1973 (A Bahia e o Recôncavo, n. 3); Theodor Selling Júnior, *A Bahia e seus veleiros: Uma tradição que desapareceu*. Rio de Janeiro: Serviço de Documentação Geral da Marinha, 1976, pp. 47-8. Um inventário patrimonial referia-se a um barco que tinha pouco menos de dez metros de comprimento e 3,5 metros de largura; Inv., Manoel de Araújo Cortez, 1846, APEB, SJ, 04/1438/1907/04, fol. 28v. Outro listava dois, um com doze metros de quilha e outro com 10,5; Inv. (traslado), Antonio Pedroso de Albuquerque, Itaparica, 1878, APEB, SJ, 07/3213/17 (devo essa referência a Sandra Lauderdale Graham).

20. Avé-Lallemant, op. cit., p. 32.

21. Sobre o caráter intercambiável de nomes para tipos de barcos, ver Selling Júnior, op. cit., p. 37. Câmara (op. cit., pp. 191, 196) admite o mesmo, mas insiste na classificação. Um exemplo, entre muitos, no qual a palavra "saveiro" é usa-

da de forma intercambiável com "lancha" está em Inv., José Ferreira de Azevedo, 1838, APEB, SJ, 03/1063/1532/03, fols. 20, 23, 27v; "lancha" e "barco" são igualados em Inv., José da Silva Maia, 1809, APEB, SJ, 04/1790/2260/01, fols. 8-9; "alvarengas" foram igualadas a "lanchas" em Joaquim José Corrêa (Intendente da Marinha) para João Felix de Campos, Salvador, 17 jun. 1823, AHU, Bahia, Avulsos, Cx. 266, doc. 43. O uso da palavra "saveiro" para uma barcaça precisa ser deduzido do contexto, como em Inv., Bartolomeu Francisco Gomes, 1848, APEB, SJ, 04/1697/2167/06, fol. 37v, embora ocasionalmente a expressão fosse "saveiro de desembarque"; Inv. e Test., Antonio de Oliveira, 1855, APEB, SJ, 03/1354/1823/39, fol. 1v. Ver também o uso em Kidder, op. cit., v. 2, p. 87.

22. Cecilia Maria Westphalen, *Porto de Paranaguá, um sedutor*. Curitiba: Secretaria de Estado da Cultura, 1998, pp. 67-8, 87-8. Sobre construção de navios em Salvador, ver José Antonio Saraiva (MM) para Felipe José Ferreira (Intendente da Marinha da Bahia), Rio, 6 ago. 1858, AN, SPE, IX-M 84; Grant, op. cit., p. 215; Avé-Lallemant, op. cit., p. 145; José Roberto do Amaral Lapa, *A Bahia e a carreira da Índia*. São Paulo: Editora Nacional; Edusp, 1968, pp. 51-81; Shawn William Miller, *Fruitless Trees: Portuguese Conservation and Brazil's Colonial Timber*. Stanford, CA: Stanford University Press, 2000, p. 207.

23. Relação da Bahia, Accordão, 22 set. 1821, cópia anexa em Ouvidor do Crime para [Governador], 6 out. 1821, APEB, CP, M. 245.

24. Lisboa, "Carta muito interessante", p. 504; Governador para El-Rey, 28 fev. 1798, APEB, CP, M. 158, fol. 282. Sobre cargas mais perecíveis em canoas, ver Wetherell, op. cit., p. 27.

25. William O. Jones, *Manioc in Africa*. Stanford, CA: Stanford University Press, 1959, pp. 3-5, 15-7, 21-3, 118; James H. Cock, "Cassava: A Basic Energy Source in the Tropics". *Science*, Nova York, n. 218, pp. 755-62, 19 nov. 1982; e Barickman, op. cit., pp. 44-96, 163-8.

26. Elwes, op. cit., p. 89. A técnica ainda é empregada nos confins do Brasil, conforme pude muitas vezes observar. Uma ilustração pode ser encontrada em Charles Ribeyrolles, *Brasil pitoresco: História, descrições, viagens, colonização, instituições, acompanhado de um álbum de vistas, panoramas, paisagens, costumes, etc. por Victor Frond*. 2. ed. Trad. de Gastão Penalva. Introd. de Afonso d'E. Taunay. São Paulo e Brasília: Martins e Instituto Nacional do Livro, 1976, prancha 56, entre pp. 96 e 97. Inventários patrimoniais que mencionam esse equipamento incluem Inv., Manoel Carlos Gomes, 1803, APEB, SJ, 05/2023/2494/09, fol. 15v; Inv., Raimunda Maria dos Anjos e Pedro José de Brito, 1806, APEB, SJ, 04/1823/2294/03, fol. 16v; Inv., Manuel Lopes dos Santos, 1817, APEB, SJ, 01/03/03/04, fols. 13v, 14v; Inv., Antônio José Pereira Arouca, 1825, APEB, SJ, 04/1717/2187/02, fols. 42v-43; Inv., Pedro Felix de Andrade, 1838, APEB, SJ, 04/1822/

2293/02, fol. 12v; Inv., Francisco José de Andrada, 1838, APEB, SJ, 04/1824/2295/02, fol. sem número; Inv., José Simões Coimbra, 1860, APEB, SJ, 03/1242/1711/07, fols. 18, 20, 66; Inv., Manoel José de Souza, 1861, APEB, SJ, 04/1516/1985/04, fol. 6.

27. Hernani da Silva Pereira, *Considerações sobre a alimentação no Brazil: These para o doutoramento em medicina apresentada à Faculdade da Bahia*. Salvador: Imp. Popular, 1887, p. 74; Graham (Lady Maria Calcott), op. cit., p. 148; Walsh, op. cit., v. 1, p. 284 e v. 2, p. 15; Wetherell, op. cit., p. 124; C[hristopher] C[olumbus] Andrews, *Brazil: Its Condition and Prospects... with an Account of the Downfall of the Empire, the Establishment of the Republic and the Reciprocity Treat*. 3. ed. Nova York: Appleton, 1891, p. 253. Sobre a dieta no Rio, ver Jean Baptiste Debret, *Viagem pitoresca e histórica ao Brasil*. 2. ed. Trad. de Sérgio Milliet. Introd. de Rubens Borba de Moraes. São Paulo: Martins e Edusp, 1972, 2 v., v. 1, pp. 138-9.

28. Vilhena, op. cit., p. 159; Inv., Luiz José Pereira Rocha, 1843, APEB, SJ, 04/1751/2221/03, fol. 17; Walsh, op. cit., v. 1, p. 281.

29. Um alqueire na Bahia era equivalente a 36,27 litros, de maneira que um quarto de um alqueire seria 0,907 litro. Sobre seu peso, ver Barickman, op. cit., p. 214, nota 5. A invariabilidade geográfica e temporal da ração diária é impressionante; por exemplo, Lisboa, "Carta muito interessante", p. 503; ANTT, Junta do Commercio, s/d, livro 302, fols. 42, 65; Vilhena, op. cit., v. 1, p. 186; Salvador Pereira da Costa para Conselho Interino, Quartel de Nazareth, 16 nov. 1822, BN/SM, I-31, 6, 3, doc. 52; Decisão n. 151 (Marinha), 25 ago. 1829, e n. 45 (Marinha), 20 maio 1846, em Brazil, *Colleção das decisões do governo do Imperio do Brasil*; Inv. (1º), José Caetano de Aquino, 1833, APEB, SJ, 05/2003/2474/03, fols. 3, 60v; Despesas, fev. 1844, ASCM, G, 1ª, 1071, fols. 1-51v; Contrato celebrado pelo Dr. Chefe da Policia com a Santa Casa de Misericórdia, 31 jan. 1860, APEB, CP, M. 6418.

30. Carla Rahn Phillips, *Six Galelons for the King of Spain*. Baltimore: Johns Hopkins University Press, 1986, p. 167; Antonio Fernández García, *El abastecimento de Madrid en el reinado de Isabel II*. Introd. de Vicente Palacio Atard. Madri: Instituto de Estudios Madrileños, 1971, p. xi (Biblioteca Nacional de Estudios Madrileños, n. 14); Philip D. Curtin, *Death by Migration: Europe's Encounter with the Tropical World in the Nineteenth Century*. Cambridge: Cambridge University Press, 1989, p. 126; Michel Morineau, "Rations militaires et rations moyennes en Holland au XVII siècle". *Annales: Economies, Sociétés, Civilisations*, [s.l.], v. 18, n. 3, pp. 521-31, maio/jun. 1963; Emmanuel Le Roy Ladurie, *The Peasants of Languedoc*. Urbana: University of Illinois Press, 1974, p. 102.

31. Josué de Castro, *O problema da alimentação no Brasil (seu estudo fisiológico)*. São Paulo: Editora Nacional, 1938, p. 157 (Brasiliana, ser. 5, n. 29); Carib-

bean Food and Nutrition Institute, *Food Composition Tables for Use in the English-Speaking Caribbean*. Kingston, Jamaica: Caribbean Food and Nutrition Institute, 1974, tabela 1, pp. 13, 15; Anna Curtenius Roosevelt, *Parmana: Prehistoric Maize and Manioc Cultivation Along the Amazon and Orinoco*. Nova York: Academic Press, 1980, pp. 119-37; e Luís Lisanti, "Sur la Nourriture de 'paulistas' entre le XVIIIe et XIXe siècles". *Annales: Economies, Sociétés, Civilisations*, [s.l.], v. 18, n. 3, pp. 531-40, maio/jun. 1963. Sobre a exigência calórica diária, ver Jones, op. cit., p. 8; e Phillips, op. cit., p. 241. Sobre o desafio de calcular valores alimentares no passado, ver John C. Super, *Food, Conquest, and Colonization in Sixteenth-Century Spanish America*. Albuquerque: University of New Mexico Press, 1988, pp. 5-6.

32. Tabella de arbitramento dos preços para se pagarem as etapes e forragems á tropa, anexo a PP-BA para MI, 25 jan. 1834, AN-SPE, Interior, IJJ[9] 337 (1833-8), doc. 1834/6. Cálculos similares aparecem em Junta da Fazenda Real para Câmara, 24 nov. 1807, AMS, 33.2; João Feliz Pereira Campos para José Antonio Rodrigues Vianna e Cia, 23 fev. 1823, anexo a Campos para Ignácio da Costa Quintella (Ministro da Marinha em Portugal), 24 mar. 1823, AHU, Bahia, Avulsos, Cx. 265, doc. 50.

33. Antonio Pedro Gurgalho para PP-BA, 28 set. 1826, BN/SM, II-34, 1, 6, doc. 6; João Rodrigues de Brito, "Carta I", em Brito et al., op. cit., pp. 38-9. Sobre os riscos de se basear em declarações oficiais referentes a rações para soldados, marinheiros ou escravos, ver Fernand Braudel, *The Mediterranean and the Mediterranean World in the Age of Philip II*. Nova York: Harper and Row, 1972, 2 v., v. 1, pp. 459-60.

34. Mappa demonstrativo do numero d'alqueires dos differentes gêneros que pagarão a contribuição e o rendimento, a despeza, e o liquido, e teve principio em 9 de setembro de 1785 até 31 de maio de 1849, APEB, CP, M. 1611. Dados ligeiramente diferentes são apresentados no magnífico gráfico circular pelo Escrivão do celeiro [público], Diagrama da produção agrícola da capitania da Bahia, 1785-1812, AN, cód. 623. Os problemas com esses dados são destacados por Barickman (op. cit., pp. 71-85) e eram conhecidos na época: Câmara para PP-BA, 17 mar. 1826, AMS, 111.6. Sobre o crescimento da população, ver Mattoso, *Bahia: A cidade de Salvador*, pp. 129, 138. Nenhuma fonte confiável dá crédito à alegação feita por Lisboa ("Carta muito interessante", p. 503) de que a cidade consumia acima de 1 milhão de alqueires por ano.

35. Lisboa, "Carta muito interessante", p. 503; Breve compendio de reflexões sobre a Vila de Jaguaripe e o estado atual da mandioca... s/d, AHU, Bahia, Cx. [sic] 19754, citado em Francisco Carlos Teixeira da Silva, *A morfologia da escassez: Crises de subsistência e política econômica no Brasil colônia (Salvador e Rio de*

Janeiro, 1680-1790). Niterói: Universidade Federal Fluminense, 1990, tese de doutorado, p. 140; Barickman, op. cit., pp. 13-4, 163-8.

36. Relação das farinhas exportadas desde porto para o celleiro publico da Bahia em o presente mez de julho 1826, Jaguaripe, e Relação das farinhas exportadas para o celleiro publico da Bahia desde 1 de 8bro até 31 do mesmo de 1826, [Jaguaripe], ambas em APEB, CP, M. 1609. Para outros dados sobre o tamanho de barcos e lanchas, ver José Gomes da Cruz para Governador, Barra da Villa de N. S. da Abadia, 7 maio 1793, APEB, CP, M. 201-40, doc. 2; Abaixo-assinado para Príncipe Regente, 1808, BNRJ/SM, II-34, 8, 20, doc. 1, fol. 2v; Passaporte de Ignacio Antonio Alexandrino, Caravellas, 22 out. 1822, APEB, CP, M. 4631; Francisco Manuel de Castro (deputado comissário) para Miguel Calmon du Pin e Almeida Nazaré, 19 maio 1823, BN/SM, II-34, 10, 33. Para sumacas, iates e bergantins, ver Escrivão e tesoureiro do Celeiro Público para Admin., 30 jul. 1839, anexo a Administrador do Celeiro para PP-BA, 30 julho 1839; Admin. do Celeiro para PP-BA, 22 abr. 1842; e Admin. do Celeiro para PP-BA, 16 set. 1842, tudo em APEB, CP, M. 1610, bem como PP-BA para MI, 1º ago. 1834, AN, SPE, IJJ[9] 337, 1834.

37. Thomaz Tamayo de Vargas, "A restauração da cidade do Salvador, Bahia de Todos os Santos, na província do Brasil pelas armas de D. Felippe IV, rei catholico das hespanhas e índias, publicada em 1628". Trad. e ed. de Ignacio Accioli de Cerqueira e Silva. *Revista do Instituto Geográfico e Histórico da Bahia*, Salvador, n. 56, p. 139, 1930; Lisboa, "Carta muito interessante", p. 498; Antonio de Souza Lima para PP-BA, Quartel do Comando Militar de Itaparica, 9 dez. 1837, BN/SM, II-33, 18, 16.

38. Lisboa, "Carta muito interessante", p. 496 (citação); Conselho Interino para Caixa Militar de Caravellas, 20 jun. 1823, APEB, CP, M. 1617; Admin. do Celeiro para PP-BA, 20 jun. 1842 (ver também 22 abr.), APEB, CP, M. 1610. Como na maré vazante uma ampla extensão da baía se esvaziava através desse estreito canal, era frequentemente chamado de Funil; Silva, *Memórias históricas*, v. 3, p. 371n.

39. Câmara, op. cit., pp. 61, 148; Luiz José da Cunha Grã Ataíde e Mello, conde de Povolide, para Martinho de Mello e Castro, 3 jul. 1771, AIHGB, arq. 1-1-19, fol. 224v (citação). Sobre o canal, ver Ruy, op. cit., p. 298. Sobre baixios, ver Lapa, op. cit., pp. 142-4.

40. Spix e Martius, op. cit., p. 222; Kidder, op. cit., p. 17.

41. Verger, *Trade Relations*, p. 286; Abaixo-assinado, São Francisco do Conde, 24 fev. 1816, anexo a Alexandre Gomes Ferrão para Marquês de Aguiar, 14 mar. 1816, BN/SM, C. 9.5 (citação); Tavares, *História da sedição*, pp. 79-91; Kátia M. de Queirós Mattoso, *Presença francesa no movimento democrático baiano de 1798*. Salvador: Itapuã, 1969. Ver também Julius Sherrard Scott III, *The Common Wind: Currentes of Afro-American Communication in the Era of the Haitian Re-*

volution. Durham: Duke University, 1986, tese de doutorado, esp. pp. 64-7; e Peter Linebaugh e Marcus Rediker, "The Many-Headed Hydra: Sailors, Slaves, and the Atlantic Working Class in the Eighteenth Century". *Journal of Historical Sociology*, Oxford, v. 3, n. 3, p. 234, set. 1990.

42. PP-BA para MJ, 14 fev. 1835, AN, SPE, Justiça IJ[1]707; Reis, *Slave Rebellion in Brazil*, pp. 109, 212-4; Chefe de Polícia, Rio, 5 dez. 1849, citado em Carlos Eugênio Líbano Soares, *A capoeira escrava e outras tradições rebeldes no Rio de Janeiro (1808-1850)*. Campinas: Ed. da Unicamp, 2001, pp. 387-8; Candler e Burgess, op. cit., pp. 38-9.

5. O CELEIRO PÚBLICO [pp. 147-68]

1. Vilhena, op. cit., p. 124 (citação); Ribeiro, Discurso, fol. 65; El-Rey para Câmara, 13 jan. 1751, AMS, 126.4, fols. 81-81v; Câmara para Governador, 24 (citação) e 31 jan. 1781, AMS, 126.4, fols. 66v-67.

2. Vilhena, op. cit., p. 419; Governador para Câmara, 7 set. 1785, cópia anexa em Câmara para PP-BA, 14 abr. 1845, APEB, CP, M. 1399, 1845, doc. 19; Rodrigo José de Meneses para Martinho de Mello Castro, 10 out. 1785, em Copias extrahidas do Archivo do Conselho Ultramarino, AIHGB, Arq. 1, 1, 20. Uma versão impressa aparece em Almeida (Org.), "Inventario dos documentos", *ABNRJ*, Rio de Janeiro, v. 32, p. 586, 1910.

3. Joel Serrão, *Dicionário da história de Portugal*. Porto: Iniciativas Editoriais, 1979, v. 6, p. 165, s. v. Terreiro do Trigo; Edital da Câmara, Lisboa, 4 fev. 1774, em Antonio Delgado da Silva, *Colleção da legislação portuguesa desde a ultima compilação das ordenações...* 2. ed. Lisboa: Typ. L. C. da Cunha e Typ. Maigrense, 1833-58, v. 2, p. 753, que se referem à relevante Postura de 1532. Tais mercados de grãos eram comuns na Europa; Braudel, op. cit., v. 1, p. 329.

4. Prólogo, Regimento do Celeiro Publico, cópia anexa em Câmara para PP--BA, 14 abr. 1845, APEB, CP, M. 1399, 1845, doc. 19 (outra cópia foi anexada em MRE para MI, Rio, 22 jan. 1845, BN/SM, II-33, 24, 40, e uma versão impressa pode ser encontrada em Silva, *Memórias históricas*, v. 3, p. 173n); Barickman, op. cit., pp. 73-4. O efeito contínuo do trabalho do governador Menezes pode ser visto comparando-se esses regulamentos com os muito semelhantes emitidos em 1851: "Regulamento de 15 de maio de 1851", em *Colleção das leis e resoluções da Assemblea Legislativa e regulamentos do governo da provincia da Bahia*, 1851, pp. 391-8. O princípio da transparência também operava na França; Kaplan, *Provisioning Paris*, p. 374.

5. José de Souza Azevedo Pizarro e Araújo, *Memórias históricas do Rio de Janeiro* [1820-2]. 2. ed. Ed. de Rubens Borba de Moraes. Rio de Janeiro: Institu-

to Nacional do Livro, 1945-8, v. 8, tomo 2, pp. 35-48 (ver também tomo 1, p. 44); Maxwell, *Conflicts and Conspiracies*, pp. 90, 98; M[anuel] F[erreira] da C[âmara], "Carta II", em Brito et al., op. cit., p. 85 (citação); Representação do Senado da Câmara da Cidade da Bahia..., 4 jun. 1785, em Almeida (Org.), "Inventario dos documentos", *ABNRJ*, Rio de Janeiro, v. 32, pp. 575-6, 1910.

6. Sobre usos anteriores, localização e descrição do edifício, ver Intendente do Arsenal da Marinha para Governador, 27 out. 1797, cópia anexa em idem para [?], 28 abr. 1798, em Codex, Prospectos e plantas do R[l] Arsenal da Marinha, BN/SM, I-2, 4, 27, 3v, e Planta 1; Fernando José de Portugal para Rodrigo de Souza Coutinho, 29 mar. 1799, BN/SM, 1, 4, 13; Ribeiro, Discurso, fol. 65; Vilhena, op. cit., p. 94; Braz do Amaral, "notas", em ibid., p. 113; Intendente da Marinha para Governador, 21 ago. 1817, APEB, CP, M. 234; PP-BA para Câmara, 22 jul. 1853, AMS, 111.12, fol. 210; e Rebello, "Corographia", pp. 140. O edifício é também mencionado por Maximiliano, op. cit., v. 3, p. 99; e Canstatt, op. cit., p. 190. Uma velha fotografia intitulada "Arsenal da Marinha" está impressa em Paulo Ormindo de Azevedo, *A alfândega e o mercado: Memória e restauração*. Salvador: Secretaria de Planejamento, Ciência e Tecnologia do Estado da Bahia, 1985, p. 19.

7. Sobre tamanho e construção de silos, ver Ribeiro, Discurso, fols. 70, 70v; Ignacio de Andrada Soutomayor Rendon para Vice-rei, Marapicuru (Rio de Janeiro), 7 dez. 1788, anexo, AN, Cx. 484, pac. 2; e Fernando José de Portugal para Martinho de Mello e Castro, 5 fev. 1789, BN/SM, 1, 4, 10, fol. 72v. Sobre número de silos e haveres, ver Rendimento do celeiro publico, anexo a Câmara para PP-BA, 20 maio 1857, APEB, CP, M. 1403. Sobre pisos superiores e sua má utilização, ver Vilhena, op. cit., pp. 71, 104; e Câmara para PP-BA, 29 jul. 1857, APEB, CP, M. 1403.

8. Vilhena, op. cit., p. 419; Ribeiro, Discurso, fol. 66; Governador para Câmara, 15 set. 1785, cópia anexa em Câmara para PP-BA, 14 abr. 1845, APEB, CP, M. 1399, 1845, doc. 19; Câmara, Portaria, s/d [1785], AMS, 116.4, fol. 206; Mappa demonstractivo do numero d'alqueires dos differentes gêneros que pagarão a contribuição e o rendimento e a despesa e o liquido, e teve principio em 9 de setembro de 1785 até 31 de maio de 1849, APEB, CP, M. 1611 (esses dados estão impressos também em Silva, *Memórias históricas*, v. 3, inserido entre as pp. 14 e 15).

9. Regimento do Celeiro Público [1785], cópia anexa em Câmara para PP-BA, 14 abr. 1845, APEB, CP, M. 1399, 1845, doc. 19 (doravante, Regimento [1785]), caps. 1, 9, 10 (também anexo a MRE para MI, Rio, 22 jan. 1845, BN/SM, II-33, 24, 40). Uma versão impressa é acessível em Silva, *Memórias históricas*, v. 3, pp. 73n-77n. A taxa ainda estava sendo cobrada com a mesma alíquota em 1849; Lei n. 374, 12 nov. 1849, Bahia, *Colleção das leis*, art. 2, parágrafo 36.

10. Regimento [1785], cap. 3; João Rodrigues de Brito, "Carta I", em Brito et al., op. cit., p. 22.

11. Governador para Câmara, 7 set. 1785, cópia anexa em Câmara para PP-BA, 14 abr. 1845, APEB, CP, M. 1399, 1845, doc. 19; Test. e Codicilo (1º), Innocencio José da Costa, 1805, APEB, SJ, 08/3465/02; Kraay, *Race, State, and Armed Forces*, pp. 93, 95.

12. Ribeiro, Memoria, fol. 62; Procurador da Câmara para governador, s/d [9 fev. 1797], APEB, CP, M. 201-14, doc. 52; Inv., Adriano de Araujo Braga, 1816, APEB, SJ, 03/1341/1810/02, fols. [5-6, 7v-8v], 27v-31, 37, 38v-39v, 59, 128 em diante, 146, 870 em diante.

13. Inv., José da Silva Maia, 1809, APEB, SJ, 04/1790/2260/01, fols. 3-3v, 4v, 8-9, 12-56; Ribeiro, Memoria, fol. 63. Sobre o fato de ser um comissário de açúcar, ver Claudio José Pereira da Costa para Ouvidor Geral do Crime, 22 jan. 1806, em Stuart B. Schwartz, "Resistance and Accommodation in Eighteenth-Century Brazil: The Slaves' View of Slavery". *Hispanic American Historical Review*, Durham, v. 57, n. 1, p. 79, fev. 1977.

14. Governador (conde da Ponte) para visconde de Anadia, 18 set. 1807, AN, SPE, Cód. 9, fols. 55, 59ff.; Ribeiro, Discurso, fols. 61, 73; Lugar, op. cit., pp. 169-70. Para queixas contra Coelho, ver Governo Interino para Câmara, 17 jul. 1809, AMS, 111.5, fol. 57v (o original dessa carta está em AMS, [Ofícios/Câmara, 1797-1813], ncat.).

15. Regimento [1785], caps. 4-7; Admin. do Celeiro para PP-BA, 17 abr. 1846, APEB, CP, M. 1611; Ribeiro, Discurso, fols. 65, 65v; Francisco José de Portugal para Souza Coutinho, 9 abr. 1799, BN/SM, 1, 4, 13, n. 501.

16. Protesto anônimo anexo a Câmara para governador, 24 abr. 1793, APEB, CP, M. 201-14, doc. 30; Câmara para PP-BA, 13 maio 1826, AMS, 111.6, fol. 209; Inspector das farinhas para Governador, Nazaré, 17 mar. 1794, APEB, CP, M. 201-31, doc. 3; nota na margem do presidente em Admin. do Celeiro para PP-BA, 31 jan. 1834, APEB, CP, M. 1609.

17. Ribeiro, Memoria, fols. 61, 62, 63-63v; Procurador da Câmara para Governador, s/d [9 fev. 1797], APEB, CP, M. 201-14, doc. 52. Para mais sobre Francisco Dias Coelho, ver Governo Interino para Câmara, 17 jul. 1809, AMS, 111.5, fol. 57v (o original dessa carta está em AMS [Oficios/Câmara, 1797-1813], ncat.).

18. Correspondência em BN/SM, II-33, 24, 40, docs. 5, 6, 8, 13, 15-20, 22-25; e Admin. do Celeiro para PP-BA, 16 abr. 1842, APEB, CP, M. 1610. Sobre o nascimento brasileiro de França, ver Test. João Pereira de Araujo França, 1848, APEB, SJ, 08/3489/11, fols. 1-2. Sobre a xenofobia predominante, ver, entre outros, Mosher, op. cit., pp. 197-201. Sobre a presença subsequente de comerciantes portugueses no celeiro público, ver Requerimentos, 1857, AMS, citado em João José Reis e Márcia Gabriela M. de Aguiar, "'Carne sem osso e farinha sem caroço': O motim de 1858 contra a carestia na Bahia". *Revista de História*, n. 135, p. 154, 2. sem. 1996.

19. Test., Antonio de Oliveira, 1855, APEB, SJ, 03/1354/1823/39, fols. 1-3v; Inv., Antonio de Oliveira, 1855-1856, APEB, SJ, 04/1671/2141/04.

20. Governador para Câmara, 15 set. 1785, cópia anexa em Câmara para PP-BA, 14 abr. 1845, APEB, CP, M. 1399, 1845, doc. 19 (as palavras do governador foram repetidas em Câmara, Portaria, s/d [1785], AMS, 116.4, fol. 206); Admin. do Celeiro para [PP-BA], 6 set. 1836, APEB, CP, M. 1609.

21. Comerciantes da vila de Nazaré, Abaixo-assinado, 1858, APEB, SL, M. 984, citado por Reis, "A greve negra", p. 16; e Reis e Mamigonian, op. cit., p. 87. Sobre a profunda divisão entre negros africanos e os crioulos, ver Reis, *Slave Rebellion in Brazil*, p. 142. Sobre antecedência africana, ver Sudarkasa, op. cit., p. 30.

22. Admin. do Celeiro para PP-BA, 22 fev. 1842 e 7 dez. 1844, ambos em APEB, CP, M. 1610; Rendimento do celeiro público, anexo a Câmara para PP-BA, 20 maio 1857, APEB, CP, M. 1403.

23. Admin. do Celeiro para PP-BA, 31 ago. e 7 dez. 1844, APEB. CP, M. 1610.

24. Abaixo-assinado para V. A. R. [Príncipe Regente], 1808, BN/SM II-34, 8, 20, doc. 1, fols. 1, 5; Requerimentos, 1857, AMS, citado em Reis e Aguiar, op. cit., p. 154.

25. Admin. do Celeiro para PP-BA, 23 e 25 abr. 1834, APEB, CP, M. 1609; Admin. do Celeiro para PP-BA, 22 fev. 1842, APEB, CP, M. 1610.

26. Abaixo-assinado para V. A. R. [Príncipe Regente], 1808, BN/SM II-34, 8, 20, doc. 1, fol. 3; Ribeiro, Discurso, fols. 68, 68v, 70v, 71v.

27. Reis, "A greve negra", p. 13. Maximiliano, op. cit., v. 3, pp. 163, 165.

28. Lei n. 14, 2 jul. 1835, e Regulamento para a formação de capatasias, 14 abr. 1836 (arts. 2 e 3 citados), Bahia, *Colleção das leis*. Ver também PP-BA para Juízes de Paz, 28 maio 1836, cópia anexa em Secretário do PP-BA para Assemblea Legislativa, 8 mar. 1837, APEB, SL, M. 1148.

29. Juiz de Paz de Conceição da Praia e Juiz de Paz de Pilar para PP-BA, 7 e 8 mar. 1837, cópias anexas em Secretário do PP-BA para Assemblea Legislativa, 8 mar. 1837 (e ver essa carta propriamente dita), APEB, SL, M. 1148. Em outras paróquias a imposição da lei tivera início em momento anterior, e a reação foi menos abrupta porém igualmente efetiva; Reis, "A greve negra", pp. 19-20.

30. Reis, "A greve negra", pp. 14-5, 26-7. Nas pp. 17-20, Reis fornece mais detalhes sobre os acontecimentos que narro aqui. Ver também Reis, *Slave Rebellion in Brazil*, pp. 227-8.

31. Câmara para PP-BA, 21 fev. 1850, AMS, 111.11, fol. 320v; PP-BA (Francisco Gonçalves Martins), Acto 5, out. 1850, citado em Braz Hermenegildo do Amaral, *História da independência da Bahia*. 2. ed. Salvador: Livraria Progresso, 1957, p. 179 (Marajoara, n. 19); Bahia, Presidente da Província, *Falla*, 1º mar. 1851, pp. 33-5; Cônsul Britânico citado em Verger, *Trade Relations*, p. 473; Câmara, op. cit., p. 193; João Lins Cansansão de Sinimbu, comentário escrito a lápis na margem em

Câmara para PP-BA, 26 mar. 1857, APEB, CP, M. 1403; Secretário de Polícia para PP-BA, 3 nov. 1853, APEB, CP, M. 3118 (devo essa referência a Sandra Lauderdale Graham); Agentes dos remadores de saveiros para PP-BA, 20 out. 1857, e Comissão encarregada para PP-BA, 9 out. 1879, ambos em APEB, CP, M. 1570. A história é repetida por Amaral (*História da independência*, p. 173) e o incidente inteiro é descrito por Cunha (op. cit., pp. 120-3).

32. Licenças, 31 jan. 1789, AMS, 88.1, fol. 213v; Inv., Manuel Carlos Gomes, 1803, APEB, SJ, 05/2023/2494/09, fols. 4v, 15v, 16, 21v, 24, e Appenso n. 2, fol. 3.

33. Abaixo-assinado, 9 maio 1823, AHM, 2ª Div., 1ª Sec., Cx. 41, nota 5; Inv., Joanna Maria da Conceição, 1816, APEB, SJ, 04/1715/2185/01, fols. 5v, 15, 17, 37, 38; Licenças, 7 fev. 1789, AMS, 88.1, fol. 215. Julgo ter sido Joanna uma mulher de cor porque pertencia à Irmandade do Rosário de Itapagipe.

6. DA FEIRA DO GADO AO AÇOUGUE [pp. 169-88]

1. Câmara para Governador, 7 set. 1799, APEB, CP, M. 210-14, doc. 71; Admin. do Curral para Câmara, 15 fev. 1830 e 18 jan. 1834, AMS, Câmara correspondência recebida, Curral, [1830]-1834, ncat.; Azevedo, op. cit., p. 331n.

2. A lei básica, endereçada a Portugal mas estendida para as colônias, foi incorporada num código legal emitido em 1603; Almeida, *Codigo Philippino*, livro 1, tit. 66, par. 8.

3. Relatos resumidos desse comércio de gado incluem Rollie Poppino, "The Cattle Industry in Colonial Brazil", *Mid-America*, [s.l.], v. 31, n. 4, pp. 219-47, out. 1949; e Francisco Carlos Teixeira da Silva, "Élevage et marché interne dans le Brésil de l'époque coloniale". In: CROUZET, François; BONNICHON, Philippe; ROLLAND, Denis (Orgs.). *Pour l'Histoire du Brésil: Hommage à Kátia de Queirós Mattoso*. Paris: L'Harmattan, 2000, pp. 321-30.

4. Documento datado de 1732, citado em Mott, "Subsídios à história do pequeno comércio no Brasil", p. 88; Câmara, Regência da Feira de Capoame, 18 abr. 1801, cópia atualmente anexa a Câmara para Governador, 28 jan. 1801, APEB, CP, M. 209-1, arts. 1-2; Câmara para Admin. do Curral, 1º jul. 1809, AMS, 116.5, fol. 27v; Câmara para Registrador do Cajueiro, 8 nov. 1806, AMS, 33.2, fols. 17 e 17v. Para uma descrição das facilidades, ver Câmara para Governador, 14 ago. 1784 (segunda nessa data), AMS, 111.4, fol. 99; e Jourdan, Breve noticia, fol. 42. Sobre a Estrada das Boiadas em anos posteriores, ver PP-BA para Câmara, 22 set. 1834, AMS, 98.1, fol. 121; Câmara para PP-BA, 29 mar. 1843 e 6 maio 1846, AMS, 111.11, fols. 79 e 178; e Câmara para PP-BA, 29 jul. 1857, APEB, CP, M. 1403.

5. Ordem Régia, abr. 1706, ANTT, MSS do Brasil, livro 26, citado em Mott, "Subsídios à história do pequeno comércio no Brasil", pp. 96-7; Provisão Real, 4 mar. 1763, AMS, 126.5, fols. 19v-20; Câmara para Governador, 25 dez. 1782, AMS, 111.4, fol. 78.

6. Câmara para Governador, 12 maio 1781 e 26 maio 1783, AMS, 111.4, fols. 68 e 79; Procurador da Câmara, Memoria sobre o contrato das carnicerias, s/d, anexo a Câmara para Governador, 15 mar. 1809, APEB, CP, M. 127.

7. Câmara, Portaria, s/d [mar. 1783], AMS, 116.4, fol. 159; Registro de uma informação que dá o Senado aos Senhores Governadores com os pareceres de cada um dos vereadores por escripto sobre a [re]presentação que aos mesmos Sn^res fez o administrador dos talhos das rendas do Senado, 4 out. 1783, AMS, 111.4, fols. 86v-91; Câmara para Governador, 27 set. 1783, AMS, 111.4, fol. 85v. Para relatos posteriores, ver Governador para Câmara, 10 dez. 1806 e 10 mar. 1807, AMS, 111.5, fols. 13 e 18; e Jourdan, Breve noticia, fol. 41.

8. Plano estabelecido para a administração das marchantarias, 28 mar. 1784, cópia anexa em Procurador da Câmara para Governador, [9 fev. 1797], APEB, CP, M. 201-14, doc. 52. A maioria de suas provisões foi repetida com detalhes adicionais em 1801; Câmara, Edital, 11 mar. 1801; Câmara, Regência da Feira do Capoame, 18 abr. 1801; e Câmara, Regência dos Currais, 4 nov. 1801, todas atualmente anexadas em Câmara para Governador, 28 jan. 1801, APEB, CP, M. 209-1. Sobre os encarregados de abate, ver Procurador para Câmara, Memoria sobre o contrato das carnecerias, s/d, anexo a Câmara para Governador, 15 mar. 1809, APEB, CP, M. 127, e Câmara, Editaes, 23 ago. 1826, 15 fev. 1830, 21 out. 1830, AMS, 116.6, fols. 156, 242v, 271. Sobre conflitos de interesses, ver Governador para Câmara, 10 mar. 1807, AMS, 111.5, fol. 19v. Sobre açougueiros, ver Procurador da Câmara para Câmara, s/d, anexo a Câmara para Governador, 8 fev. 1797, APEB, CP, M. 201-14, doc. 51; Termos de entrega e recebimento de talhos e balanças, 1790, AMS, 176.1 (citação), e Admin. do Curral, Mappa das Rezes, 11 abr. 1807, AMS, 148.3, fol. 52v.

9. Sobre os guias, ver Câmara para Governador, 20 mar. 1790, APEB, CP, M. 201-14, doc. 8; e Câmara para Francisco da Costa Passos, 29 maio 1813, AMS, 33.2, fol. 100v. A contínua confiança na reaprovação do sistema de 1784 pode ser acompanhada na seguinte correspondência do Governador para a Câmara, tudo em AMS, 111.5: 5 mar. 1811, fol. 108; 12 mar. 1814, fol. 171; 4 fev. 1815, fol. 179; 15 mar. 1816, fol. 187; 17 mar. 1817, fol. 194; 6 mar. 1818, fol. 202; 7 mar. 1820, fol. 218.

10. As citações são de Plano estabelecido para a administração das marchantarias, 28 mar. 1784, cópia anexa em Procurador da Câmara para Governador, s/d [9 fev. 1797], APEB, CP, M. 201-14, doc. 52; Governador para Câmara, 8 mar.

1809, AMS, 111.5, fol. 42v; e João Rodrigues de Brito, "Carta I", em Brito et al., op. cit., p. 22. Sobre a inadequação de um nomeado, ver Francisco José de Portugal para Souza Coutinho, 15 abr. 1799, BN/SM, 1, 4, 13, n. 509.

11. Câmara, Edital, 8 ago. 1818, AMS, 116.6, fol. 14v; petição mencionada em "Decreto", 9 ago. 1819, *LB*, e também em António d'Oliveira Pinto de França (Org.), *Cartas baianas, 1821-1824: Subsídios para o estudo dos problemas da opção na independência brasileira*. São Paulo: Editora Nacional, 1980, p. 162 (Brasiliana, n. 372); José Joaquim de Almeida e Arnizau, "Memoria topographica, histórica, commercial e política da Villa de Cachoeira da provincia da Bahia [1825]". *Revista do Instituto Historico e Geographico Brasileiro*, Rio de Janeiro, n. 25, p. 134, 1862 (escrito em 1824); Câmara para PP-BA, 3 set. 1855, AMS, 111.13, fol. 118. Ver também Brazil, Ministério da Agricultura, Imperial Instituto Bahiano de Agricultura, *Relatorio*, p. 10, 1871; Rollie Poppino, *Feira de Santana*. Trad. de Arquimedes Pereira Guimarães. Salvador: Itapuã, 1968, p. 57; Schwartz, *Sugar Plantations*, p. 90; e Azevedo, *Povoamento da cidade*, p. 322.

12. Vilhena, op. cit., p. 160; Jourdan, Breve noticia, fol. 41v; João Rodrigues de Brito, "Carta I", em Brito et al., op. cit., pp. 4-5.

13. Câmara para Admin. do Curral, 19 dez. 1821, 16 jan. 1822, e 28 fev. 1824, e Câmara, Edital, 11 nov. 1826, AMS, 116.6, fols. 59, 60, 88 e 158v; Comissão... carnes verdes, "Parecer", entre os "Documentos Anexos" paginados à parte em Bahia, Presidente da Província, *Relatorio*, p. 3, 1866. Sobre a localização de pastos, ver Câmara para PP-BA, 2 abr. 1830, AMS, 111.8, fol. 13v; PP-BA para Câmara, 26 jul. 1845, AMS, 111.10, fol. 262; e Câmara para PP-BA, 1º ago. 1845, APEB, CP, M. 1399, 1845, doc. 36 (uma cópia dessa carta também pode ser vista em AMS, 111.11, fol. 156).

14. Câmara, Instruções... ao Admin. dos pastos da Campina, 15 nov. 1826, AMS, 116.6, fols. 159v-160v; Admin. do Curral para Câmara, 27 nov. 1829, AMS, Câmara, Correspondência recebida, Curral, 1829, ncat.; PP-BA para Câmara, 30 out. 1839, AMS, 111.10, fol. 93.

15. Governador para Câmara, 25 ago. 1807, AMS, 111.5, fols. 28-28v; Administrador do Curral para Câmara, 13 jan. 1830, AMS, Câmara, Correspondência recebida, Curral, 1830, ncat.; Admin. do Curral para Câmara, 9, 12, 18 fev. e 24 maio 1833, AMS, Câmara, Cartas recebidas, Curral, 1833, ncat.; Câmara para Fiscal da Freguezia de Pilar, 7 fev. 1833, AMS, 116.7, fols. 91-2; Fiscal da Freguezia da Penha para Câmara, 4 mar. 1839, anexo a Câmara para PP-BA, 4 mar. 1839, APEB, CP, M. 1397, 1839, doc. 6.

16. Chefe de polícia para Câmara, 23 dez. 1844 e 11 jan. 1845, e Câmara para Chefe de Polícia, 10 jan. 1845, tudo anexo a PP-BA para Ministro do Império, 16 jan. 1845, AN, SPE, IJJ9 338, 1845; Câmara para PP-BA, 18 jan. 1845, APEB,

CP, M. 1399, 1845, doc. 6, uma cópia do qual está em AMS, 111.11, fol. 134. Para descrição da cena, recorri a minhas memórias de infância do estado de Goiás, onde o gado era conduzido ao longo da rua principal sem asfalto de uma cidade pequena. Sobre o fato de terem chifres longos, ver Gardner, op. cit., p. 278.

17. Administração dos Currais [Relatório], s/d [depois de 1789], BN/SM, 3, 1, 5 (citação); Câmara para Governador, 14 ago. 1784, AMS, 111.4, fol. 98v (citação). Sobre a localização dos primeiros matadouros, de propriedade privada, ver Governador para Juiz de Fora, 3 abr. 1723, em Biblioteca Nacional do Rio de Janeiro, *Documentos históricos* (Rio de Janeiro: Biblioteca Nacional, 1928-60, n. 87, p. 182); Lista das informações e discripções [sic] das diversas freguezias do Arcebispado da Babia... 1757, em Almeida (Org.), "Inventario dos documentos", *ABNRJ*, Rio de Janeiro, n. 31, p. 183, 1909; Moraes [Pai], "Praças, largos", p. 270; Azevedo, *Povoamento da cidade*, p. 334. Para a localização do novo matadouro, ver Admin. do Curral para Câmara, 11 abr. 1835, AMS, Câmara, Correspondência recebida, Curral, 1835, ncat.; Amaral, "Notas", em Vilhena, op. cit., p. 86.

18. Vilhena, op. cit., pp. 69-70; Jourdan, Breve noticia, fols. 41-3. Sobre alojamentos para dormir, ver Câmara para PP-BA, 30 jul. 1845, AMS, 111.11, fol. 155. Sobre outras instalações, ver Admin. do Curral para Câmara, 19 jun. 1830, AMS, Câmara, Correspondência recebida, Curral, 1830, ncat.; Câmara para Inspector das Obras, 31 jul. 1834, AMS, 116.7, fol. 196, e Comissão do Matadouro Público para Câmara, 13 set. 1843, anexo a Câmara para PP-BA, 13 set. 1843, APEB, CP, M. 1399, 1843, doc. 48.

19. Vilhena, op. cit., p. 70; Admin. do Curral para Câmara, 9 maio e 4 jul. 1829, AMS, Câmara, Correspondência recebida, 1829, ncat.; Câmara para PP-BA, 26 jan. e 13 mar. 1849, AMS, 111.11, fols. 285 e 289.

20. Jourdan, Breve noticia, fol. 42v; Câmara para Admin. do Curral, 1º jul. 1822, AMS, 116.6, fols. 65v-66; PP-BA para Câmara, 10 dez. 1825, AMS, 111.7, fol. 14; Admin. do Curral para Câmara, 18 mar. 1830, AMS, Câmara, Correspondência recebida, Curral, 1830, ncat.; Admin. do Curral para Vereador Encarregado do Matadouro, 6 set. 1843, AMS, Câmara, Correspondência recebida, Curral, 1843, ncat.; Câmara para PP-BA, 22 out. 1845, APEB, CP, M. 1399, 1845, doc. 40. Sobre urubus, ver Wetherell, op. cit., p. 87. Sobre miasmas, ver Reis, *A morte é uma festa*, pp. 252-62.

21. *Grito da razão*, 12 mar. 1824, p. 2 (devo essa referência a Hendrik Kraay); Câmara, Edital, 13 mar. 1824; e Câmara para Admin. do Curral, 3 abr. 1824, 22 set. e 6 out. 1827, tudo em AMS, 116.6, fols. 91, 94v, 175v, e 177; Câmara para PP-BA, 2 abr. 1830, AMS, 111.8, fol. 13v; Admin. do Curral para Câmara, 11 set. 1830, AMS, Câmara, Correspondência recebida, Curral, 1830, ncat.

22. Câmara, Regência dos Currais, 4 nov. 1801, cópia atualmente anexa a Câmara para Governador, 28 jan. 1801, APEB, CP, M. 209-1, art. 13; Admin. do Curral para Câmara, 4 maio 1816, anexo a Antonio Jourdan para Luiz Antonio Barbosa de Oliveira, 25 maio 1816, AMS, 33.2, fol. 147; Jourdan, Breve noticia, fol. 43; Admin. do Curral para Câmara, 9 maio 1829, AMS, Câmara, Correspondência recebida, Curral, 1829, ncat. Sobre a localização do cemitério, ver nota na margem em Admin. do Curral para Câmara, 24 nov. 1829, AMS, Câmara, Correspondência recebida, Curral, 1829, ncat.

23. Admin. do Curral para Câmara, 9 maio 1829, AMS, Câmara, Correspondência recebida, Curral, 1830, ncat.; Câmara para Admin. do Curral, 8 abr. e 17 maio 1837, AMS, 111.8, fols. 198 e 206; Admin. do Curral para Vereador Encarregado do Matadouro, 6 set. 1843, AMS, Câmara, Correspondência recebida, Curral, 1843, ncat.; Comissão do Matadouro Público para Câmara, 13 set. 1843, anexo a Câmara para PP-BA, 13 set. 1843, APEB, CP, M. 1399, 1843, doc. 48.

24. Câmara para Admin. do Curral, 9 jun. 1819, AMS, 116.6, fol. 23; Instruções para o Admin., anexo a Administração dos Currais, s/d [depois de 1789], BN/SM, 3, 1, 5; *O Mercantil*, 26 jun. 1848, p. 3. As regras para o matadouro eram repetidas com frequência, mais notadamente nos editais municipais datados de 17 jun. 1844, AMS, 119.5, fols. 75v-77.

25. Governador a El-Rey, 14 abr. 1798, APEB, CP, M. 138, fols. 272-274v; Rodrigo de Souza Coutinho para Fernando José de Portugal, Palácio Queluz (Portugal), 4 out. 1798, APEB, CP, M. 86, fol. 188; Governador para Câmara, 19 jun. 1802 e 13 dez. 1806, AMS, Ofícios/Câmara, 1798-1813, ncat.

26. *Almanach para a Cidade da Bahia: Anno 1812*. Ed. fac-sim. Salvador: Conselho Estadual de Cultura, 1973, p. 181; Portarias 15 jan. e 22 abr. 1829, AMS, 116.6, fols. 208 e 212; Câmara para PP-BA, 17 jun. 1829, AMS, 111.6, fol. 281v; PP-BA para Câmara, 23 abr. 1855, AMS, 111.12, fol. 247v.

27. Instruções para o Admin., anexo a Administração dos Currais, s/d [depois de 1789], BN/SM, 3, 1, 5.

28. Câmara, Regência dos Currais, 4 nov. 1801, cópia atualmente anexa a Câmara para Governador, 28 jan. 1801, APEB, CP, M. 209-1, art. 7; Regulamento da Capatazia do Matadouro, 3 fev. 1857, anexo a Câmara para PP-BA, 6 mar. (e mais uma vez em 13 maio) 1857, APEB, CP, M. 1403. Sobre sua quantidade e organização, ver Representação dos marchantes para Câmara, s/d, anexo a Câmara para Governador, 13 set. 1797, APEB, CP, M. 201-14, doc. 59; Câmara, Editaes, 23 ago. 1826, 15 fev. 1830, 21 out. 1830, AMS, 116.6, fols. 156, 242v, 271; e Admin. do Curral citada em Câmara para PP-BA, 21 out. 1835, APEB, CP, M. 1395. A asserção de oitenta ou cem abatedores está em Vilhena, op. cit., p. 130.

29. Jourdan, Breve noticia, fol. 42v. Sobre crioulos magarafes, ver Admin. do Curral para Presidente da Câmara, 19 abr. 1834, AMS, Câmara, Correspondência recebida, Curral, 1834, ncat.; e *Correio Mercantil*, Salvador, 26 out. 1835, p. 4, col. 2, anexo a Auto crime, APEB, SJ, 09/313/3181/01, fols. 5-6. Sobre magarafes africanos, ver Câmara para PP-BA, 6 out. 1843, AMS, 111.11, fol. 105; *O Mercantil*, 26 jun. 1848, p. 3; e sobre sua exclusão, Regulamento da Capatazia do Matadouro, anexo a Câmara para PP-BA, 13 maio 1857, APEB, CP, M. 1403. Sobre couros danificados, ver Procurador da Câmara para Câmara, anexo a Câmara para Governador, 8 fev. 1797, APEB, M. 201-14, doc. 51. Sobre curar a carne, ver Turnbull, op. cit., p. 48.

30. Admin. do Curral para Câmara, 12 fev. 1830, AMS, Câmara, Correspondência recebida, Curral, 1830, ncat.; Câmara para Admin. do Curral, 27 jul. 1831, AMS, 116.7, fols. 8-8v; *O Mercantil*, 26 jun. 1848, p. 3.

31. Admin. do Curral para Câmara, 4 maio 1816, AMS, 33.2, fols. 146v-147; Admin. do Curral para Câmara, 9 nov. 1829, AMS, Câmara, Correspondência recebida, Curral, 1829, ncat. Ver também idem para idem, 15 fev. 1830, AMS, Câmara, Correspondência recebida, Curral, 1830, ncat.

32. Jourdan, Breve noticia, fol. 42v; Posturas 110-112 em Posturas do Senado da Câmara [1716]... fielmente copiadas... 1785, AN, SH, Cód. 90, fol. 17; Câmara, Edital, 9 dez. 1830, AMS, 119.5, fol. 91v. Sobre como eram suspeitos de conduta imprópria, ver Câmara para Admin. do Curral, 8 dez. 1817, AMS, 33.2, fol. 180. Sobre como eram percebidos como perigosos, ver Admin. do Curral citado em Câmara para PP-BA, 21 out. 1835, APEB, CP, M. 1395, 1835-a, doc. 21 (também em AMS, 111.9, fol. 42v).

33. Câmara para Governador, 20 mar. 179, APEB, CP, M. 201-14, doc. 8; Câmara para Admin. do Curral, 22 ago. 1827, AMS, 116.6, fol. 172; Postura n. 10, revista em 1843, AMS, 119.5, fol. 68 (ver também fol. 11v).

34. Jourdan, Breve noticia, fol. 43; Instruções para o Admin. anexas a Administração dos Currais, s/d [depois de 1789], BN/SM, 3, 1, 5; Inv., João Simões Coimbra, 1870 [1860], APEB, SJ, 03/1052/1521/02, fol. 155.

35. Câmara, Edital, 11 mar. 1801, atualmente anexo a Câmara para Governador, 28 jan. 1801, APEB, CP, M. 209-1, Regulamento n. 5; Governador para Câmara, 17 set. 1806, AMS, Ofícios/Câmara, 1798-1813, ncat.; Câmara para Governador, 18 fev. 1809, APEB, CP, M. 127; Jourdan, Breve noticia, fol. 42v.

36. Sobre argumentos para agrupar lojas, ver, por exemplo, Câmara, Edital, 7 maio 1839, AMS, 116.9, fol. 25; e Câmara para PP-BA, 17 jun. 1839, APEB, CP, M. 1397, doc. 20. Sobre a localização de açougues, ver Vilhena, op. cit., p. 69; Governador para Câmara, 10 mar. 1807, AMS, 111.5, fols. 20-20v; Descriçao da Bahia [1813?], AIHGB, L. 399, doc. 2, fols. 288-9; Junta Provisória para Câmara, 2 nov.

1821, AMS, 111.5, fol. 234; e Joaquim José da Silva (Procurador da Câmara), s/d [1820 ou 1821], BN/SM, I-31, 14, 3.

37. Procurador da Câmara, Memoria sobre o contrato das carnecerias, s/d, anexo a Câmara para Governador, 15 mar. 1809, APEB, M. 127; Jourdan, Breve noticia, fol. 43v; Instruções para o Admin., em Administração dos Currais, s/d [depois de 1789], MS, BN/SM, 3, 1, 5; Câmara para Admin. do Curral, 21 jul. 1817, AMS, 33.2, fol. 169. Por trazerem o imposto, eram às vezes chamados *cobradores*. Sobre lances oferecidos para açougues em 1805, ver AMS, 18.1, fols. 44v-76, e para uma lista de lojas em 1810, AMS, 148.3, fols. 241-2.

38. Câmara para Procurador da Câmara, 31 jul. 1833, AMS, 116.7, fol. 128; Câmara para PP-BA, 18 jun. 1839, APEB, CP, M. 1397, doc. 20; PP-BA para Câmara, 29 jul. 1836, AMS, 98.1, fols. 265-6.

7. TENSÃO [pp. 189-207]

1. Câmara para governador, 20 nov. 1802, APEB, CP, M. 209-1, doc. 99 (também em AMS, 111.4, fol.193v); Admin. do Curral para Câmara, 10 mar. 1830, AMS, Câmara, Correspondência recebida, Curral, 1830, ncat.; Câmara citada em Governador para Câmara, 21 mar. 1809, e Governador para Câmara, 27 set. 1815, AMS, 111.5, fols. 43v e 184v.

2. Câmara para Governador, 21 jun. 1809, e anexos, APEB, CP, M. 127; Câmara para PP-BA, 14 jan. 1839 e anexos, APEB, CP, M. 1397; Inv., Bartolomeu Francisco Gomes, 1848, APEB, SJ, 04/1697/2167/06, fols. 3, 4, 6-6v, 19-23v, 37v, 54, 62, 168.

3. Câmara, Edital, 11 mar. 1801, atualmente arquivado com Câmara para Governador, 28 jan. 1801, APEB, CP, M. 209-1, par. 3; Governador para Câmara, 18 mar. 1807, AMS, 111.5, fol. 21. Em 1807, a propriedade real requerida valia pelo menos 50 mil cruzados (ou seja, 20:000$000 [42:000$000 em valores de 1824]).

4. Procurador da Câmara, Memoria sobre o contrato da carneceria, s/d, anexo a Câmara para Governador, 15 mar. 1809, APEB, CP, M. 127; Governador para Câmara, 21 mar. 1809, AMS, 111.5, fol. 43v (citação). Sobre exportações, ver Arruda, op. cit., tabela 22, p. 204, e tabela 23, p. 206.

5. Câmara para Governador, 10 mar. 1802, APEB, CP, M. 209-1 (citação); Governador para Câmara, 21 jan. 1807, AMS, 111.5, fols. 14v-15; registro de ofertas para açougues, AMS, 18.1, fols. 44v-69. O termo "plebe" era um neologismo do século XVIII; Stuart B. Schwartz, "'Gente da terra braziliense da nasção', Pensando o Brasil: A construção de um povo". In: MOTA, Carlos Guilherme

(Org.). *Viagem incompleta: A experiência brasileira (1500-2000)*. São Paulo: Senac, 2000. v. 1: Formação: Histórias. pp. 119-20.

6. Câmara para Governador, 6 maio e 19 ago. 1789, APEB, CP, M. 485-1, docs. 4 e 8; Câmara para PP-BA, 21 jul. 1830, AMS, 111.8, fol. 43v.

7. AMS, 18.1, fol. 54v; Inv., Jacinto Vieira Rios, 1818, APEB, SJ, 04/1738/2208/03, fols. 5v-6, 7v, 11v-12v, 138v. Seu patrimônio valia 2:024$220 (2:615$728).

8. AMS, 18.1, fols. 49v, 59v, 64v, 65v; Inv., Alexandre Gomes de Brito, 1826, APEB, SJ, 08/3470/01, fols. 1, 2v, 4, 5, 27, 31, 60v, 67. Em 1809, Brito era tenente na milícia *parda*; comunicação pessoal de Hendrik Kraay, 21 jan. 2008. Na época de sua morte, Brito foi mencionado como "capitão". Sobre seu genro, Gualter Martins da Silva Bahia, ver Câmara para Admin. do Curral, 9 nov. 1825 e 23 out. 1826, AMS, 116.6, fols. 120 e 154v.

9. Test. 18 jun. 1860, cópia em Inv. e Test., João Simões Coimbra, 1860, APEB, SJ, 03/1242/1711/07, fols. 30-1, 35-35v, 37; Inv. (2º), João Simões Coimbra, 1870 [1860], APEB, SJ, 03/1052/1521/02, fols. 16v-18v, 19v-20v, 26, 27-27v, 63v, 65--65v, 67v-68, 93, 94, 139, 145, 155; Procurador da Câmara, Memoria sobre contrato das carnecerias, s/d, anexo a Câmara para Governador, 5 mar. 1809, APEB, CP, M. 127; Inv., Alexandre Gomes de Brito, 1826, APEB, SJ, 08/3470/01, fols. 32v, 33; Câmara para PP-BA, 14 jan. 1839 e anexos, APEB, CP, M. 1397; o patrimônio de Coimbra valia 142:987$20 (44:326$131).

10. Inv., Alexandre Gomes de Brito, 1826, APEB, SJ, 08/3470/01, fols. 32-3, 35.

11. Câmara para Governador, 23 ago. 1780, AMS, 111.4, fol. 61; Câmara para Assembleia Provincial, 27 fev. 1836, anexo a Câmara para PP-BA, 4 ago. 1836, APEB, CP, M. 1396 (também em AMS, 111.9, fols. 77-82v); Ouvidor para Governador, 4 set. 1785, anexo a Governador para Martinho de Mello e Castro, 4 fev. 1786, em Almeida (Org.), "Inventario dos documentos", *ABNRJ*, Rio de Janeiro, n. 34, p. 9, 1912.

12. Câmara, Regência da Feira do Capoame, 18 abr. 1801, cópia atualmente anexa a Câmara para Governador, 28 jan. 1801, APEB, M. 209-1, arts. 1, 19 e 22; Arnizau, op. cit., p. 127.

13. Câmara para PP-BA, 1º out. 1829, AMS, 111.6, fol. 223; Diretor da Campina, citado em Câmara para PP-BA, 8 ago. 1831, AMS, 111.8, fol. 98; Câmara para PP-BA, 1º set. 1858, APEB, CP, M. 1404 (também em AMS, 111.13, fol. 255).

14. Câmara para Governador, 14 set. 1782, AMS, 111.4, fol. 75v; Governador para Câmara, 10 mar. 1807, AMS, 111.5, fol. 18v; Câmara para Superintendente da Feira, 10 mar. 1810, AMS, 33.2, fol. 37.

15. Câmara para Governador, 12 mar. 1806 e anexos, APEB, CP, M. 209-1, 1806, doc. 108.

16. Procurador da Câmara, Memoria sobre o contrato das carnecerias, s/d, anexo a Câmara para Governador, 15 mar. 1809, APEB, CP, M. 127; Inv., Alexan-

dre Gomes de Brito, 1826, APEB, SJ, 08/3470/01, fol. 35; Governador (conde da Ponte) para Câmara, 12 nov. 1806, AMS, Ofícios/Câmara, 1797-1813, ncat.; Governador para Câmara, 14 nov. 1806, e 22 nov. 1806, AMS, 111.5, fols. 10 e 11; registro para 12 nov. 1806 em "Descrição da Bahia [1813?]", MS, AIHGB, lata 399, doc. 2, fol. 211.

17. Procurador da Câmara para Câmara, anexo a Câmara para Governador, 8 fev. 1797, APEB, M. 201-14, doc. 51; Governador para El-Rey, 14 abr. 1798, APEB, CP, M. 138, fol. 274-274v.

18. Procurador da Câmara para Câmara, anexo a Câmara para Governador, 8 fev. 1797, APEB, CP, M. 201-4, doc. 51; Câmara para PP-BA, 14 jan. 1839 e anexos, APEB, CP, M. 1397; Procurador da Câmara, Memoria sobre o contrato das carnecerias, s/d, anexo a Câmara para Governador, 15 mar. 1809, APEB, CP, M. 127.

19. Câmara para PP-BA, 4 ago. 1836, AMS, 111.6, fol. 107; cópia de contrato proposto, anexo a Câmara para PP-BA, 15 dez. 1836, APEB, CP, M. 1396 (também em AMS, 111.9, fols. 129v-130v); PP-BA para Câmara, 20 dez. 1836, AMS, 98.1, fol. 291; Câmara para Admin. do Curral, 22 dez. 1836, AMS, 116.8, fol. 167v (ver também 181v).

20. Test., Manoel José dos Reis, 1864/1873, APEB, SJ, 05/2194/2263/15, fols. 1-2; Inv., João Antonio Maria Pereira, APEB, SJ, 03/1001/1470/12, fol. 12 (Hendrik Kraay compartilhou comigo suas anotações sobre esse caso). Na seção Banco do Brasil, ver Calmon, op. cit., p. 19, e Azevedo e Lins, op. cit., p. 55.

21. Test., Antonio Pedrozo de Albuquerque [Pai] 1878, APEB, SJ, 01/88-A/125/02, fol. 1; Inv., Antonio Pedroso de Albuquerque [Pai], 1878-87, APEB, SJ, 07/3191/06, fols. 37v, 200-3, 306, 351-357v (devo essa referência a Sandra Lauderdale Graham); Verger, *Trade Relations*, pp. 363, 367, 372, 398, 404; Stanley J. Stein, *The Brazilian Cotton Manufacture: Textile Enterprise in an Underdeveloped Area, 1850-1950*. Cambridge, MA: Harvard University Press, 1957, pp. 21, 54. Sobre a propriedade de sua esposa, ver Francisco Dória e Jorge Ricardo de Almeida Fonseca, "Marechal José Inácio Acciaiuoli: Um potentado baiano no início do século XIX" (*Revista do Instituto Geográfico e Histórico da Bahia*, Salvador, n. 90, p. 138, 1992). Seu filho, Antonio Pedroso de Albuquerque [Filho], casou-se com Teodora Ignez Peçanha Martins, filha de Francisco Gonçalves Martins, visconde de São Lourenço; sobre a carreira política de Martins, ver José Wanderley Pinho [de Araújo], *Cotegipe e seu tempo: Primeira phase, 1815-1867*. São Paulo: Editora Nacional, 1937, pp. 494-8 (Brasiliana, n. 85).

22. Câmara para PP-BA, 17 jan. 1837, AMS, 111.9, fol. 144; Câmara para PP-BA, 3 fev. 1837 e anexos, PP-BA citado em Câmara para PP-BA, 17 fev. 1837, Câmara para PP-BA, 22 jul. 1837, todas em APEB, CP, M. 1396.

23. João Pereira da Motta (pela companhia) para Câmara, 31 jan. 1837, cópia anexa a Câmara para PP-BA, 3 fev. 1837; Câmara para PP-BA, 22 jul. 1837; Companhia de Fornecimento de Carnes Verdes para Câmara, s/d, anexa em Câmara para PP-BA, 16 mar. 1837, tudo em APEB, CP, M. 1396; Câmara para Admin. do Curral, 19 jul. 1837, AMS, 111.9, fol. 221v.

24. Companhia de Fornecimento de Carnes Verdes para Câmara, s/d, anexo a Câmara para PP-BA, 16 mar. 1837, e Câmara para PP-BA, 22 jul., 14 ago. e 19 set. 1837, todas em APEB, CP, M. 1396. Esta última carta, porém, trazendo a data de 16 de setembro, também está em AMS, 111.9, fols. 181v-186.

25. Ver, por exemplo, Sidney Chalhoub: "Dependents Play Chess: Political Dialogues in Machado de Assis". In: GRAHAM, Richard (Org.). *Machado de Assis: Reflections on a Brazilian Master Writer*. Austin: University of Texas Press, 1995, pp. 51-84.

26. Procurador da Câmara para Câmara, anexo a Câmara para Governador, 8 fev. 1797, APEB, M. 201-14, doc. 51.

27. Câmara, Edital, 11 mar. 1801, atualmente arquivada com Câmara para Governador, 28 jan. 1801, APEB, CP, M. 209-1; Instruções para Admin., anexo a Administração dos Currais [Relatório], s/d [depois de 1789], BN/SM, 3, 1, 5; João Rodrigues de Brito, "Carta I", em Brito et al., op. cit., p. 14.

28. A experiência de 1826 foi relembrada pela Admin. do Curral, citada em Câmara para PP-BA, 28 fev. 1829, AMS, 111.6, fol. 273.

29. Admin. do Curral para Câmara, 19 ago. 1829, 15 e 18 fev., 25 set., 7, 16 e 19 out. e 5 nov. 1830 (duas cartas desta última data e o rascunho na margem de uma resposta), todas em AMS, Câmara, Correspondência recebida, Curral, 1830, ncat. Ver também suas cartas de 3 e 19 jun. 1830 em ibid.

30. Admin. do Curral para Câmara, 6 nov., 22 dez. 1830, AMS, Câmara, Correspondência recebida, Curral, 1830, ncat.; Câmara, Anuncio, 12 e 18 nov. 1830, AMS, 116.6, fols. 274 e 275.

31. Câmara para PP-BA, 6 jul. 1845, APEB, CP, M. 1399, 1845, doc. 35 (também em AMS, 111.11, fols. 154v-155v); *O Mercantil*, 26 jun. 1848, p. 3. Por outro lado, parece que por volta de 1857 recebiam 240 réis por cabeça, um valor que foi triplicado em doze anos; Regulamento da Capatazia do Matadouro, 3 fev. 1857 (pasta impressa), anexo a Câmara para PP-BA, 26 mar. 1857, APEB, CP, M. 1403.

32. Admin. do Curral, s/d [depois de 1789], BN/SM, 3, 1, 5; Câmara para Admin. do Curral, 29 jul. 1818, AMS, 33.2, fol. 186v; Jourdan, Breve noticia, fol. 43; Vilhena, op. cit., p. 130.

33. Reis, *Slave Rebellion in Brazil*, pp. 166-7, 170 (os homens podem ter trabalhado para açougueiros e não no matadouro; a mesma palavra se aplica a

ambos); Admin. do Curral, citado em Câmara para PP-BA, 21 out. 1835, e rascunho de resposta na margem, APEB, CP, M. 1395, 1835-a, doc. 21 (cópias dessa requisição e resposta [datadas de 23 de outubro] estão em AMS, 111.9, fol. 42v, e AMS, 98.1, fol. 218); Admin. do Curral, citado em Câmara para PP-BA, 9 out. 1838, APEB, CP, M. 1397, doc. 47.

8. "O VERDADEIRO INIMIGO É A FOME" [pp. 211-38]

1. A menos que explicitado de outra maneira, os próximos parágrafos sobre acontecimentos em Portugal e no Rio de Janeiro baseiam-se fundamentalmente em Francisco Adolfo Varnhagen, *História da independência do Brasil até o reconhecimento pela antiga metrópole, compreendendo, separadamente, a dos sucessos ocorridos em algumas províncias até essa data*. 3. ed. Org. de barão do Rio Branco e Hélio Vianna. São Paulo: Melhoramentos, 1957; e Tobias Monteiro, *História do Império: A elaboração da Independência*. 2. ed. Belo Horizonte e São Paulo: Itatiaia e Edusp, 1981 (Reconquista do Brasil, nova série, n. 39-40). Informação adicional foi extraída de Manuel de Oliveira Lima, *O movimento da Independência: O Império brasileiro (1821-1889)*. 2. ed. São Paulo: Melhoramentos, 1957, pp. 11-324. Também me beneficiei de Roderick J. Barman, *Brazil: The Forging of a Nation, 1798-1852*. Stanford, CA: Stanford University Press, 1988, pp. 65-107; José Honório Rodrigues, *Independência: Revolução e contrarrevolução*. Rio de Janeiro: Francisco Alves, 1975-6, v. 1, pp. 169-300, 5 v.; Carlos Guilherme Mota (Org.), *1822: Dimensões*. São Paulo: Perspectiva, 1972; e Neil Macaulay, *Dom Pedro: The Struggle for Liberty in Brazil and Portugal, 1798-1834*. Durham: Duke University Press, 1986. Ver também o perceptivo ensaio historiográfico sobre a independência brasileira conforme vista de ambos os lados do Atlântico em Márcia Regina Berbel, *A nação como artefato: Deputados do Brasil nas Cortes portuguesas (1821-1822)*. São Paulo: Hucitec, 1999, pp. 20-9.

2. O conflito de interesses foi bem resumido por Tollenare, op. cit., p. 127.

3. Sobre atitudes em Portugal, ver Luís Henrique Dias Tavares, *A independência do Brasil na Bahia*. 3. ed. Salvador: Ed. da UFBA, 2005, p. 66; Lima, *O movimento da Independência*, p. 223; Lúcia Maria Bastos P[ereira das] Neves, *Corcundas, constitucionais e pé de chumbo: A cultura política da Independência, 1820-1822*. Rio de Janeiro, 2002, p. 279; e José Hermano Saraiva, *História de Portugal*. Lisboa: Publicações Europa-América, 1993, pp. 328, 355. Sobre ressentimentos no Brasil em virtude da predominância do Rio, ver James Prior, op. cit., p. 105; e Marcus J. M. de Carvalho, "Cavalcantis e cavalgados: A formação das alianças políticas em Pernambuco, 1817-1824". *Revista Brasileira de História*,

São Paulo, v. 18, n. 36, pp. 333-4, 1998. Sobre as ações das Cortes, ver Berbel, *A nação como artefato*, pp. 96-7, 109, 117, 127 ss.; Berbel, "A retórica da recolonização". In: JANCSÓ, István (Org.). *Independência: História e historiografia*. São Paulo: Hucitec e Fapesp, 2005, pp. 791-808; e Andréa Slemian e João Paulo G. Pimenta, *O "nascimento político" do Brasil: As origens do Estado e da Nação (1808-1825)*. Rio de Janeiro: DP&A, 2003, pp. 75, 77.

4. Nem todos os historiadores concordam acerca desses pontos, principalmente sobre o número de combatentes. Segui Varnhagen, op. cit., com especial atenção às notas do barão do Rio Branco, pp. 100, 110n, 217n; e Lima, *O movimento da Independência*, p. 143. Porém, confrontar com Tavares, *Independência na Bahia*, p. 71; e Macaulay, op. cit., p. 116.

5. Os acontecimentos na Bahia são descritos por Amaral, *História da independência*; e Silva, *Memórias históricas*, v. 3, pp. 293-561, e v. 4, pp. 1-81. Um resumo proveitoso é Varnhagen, op. cit., pp. 260-86, e recorri à informação adicional de Tavares, *Independência na Bahia*. Ver também Luiz Alberto Moniz Bandeira, *O feudo — A Casa da Torre de Garcia D'Avila: Da conquista dos sertões à independência do Brasil*. Rio de Janeiro: Civilização Brasileira, 2000, pp. 389-462.

6. José Couto de Paiva para El-Rey, a bordo do *Glória*, porto de Lisboa, 6 out. 1821, AHU, Bahia, Avulsos, Cx. 254, doc. 32.

7 Comandante da Força Marítima para Secretário dos Negócios da Marinha, 24 ago. 1821, AHU, Bahia, Avulsos, Cx. 254, doc. 39.

8. Vilhena, op. cit., pp. 245, 249-52; Graham (Lady Maria Calcott), op. cit., pp. 141-2; F. W. O. Morton, "The Military and Society in Bahia, 1800-1821". *Journal of Latin American Studies*, Cambridge, v. 7, n. 2, pp. 250, 254 e 263, nov. 1975; Kraay, *Race, State, and Armed Forces*, p. 87.

9. Câmara para Governador, 20 nov. 1802, APEB, CP, M. 209-1, doc. 99 (também em AMS, 111.4, fol. 193v; José Luiz Teixeira, Informação dos officiaes do 4º regimento de milícias desta Cid^e^ e Capitania da Bahia, 31 dez. 1809, APEB, CP, M. 247-6; Queixosa: Thereza Maria de Jesus; Queixado: Gonçalo José dos Santos Paz (ou Pereira), Juizado de Paz de Santo Antonio além do Carmo, 29 out. 1838, Auto crime, APEB, SJ, 09/313/11, n. 6 (crime de responsabilidade); Reis, *Slave Rebellion in Brazil*, pp. 225-6; Schwartz, "The Formation of a Colonial Identity in Brazil", p. 48; Inv., Ana de São José da Trindade, 1823, APEB, SJ, 04/1840/2311/02, fol. 20 de um segundo conjunto.

10. Sobre os acontecimentos de 18-20 fev. 1822, ver Conselho de Investigação mandado fazer... para se conhecer os factos acontecidos..., 13 maio 1822; e Bernardino Alvares de Araújo (comandante do Forte de São Pedro) para Madeira, 16 abr. 1822, ambos em Amaral, *História da Independência*, pp. 85-113, bem como os documentos em Silva, *Memórias históricas*, v. 3, pp. 293-329, 454-80 e

488-519. Sobre a emigração do contingente brasileiro do Exército, inclusive oficiais, ver Madeira para El-Rey, 20 [não 26] ago. 1822, BN/SM, 5, 3, 45, doc. 130; e Luís Paulino d'Oliveira Pinto de França Garcês para seu pai, 3 jul. 1822, em França, op. cit., p. 75.

11. Albert Roussin (comandante da estação naval francesa) para o Ministro da Marinha francês, a bordo do *Amazone*, 21 jun. 1822, em Kátia M. de Queirós Mattoso (Org.), "Albert Roussin: Testemunha das lutas pela independência da Bahia (1822)". *Anais do Arquivo [Público] do Estado da Bahia*, Salvador, n. 41, p. 129, 1973. Sobre portugueses que se aliaram aos brasileiros, ver Alexandre José Mello Moraes [Pai], *A independência e o Imperio do Brazil [sic]*... Rio de Janeiro: Typ. do Globo, 1877, pp. 137 e 137n.

12. Felisberto Caldeira Brant Pontes para Joaquim Pereira d'Almeida, 31 out. 1820, em Felisberto Caldeira Brant Pontes (marquês de Barbacena), *Economia açucareira do Brasil no séc. XIX*. Comp. Carmen Vargas. Rio de Janeiro: Instituto do Açúcar e do Álcool, 1976, p. 174 (Coleção Canavieira, n. 21).

13. Madeira para El-Rey, 7 jul. e 20 ago. 1822, com anexos, BN/SM, 5, 3, 45, docs. 100 e 130; Ata de Vereação da Vila de São Francisco do Conde, 29 jun. 1822, em Silva, *Memórias históricas*, v. 3, p. 350 (citação).

14. Antonio José de Melo para [Junta Provisória], Camamu, 16 ago. 1822, anexo a Madeira para El-Rey, 20 ago. 1822, BN/SM, 5, 3, 45, doc. 173; Junta Governativa para Conselho Interino, Porto Seguro, 26 nov. 1822, BN/SM, I-31, 6, 3, doc. 79; Bispo Capellão de Porto Seguro para Príncipe Regente Pedro, Porto Seguro, s/d, AN, SPE, IJJ[9] 329; F. W. O. Morton, *The Conservative Revolution*, p. 281.

15. Antonio de Meneses Vasconcellos de Drummond, "Anotações a sua biographia publicada em 1836 na Biographie universelle et portative des contemporains". *ABNRJ*, Rio de Janeiro, n. 13, pt. 3, p. 32, 1885-6.

16. As citações são de Conselho Interino para Ouvidor desta Comarca, 13 nov. 1822; idem para Inspector do Comissariado, 23 nov. 1822, ambas datadas de Cachoeira, BN/SM, 9, 2, 30, doc. 96, fol. 31, e doc. 172, fol. 57; e de Mauricio Mendes da Silva (a favor do capitão de uma lancha) para Joaquim Pires de Carvalho e Albuquerque, Paripe, 27 nov. 1822, em Amaral, *História da Independência*, p. 249. Sobre a necessidade de dinheiro, ver Conselho Interino para Tesoureiro Geral, Cachoeira, 19 dez. 1822, BN/SM, 9, 2, 30, doc. 601, fols. 154v-155. Sobre a força mandada a Nazaré, ver Madeira para El-Rey, 20 ago. 1822, BN/SM, 5, 3, 45, doc 130. Sobre o comissariado de abastecimento de alimentos, ver Miguel Calmon du Pin e Almeida (marquês de Abrantes), *Relatorio dos trabalhos do Conselho Interino do governo da Província da Bahia, 1823*. 2. ed. Rio de Janeiro: Typ. do "Jornal do Commercio", 1923, p. 28.

17. Commissão [Militar] para Conselho Interino, Nazaré, 16 out. 1822, BN/SM, I-31, 6, 1, doc. 55 (citação); Conselho Interino para Labatut, Cachoeira, 21 nov. 1822, em Arquivo Público do Estado da Bahia, *Anais*, n. 41, p. 31, 1973; Conselho Interino, Portaria, Cachoeira, 29 nov. 1822, BN/SM, 9, 2, 30, doc. 158, fols. 52-3; José Ferreira da Rocha para [Joaquim Pires de Carvalho e Albuquerque], Itapoã, 24 set. 1822, e Joaquim Pires de Carvalho e Albuquerque para [?], Santo Amaro, 3 dez. 1822, ambas em Amaral, *História da Independência*, pp. 248 e 258; Conselho Interino, Portaria, 15 maio 1823, APEB, CP, Cx. 320; Conselho Interino para Inspector do Commissariado das Munições da Boca, para Monges Beneditinos, e para Capitão-Mor da Trindade, todas as três datadas de Cachoeira, 29 dez. 1922, BN/SM, 9, 2, 30, docs. 256, 257 e 259, fols. 82v-83; folha solta com cabeçalho "Lagarto", [s./l.], s/d [1822?], APEB, CP, Cx. 320.

18. Francisco Rodrigues Gomes de Souza para Secretario do Conselho Interino, forte Paraguassú, 6, 8 e 12 nov. 1822, BN/SM, I-31, 6, 3, docs. 12, 17 e 59; Antonio da Souza Lima para Secretario do Conselho Interino, Quartel de Itaparica, 14 dez. 1822, citado em Alexandre José Mello Moraes [Pai], *Historia do Brasil-Reino e do Brasil-Imperio*. Rio de Janeiro: Typ. Pinheiro, 1871-3, 2 v., v. 2, p. 40. Sobre moral, ver, por exemplo, Michael Seidman, *Republic of Egos: A Social History of the Spanish Civil War*. Madison: University of Wisconsin Press, 2002, pp. 219-20.

19. Felisberto Gomes Caldeira para Euzebio Vanerio, Quartel de Itapoã, 9 nov. 1822, APEB, CJ, Cx. 315. Sobre abastecimento do Exército, ver Conselho Interino para Inspector do Comissariado das Munições de Boca, Cachoeira, 31 dez. 1822; e para Comandante do Destacamento de Acupe, Cachoeira, 4 dez. 1822, ambas em BN/SM, 9, 2, 30, doc. 263, fol. 85, e doc. 207, fol. 69; Bento de Araújo Lopes Villasboas para Miguel Calmon du Pin e Almeida, São Francisco do Conde, 2 nov. 1822, BN/SM, I-31, 6, 2, doc. 77.

20. Miguel Calmon du Pin e Almeida e Francisco Elesbão Paes de Carvalho e Albuquerque para Labatut, Cachoeira, 11 dez. 1822, BN/SM, I-31, 6, 2, doc. 47; Conselho Interino para Antonio Francisco Dias, Cachoeira, 18 dez. 1822, e para Victor da Silva Torres, Cachoeira, 28 dez. 1822, BN/SM, 9, 2, 30, doc. 239, fols. 78-9, e doc. 251, fol. 81v; Manoel Diogo de Sá Barreto e Aragão para Conselho Interino, São Francisco do Conde, 13 jun. 1823, BN/SM, II-33, 36, 19.

21. Câmara, Edital, 20 jul. 1822, AMS, 116.6, fol. 66. Os Henriques foram posteriormente colocados sob o comando de um abastado senhor de engenho, que recebeu então a maior parte do crédito por sua ação; cf. Amaral, *História da Independência*, pp. 184-5, com Morton, *The Conservative Revolution*, p. 260.

22. Conselho Interino para Comissão Militar de Nazaré, Cachoeira, 10 fev. 1823, BN/SM, I-7, 2, 26, doc. [267], fols. 79v-81; Albert Roussin para Ministro da Marinha francês, Salvador, 17 jul. 1822, em Mattoso, "Albert Roussin", pp. 139-40.

23. Junta Provisória para Felipe Ferreira de Araújo e Castro, 8 out. 1822, AHU, Bahia, Avulsos, Cx. 262, doc. 36; Comissão da Caixa Militar do Conselho Interino, Valença, 17 out. 1822, citado em Moraes [Pai], *Historia do Brasil-Reino*, v. 2, p. 8; Joaquim José Correia (Intendente da Marinha) para Ministro da Marinha, 24 nov. 1822, AHU, Bahia, Avulsos, Cx. 263, doc. 32 (cópia deste documento está em Cx. 264, doc. 35).

24. Sobre a importância deste ponto, ver Anthony Oberschall e Michael Seidman, "Food Coercion in Revolution and Civil War: Who Wins and How They Do It". *Comparative Studies in History and Society*, Londres, v. 47, n. 2, p. 398, jul. 2005.

25. Lugar, op. cit., p. 86 (ver também p. 69).

26. Madeira para El-Rey, 2 abr. 1822, AHM, 2ª Div., 1ª Sec., Cx. 39, n. 1; Maria Bárbara Garcês Pinto de Madureira para Luis Paulino d'Oliveira Pinto de França, 28 jun. e pós-escrito datado de 30 jun. 1822, em França, op. cit., p. 70.

27. Capitão-Mor de Maragogipe para Governador, Engenho de Capanema, 17 jul. 1819, APEB, CP, M. 415. Sobre o atentado de julho, ver o oficial citado por Drummond, op. cit., p. 31; Antonio de Souza Lima para Miguel Calmon du Pin e Almeida, [Quartel de São Lourenço, Itaparica], 13 set. 1822, em Moraes [Pai], *Historia do Brasil-Reino*, v. 2, p. 5; e Graham (Lady Maria Calcott), op. cit., p. 215. Sobre o atentado de janeiro, ver Bento José Cardoso para Joaquim José da Cunha, a bordo do *Constituição*, 9 jan. 1823, anexo a Cunha para Campos, a bordo do *Audaz*, 10 jan. 1823, AHU, Bahia, Avulsos, Cx. 265, doc. 8; em Raul Lima (Org.), *A Junta Governativa da Bahia e a Independência*. Rio de Janeiro: Arquivo Nacional, 1973, pp. 269-70; e Campos para Ministro da Marinha, 2 fev. 1823, AHU, Bahia, Avulsos, Cx. 265, doc. 20.

28. Junta Provisória para Felipe Ferreira de Araujo e Castro, 8 out. 1822, AHU, Bahia, Avulsos, Cx. 262, doc. 36.

29. João Felix Pereira de Campos para Ministro da Marinha, 7 nov. 1822, AHU, Bahia, Avulsos, Cx. 263, n. 11; Anônimo para Felisberto Gomes Caldeira, 7 dez. 1922, citado em Moraes [Pai], *Historia do Brasil-Reino*, v. 2, p. 38. Sobre a dificuldade de buscar embarcações de pouco calado em épocas posteriores, ver PP-BA para Antonio Pereira Rebouças, [s.l.], s/d [depois de 2 dez. 1837], em "A Sabinada nas cartas de Barreto Pedroso a Rebouças", *ABNRJ*, Rio de Janeiro, n. 88, p. 216, 1968; e Marcus J. M. de Carvalho, *Liberdade: Rotinas e rupturas do escravismo urbano, Recife, 1822-1850*. 2. ed. Recife: Editora da UFPE, 2002, pp. 132-3.

30. Abaixo-assinado, 4 nov. 1822, e Campos para Madeira, 14 nov. 1822, ambas em AHU, Bahia, Avulsos, Cx. 263, doc. 34; *Idade d'Ouro do Brasil*, n. 93, 1822, in: Maria Beatriz Nizza da Silva, *A primeira gazeta da Bahia: "Idade d'Ouro do Brasil"*. São Paulo e Brasília: Cultrix e Instituto Nacional do Livro, 1978, p. 195.

31. Campos para Ministro da Marinha, 2 fev. 1823; Junta Provisória para Felipe Ferreira de Araujo e Castro, 21 fev. 1823; Madeira para El-Rey, 13 fev. 1823, AHU, Bahia, Avulsos, Cx. 265, docs. 20, 37 e 33 (outra cópia da carta de Madeira, com data errada de 13 dez. 1822, está em AHM, 2ª Div., 1ª Sec., Cx. 39, n. 1; essa versão com erro de data foi impressa em Amaral, *História da Independência*, pp. 295-7); e Bento de França Pinto d'Oliveira para seu pai, Luís Paulino d'Oliveira Pinto de França, s/d [fev. 1823], em França, op. cit., p. 95.

32. Conselho Interino para José Bonifácio de Andrada e Silva, Cachoeira, 16 abr. 1823, AN, SPE, IJJ[9] 329 (citação). Sobre os números de combatentes portugueses na cidade, ver Campos para Ministro da Marinha, 7 nov. 1822 e 2 fev. 1823, ambas em AHU, Bahia, Avulsos, Cx. 263, n. 11 e Cx. 265, doc. 20; Mappa de todos os corpos da Primeira Linha da Guarnição em Bahia, 14 fev. 1823, AHM, 2ª Div., 1ª Sec., Cx. 40, n. 6; Ignacio Rufino da Costa Lima (pela Junta da Fazenda) para Secretário da Junta Provisória, 23 abr. 1823, em Amaral, *História da Independência*, p. 331. Esses números têm sido objeto de alguma confusão entre historiadores; Varnhagen (op. cit., p. 272n) calculou o número de homens portugueses em armas em novembro de 1822 como sendo 8621, talvez porque incluíssem milicianos que estivessem lá de qualquer maneira. Provavelmente com base nesse número, Macaulay (op. cit., p. 143) e Barman (op. cit., p. 104) tenham arredondado o número para 9 mil, e Barman (op. cit., p. 105), de forma incorreta, apresenta apenas os reforços como "aproximadamente 4000". Mas o número de soldados portugueses, não marinheiros, declarado em novembro de 1822 era de 3507; Mappa da força militar portugueza ao presente destacada na Bahia, Lisboa, 11 nov. 1822, AHU, Bahia, Avulsos, Cx. 263, n. 20.

33. Junta Provisória para Juiz de Fora do Civil interino, 22 ago. 1822, AMS, 111.5, fol. 253; Junta Provisória para Felipe Ferreira de Araújo e Castro, 12 fev. 1823, e Madeira para El-Rey, 13 fev. 1823, AHU, Bahia, Avulsos, Cx. 265, docs. 28 e 33; Inv., Ana de São José da Trindade, 1823, APEB, SJ, 04/1840/2311/02; Inv., Tomasia Maria do Sacramento, 1823, APEB, SJ, 04/1590/2059/02, fol. 54.

34. Conselho Interino para José Bonifácio de Andrada e Silva, Cachoeira, 16 abr. 1823, AN, SPE, IJJ[9] 329.

35. Conselho Interino, Circular, 28 abr. 1823, anexo a Francisco Elesbão Pires de Carvalho e Albuquerque para José Bonifácio de Andrada e Silva, [Cachoeira], 28 maio 1823, AN, SPE, IJJ[9] 329; Almeida, *Relatorio*, p. 43. Para saber mais sobre esse esforço naval, ver Brian Vale, *Independence or Death! British Sailors and Brazilian Independence, 1822-1825*. Londres: British Academic Press/I. B. Taurus Publishers, 1996, pp. 45-61; e Max Justo Guedes, "Guerra de Independência: As forças do mar". In: MONTELLO, Josué (Org.). *História da Independência do Brasil*. Rio de Janeiro, 1972, Edição comemorativa do sesquicentenário, v. 2, pp. 167-211.

36. Campos para Madeira, navegando nas cercanias de Salvador, 6 maio 1823, cópia anexa a Campos para El-Rey, 26 maio 1823, AHU, Bahia, Avulsos, Cx. 265, doc. 71; Madeira para Campos, 19 maio 1823 (também em Amaral, *História da Independência*, p. 363), e Madeira para El-Rey, 31 maio 1823, ambas em AHM, 2ª Div., 1ª Sec., Cx. 40, n. 1, e Cx. 39, n. 1-1; Junta Provisória para Campos, 18 jun. 1824, AHM, 2ª Div., 1ª Sec., Cx. 40, n. 1-1 (também em Amaral, *História da Independência*, pp. 428-30).

37. Junta Provisória para El-Rey, 10 jun. 1823, AHM, 2ª Div., 1ª Sec., Cx. 41, n. 4; Joaquim José Correia para Campos, 17 jun. 1823, AHU, Bahia, Avulsos, Cx. 266, doc. 43.

38. Mappa dos generos que se tem recebido a bordo da corveta *Quatro de Julho* para entregar na Bahia, Lisboa, 7 abr. 1823; Campos para Ministro da Marinha, 9 jun. 1823; e Madeira para Junta Provisória, 23 jun. 1823, todas em AHU, Bahia, Avulsos, Cx. 265, doc. 58, e Cx. 266, docs. 11 e 74; Madeira para El-Rey, 31 maio 1823, AHM, 2ª Div., 1ª Sec., Cx. 39, n. 1-1.

39. Madeira para Joaquim José Correia (Intendente da Marinha), 28 maio 1823, em Amaral, *História da Independência*, p. 472; Câmara para Almotacé, 4 jun. 1823, AMS, 116.6, fol. 71v; Licença, guia e relação de tripulantes da sumaca *Patrocinio* [1822-] 1823, BN/SM II-33, 36, 17; Junta Provisória para El-Rey, 10 jun. 1823, AHM, 2ª Div., 1ª Sec., Cx. 41, n. 4 (também em AHU, Bahia, Avulsos, Cx. 266, doc. 57); Graham (Lady Maria Calcott), op. cit., p. 255; Almeida, *Relatorio*, p. 42. Ver também Campos para Madeira, 9 jun. 1823, AHU, Bahia, Avulsos, Cx. 266, doc. 11.

40. Madeira [Bando], 9 maio 1823, em Amaral, *História da Independência*, pp. 355-6; registro para 10 maio 1823 em [Francisco da Silva Barros], Chronica dos acontecimentos da Bahia, 1809-28, BN/SM, II-33, 25, 53, n. 1, fol. 32v. Para o nome do autor, cf. fol. 35 com Inv., José da Silva Barros, 1823, APEB, SJ, 04/1826/2297/13, fol. 1; para uma versão impressa ver [Francisco da Silva Barros], "Chronica dos acontecimentos da Bahia, 1809-1828". *Anais do Arquivo Público do Estado da Bahia*, n. 26, [1938], p. 79); Ruy, op. cit., pp. 243-4.

41. Madeira para Campos, 19 maio 1823, em Amaral, *História da Independência*, p. 363; Abaixo-assinado, 23 maio 1823, AHM, 2ª Div., 1ª Sec., Cx. 41, n. 5 (também em Amaral, *História da Independência*, pp. 386-8). Madeira para Campos, 23 maio 1823; Campos para Madeira, 23 maio 1823; Manoel Vasconcellos Pereira de Melo para Madeira, 24 maio 1823; Madeira para Campos, 24 maio 1823; e Campos para Madeira, 24 maio 1823, todas em Amaral, *História da Independência*, pp. 383-4, 388-90. Notar que Madeira também foi duramente criticado, mesmo por seus próprios oficiais; Drummond, op. cit., p. 38.

42. Câmara para Junta Provisória, 14 jun. 1823, citado em Ruy, op. cit., p. 248.

43. Esse parágrafo baseia-se nos seguintes documentos: Joaquim José Correia (Intendente da Marinha) para Madeira, 15 maio 1823; Madeira para Campos, 17 maio 1823; Madeira para El-Rey, 31 maio 1823; Campo para Junta Provisória, 12 e 17 jun. 1823; Junta Provisória para Campos, 18 jun. 1823; e Madeira para El-Rey, a bordo do *Constituição*, 21 jul. 1823, todos em AHM, 2ª Div., 1ª Sec., Cx. 39, n. 1-1, Cx. 40, n. 1 e 1-1, e Cx. 41, n. 4, e Campos para Madeira, 29 jun. 1823, AHU, Bahia, Avulsos, Cx. 266, doc. 80. Versões impressas da maioria deles estão disponíveis em Amaral, *História da Independência*, pp. 361-2, 415-22, 426-30, 472-3.

44. Relação dos navios de guerra e transportes em que se devem embarcar as tropas da Divisão, familias e officiaes avulsos, 26 jun. 1823, AHU, Bahia, Avulsos, Cx. 266, doc. 80; Copia do termo feito a bordo do navio *Conde de Palma*, 6 jul. 1823, e Campos para Conde de Subserra, 10 set. 1823, AHU, Bahia, Avulsos, Cx. 266, docs. 85 e 118; Relação dos officiaes do [2º Batalhão do Regimento de Infantaria N. 12] e familias para serem pagos das comedorias que vencerão como embarcados da Bahia à cidade de Lisboa, 19 nov. 1823, AHM, 2ª Div., 1ª Sec., Cx. 36, n. 9.

45. Sumário de correspondência, Ministro Português de Assuntos Externos para Ministério da Guerra, Lisboa, 14 nov. 1823, em Amaral, *História da Independência*, pp. 469-70; Campos para Conde Subserra, 10 set. 1823, AHU, Bahia, Avulsos, Cx. 266, doc. 118; Cochrane citado por Graham (Lady Maria Calcott), op. cit., p. 259.

46. Almeida, *Relatorio*, p. 28. Sobre o número de tropas entrando na cidade, ver Silva, *Memórias históricas*, v. 4, p. 59n. Sobre o número total de tropas do lado brasileiro no início de abr. 1823, ver ibid., v. 4, p. 41n, mas presumo que aquelas estacionadas em outros pontos do Recôncavo não entraram na cidade.

47. Mappa demonstrativo do numero de alqueires dos diferentes generos que pagarão a contribuição e o rendimento, a despeza, e o liquido, e teve principio em 9 de setembro de 1785 até 31 de maio de 1849, APEB, M. 1611; Câmara, Edital, 23 jul. 1823, AMS, 116.6, fols. 77v-78v.

9. TREMORES [pp. 239-62]

1. Sobre os membros do comitê consultivo, ver Abaixo-assinado, 9 maio 1823, AHM, 2ª Div., 1ª Sec., Cx. 41, n. 5 (uma versão impressa com diversos nomes omitidos ou truncados está em Amaral, *História da independência*, p. 354); Lugar, op. cit., pp. 169, 179, 190; Junta Provisória para Campos, 18 jun. 1823,

AHM, 2ª Div., 1ª Sec., Cx. 40, n. 1-1; registro para Antonio Bernardo Pereira de Carvalho em Joaquim José de Carvalho, Conta da despesa que fiz no mez de agosto de 1821, 16 dez. 1821, ASCM, Pacote 224; Inv., Rosa Maria de Jesus (esposa de Manoel José dos Santos), 1808-11, APEB, SJ, 01/269/514/02, fols. 4-5v, 10-1, 14-15v; Câmara para Governador, 25 nov. 1809, APEB, CP, M. 127; Inv., Joanna Maria da Conceição, 1816, APEB, SJ, 04/1715/2185/01, fol. 37. A atitude dos negociantes portugueses foi bem captada por Sierra y Mariscal, op. cit., pp. 56-7.

2. Madeira para El-Rey, a bordo do *Constituição*, 21 jul. 1823, AHM, 2ª Div., 1ª Sec., Cx. 39, n. 1-1 (também em Amaral, *História da Bahia*, p. xvi); *Idade d'Ouro do Brasil*, n. 94, 1822, in: Silva, *A primeira gazeta da Bahia*, pp. 195-6; Joaquim José Correia (Intendente da Marinha) para Ministro da Marinha, 19 dez. 1822, AHU, Bahia, Avulsos, Cx. 264, doc. 35.

3. Licenças, 27 jan. 1819, AMS, 88.4, fol. 212; Test., Joaquim José de Oliveira, 25 jun. 1831, APEB, SJ, Registro de Testamentos (Capital), livro 20, fols. 97v-99v, 101, 102; Inv. (2º), Joaquim José de Oliveira, 1831-2, APEB, SJ, 02/875/1344/03, fol. 8, Inv. (1º), Joaquim José de Oliveira, 1831, APEB, SJ, 02/748/1213/02, fol. 634.

4. Campos para Governo Provisório, 30 jan. 1823, AHU, Bahia, Avulsos, Cx. 265, doc. 19.

5. Câmara, Editaes, 14 e 21 maio 1823, AMS, 116.6, fols. 69v-70v; Madeira para Junta Provisória, 23 jun. 1823, AHU, Bahia, Avulsos, Cx. 266, doc. 74.

6. Registro para 16 maio 1823 em [Francisco da Silva Barros], Chronica dos acontecimentos da Bahia, 1809-1828, BN/SM, II-33, 25, 53, doc. 1, fol. 33 (para versão impressa ver [Francisco da Silva Barros], "Chronica dos acontecimentos da Bahia, 1809-1828". *Anais do Arquivo Público do Estado da Bahia* 26, [1938], pp. 79-80); Junta Provisória para Madeira, 12 jun. 1823, AHU, Bahia, Avulsos, Cx. 266, doc. 17.

7. Junta Provisória para Câmara, 9 out. 1822, AMS, 111.5, fol. 254.

8. Sobre desertores portugueses, ver Madeira para El-Rey, 28 nov. 1822, AHU, Bahia, Avulsos, Cx. 263, doc. 73; Madeira para El-Rey, a bordo do *Constituição*, 21 jul. 1823, AHM, 2ª Div., 1ª Sec., Cx. 39, n. 1-1 (também em Amaral, *História da Bahia*, p. xvi); Campos para Madeira, 29 jun. 1823, e Campos para Conde de Subserra, [Lisboa?], 10 set. 1823, ambas em AHU, Bahia, Avulsos, Cx. 266, Docs. 80 e 118.

9. Manoel da Cunha Menezes para MI, 21 out. 1826, citado em João José Reis e Eduardo Silva, *Negociação e conflito: A resistência negra no Brasil escravista*. São Paulo: Companhia das Letras, 1989, p. 97; Graham (Lady Maria Calcott), op. cit., pp. 246-7.

10. Reis, *Slave Rebellion in Brazil*, p. 41; João José Reis: "Domingos Pereira Sodré: Um sacerdote africano na Bahia oitecentista". *Afro-Ásia*, Salvador, n. 34, esp. p. 284, 2006; Gomes, op. cit., pp. 16-7.

11. Labatut para Conselho Interino, Quartel-General no Engenho Novo, 22 nov. 1822, em Moraes [Pai], *Historia do Brasil-Reino*, v. 2, p. 27; Labatut para MGuerra, 11 dez. 1822, em Silva, *Memórias históricas*, v. 4, pp. 13-4, nota 7; Madeira, Proclamação, 29 mar. 1822, APEB, M. 2860, citado em João José Reis, "'Nos achamos em campo a tratar da liberdade'; A resistência negra no Brasil oitocentista". In: MOTA (Org.), *Viagem incompleta*, v. 1, p. 251; Madeira para El-Rey, 7 jul. 1822, BN/SM, 5, 3, 45, doc. 100; Conselho Interino para Francisco Gomes Brandão Montezuma e Simão Gomes Ferreira Velloso (seus delegados para o governo do Rio), Cachoeira, 16 dez. 1822, em Moraes [Pai], *Historia do Brasil--Reino*, v. 2, p. 42. Esses acontecimentos estão também narrados em Amaral, *História da Independência*, pp. 284-5, embora ele as date em dezembro, não novembro, e enumere as mulheres como sendo dezoito, e não vinte.

12. Luiz Mott (Trad. e ed.), "Um documento inédito para a história da Independência". In: MOTA (Org.), *1822: Dimensões*, pp. 478-9.

13. Madeira para Junta Provisória, 9 maio 1823, em Amaral, *História da Independência*, p. 359; Câmara para El-Rey, 4 jun. 1823, em Ruy, op. cit., p. 247; Madeira para El-Rey, 31 maio 1823, e a bordo do *Constituição*, 21 jul. 1823, AHM, 2ª Div., 1ª Sec., Cx. 39, n. 1-1 (também em Amaral, *História da Independência*, pp. 415-22); Amaral, *História da Bahia*, p. xvi; e Monteiro, *História do Império*, p. 582. [Traduzido do inglês.]

14. Marcus J. M. de Carvalho, "Os negros armados pelos brancos e suas independências no Nordeste (1817-1848)". In: JANCSÓ, István (Org.). *Independência: História e historiografia*. São Paulo: Hucitec e Fapesp, 2005, pp. 897-8, 912-3. Sobre inquietação pós-guerra ver Moraes [Pai], *Historia do Brasil-Reino*, v. 2, vários trechos; e João José Reis e Hendrik Kraay, "'The Tyrant is Dead!' The Revolt of the Periquitos in Bahia, 1824". *Hispanic American Historical Review*, Durham, v. 89, n. 3, pp. 399-434, ago. 2009.

15. Manuel Ferreira Gomes, Petição [para Conselho Interino], [s.l.], s/d, APEB, CP, Cx. 322; Inv., José Gomes da Costa, 1824, APEB, SJ, 04/1783/2253/09, fol. 23; Decisão, 30 jul. 1823, em *Collecção das decisões do governo do Imperio do Brasil*, 1823, n. 113 Império; MI, Portaria, 10 jan. 1824, em Amaral, *História da Independência*, p. 292. Sobre a prática em geral, ver Hendrik Kraay, "'The Shelter of the Uniform': The Brazilian Army and Runaway Slaves, 1800-1888". *Journal of Social History*, Pittsburgh, v. 29, n. 3, pp. 637-57, mar. 1996.

16. Governo Provisório, Bando, 6 ago. 1823, em Amaral, *História da Independência*, pp. 293-4; jornal citado por Reis, *Histórias de vida familiar e afetiva*, p. 92. [Traduzido do inglês.] Sobre o medo dos escravos entre brancos, ver Albert Roussin para Ministro da Marinha francês, 17 jul. 1822, em Mattoso, "Albert Roussin", p. 140. Ver também Hendrik Kraay, "'Em outra coisa não falavam

os pardos, cabras e crioulos': O 'recrutamento' de escravos na Guerra da Independência na Bahia". *Revista Brasileira de História*, São Paulo, v. 22, n. 43, pp. 109-26, 2002. Sobre a situação na América espanhola, ver Richard Graham, *Independence in Latin America: Contrasts and Comparisons*. Austin, University of Texas Press, 2013, pp. 145-7.

17. Coronel Commandante para Miguel Calmon du Pin e Almeida, São Francisco do Conde, 15 nov. 1822, e Commandante para Secretario do Conselho Interino, Santo Amaro, 18 nov. 1822, ambas em BN/SM, I-31, 6, 3, docs. 45 e 60; Antonio Maria da Silva Torres para Conselho Interino, Quartel de Saubara, 4 dez. 1822, citado em Moraes [Pai], *Historia do Brasil-Reino*, v. 2, p. 36 (ver também p. 42); Almeida (marquês de Abrantes), op. cit., p. 32.

18. Madeira para Joaquim Correia (Intendente da Marinha), 28 maio 1823, em Amaral, *História da Independência*, p. 472; Câmara para Almotacé, 4 jun. 1823, AMS, 116.6, fol. 71v.

19. Conselho Interino da Bahia, Portaria, Cachoeira, 10 mar. 1823; Conselho Interino, À todas as autoridades, Cachoeira, 14 mar. 1823; Conselho Interino, Portaria, Cachoeira, 24 mar. 1823; e Conselho Interino, Portaria, Cachoeira, 22 abr. 1823, todas em BN/SM, I-7, 2, 26, docs. 420, 449, 529 e 650, fols. 127v, 137v-138, 163v-165, e 212v. Cópias da maior parte dessa correspondência foram anexadas em Conselho Interino para José Bonifácio, Cachoeira, 16 abr. 1823, AN, SPE, IJJ^{9}329, e muitos dos documentos enviados a José Bonifácio (citados aqui e doravante) estão impressos em Lima, *A Junta Governativa*.

20. Capitão Comandante das Ordenanças, Passaporte, Quartel de São Gonçalo [São Francisco do Conde], 4 mar. 1823, e Declaração, 8 abr. 1823, ambos anexos em José Ferreira de Carvalho para Conselho Interino, [s.l.] [Nazaré], s/d [abr. 1823], APEB, CP, Cx. 322. Um passaporte similar permitiu a outra embarcação deixar Ilhéus para ir ao Rio de Janeiro; Passaporte do Hiate Lanuta, Cachoeira, 26 fev. 1824 [1823], BN/SM, I-7, 2, 26, doc. 361, fol. 105.

21. Ignácio de Faria Andrade para Conselho Interino, São José da Barra do Rio das Contas [Itacaré], 17 out. 1822, APEB, CP, Cx. 315, cód. s/n, doc. 8. Sobre a prática comum entre juízes ordinários de se revezar, ver Aufderheide, op. cit., p. 266.

22. Francisco Xavier de Figueiredo e outros para Secretario do Conselho Interino, Valença, 8 out. 1822, BN/SM, I-31, 6, 1, doc. 12; Junta Provisória para Câmara de S. Mateus, 26 nov. 1822, AN, SPE, IJJ^9 329 (para uma versão impressa ver Lima, *A Junta Governativa*, p. 267.

23. Junta Provisória para Câmara de S. Mateus, 26 nov. 1822, AN, SPE, IJJ^{9}329; Madeira para El-Rey, 23 dez. 1822, e Junta Provisória para Felipe Ferreira de Araujo e Castro, 8 out. 1822, ambas em AHU, Bahia, Avulsos, Cx. 264, doc. 41, e Cx. 262, doc. 36.

24. Conselho Interino para Antonio Francisco Dias, Cachoeira, 18 dez. 1822, BN/SM, 9, 2, 30, doc. 239, fols. 78-9.

25. Sobre o esforço de Labatut para libertar escravos para a guerra, ver Labatut para Conselho Interino, Quartel-General no Engenho Novo, 30 dez. 1822, em Moraes [Pai], *Historia do Brasil-Reino*, v. 2, p. 48; Labatut, Declaração, Cangurungú, 3 abr. 1823, e Conselho Interino para Câmara de Maragogipe, Cachoeira, 8 abr. 1823, ambas em Amaral, *História da Independência*, pp. 291-2; Kraay, *Race, State, and Armed Forces*, p. 128; Kraay, "'Em outra coisa não falavam'", diversos trechos. Ver também "O batalhão dos libertos", em Carneiro, *Antologia do negro brasileiro*, pp. 163-4.

26. Manoel Diogo de Sá Barreto e Aragão para Conselho Interino, São Francisco do Conde, 13 jun. 1823, BN/SM, II-33, 36, 19; Reis e Silva, op. cit., pp. 92-8; Kraay, "'Em outra coisa não falavam'", p. 110.

27. Antonio Joaquim Pires de Carvalho e Albuquerque para Labatut, [s.l] [Santo Amaro], s/d [pouco antes de 17 nov. 1822], BN/SM, I-31, 6, 3, doc. 53 (também encontrado em Moraes [Pai], *Historia do Brasil-Reino*, v. 2, p. 27); Commissão da Caixa Militar para [Conselho Interino], Nazaré, 6 jan. 1823, BN/SM, II-31, 35, 1, doc. 5. Acusação similar foi feita pelo Conselho Interino a Francisco Gomes Brandão Montezuma e Simão Gomes Ferreira Velloso (emissários no Rio), Cachoeira, 16 dez. 1822, em Moraes [Pai], *Historia do Brasil-Reino*, v. 2, p. 42.

28. Jacques Guinebeau (cônsul francês) para [?], 22 maio 1822, citado por Reis e Silva, op. cit., p. 93.

10. CARNE, MANDIOCA E ADAM SMITH [pp. 263-90]

1. Carta Régia de 7 mar. 1810, em José Luís Cardoso (Ed.), *A economia política e os dilemas do Império luso-brasileiro (1790-1822)*. Lisboa: Comissão Nacional para as Comemorações dos Descobrimentos Portugueses, 2001, p. 204, itálico adicionado.

2. Almeida, *Codigo Philippino*, livro 1, tit. 66; Preâmbulo; Governador para Câmara, 7 set. 1785, cópia anexa em Câmara para PP-BA, 14 abr. 1845, APEB, CP, M. 1399, 1845, doc. 19. Sobre conselhos municipais na América espanhola, ver Kinsbruner, op. cit., p. 40.

3. Raymond de Roover, "The Concept of the Just Price: Theory and Economic Policy". *Journal of Economic History*, Tucson, v. 18, n. 4, dez. 1958, pp. 426-9; Id., "Scholastic Economics: Survival and Lasting Influence from the Sixteenth Century to Adam Smith". *The Quarterly Journal of Economics*, Cambridge, v. 69,

n. 2, maio 1955, pp. 179, 184, 186; Henri Pirenne, *Medieval Cities: Their Origin and the Revival of Trade.* Trad. Frank D. Halsey. Garden City, NY: Doubleday, 1925, p. 148; Kaplan, *Provisioning Paris*, pp. 25-6, 594; E. P. Thompson, "The Moral Economy of the English Crowd in the Eighteenth Century". *Past & Present*, [s.l.], n. 50, fev. 1971, pp. 83-8, 94-107. Ver também Adam Smith, *An Inquiry Into the Nature and Causes of the Wealth of Nations*, 6.[?] ed. Org. de Edwin Cannan. Chicago: University of Chicago Press, 1976), v. 2, pp. 35 e 40 [livro 4, cap. 5].

4. Três exemplos de noções predominantes sobre "monopolistas" são: Governador para Câmara, 7 set. 1785, cópia anexa a Câmara para PP-BA, 14 abr. 1845, APEB, CP, M. 1399, 1845, doc. 19; Capitão-Mor do Sergipe para Governador da Bahia, Estância, 9 mar. 1808, APEB, Cartas do governo à várias autoridades, v. 210, fol. 23v, citado em Kátia M. de Queirós Mattoso, "Conjoncture et société au Brésil à la fin du XVIIIe siècle: Prix et salaires à la veille de la Révolution des Alfaiates, Bahia, 1798". *Cahiers des Amériques Latines*, Paris, v. 5, n. 40, nota 29, 1970; e PP-BA para Presidente da Província de Pernambuco, 13 maio 1834, anexo a PP-BA para MI, 1º ago. 1834, AN, SPE, IJJ[9] 337. Tratava-se de uma compreensão difundida em sociedades pré-modernas; Steven L. Kaplan, *Bread, Politics and Political Economy in the Reign of Louis XV*. 2 v. com paginação contínua. Haia: Martinus Nijhoff, 1976, v. 2, p. 516; F. J. Fisher, "The Development of the London Food Market, 1540-1640", *Economic History Review*, Oxford, v. 5, n. 2, p. 63, abr. 1935; John Bohstedt, *Riots and Community Politics in England and Wales, 1790-1810*. Cambridge, MA: Harvard University Press, 1983, p. 238, n. 72; Peter T. Bauer, *West African Trade: A Study of Competition, Oligopoly, and Monopoly in a Changing Economy*. Cambridge: Cambridge University Press, 1954, p. 9; Enrique Florescano, "El abasto y la legislación de granos en el siglo XVI". *Historia Mexicana*, Cidade do México, v. 14, n. 4, p. 610, abr./jun. 1965.

5. Também aqui o Brasil estava longe de ser único; ver, por exemplo, Kaplan, *Provisioning Paris*, p. 205; Rebecca Horn, "Testaments and Trade: Interethnic Ties among Petty Traders in Central Mexico (Coyocan, 1550-1620)". In: KELLOGG, Susan; RESTALL, Matthew (Orgs.). *Dead Giveaways: Indigenous Testaments of Colonial Mesoamerica and the Andes*. Salt Lake City: University of Utah Press, 1998, p. 73; Cauti, op. cit., p. 185. Essa hostilidade aparece mesmo hoje em muitos lugares; sobre América espanhola, ver R. J. Bromley e Richard Symanski, "Marketplace Trade in Latin America". *Latin American Research Review*, Austin, v. 9, n. 3, p. 9, outono 1974. Alguns historiadores dos Estados Unidos parecem compartilhar dessa hostilidade; por exemplo, Kinsbruner, op. cit., p. 76.

6. Almeida, *Codigo Philippino*, livro V, tit. 76, prólogo e arts. 4-5; lei datada de 2 out. 1704, em ANTT, Manuscritos do Brasil, livro 26, citado em Mott, "Sub-

sídios à história do pequeno comércio no Brasil", p. 96 (também mencionado por Vilhena, op. cit., p. 159); Governador para Câmara, 6 jul. 1723, e Governador para Juiz de Fora, 28 jul. 1724, em Biblioteca Nacional do Rio de Janeiro, *Documentos Históricos* (Rio de Janeiro: Biblioteca Nacional, 1928-1960), v. 87, pp. 186, 200.

7. Governador para Câmara, 15 set. 1785, cópia anexa a Câmara para PP-BA, 14 abr. 1845, APEB, CP, M. 1399, 1845, doc. 19. Acumulação e criação de monopólios ou oligopólios eram frequentemente questionadas e condenadas, bem como em outros lugares e em outras épocas; ver, por exemplo, Super, op. cit., pp. 30, 45; Eric van Young, *Hacienda and Market in Eighteenth-Century Mexico: The Rural Economy of the Guadalajara Region, 1675-1820*. Berkeley: University of California Press, 1981, p. 93; Karen J. Friedmann, "Victualling Colonial Boston". *Agricultural History*, Berkeley, v. 47, n. 3, p. 192, jul. 1973; Mário Augusto da Silva Santos, *Sobrevivência e tensões sociais: Salvador (1890-1930)*. São Paulo: Universidade de São Paulo, 1982, pp. 270-4. Tese de doutorado.

8. De Roover, "Concept of Just Price", pp. 425, 427-8; De Roover, "Scholastic Economics", p. 186; Muldrew, op. cit., pp. 47-8; Sidney Webb e Beatrice Webb, "The Assize of Bread". *Economic Journal*, [s.l.], n. 14, pp. 196n, 199-201, 217-8, jun. 1904; Thompson, "The Moral Economy", pp. 107-15; Friedmann, op. cit., p. 193. Sobre Espanha e América espanhola, ver Fernández Garcia, op. cit., pp. 35-6; Raymond L. Lee, "Grain Legislation in Colonial Mexico, 1575-1585". *Hispanic American Historical Review*, Durham, v. 27, n. 4, pp. 651-3, nov. 1947 (mas cf. Irene Vasquez de Warman, "El pósito y la ahóndiga em la Nueva España". *Historia Mexicana*, Cidade do México, v. 17, n. 3, p. 412, jan./mar. 1968); Ward Barrett, "The Meat Supply of Colonial Cuernavaca". *Annals of the Association of American Geographers*, Washington, v. 64, n. 4, pp. 539-40, dez. 1974; Van Young, op. cit., p. 43; Cauti, op. cit., p. 191; e Kinsbruner, op. cit., pp. 40, 74, 77.

9. Regimento do Governador-Geral do Brasil, Tomé de Sousa, 17 dez. 1548, AHU, Cód. 112, fol. 4v, e [ordem real] 5 abr. 1706, ANTT, Manuscritos do Brasil, livro 26, ambos citados em Mott, "Subsídios à história do pequeno comércio", pp. 93 e 96-7; Almeida, *Codigo Philippino*, livro I, tit. 66, par. 32, 34 e 34, notas 1 e 3; Governador para Câmara, [?] jan. 1701, em Biblioteca do Rio de Janeiro, *Documentos Históricos*, v. 87, p. 36.

10. Câmara para Governador, 17 jun. 1780, AMS, 111.4, fol. 56; Governador para Câmara, 10 mar. 1807, AMS, 111.5, fol. 18v; Câmara, Edital, 23 jul. 1823 [?], AMS, 116.6, fol. 81. Referências a "forminas" ou "fulminas" (também escrito "furmina" e até mesmo "formiga") pontilham os documentos, mas essa palavra não aparece em dicionários da época ou em posteriores. A palavra "fulmina" é mencionada como uma "expressão desta região" em "Commodidades que o ma-

rechal de campo graduado Luiz Paulino de Oliveira Pinto de França offerece para o estabelecimento de uma feira", citado na íntegra em "Decreto", 9 ago. 1819, LB, 1819, par. 9 (outra versão desse decreto, presumivelmente impresso naquela época, usa "formiga": França, op. cit., p. 165). É possível que exista uma ligação com o verbo "fulminar", que, além do significado óbvio, também surge como "maquinar... operar astutamente para fazer mal" (Antonio de Moraes Silva, *Diccionario da lingua portugueza*. 8. ed. Rio de Janeiro: Empreza Literaria Fluminense de A. A. da Silva Lobo, 1889); ver também Rafael Bluteau, *Diccionario da lingua portugueza*. Rev. de Antonio de Moraes Silva. Lisboa: Simão Thaddeo Ferreira, 1789, s. v. "fulminar". Alternativamente, a palavra pode derivar do francês "fornir", fornecer, abastecer, engordar, tornar corpulento — ou seja, engrossar. O fato de ser escrito vez por outra "formiga" sugere uma possível ligação com uma crença do século XVII na Espanha, de que as formigas eram a reencarnação de acumuladores vorazes; Sebastián de Covarrubias Orozco, *Tesoro de la lengua castellana o española* [1611]. 2. ed. rev. Ed. de Felipe C. R. Maldonado. Madri: Editorial Castalia, 1995 (devo essa informação a Richard Flint). Em Portugal do século XVIII um "ladrão formigueiro" referia-se a um ladrãozinho vagabundo que roubava coisas pequenas.

11. Câmara para Governador, 21 jun. 1809 e anexos, APEB, CP, M. 127; Câmara para Admin. do Curral, s/d [ago. 1805], AMS, 116.5, fol. 2; Câmara para Governador, 18 fev. 1809, APEB, CP, M. 127. Sobre vender por peça, ver Câmara para Governador, 7 nov. e 22 dez. 1792, APEB, CP, M. 201-14, docs. 25 e 27. Em 1488 uma portaria municipal em Madri também fazia uma distinção entre vender carne por peça e vender por peso, sendo apenas esta última sujeita a controle de preço; Antonio Matilla Tascón, *Abastecimiento de carne a Madrid (1477-1678)*. Madri: Instituto de Estudios Madrileños, 1994, p. 51, Colección Biblioteca de Estudios Madrileños, n. 26.

12. Governador (Interino) para Câmara, 10 abr. 1810; Governador para Câmara, 9 mar. 1821; e Junta Provisória para Câmara, 2 nov. 1821, AMS, 111.5, fols. 82, 227, 234; Jourdan, Breve noticia, fol. 42v; Joaquim José da Silva Maia (Procurador da Câmara) para Câmara, s/d [1820 ou 1821], BN/SM, I-31, 14, 3; e Câmara, Edital, 31 mar. 1821, AMS, 116.6, fol. 53v.

13. Câmara para Governador, 29 out. 1800, AMS, 111.4, fol. 176v; Posturas n. 25 e 26, aprovadas 25 fev. 1831, AMS, 119.5, fol. 18.

14. Almeida, *Codigo Philippino*, livro I, tit. 18, par. 41 em diante; Atas do Conselho Geral, 1º abr. 1830, APEB, SL, 197, fol. 83; Câmara para Governador, 6 jun. 1787 e 29 out. 1800, AMS, 111.4, fols. 118 e 175; Câmara para Governador, 29 out. 1800, AMS, 111.4, fol. 175v.

15. Postura n. 11, Posturas do Senado da Câmara [1716]... fielmente copiadas... 1785, AN, SH, Cód. 90, fol. 4v; Câmara para Governador, 25 out. 1800,

AMS, 111.4, fol. 176; Correição feita no sitio do Forte de S. Pedro, 26 jun. 1780, AMS, 45.2, fol. 198v.

16. Câmara, Postura, 15 nov. 1785, AMS, 119.1, fol. 123; Posturas 19, 24, 113, 115 e duas não numeradas em Posturas do Senado da Câmara [1716]... fielmente copiadas... 1785, AN, SH, Cód. 90, fols. 5-6, 17, 28v e 31; Correição feita no sitio do Forte de S. Pedro, 26 jun. 1780, AMS, 45.2, fol. 198v; Câmara para Governador, 29 out. 1800, AMS, 111.4, fol. 176v; Almeida, *Codigo Philippino*, livro I, tit. 18, par. 28, 36, 38, 43 e 50; Vilhena, op. cit., v.1, pp. 73, 132.

17. Requerimento dos lanxeiros da Villa de Camamu, anexo a Governador para Câmara, 5 out. 1801; AMS, Correspondência do Governo, ncat. (queixa similar foi registrada cinco anos depois em Francisco Faria para Governador, s/d [depois de 12 nov. 1806], presumivelmente enviada para a Câmara, mas agora separada da carta de cobertura; AMS, Correspondência do Governo, ncat.); Antonio Xavier da Silveira (almotacé) para Câmara, 30 maio 1807, citada em Reis e Aguiar, op. cit., p. 152.

18. Silva, *A morfologia da escassez*, p. 315. Essa foi também a compreensão em outra parte; Kaplan, *Provisioning Paris*, p. 36, e Super, op. cit., pp. 39-40. Ver também De Roover, "Scholastic Economics", pp. 162-3.

19. Alvará, 21 fev. 1765, em Antonio Delgado da Silva, *Colleção da legislação portuguesa*, v. 2, p. 151 (a primeira edição, mediante um erro de impressão, data erroneamente esse Alvará em 20 fev. 1765; ver índice remissivo para a segunda edição). Na década de 1780, a Relação em Salvador anotou especificamente que esse decreto não se aplicava ali; Representação a S. M. R. dos vivandeiros e conductores de mantimentos, 25 jan. 1798, BN/SM, II-33, 25, 52, fol. 131v.

20. Kaplan, *Bread, Politics*, v. 1, pp. xxvii-xxviii, 97-163 (esp. 90-5, 101-6, 126--44 e 113-6), 405-7, 552, e v. 2, pp. 660-4, 670; Kaplan, *Provisioning Paris*, pp. 170--1, 595-8. Medidas similares foram adotadas na Espanha em 1765; John Lynch, "The Origins of Spanish American Independence". In: BETHELL, Leslie (Org.). *The Cambridge History of Latin America*. Cambridge: Cambridge University Press, 1985, v. 3, p. 4. Ver também Fernández García, op. cit., esp. pp. ix-x, 35-6.

21. Edwin Cannan, "Introduction", em Smith, *Wealth of Nations*, v. 1, pp. xxiv-liii, esp. xxxv-xxxvii. Smith reconhece o trabalho dos fisiocratas franceses ao mesmo tempo que discute com eles: v. 2, pp. 182-3, 193, 195 ss., 199-200, e 207-8. Sobre combinações entre empregados, ver v. 1, pp. 74-6.

22. Rodrigo de Souza Coutinho para João Paulo Bezerra [Lisboa, 1778], em Andrée Mansuy-Diniz Silva, *Portrait d'un homme d'État: D. Rodrigo de Souza Coutinho, Comte de Linhares, 1755-1812*. Lisboa e Paris: Fundação Calouste Gulbenkian e Centro Cultural Calouste Gulbenkian, 2003-6, v. 1, p. 651 (ver também pp. 118 e 243), 2 v. Além de se apoiar nessa obra, esse parágrafo baseia-

-se em Cardoso, "Nas malhas do Império"; Maxwell, *Conflicts and Conspiracies*, pp. 179, 206-7, 230-5; e Lúcia Maria Bastos P[ereira das] Neves, "Intelectuais brasileiros no Oitocentos: A constituição de uma 'família' sob a proteção do poder imperial (1821-1838)". In: PRADO, Maria Emília (Ed.). *O Estado como vocação: Ideias e práticas políticas no Brasil oitocentista*. Rio de Janeiro: Access, 1999, pp. 9-32.

23. Citações tiradas de fontes primárias em Cardoso, "Nas malhas do Império", pp. 79-83, 93-4, 99, 103; e em Cardoso (Ed.), *A economia política*, pp. 204-7. Recorri também a Antonio Penalves Rocha, "A economia política na desagregação do Império português", in ibid., p. 154. A respeito da influência de Adam Smith sobre Souza Coutinho, ver António Almodovar e José Luís Cardoso, *A History of Portuguese Economic Thought*. Londres e Nova York: Routledge, 1998, pp. 49-50.

24. Lisboa, "Carta muito interessante", pp. 494-506.

25. Decreto, 23 fev. 1808, cópia em José da Silva Lisboa, Petição, Rio, mar. 1808 (uma versão impressa está em Cardoso, *A economia política*, p. 203); José da Silva Lisboa para [?], [Rio], 24 ago. 1808; e José da Silva Lisboa, Petição, s/d, [Rio], todas em AN, AP 1 (Fundo Visc. de Cairu), Cx. 1, Pasta 1, docs. 3, 1 e 5. Sobre sua vida, ver Antonio Paim, *Cairu e o liberalismo econômico*. Rio de Janeiro: Tempo Brasileiro, 1968, pp. 23-38; António Almodovar, "Processos de difusão e institucionalização da economia política no Brasil". In: CARDOSO (Ed.), *A economia política*, pp. 122-3, 132-4, 137-42; e a introdução de Fernando Antônio Novais e José Jobson de Andrade Arruda para a obra de José da Silva Lisboa (visconde de Cairu), *Observações sobre a franqueza da indústria, e estabelecimento de fábricas no Brasil*. Brasília: Senado Federal, 1999, pp. 9-29. Sobre a importância de *Princípios da economia política* de Silva Lisboa, ver Rocha, "Economia política", p. 153. Sobre sua oposição aos fisiocratas, ver também José Luís Cardoso, *O pensamento econômico em Portugal nos finais do século XVIII, 1780-1808*. Lisboa: Editorial Estampa, 1989, pp. 289-90. Sobre o pensamento ético ou moral que restringia a adoção plena de uma visão smithiana, ver Guilherme Pereira das Neves, "As máximas do marquês: Moral e política na trajetória de Mariano José Fonseca". In: VAINFAS, Ronaldo; SANTOS, Georgina Silva dos; NEVES, Guilherme Pereira das (Orgs.). *Retratos do Império: Trajetórias individuais no mundo português nos séculos XVI a XIX*. Niterói: Ed. da UFF, 2006, pp. 300-3. Ver também Maria Eugénia Mata, "Economic Ideas and Policies in Nineteenth-Century Portugal". *Luso-Brazilian Review*, Madison, v. 39, n. 1, p. 31, verão 2002.

26. Em 1809, um visitante inglês em Salvador notou que "muitos dos habitantes mais opulentos" tinham em suas "escassas bibliotecas" obras de escritores europeus, inclusive Adam Smith; Grant, op. cit., p. 230. Ver também John F.

Normano, *Brazil: A Study of Economic Types*. Chapel Hill: University of North Carolina Press, 1935, pp. 85-9; Kenneth Maxwell, "The Generation of the 1790s and the Idea of a Luso-Brazilian Empire". In: ALDEN, Dauril. *Colonial Roots of Modern Brazil: Papers of the Newberry Library Conference*. Berkeley e Los Angeles: University of California Press, 1973, p. 122; e E. Bradford Burns, "The Enlightenment in Two Colonial Brazilian Libraries". *Journal of the History of Ideas*, [s.l.], v. 25, n. 3, pp. 435-6, jul./set. 1964.

27. Ribeiro, Discurso, fols. 69, 72. Sobre seu histórico, ver Ribeiro, Memoria, fols. 62-62v, e Câmara para Governador, 29 out. 1800, AMS, 111.4, fol. 177.

28. Ribeiro, Memoria, fols. 61v-62; idem, Discurso, fol. 66; Rodrigo de Souza Coutinho para Fernando José de Portugal, Palácio de Queluz, 4 out. 1798, APEB, CP, M. 86, fol. 188v.

29. Abaixo-assinado ou requerimento, apresentado para Câmara, 8 fev. 1797, anexo a Câmara para Governador, 4 mar. 1797, APEB, CP, M. 201-14, doc. 47. Cf. Smith, *Wealth of Nations*, v. 2, pp. 41-2 [livro 4, cap. 5].

30. Câmara para Governador, 4 mar. 1797, APEB, CP, M. 201-14, doc. 53.

31. Câmara para Governador, 7 set. 1799, que cita Governador para Câmara, 15 set. 1797, APEB, CP, M. 201-14, doc. 65.

32. Representação a S. M. R. dos vivandeiros e conductores de mantimentos, 25 jan. 1798, BN/SM, II-33, 25, 52, fols. 129-132v (Silva [*A morfologia da escassez*, p. 12n] indica que essa representação está também em BN/SM, I-8, 4, 8). Quanto à autoria do documento, ver Rodrigo de Souza Coutinho para Fernando José de Portugal, Palácio de Queluz [Lisboa], 24 set. 1798, APEB, CP, M. 86, fol. 125, que se refere a uma queixa anexa de Ribeiro e dos proprietários de lancha de Cairu, Boipeba, Camamu, Rio de Contas e Ilhéus; a petição anexa está faltando, assim como todos os quatro fólios seguintes, mas estes, sem o nome de Ribeiro, são a Representação citada acima.

33. Governador para Câmara, 16 nov. 1799, citado em Câmara, Edital, 11 jan. 1800, cópia anexa a Câmara para Governador, 29 jan. 1800, APEB, CP, M. 209-1. A data da ordem de Souza Coutinho para o governador é dada como 11 de julho de 1798 em Câmara, Edital, 11 mar. 1801, atualmente arquivado com Câmara para Governador, 28 jan. 1801, APEB, CP, M. 209-1; se essa data estiver correta, o governador levou mais de um ano para repassá-la ao conselho municipal.

34. Câmara para Governador, Salvador, 29 out. 1800, AMS, 111.4, fols. 173v, 177v e 176 (uma cópia quase palavra por palavra dessa carta, mas estranhamente portando a data 18 nov. 1808, está em BN/SM, II-33, 24, 40; talvez tenha sido copiada em resposta a uma queixa posterior de Ribeiro endereçada ao príncipe regente no Brasil); Câmara, Edital, 11 mar. 1801, arquivado agora com Câmara para Governador, 28 jan. 1801, APEB, CP, M. 209-1.

35. João Rodrigues de Brito, "Carta I", em Brito et al., op. cit., pp. 2, 74.

36. Ibid., p. 19.

37. Ibid., p. 9.

38. Ibid., pp. 20-1.

39. Ibid., pp. 11-4.

40. Conde da Ponte para Visconde de Anadia, 27 ago. 1807, AHU, Bahia, Cat. 29.985.

41. Sobre o papel de Silva Lisboa na abertura dos portos do Brasil e os antecedentes e efeitos dessa medida, ver José Wanderley Pinho [de Araújo], "A abertura dos portos — Cairu". *Revista do Instituto Histórico e Geográfico Brasileiro*, Rio de Janeiro, v. 243, pp. 94-147, abr./jun. 1959, e os muitos textos originais que ele cita em suas notas. Esse artigo é muito bem resumido por Alan K. Manchester, "The Transfer of the Portuguese Court to Rio de Janeiro". In: KEITH, Henry H.; EDWARDS, S. F. (Orgs.). *Conflict and Continuity in Brazilian Society*. Columbia: University of South Carolina Press, 1969, pp. 164-7. Um resumo útil, mas escrito de forma confusa, da historiografia desse ato e seus instigadores aparece em José Honório Rodrigues, *História da história do Brasil*. São Paulo e Brasília: Editora Nacional e Instituto Nacional do Livro, 1988, 2 v., tomo I: A Historiografia Conservadora, pp. 146-54. Brasiliana, Grande Formato, n. 23.

42. Alvará, 21 fev. 1765, em Silva, *Collecção da legislação portuguesa desde a ultima compilação das ordenações*... v. 2, p. 151; Governador para Câmara, 2 out. 1801, citado em Câmara para Governador, 10 mar. 1804, APEB, M. 209-1 (uma cópia está em AMS, 111.4, fol. 195v); Requerimento dos moradores desta cidade, s/d, anexo a Governador (Interino) para Câmara, 20 out. 1809, AMS, 111.5, fol. 70.

43. Governador para Câmara, 23 nov. 1810, 27 fev. 1812, 27 set. 1815, 15 out. 1816 e 19 set. 1817, AMS, 111.5, fols. 103, 139, 184v, 192v e 196v; Câmara, Edital, 11 mar. 1820, AMS, 116.6, fols. 32v-33.

44. *Idade d'Ouro do Brazil*, 23 jul. 1813, pp. 1-2 (devo essa referência a Hendrik Kraay).

11. "O POVO NÃO VIVE DE TEORIAS" [pp. 291-314]

1. Brazil, Constituição política do Império do Brasil, art. 179, par. 22 e 24.

2. Joaquim José da Silva Maia para Junta Provisória, s/d [entre 10 fev. e 20 mar. 1821], BN/SM, I-31, 14, 3; a provisão de 1824 é descrita em Câmara para PP-BA, 13 jul. 1825, AMS, 111.6, fols. 193v-194, 196; Edital, 1º jul. 1826, APEB, M. 1395; Câmara para Admin. do Curral, 27 set. 1828, AMS, 116.6, fols. 202v-203; Edital que o Conselho Geral [da Provincia] reputou Postura, 14 ago. 1829, art.

8, AMS, 119.5, fol. 6v; Edital, 11 jun. 1833, AMS, 116.7, fol. 118v; Câmara para PP-BA, 18 jun. 1839, APEB, CP, M. 1397, 1839, doc. 20.

3. Edital, 11 jun. 1833, AMS, 116.7, fol. 118v.

4. Edital, 1º jul. 1826, APEB, M. 1395 (também encontrado em AMS, 116.6, fols. 142v-143v); Câmara para PP-BA, 13 set. 1826, AMS, 111.6, fol. 219v; Proposta de Postura de Santo Amaro, citada em debate de 1º abr. 1830, Bahia, Conselho Geral, Atas, APEB, SL, M. 197, fol. 74v; e Arnizau, op. cit., pp. 130, 134.

5. Inv., Pedro do Espírito Santo, 13 ago. 1850, APEB, SJ, 04/1624/2093/05, fols. 5-34v, 43, 130-1 (o patrimônio foi avaliado em 239:106$575 [129:117$551]); Admin. do Curral para Câmara, 19 jul. 1828, Câmara para Admin. do Curral, 19 jul. 1828, e Câmara para PP-BA, 26 jul. 1828, todas em AMS, 116.6, fols. 189v e 253; Admin. da Campina para Câmara, 28 fev. 1839, anexo a Câmara para PP-BA, 4 mar. 1839, APEB, CP, M. 1397, doc. 6; Câmara para PP-BA, 9 jun. 1855, AMS, 111.13, fol. 107.

6. Câmara, Sessão ordinária, 1º abr. 1841, AMS, 9.44, fol. 37 (devo essa referência a Hendrik Kraay); José Pereira Monteiro para PP-BA, s/d [anterior a 5 out. 1841], APEB, CP, M. 4631.

7. Uma característica também notada na França pré-revolucionária; Kaplan, *Provisioning Paris*, p. 215.

8. Lei, 11 jul. 1821, em *LB* (às vezes essa lei é citada com data de 5 de julho de 1821, data na qual foi aprovada pelas Cortes; ela foi assinada pelo rei seis dias depois e publicada no *Diário do Governo* em 24 de julho de 1821). Para sua aplicação no Rio, ver Fabricantes de pão, Petição, Rio de Janeiro, 6 out. 1821, BN/SM, II-34, 27, 21; "Resolução" de 16 ago. 1823, repetida na Provisão da Mesa do Desembargo do Paço, 20 nov. 1823, em Brazil, *Collecção das decisões do governo do Imperio do Brasil*, 1823, Decisão n. 162; e Maria de Fátima Silva Gouvêa, "Poder, autoridade e o Senado da Câmara do Rio de Janeiro, *c.* 1780-1820". *Tempo*, [s.l.], v. 7, n. 13, pp. 147-8, jul. 2002. A postura do Rio não se tornou especificamente aplicável em todas as cidades brasileiras até 1827; Decreto sem número [do poder legislativo], 15 out. 1827, Brazil, *Collecção das decisões*, 1827.

9. Lei, 20 out. 1823, e Lei, 1º out. 1828, art. 66, par. 8-10, em *LB*. Ver também o debate em Brazil, Assemblea Geral Constituinte e Legislativa do Imperio do Brasil, *Diario... 1823*, Ed. fac-sim. Brasília: Senado Federal, 1973, v. 1, pp. 24, 267, 270, 415-6, 483-4, 664-5, 681, 756-61, e v. 2, pp. 74-9, 99-105, 128-30 e 265.

10. Em tempos coloniais, o número de açougues variara de 34 em 1797 a 42 em 1807, 48 em 1810 e caindo de volta para 42 em 1820; Representação dos marchantes anexa a Câmara para Governador, 13 set. 1797, APEB, CP, M. 201-14, doc. 59; Governador para Câmara, 10 mar. 1807, AMS, 111.5, fol. 19; Registro dos currais, 1806-1811, AMS, 148.3, fols. 241-2; Joaquim José da Silva Maia (Pro-

curador da Câmara) para Câmara, s/d [1820 ou 1821], BN/SM, I-31, 14, 3. Sobre números subsequentes, ver Admin. do Curral para Câmara, 31 jul. 1830, AMS, Câmara, Correspondência recebida, Curral, 1830, ncat.; e Câmara para PP-BA, 4 ago. 1836, APEB, M. 1396 (também em AMS, 111.9, fols. 106v-110v). Por extrapolação a partir de censos conhecidos, calculou-se que a população da cidade cresceu de 30% a 40% no período de 1810 a 1830-6; Mattoso, *Bahia: A cidade de Salvador*, p. 138.

11. Câmara, Edital, 9 mar. 1822, AMS, 116.6, fols. 60-60v.

12. Câmara para PP-BA, 14 jun. 1832, AMS, 111.8, fol. 145 (as mesmas frases são usadas em Edital, 11 jun. 1833, AMS, 116.7, fol. 118v); Câmara para PP-BA, 4 ago. 1836, e Câmara para Assembleia Provincial, 27 fev. 1836, anexo a ibid., CP, M. 1396 (também em AMS, 111.0, fols. 77-82v, 106v-110v); PP-BA para Câmara, Salvador, 19 fev. 1834, AMS, 98.1, fol. 97v, referindo-se a uma representação (não anexa) de José Alvares de Sousa.

13. PP-BA para Câmara, 24 [ou 23?] jan. 1833, AMS, 98.1, fol. 35; PP-BA para MI, 8 nov. 1833, APEB, M. 681, fol. 35.

14. Câmara para Admin. da Campina, 6 abr. (duas cartas nessa data) e 18 abr. 1831, AMS, 116.6, fols. 286, 286v, 288; preços relatados em Inv. (1º), José Caetano de Aquino, 1833, APEB, SJ, 05/2003/2474/03, fol. 48. Um relato sucinto desses levantes políticos e de sua matriz social é apresentado por Reis, *Slave Rebellion in Brazil*, pp. 13-39.

15. Plano de governo pelo systema federativo, cópia MS, 27 abril 1833, arts. 11 e 18, AN, SPE, Justiça IJ^{1} 707 (uma versão impressa pode ser encontrada em Amaral, *História da Bahia*, p. 104); PP-BA para MI, 25 jan. 1834, AN, SPE, IJJ^{9} 337; Visconde de Pirajá, Manifesto (impresso), endereçado a PP-BA e presumivelmente encaminhado para MJ, 14 nov. 1836, AN, SPE, IJ^{1} 708.

16. Câmara para PP-BA, 4 ago. 1836, APEB, M. 1396 (também em AMS, 111.9, fols. 106v-110v); Câmara para PP-BA, 16 mar. 1837, AMS, 111.9, fols. 150-150v.

17. Câmara para PP-BA, 19 set. e 13 out. 1837, APEB, CP, M. 1396 (cópias dessas cartas com datas ligeiramente diferentes estão em AMS, 111.9, fols. 182-3, 187-190v, e 191-2); PP-BA para Câmara, 23 set. e 4 out. 1837, AMS, 111.10, fols. 28 e 30.

18. PP-BA para Câmara, 16 out. 1837, AMS, 111.10, fol. 32v.; Câmara, Annuncio, 25 out. 1837, AMS, 116.8, fols. 239v-240; Câmara para PP-BA, 16 maio 1838, AMS, 111.9, fol. 207v. Sobre a ameaça de tumultos por comida, ver Felix da Graça P. Lisboa para Chefe de Polícia, 3 set. 1837, APEB, M. 3139-9, citada em Reis e Aguiar, op. cit., p. 154.

19. Acta (impresso), 7 nov. 1837, AN, SPE, IJ^{1} 708; Manifesto (MS), 7 nov. 1837, anexo a Albino José Barbosa de Oliveira (Juiz de Direito) para MJ, Cara-

vellas, 2 jan. 1838, AN, SPE, IJ[1] 708. Refere-se à renúncia de Diogo Antônio Feijó e sua substituição por Pedro de Araújo Lima como regente do Brasil.

20. Manifesto, 7 nov. 1837, anexo a Albino José Barbosa de Oliveira (Juiz de Direito) para MJ, Caravelas, 2 jan. 1838, AN, SPE, IJ[1] 708. Para a interpretação tradicional, ver, por exemplo, José Wanderley Pinho [de Araújo], "A Bahia, 1808-1856". In: HOLANDA, Sérgio Buarque de (Org.). *História geral da civilização brasileira*. São Paulo: Difusão Europeia do Livro, 1964, pp. 282-4; e Barman, op. cit., pp. 195-7. Para uma interpretação mais recente, consultar Paulo César Souza, *A Sabinada: A revolta separatista da Bahia*. São Paulo: Brasiliense, 1987, diversos trechos; e Hendrik Kraay, "'As Terrifying as Unexpected': The Bahian Sabinada, 1837-1838". *Hispanic American History Review*, Durham, v. 72, n. 4, pp. 501-27, nov. 1992. Sobre a composição racial dos revolucionários, ver também João Francisco Cabassu para José Martiniano de Alencar, [Salvador?], 11 abr. 1838, em "Correspondência passiva do Senador José Martiniano de Alencar", *ABNRJ*, Rio de Janeiro, n. 86, p. 331, 1966; Dundas, op. cit., p. 395; Gardner, op. cit., p. 78; Avé-Lallemant, op. cit., p. 51; Grinberg, op. cit., p. 151.

21. PP-BA para Câmara, Salvador, 8 maio 1838, AMS, 111.10, fol. 50; Câmara para PP-BA, 16 maio 1838, AMS, 111.9, fol. 207v; Bahia, Assembleia Provincial, [Aprovação de Posturas], 31 jul. 1838, AMS [119.6, Posturas das Câmaras Municipaes, 1837-1847], fol. 71; Câmara para PP-BA, 8 mar. 1839, AMS, 111.9, fol. 246v; Câmara para PP-BA, 27 dez. 1847, AMS, 111.11, fol. 245v; Câmara para PP-BA, 16 out. 1845, APEB, CP, M. 1399, 1845, doc. 38 (itálico adicionado).

22. Câmara, Edital, 17 maio 1826, AMS, 116.6, fol. 134.

23. Câmara, Edital, 17 maio 1826, AMS, 116.6, fols. 133v-134v; Câmara, Edital, 30 jan. 1833 e Câmara para fiscal, 8 fev. 1833, ambas em AMS, 116.7, fols. 90 e 93; Câmara para PP-BA, 4 e 10 maio 1842, AMS, 111.11, fols. 55-6 (também em APEB, CP, M. 1398, 1842, doc. 14).

24. Câmara para PP-BA, 10 maio 1842, AMS, 111.11, fol. 56v (também em APEB, CP, M. 1398, doc. 14); PP-BA para Câmara, 18 maio 1842, 20 ago. e 25 nov. 1845, todas em AMS, 111.10, fols. 156, 263, 275.

25. Câmara para PP-BA, 12 jan. 1846, AMS, 111.11, fol. 162v-164.

26. Joaquim Torquato Carneiro de Campos, Luiz Antonio Sampaio Vianna, e Victor d'Oliveira para PP-BA 27 abr. 1847, APEB, CP, M. 1611.

27. Admin. do Celeiro para PP-BA, 26 abr. 1849, APEB, CP, M. 1611; Câmara para PP-BA, 18 jul. 1849, APEB, CP, M. 1400. Sua redação seguia a linguagem da Comissão de Justiça para Câmara, 30 jun. 1849, AMS, 9.47, fols. 7v-9.

28. Os relatos narrativos contemporâneos dos fatos que resumo aqui são de dois pontos de vista. Para o ponto de vista amistoso à câmara, ver cônsul britâ-

nico John Morgan Junior para o Ministro Plenipotenciário Britânico Peter Campbell, 3 mar. 1858, e para o Ministro do Exterior, conde de Clarendon, 16 mar. 1858, ambos em PRO, Londres, F. O. 13, nº 365, fols. 52-67 (microfilme). Para um ponto de vista oposto, ver Bahia, Presidente da Província, *Relatorio*, 13 maio 1858, pp. 2-4, e Chefe de Polícia para PP-BA, s/d, anexo a ibid., com paginação em separado. O melhor relato histórico é o brilhante artigo de Reis e Aguiar, "'Carne sem osso'". Quando não indicado de outra forma, essas fontes formam a base desse parágrafo e dos seguintes. Outros relatos breves que não indicam fontes são Braz Hermenegildo do Amaral, "Motim da carne sem osso e farinha sem caroço". *Revista do Instituto Geográfico e Histórico da Bahia*, Salvador, n. 43, pp. 110-4, 1917; João Craveiro Costa, *O visconde de Sinimbu: Sua vida e sua atuação na política nacional (1840-1889)*. São Paulo: Editora Nacional, 1937, pp. 150-5, Biblioteca Pedagógica Brasileira, série 5, v. 79; Manoel Pinto de Aguiar, *Abastecimento: Crises, motins e intervenção*. Rio de Janeiro: Philobilion, 1985, pp. 61-71, Redescobrimento do Brasil, n. 4; e Ruy, op. cit., pp. 218-21.

29. Postura proposta, anexa a Câmara para PP-BA, 12 jan. 1857, APEB, CP, M. 1403; *Jornal da Bahia*, 19 jan., 11 mar. e 4 abr. 1857, citado em Ellen Melo dos Santos Ribeiro, "Abastecimento de farinha da cidade do Salvador, 1850-1870: Aspectos históricos". Salvador: Universidade Federal da Bahia, 1982, pp. 49, 94-5. Dissertação de mestrado não publicada. Também sobre aumento de preços, ver *Jornal da Bahia*, 16 fev. 1857, anexo a Câmara para PP-BA, 16 jul. 1857, APEB, CP, M. 1403, 1845; e o gráfico apresentado por Barickman, op. cit., p. 80. Kátia Mattoso calculou que a porcentagem da renda de um pedreiro que ele gastaria em três itens alimentícios essenciais (farinha de mandioca, carne fresca e feijão) para uma família de cinco pessoas subiu mais de 10% entre 1854 e 1858; Mattoso, *Bahia: A cidade de Salvador*, pp. 369-70.

30. Câmara para PP-BA, 23 abr. 1857, AMS, 111.13, fols. 196v-197; *Jornal da Bahia*, 27 abr. 1857, citado em Ribeiro, "Abastecimento de farinha", p. 98; Câmara para PP-BA, 14 nov. 1857, APEB, CP, M. 1403; Costa, op. cit., pp. 46-9; Scully, op. cit., p. 351; Scully identifica a esposa de Sinimbu como sendo "de origem inglesa".

31. Câmara para PP-BA, 25 jan. 1858, APEB, CP, M. 1404; Cônsul Britânico para Ministro do Exterior Britânico, 16 mar. 1858, PRO, F. O. 13, nº 365, fol. 65.

32. PP-BA para Câmara, 1º e 24 fev. 1858, AMS, 111.14, fols. 31v-34v.

33. Câmara para PP-BA, 25 fev. 1858, em Aguiar, *Abastecimento*, pp. 63-6; PP-BA para dr. Francisco Antonio Pereira Rocha, 28 fev. 1858, AMS, 111.14, fol. 35; Manoel Geronimo Ferreira para PP-BA, 1º mar. 1858, APEB, M. 1404, citado em Reis e Aguiar, op. cit., pp. 141-2; Cônsul Britânico para Ministro Plenipotenciário Britânico, 3 mar. 1858, PRO, F. O. 13, n. 365, fols. 56 e 59. Sinimbu referia-se

a Brazil, *Codigo criminal do Imperio do Brasil*, art. 154 (Aguiar, *Abastecimento*, p. 70, cita erroneamente art. 164). O cônsul britânico alegou que diversas autoridades proeminentes concordavam com a posição legal da câmara municipal; Cônsul Britânico para Ministro do Exterior Britânico, 16 mar. 1858, PRO, F. O. 13, n. 365, fol. 66. Os membros da câmara foram condenados por um juiz, mas a decisão de Sinimbu foi revertida por uma corte de instância superior; Bahia, Presidente da Província, *Relatório*, 24 nov. 1858; Livro de Correspondência da Câmara à Assembleia Provincial, n. 2, fol. 94v, em Ruy, op. cit., p. 305.Ver também Ribeiro, "Abastecimento de farinha", pp. 103-4.

34. Cônsul Britânico para Ministro do Exterior Britânico, 16 mar. 1858, PRO, F. O. 13, n. 365, fol. 56v; Chefe de Polícia para PP-BA, s/d, anexo a Bahia, Presidente da Província, *Relatório*, 11 maio 1858 (paginação separada), p. 5; imagem em Reis e Aguiar, op. cit., p. 143. Para um relato que rotula os sublevados como "canalha" e Sinimbu como "nobre", ver Avé-Lallemant, op. cit., pp. 52-4. Sobre reforma do palácio do governador, ver Scully, op. cit., p. 351.

35. Bahia, Presidente da Província, *Relatório*, 13 maio 1858, p. 3. Uma cronologia dos fatos ligeiramente diferente encontra-se em José Alvares do Amaral, "Resumo chronologico e noticioso da Provincia da Bahia desde seu descobrimento em 1500" [1881]. Ed. de J. Teixeira Bastos. *Revista do Instituto Geográfico e Histórico da Bahia*, Salvador, n. 47, 1921-2, pp. 149, 176-7. Sobre o significado simbólico dessas ações, baseio-me em pontos levantados por Bohstedt, *Riots and Community Politics*, p. 3.

36. Câmara para PP-BA, 1º mar. 1858, APEB, CP, M. 1404; Sinimbu citado em Reis e Aguiar, op. cit., pp. 141, 144; Associação Commercial para PP-BA, 3 mar. 1858, APEB, CP, M. 1404; Cônsul Britânico para Ministro do Exterior Britânico, 16 mar. 1858, PRO, F. O. 13, n. 365, fol. 59. Sobre a composição da Associação Comercial, ver Eugene Ridings, *Business Interest Groups in Nineteenth-Century Brazil*. Cambridge: Cambridge University Press, 1994, p. 32.

37. Câmara para Assembleia Legislativa, [?] set. 1858, conforme citação em Azevedo e Lins, op. cit., p. 12; Câmara para Assembleia Legislativa, 24 nov. 1858, em Ruy, op. cit., p. 305; *Jornal da Bahia*, 4 e 6 abr. 1859; Parecer da Commissão Especial sobre as Causas da Carestia da Farinha, 18 maio 1859, em Ribeiro, "Abastecimento de farinha", pp. 131-2; Postura n. 143, aprovada 1º jun. 1859, AMS, 119.5, fol. 109v.

38. Ribeiro, "Abastecimento de farinha", pp. 52, 61-2, 65, 107, 112, 121; Bahia, Presidente da Província, *Relatório*, 1866, pp. 20, 25; José Antonio de Araujo para PP-BA, 8 jun. 1878, e anexos, APEB, CP, M. 4632. Cf. Mattoso, "Conjoncture et société", p. 40 (Mattoso data o fim do celeiro público em 1834). Para o destino posterior do edifício, ver Braz do Amaral, "notas", em Vilhena, op. cit., p. 113.

39. O *locus classicus* sobre economia moral é Thompson, "The Moral Eco-

nomy", pp. 76-136. Um crítico que frequentemente falha é John Bohstedt, "The Moral Economy and the Discipline of Historical Context". *Journal of Social History*, Pittsburgh, v. 26, n. 2, pp. 265-84, 1992. Ver também Silva, *A morfologia da escassez*, pp. 270-5.

40. Câmara para PP-BA, 17 fev. 1858, e "Parecer da Commissão Especial sobre as causas da carestia da farinha", *Jornal da Bahia*, 18 maio 1859, ambos citados em Aguiar, *Abastecimento*, pp. 62, 132. Silva (*A morfologia da escassez*, pp. 356 ss.) defende o mesmo ponto sobre desigualdade social.

APÊNDICE A [pp. 321-7]

1. Para uma discussão das várias abordagens ao estudo do poder aquisitivo no decorrer do tempo, com referência especial ao Brasil, ver Nathaniel H. Leff, *Underdevelopment and Development in Brazil*. Londres: Allen and Unwin, 1982, pp. 97-130, v. 1: *Economic Structure and Change, 1822-1947*. Uma abordagem alternativa pode ser encontrada em Graça Filho, op. cit., pp. 154-5, 180-1.

2. Kátia M. de Queirós Mattoso, Herbert S. Klein e Stanley L. Engerman, "Trends and Patterns in the Prices of Manumitted Slaves: Bahia, 1819-1888". *Slavery and Abolition*, [s.l.], v. 7, n. 1, pp. 59-67, maio 1986.

3. Uma discussão mais completa de meu método e suas justificativas aparece em Richard Graham, "Purchasing Power: A Tentative Approach and an Appeal". *Boletim de História Demográfica*, ano 12, n. 36, abr. 2005 (<www.brnuede.com>, link na p. 2).

Fontes

ARQUIVOS

Arquivo da Santa Casa de Misericórdia, Salvador (ASCM)
Arquivo do Instituto Histórico e Geográfico Brasileiro, Rio de Janeiro (AIHGB)
Arquivo Histórico Militar (AHM)
Arquivo Histórico Ultramarino, Lisboa (AHU)
Arquivo Municipal de Salvador, Salvador (AMS)
Arquivo Nacional, Rio de Janeiro (AN)
    Seção do Poder Executivo (SPE)
    Seção Histórica (SH)
Arquivo Nacional da Torre do Tombo, Lisboa (ANTT)
Arquivo Público do Estado da Bahia, Salvador (APEB)
    Colonial e Provincial (CP)
    Inventários e Testamentos (IT)
    Seção Judiciária (SJ)
    Seção Legislativa (SL)
Biblioteca Nacional, Seção de Manuscritos, Rio de Janeiro (BN/SM)
Public Record Office, Londres (microfilme) (PRO)

MATERIAL IMPRESSO, TESES E DISSERTAÇÕES

AGOSTINHO [SILVA], Pedro. *Embarcações do Recôncavo: Um estudo de origens*. Salvador: Museu do Recôncavo Wanderley Pinto, 1973. (Coleção A Bahia e o Recôncavo, n. 3.)

AGUIAR, Manoel Pinto de. *Abastecimento: crises, motins e intervenção*. Rio de Janeiro: Philobiblion, 1985.

ALENCASTRO, Luiz Felipe de. *O trato dos viventes: A formação do Brasil no Atlântico Sul*. São Paulo: Companhia das Letras, 2000.

ALGRANTI, Leila Mezan. *O feitor ausente: Estudo sobre a escravidão urbana no Rio de Janeiro*. Petrópolis: Vozes, 1988.

ALMANACH para a Cidade da Bahia: Anno 1812. Ed. fac-sim. Salvador: Conselho Estadual da Cultura, 1973.

ALMEIDA, Candido Mendes de (Org.). *Codigo Philippino: Ou, Ordenações e leis do reino de Portugal recopiladas por mandado d'el rei D. Philippe I...* Rio de Janeiro: Instituto Philomathico, 1870.

ALMEIDA, Eduardo de Castro e (Org.). "Inventario dos documentos relativos ao Brasil existentes no Archivo de Marinha e Ultramar". *ABNRJ*, Rio de Janeiro, n. 31 (1909), 32 (1910), 34 (1912), 36 (1914), 37 (1915), 71 (1947).

ALMEIDA, Miguel Calmon du Pin e (marquês de Abrantes). *Relatorio dos trabalhos do Conselho Interino do governo da Provincia da Bahia, 1823*. 2. ed. Rio de Janeiro: Typ. do "Jornal do Commercio", 1923.

ALMODOVAR, António. "Processos de difusão e institucionalização da economia política no Brasil". In: CARDOSO, José Luís (Ed.). *A economia política e os dilemas do Império luso-brasileiro (1790-1822)*. Lisboa: Comissão Nacional para as Comemorações dos Descobrimentos Portugueses, 2001. pp. 111-45.

ALMODOVAR, António; CARDOSO, José Luís. *A History of Portuguese Economic Thought*. Londres: Routledge, 1998.

AMARAL, Braz Hermenegildo do. *História da Bahia do Império à República*. Salvador: Imp. Oficial do Estado, 1923.

______. *História da independência na Bahia*. 2. ed. Salvador: Livraria Progresso, 1957. (Coleção de Estudos Brasileiros, Série Marajoara, n. 19.)

______. "Motim da carne sem osso e farinha sem caroço". *Revista do Instituto Geográfico e Histórico da Bahia*, Salvador, n. 43, pp. 110-4, 1917.

AMARAL, José Alvares do. "Resumo chronologico e noticioso da Provincia da Bahia desde seu descobrimento em 1500 [1881]". Ed. de J. Teixeira Bastos. *Revista do Instituto Geográfico e Histórico da Bahia*, Salvador, n. 47, pp. 71-559, 1921-2.

ANDRADE, Maria José de Souza. *A mão de obra escrava em Salvador, 1811-1860.* São Paulo: Corrupio; CNPq, 1988. (Série Baianada, n. 8.)

ANDREWS, C[hristopher] C[olumbus]. *Brazil: Its Conditions and Prospects... with an Account of the Downfall of the Empire, the Establishment of the Republic and the Reciprocity Treaty.* 3. ed. Nova York: Appleton, 1891.

ARNIZAU, José Joaquim de Almeida e. "Memoria topographica, historica, commercial e politica da Villa de Cachoeira da provincia da Bahia [1825]". *Revista do Instituto Historico e Geographico Brasileiro*, Rio de Janeiro, n. 25, pp. 127-42, 1862.

ARQUIVO DO ESTADO DA BAHIA. *Publicações.* Salvador, 1937-48.

ARQUIVO PÚBLICO DO ESTADO DA BAHIA. *Anais.* Salvador.

______. *Autos da devassa da Conspiração dos Alfaiates.* Salvador: Secretaria da Cultura e Turismo/Arquivo Público do Estado, 1998.

ARRUDA, José Jobson de A. *O Brasil no comércio colonial.* São Paulo: Ática, 1980.

AUFDERHEIDE, Patricia Ann. *Order and Violence: Social Deviance and Social Control in Brazil, 1780-1840.* Minneapolis: Universidade de Minnesota, 1976. Tese de doutorado.

AUSTIN, Gareth. "Indigenous Credit Institutions in West Africa, *c.* 1750-*c.* 1960". In: AUSTIN, Gareth; SUGIHARA, Kaoru (Orgs.). *Local Suppliers of Credit in the Third World, 1750-1960.* Nova York: St. Martin's, 1993, pp. 93-159.

AVÉ-LALLEMANT, Robert. *Viagens pelas províncias da Bahia, Pernambuco, Alagoas e Sergipe, 1859.* Trad. de Eduardo de Lima Castro. Belo Horizonte: Itatiaia; São Paulo: Edusp, 1980. (Coleção Reconquista do Brasil, n. 19.)

AZEVEDO, Paulo Ormindo de. *A alfândega e o mercado: Memória e restauração.* Salvador: Secretaria de Planejamento, Ciência e Tecnologia do Estado da Bahia, 1985.

AZEVEDO, Rubens de (Comp.). *Atlas geográfico Melhoramentos.* 28. ed. São Paulo: Melhoramentos, 1968.

AZEVEDO, Thales de. *Povoamento da cidade do Salvador.* 3. ed. Salvador: Itapuã, 1969.

AZEVEDO, Thales de; LINS, Edilberto Quintela Vieira. *História do Banco da Bahia, 1858-1958.* Rio de Janeiro: J. Olympio, 1969. (Coleção Documentos Brasileiros, n. 132.)

BABB, Florence E. *Between Field and Cooking Pot: The Political Economy of Marketwomen in Peru.* 2. ed. Austin: University of Texas Press, 1998.

BAHIA. *Colleção das leis e resoluções da Assemblea Legislativa e regulamentos do governo da provincia da Bahia.*

BAHIA. PRESIDENTE DA PROVÍNCIA. *Falla*, 1846.

______. *Relatorio.* 1866.

BAHIA, SECRETARIA DOS TRANSPORTES E COMUNICAÇÕES. *Mapa do sistema de transportes*. Salvador, 1981.

BANDEIRA, Luiz Alberto Moniz. *O feudo — A Casa da Torre de Garcia d'Avila: Da conquista dos sertões à independência do Brasil*. Rio de Janeiro: Civilização Brasileira, 2000.

BARICKMAN, B. J. *A Bahian Counterpart: Sugar, Tobacco, Cassava, and Slavery in the Recôncavo, 1780-1860*. Stanford, CA: Stanford University Press, 1998.

BARMAN, Roderick J. *Brazil: The Forging of a Nation, 1798-1852*. Stanford, CA: Stanford University Press, 1988.

BARRETT, Ward. "The Meat Supply of Colonial Cuernavaca". *Annals of the Association of American Geographers*, Washington, v. 64, n. 4, pp. 525-40, dez. 1974.

[BARROS, Francisco da Silva]. "Chronica dos acontecimentos da Bahia, 1809-1828". *Anais do Arquivo Público do Estado da Bahia* 26, pp. 46-95, 1938.

BASTIDE, Roger. *The African Religions of Brazil: Toward a Sociology of the Interpretation of Civilizations*. Trad. Helen Sabba. Baltimore: Johns Hopkins University Press, 1978.

BAUER, Arnold J. *Goods, Power, History: Latin America's Material Culture*. Cambridge: Cambridge University Press, 2001.

BAUER, Peter T. *West African Trade: A Study of Competition, Oligopoly, and Monopoly in a Changing Economy*. Cambridge: Cambridge University Press, 1954.

BERBEL, Márcia Regina. "A retórica da recolonização". In: JANCSÓ, István (Org.). *Independência: História e historiografia*. São Paulo: Hucitec/Fapesp, 2005, pp. 791-808.

______. *A nação como artefato: Deputados do Brasil nas Cortes portuguesas (1821-1822)*. São Paulo: Hucitec, 1999.

BEYER, Gustavo. "Ligeiras notas de viagem do Rio de Janeiro à capitania de S. Paulo, no Brasil, no verão de 1813, com algumas noticias sobre a cidade da Bahia e a ilha Tristão da Cunha, entre o Cabo e o Brasil e que ha pouco foi ocupada". Trad. de A. Löfgren. *Revista do Instituto Histórico e Geográfico de São Paulo*, São Paulo, n. 11, pp. 275-311, 1907.

BIBLIOTECA NACIONAL DO RIO DE JANEIRO. *Anais (ABNRJ)*. Rio de Janeiro.

______. *Documentos Históricos*. Rio de Janeiro, 1928-60.

BLUTEAU, Rafael. *Diccionario da lingua portugueza*. Rev. de Antonio de Moraes Silva. Lisboa: Simão Thaddeo Ferreira, 1789.

BOHSTEDT, John. "The Moral Economy and the Discipline of Historical Context". *Journal of Social History*, Pittsburgh, v. 26, n. 2, pp. 265-84, 1992.

______. *Riots and Community Politics in England and Wales, 1790-1810*. Cambridge, MA: Harvard University Press, 1983.

BOLSTER, William Jeffrey. *African-American Seamen: Race, Seafaring Work, and Atlantic Maritime Culture, 1750-1860*. Baltimore: Johns Hopkins University, 1991. Tese de doutorado.

______. *Black Jacks: African American Seamen in the Age of Sail*. Cambridge, MA: Harvard University Press, 1997.

BOXER, Charles R. *Portuguese Society in the Tropics: The Municipal Councils of Goa, Macao, Bahia, and Luanda*. Madison: University of Wisconsin Press, 1965.

BRANT PONTES, Felisberto Caldeira (marquês de Barbacena). *Economia açucareira do Brasil no séc. XIX: Cartas*. Comp. de Carmen Vargas. Rio de Janeiro: Instituto do Açúcar e do Álcool, 1976. (Coleção Canavieira, n. 21.)

BRAUDEL, Fernand. *The Mediterranean and the Mediterranean World in the Age of Philip II*. Nova York: Harper and Row, 1972, 2 v.

BRAZIL. *Código criminal do Império*.

______. *Collecção das decisões do governo do Imperio do Brasil*.

______. *Colleção das leis do Imperio do Brasil*.

______. *Constituição política do Império do Brasil*.

BRAZIL, ASSEMBLEA GERAL CONSTITUINTE E LEGISLATIVA DO IMPERIO DO BRASIL. *Diario… 1823*. Ed. fac-sim. Brasília: Senado Federal, 1973.

BRAZIL, DIRECTORIA GERAL DE ESTATÍSTICA. *Recenseamento da população do Imperio do Brazil [sic] a que se procedeu no dia 1º de agosto de 1872*. Rio de Janeiro: Typ. Nacional, 1873-6.

BRAZIL, MINISTÉRIO DA AGRICULTURA. IMPERIAL INSTITUTO BAHIANO DE AGRICULTURA. *Relatório*, 1871.

BRELIN, Johann. *De passagem pelo Brasil e Portugal em 1756*. Lisboa: Casa Portuguesa, 1955.

BRITO, João Rodrigues de et al. *Cartas economico-politicas sobre agricultura e commercio da Bahia*. Lisboa: Imp. Nacional, 1821.

BROMLEY, Raymond J.; SYMANSKI, Richard. "Marketplace Trade in Latin America". *Latin American Research Review*, Austin, v. 9, n. 3, pp. 3-38, outono 1974.

BROWN, Alexandra Kelly. *"On the Vanguard of Civilization": Slavery, the Police, and Conflicts between Public and Private Power in Salvador da Bahia, Brazil, 1835--1888*. Austin: Universidade do Texas em Austin, 1998. Tese de doutorado.

BROWN, Peter. "A More Glorious House". *New York Review of Books*, Nova York, v. 44, n. 9, 29 maio 1997.

BURNS, E. Bradford. "The Enlightenment in Two Colonial Brazilian Libraries". *Journal of the History of Ideas*, [s.l.], v. 25, n. 3, pp. 430-8, jul./set. 1964.

CALDAS, José Antônio. *Noticia geral de toda esta capitania da Bahia desde o seu descobrimento até o presente anno de 1759*. Ed. fac-sim. Salvador: Câmara de Vereadores, 1951.

CALMON, Francisco Marques de Góes. *Vida econômico-financeira da Bahia (elementos para a história) de 1808-1899*. Salvador: Imp. Official do Estado, 1925.

CÂMARA, Antônio Alves. *Ensaios sobre as construções navais indígenas do Brasil*. 2. ed. São Paulo: Ed. Nacional, 1976.

CAMPIGLIA, G. Oscar Oswaldo. *Igrejas do Brasil: Fontes para a história da Igreja no Brasil*. São Paulo: Melhoramentos, [1957].

CANDLER, John; BURGESS, William. *Narrative of a Recent Visit to Brazil to Present an Address on the Slave Trade and Slavery Issued by the Religious Society of Friends*. Londres: Edward Marsh, 1853.

CANNAN, Edwin. "Introduction". In: SMITH, Adam. *An Inquiry Into the Nature and Causes of the Wealth of Nations*. 6. ed. Org. de Edwin Cannan. Chicago: University of Chicago Press, 1976.

CANSTATT, Oskar. *Brasil: Terra e gente*. 2. ed. Trad. de Eduardo de Lima Castro. Intr. de Artur Cezar Ferreira Reis. Rio de Janeiro: Conquista, 1975. (Série Temas brasileiros, n. 18.)

CARDOSO, José Luís. "Nas malhas do Império: A economia política e a política colonial de D. Rodrigo de Souza Coutinho". In: ______ (Ed.). *A economia política e os dilemas do Império luso-brasileiro (1790-1822)*. Lisboa: Comissão Nacional para as Comemorações dos Descobrimentos Portugueses, 2001. pp. 63-109.

______. *O pensamento econômico em Portugal nos finais do século XVIII, 1780-1808*. Lisboa: Editorial Estampa, 1989.

______ (Ed.). *A economia política e os dilemas do Império luso-brasileiro (1790-1822)*. Lisboa: Comissão Nacional para as Comemorações dos Descobrimentos Portugueses, 2001.

CARIBBEAN FOOD AND NUTRITION INSTITUTE. *Food Composition Tables for Use in the English-Speaking Caribbean*. Kingston, Jamaica: Caribbean Food and Nutrition Institute, 1974.

CARNEIRO, Edison [de Souza]. *Candomblés da Bahia*. Salvador: Museu do Estado, 1948. (Publicações, n. 8.)

______ (Comp.). *Antologia do negro brasileiro*. Rio de Janeiro: Edições de Ouro,1967.

CARVALHO, Marcus J. M. de. "Os caminhos do rio: Negros canoeiros no Recife da primeira metade do século XIX". *Afro-Ásia*, Salvador, n. 19-20, pp. 75-93, 1997.

______. "Cavalcantis e cavalgados: A formação das alianças políticas em Pernambuco, 1817-1824". *Revista Brasileira de História*, São Paulo, v. 18, n. 36, pp. 331-65, 1998.

CARVALHO, Marcus J. M. de. *Liberdade: Rotinas e rupturas do escravismo urbano, Recife, 1822-1850*. 2. ed. Recife: Ed. da UFPE, 2002.

______. "Os negros armados pelos brancos e suas independências no Nordeste (1817-1848)". In: JANCSÓ, István (Org.). *Independência: História e historiografia*. São Paulo: Hucitec/Fapesp, 2005. pp. 881-914.

CASTRO, Josué de. *O problema da alimentação no Brasil* (*Seu estudo fisiológico*). São Paulo: Editora Nacional, 1938. (Série Brasiliana, v. 5, n. 29.)

CHALHOUB, Sidney. "Dependents Play Chess: Political Dialogues in Machado de Assis". In: GRAHAM, Richard (Org.). *Machado de Assis: Reflections on a Brazilian Master Writer*. Austin: University of Texas Press, 1995. pp. 51-84.

CLARK, Gracia. *Onions Are My Husband: Survival and Accumulation by West African Market Women*. Chicago: University of Chicago Press, 1994.

CLINE, Sarah L. *Colonial Culhuacan, 1580-1600: A Social History of an Aztec Town*. Alburquerque: University of New Mexico Press, 1986.

______. "Fray Alonso de Molina's Model Testament and Antecedents to Indigenous Wills in Spanish America". In: KELLOGG, Susan; RESTALL, Matthew (Orgs.). *Dead Giveaways: Indigenous Testaments of Colonial Mesoamerica and the Andes*. Salt Lake City: University of Utah Press, 1998. pp. 13-33.

COCK, James H. "Cassava: A Basic Energy Source in the Tropics". *Science*, Nova York, v. 218, pp. 755-62, 19 nov. 1982.

CONRAD, Robert Edgar (Comp. e org.). *Children of God's Fire: A Documentary History of Black Slavery in Brazil*. Princeton, NJ: Princeton University Press, 1983.

COPE, R. Douglas. *The Limits of Racial Domination: Plebeian Society in Colonial Mexico City, 1660-1720*. Madison: University of Wisconsin Press, 1994.

COSTA, Ana de Lourdes Ribeiro da. "Moradia de escravos em Salvador no século XIX". *Clio: Revista de Pesquisa Histórica*, Recife, n. 11, pp. 95-104, 1988. Série História do Nordeste.

COSTA, Avelino de Jesus da. "População da cidade da Baía em 1775". In: V Colóquio Internacional de Estudos Luso-Brasileiros, 1963, Coimbra. *Actas...* Coimbra: Gráfica de Coimbra, 1964. v. 1, pp. 191-274.

COSTA, Iraci del Nero da; LUNA, Francisco Vidal. "De escravo a senhor". *Revista do Arquivo Público Mineiro*, Belo Horizonte, n. 41, pp. 106-15, jul./dez. 2005.

COSTA, João Craveiro. *O visconde de Sinimbu: sua vida e sua atuação política nacional* (*1840-1889*). São Paulo: Editora Nacional, 1937.

COVARRUBIAS OROZCO, Sebastián de. *Tesoro de la lengua castellana o española*. 1611. 2. ed. rev. Ed. de Felipe C. R. Maldonado. Madri: Editorial Castalia, 1995.

CRUZ, Maria Cecília Velasco e. "Puzzling Out Slave Origins in Rio de Janeiro Port Unionism: The 1906 Strike and the Sociedade de Resistência dos Trabalhadores em Trapiche e Café". *Hispanic American Historical Review*, Durham, v. 86, n. 2, pp. 205-45, maio 2006.

CUNHA, Manuela Carneiro da. *Negros, estrangeiros: Os escravos libertos e sua volta à África*. 2. ed. Rev. e ampl. São Paulo: Companhia das Letras, 2012.

CURTIN, Philip D. *Death by Migration: Europe's Encounter with the Tropical World in the Nineteenth Century*. Cambridge: Cambridge University Press, 1989.

DARWIN, Charles. *The Life and Letters of Charles Darwin, Including an Autobiographical Chapter*. Org. de Francis Darwin. Nova York: Appleton, 1898.

DEBRET, Jean Baptiste. *Viagem pitoresca e histórica ao Brasil*. 2. ed. Trad. de Sérgio Milliet. Intr. de Rubens Borba de Moraes. São Paulo: Martins; Edusp, 1972. 2 v.

DE ROOVER, Raymond. "The Concept of the Just Price: Theory and Economic Policy". *Journal of Economic History*, Tucson, v. 18, n. 4, pp. 418-34, dez. 1958.

______. "Scholastic Economics: Survival and Lasting Influence from the Sixteenth Century to Adam Smith". *The Quarterly Journal of Economics*, Cambridge, v. 69, n. 2, pp. 161-90, maio 1955.

"DESCRIÇÃO DA BAHIA". MS, AIHGB, Lata 399, doc. 2. [1813?].

DIAS, Maria Odila Leite Silva. *Quotidiano e poder em São Paulo no século XIX: Ana Gertrudes de Jesus*. São Paulo: Brasiliense, 1984.

DIFFIE, Bailey W. *A History of Colonial Brazil, 1500-1792*. Malbart, FL: Krieger, 1987.

DINIZ, Jaime C. *Mestres de capela da Misericórdia da Bahia, 1647-1810*. Org. de Manuel Veiga. Salvador: Centro Editorial e Didático da UFBA, 1993.

______. *Organistas da Bahia, 1750-1850*. Rio de Janeiro: Tempo Brasileiro; Salvador: Fundação Cultural do Estado da Bahia, 1986.

"DISCURSO PRELIMINAR, histórico, introductivo com natureza de descripção econômica da comarca, e cidade da Bahia..." [1789-1808?]. *ABNRJ*, Rio de Janeiro, n. 27, pp. 283-348, 1905.

D'ORBIGNY, Alcide. *Viagem pitoresca através do Brasil*. Belo Horizonte: Itatiaia; São Paulo: Edusp, 1976.

DÓRIA, Francisco Antonio; FONSECA, Jorge Ricardo de Almeida. "Marechal José Inácio Acciaiuoli: Um potentado baiano no início do século XIX". *Revista do Instituto Geográfico e Histórico da Bahia*, Salvador, n. 90, pp. 133-42, 1992.

DRUMMOND, Antonio de Meneses Vasconcellos de. "Anotações a sua biographia publicada em 1836 na Biographie universelle et portative des contemporains". *ABNRJ*, Rio de Janeiro, n. 13, pt. 3, pp. 1-149, 1885-6.

DUNDAS, Robert. *Sketches of Brazil Including New Views of Tropical and European Fever with Remarks on a Premature Decay of the System Incident to Europeans on Their Return from Hot Climates.* Londres: John Churchill, 1852.

ELLIOTT, J. H. "Atlantic History: A Circumnavigation". In: ARMITAGE, David; BRADDICK, Michael J. (Orgs.). *The British Atlantic World 1500-1800.* Nova York: Palgrave and Macmillan, 2002. pp. 233-49.

ELLIS, Myriam. *A baleia no Brasil colonial.* São Paulo: Melhoramentos; Edusp, 1969.

ELTIS, David. "Atlantic History in Global Perspective". *Itinerario*, Laiden, v. 23, n. 2, pp. 141-61, 1999.

______. "The Diaspora of Yoruba Speakers, 1650-1865: Dimensions and implications". In: FALOLA, Toyin; CHILDS, Matt D. (Orgs.). *The Yoruba Diaspora in the Atlantic World.* Bloomington: Indiana University Press, 2004. pp. 17-39.

______. *Economic Growth and the Ending of the Transatlantic Slave Trade.* Nova York: Oxford, 1987.

______. "The Volume and Structure of the Transatlantic Slave Trade: A Reassessment". *William and Mary Quarterly*, Williamsburg, série 2, v. 58, n. 1, pp. 17-46, jan. 2001.

ELTIS, David et al. *The Transatlantic Slave Trade: A Database on CD-ROM.* Cambridge: Cambridge University Press, 1999.

ELWES, Robert. *A Sketcher's Tour Round the World.* Londres: Hurst and Blackett, 1854.

EWBANK, Thomas. *Life in Brazil; or A Journal of a Visit to the Land of the Cocoa and the Palm, with an Appendix Containing Illustrations of Ancient South American Arts in Recently Discovered Implements and Products of Domestic Industry and Works in Stone, Pottery, Gold, Silver, Bronze, etc.* (1856). Reimp. Detroit: Blaine Ethridge, 1971.

FALOLA, Toyin. "Gender, Business, and Space Control: Yoruba Market Women and Power". In: HOUSE-MIDAMBA, Bessie; EKECHI, Felix K. (Orgs.). *African Market Women and Economic Power: The Role of Women in African Economic Development.* Westport, CT: Greenwood, 1995. pp. 23-40. (Contributions in Afro-American and African Studies, n. 174.)

FARIA, Sheila de Castro. *A colônia em movimento: Fortuna e família no cotidiano colonial.* Rio de Janeiro: Nova Fronteira, 1998.

______. "Mulheres forras: Riqueza e estigma social". *Tempo*, [s.l.], v. 5, n. 9, pp. 65-92, jul. 2000.

______. *Sinhás pretas, "damas mercadoras": As pretas-minas nas cidades do Rio de Janeiro e de São José del Rey (1700-1850).* Niterói: Universidade Federal Fluminense, 2004. Tese de doutorado.

FERLINI, Vera Lúcia. "Pobres do açúcar: Estrutura produtiva e relações de poder no Nordeste colonial". In: SZMRECSÁNYI, Tamás. *História econômica do período colonial: Coletânea de textos apresentados no I Congresso Brasileiro de História Econômica (Campus da USP, set. 1993)*. São Paulo: Hucitec/Fapesp/Associação Brasileira de Pesquisadores em História Econômica, 1996. pp. 21-34.

FERNÁNDEZ GARCÍA, Antonio. *El abastecimiento de Madrid en el reinado de Isabel II*. Intr. de Vicente Palacio Atard. Madri: Instituto de Estudios Madrileños, 1971. (Biblioteca de Estudios Madrileños, n. 14.)

FIGUEIREDO, Luciano. *O avesso da memória: Cotidiano e trabalho da mulher em Minas Gerais no século XVIII*. Rio de Janeiro: José Olympio; Brasília: Ed. da UnB, 1993.

FISHER, F. J. "The Development of the London Food Market, 1540-1640". *The Economic History Review*, Oxford, v. 5, n. 2, pp. 46-64, abr. 1935.

FLORESCANO, Enrique. "El abasto y la legislación de granos em el siglo XVI". *Historia Mexicana*, Cidade do México, v. 14, n. 4, pp. 567-630, abr./jun. 1965.

FRAGA FILHO, Walter. *Mendigos, moleques e vadios na Bahia do século XIX*. São Paulo: Hucitec; Salvador: Ed. da UFBA, 1996.

FRANÇA, Antônio d'Oliveira Pinto da (Org.). *Cartas baianas, 1821-1824: Subsídios para o estudo dos problemas da opção na independência brasileira*. São Paulo: Editora Nacional, 1980.

FRANÇOIS, Maria Eileen. *A Culture of Everyday Credit: Housekeeping, Pawnbroking, and Governance in Mexico City, 1750-1920*. Lincoln: University of Nebraska Press, 2006.

FRANK, Zephyr. *Dutra's World: Wealth and Family in Nineteenth-Century Rio de Janeiro*. Albuquerque: University of New Mexico Press, 2004.

FRIEDMANN, Karen J. "Victualling Colonial Boston". *Agricultural History*, Berkeley, v. 47, n. 3, pp. 189-205, jul. 1973.

FURTADO, Júnia Ferreira. *Chica da Silva e o contratador dos diamantes: O outro lado do mito*. São Paulo: Companhia das Letras, 2003.

______. *Homens de negócio: A interiorização da metrópole e do comércio nas Minas setecentistas*. São Paulo: Hucitec, 1999.

______ (Org.). *Diálogos oceânicos: Minas Gerais e as novas abordagens para uma história do Império ultramarino português*. Belo Horizonte: Ed. da UFMG, 2001. (Série Humanitas, n. 67.)

GARDNER, George. *Travels in the Interior of Brazil, Principally through the Northern Provinces and the Gold and Diamond Districts During the Years 1836-1841*. (1846). Reimp. Boston: Milford House, 1973.

GEERTZ, Clifford. *Peddlers and Princes*. Chicago: University of Chicago Press, 1963.

GEERTZ, Clifford; GEERTZ, Hildred. *Meaning and Order in Moroccan Society: Three Essays in Cultural Analysis*. Cambridge: Cambridge University Press, 1979.

GERMETEN, Nicole von. *Black Blood Brothers: Confraternities and Social Mobility for Afro-Mexicans*. Gainesville, FL: University Press of Florida, 2006.

GIBSON, Campbell. "Population of the 100 Largest Cities and Other Urban Places in the United States, 1791-1990". In: U.S. Census Bureau, Population Division Working Paper, n. 27, 1998.

GÓES, José Roberto de; FLORENTINO, Manolo. "Crianças escravas, crianças dos escravos". In: DEL PRIORE, Mary (Org.). *História das crianças no Brasil*. São Paulo: Contexto, 2000. pp. 177-91.

GOMES, Marco Aurélio A. de Filgueiras. "Escravismo e cidade: Notas sobre a ocupação da periferia de Salvador no século XIX". *Rua: Revista de Arquitetura e Urbanismo*, [s.l.], v. 3, n. 4-5, jun./dez. pp. 9-19, 1990.

GOUVÊA, Maria de Fátima Silva. "Poder, autoridade e o Senado da Câmara do Rio de Janeiro, *c.* 1780-1820". *Tempo*, [s.l.], v. 7, n. 13, pp. 111-55, jul. 2002.

GRAÇA FILHO, Afonso de Alencastro. *A princesa do Oeste e o mito da decadência de Minas Gerais: São João del-Rei, 1831-1888*. São Paulo: Annablume, 2002.

GRAHAM, Maria (Lady Maria Calcott). *Journal of a Voyage to Brazil and Residence There during Part of the Years 1821, 1822, 1823*. (1824). Reimp. Nova York: Praeger, 1969.

GRAHAM, Richard. *Clientelismo e política no Brasil do século XIX*. Rio de Janeiro: Ed. da UFRJ, 2013.

______. *Independence in Latin America: Contrasts and Comparisons*. 3. ed. Austin, TX: University of Texas Press, 2013.

GRAHAM, Sandra Lauderdale. *Caetana diz não: Histórias de mulheres da sociedade escravista brasileira*. Trad. Pedro Maia Soares. São Paulo: Companhia das Letras, 2005.

______. "Making the Private Public: A Brazilian Perspective". *Journal of Women's History*, Baltimore, v. 15, n. 1, pp. 28-42, primavera 2003.

______. "O impasse da escravatura: Prostitutas escravas, suas senhoras e a lei brasileira de 1871". Trad. Mariana Erika Heynemann. *Acervo: Revista do Arquivo Nacional*. Rio de Janeiro, v. 9, n. 1-2, pp. 53-6, jan./dez. 1996.

GRANT, Andrew. *History of Brazil Comprising a Geographical Account of That Country, Together with a Narrative of the Most Remarkable Events which Have Occurred There Since Its Discovery; a Description of the Manners, Customs, Religion, etc. of the Natives and Colonists; Interspersed with Remarks on the*

Nature of Its Soil, Climate, Production, and Foreign and Internal Commerce, to which Are Subjoined Cautions to New Settlers for the Preservation of Health. Londres: Henry Colburn, 1809.

GRINBERG, Keila. *O fiador dos brasileiros: Cidadania, escravidão e direito civil no tempo de Antônio Pereira Rebouças.* Rio de Janeiro: Civilização Brasileira, 2002.

GUEDES, Max Justo. "Guerra da Independência: As forças do mar". In: MONTELLO, Josué (Org.). *História da Independência do Brasil.* Rio de Janeiro: A Casa do Livro, 1972. Edição comemorativa do sesquicentenário, v. 2, pp. 167-211.

HARDING, Rachel E. *A Refuge in Thunder: Candomblé and Alternative Spaces of Blackness.* Bloomington: Indiana University Press, 2000.

HORN, Rebecca. "Testaments and Trade: Interethnic Ties among Petty Traders in Central Mexico (Coyoacan, 1550-1620)". In: KELLOGG, Susan; RESTALL, Matthew (Orgs.). *Dead Giveaways: Indigenous Testaments of Colonial Mesoamerica and the Andes.* Salt Lake City: University of Utah Press, 1998. pp. 59-83.

IWASAKI CAUTI, Fernando. "Ambulantes y comercio colonial: Iniciativas mercantiles en el virreinato peruano". *Jahrbuch für Geschichte von Staat, Wirtschaft und Gesellschaft Lateinamerikas,* [s.l.], n. 24, pp. 179-211, 1987.

JANCSÓ, István. *Na Bahia, contra o Império: História do ensaio de sedição de 1798.* São Paulo: Hucitec; Salvador: Ed. da UFBA, 1995. (Estudos Históricos, v. 24.)

JONES, William O. *Manioc in Africa.* Stanford, CA: Stanford University Press, 1959.

JULIÃO, Carlos. *Riscos iluminados de figurinhos de brancos e negros dos uzos do Rio de Janeiro e Serro do Frio.* Intr. de Lygia da Fonseca Fernandes da Cunha. Rio de Janeiro: Biblioteca Nacional, 1960.

KAPLAN, Steven L. *Bread, Politics and Political Economy in the Reign of Louis XV.* Haia: Martinus Nijhoff, 1976. 2 v., paginação contínua.

______. *Provisioning Paris: Merchants and Millers in the Grain and Flour Trade during the Eighteenth Century.* Ithaca, NY: Cornell University Press, 1984.

KARASCH, Mary C. *Slave Life in Rio de Janeiro, 1808-1850.* Princeton, NJ: Princeton University Press, 1987.

KIDDER, Daniel Parish. *Sketches of Residence and Travels in Brazil Embracing Historical and Geographical Notices of the Empire and Its Several Provinces.* Filadélfia: Sorin and Ball, 1845. 2 v.

KIDDER, Daniel Parish; FLETCHER, James Cooley. *Brazil and the Brazilians Portrayed in Historical and Descriptive Sketches.* Filadélfia: Childs and Peterson, 1857.

KIDDY, Elisabeth W. *Blacks of the Rosary: Memory and History in Minas Gerais, Brazil*. University Park: Pennsylvania State University Press, 2005.

KINDERSLEY, Mrs. [Nathaniel]. *Letters from the Island of Teneriffe, Brazil, the Cape of Good Hope, and the East Indies*. Londres: J. Nourse, 1776.

KINSBRUNER, Jay. *The Colonial Spanish-American City: Urban Life in the Age of Atlantic Capitalism*. Austin: University of Texas Press, 2005.

KOSTER, Henry. *Travels in Brazil in the Years from 1809 to 1815*. Londres: Longman Hurst, Reese, Orme and Brown, 1816.

KRAAY, Hendrik. "'As Terrifying as Unexpected': The Bahian Sabinada, 1837--1838". *Hispanic American Historical Review*, Durham, v. 72, n. 4, pp. 501-27, nov. 1992.

______. "'Em outra coisa não falavam os pardos, cabras e crioulos': O 'recrutamento' de escravos na Guerra da Independência da Bahia". *Revista Brasileira de História*, São Paulo, v. 22, n. 43, pp. 109-26, 2002.

______. *Race, State, and Armed Forces in Independence-Era Brazil: Bahia, 1790s--1840s*. Stanford, CA: Stanford University Press, 2001.

______. "'The Shelter of the Uniform': The Brazilian Army and Runaway Slaves, 1800-1888". *Journal of Social History*, Pittsburgh, v. 29, n. 3, pp. 637-57, mar. 1996.

LANDER, Richard; LANDER, John. *Journal of an Expedition to Explore the Course and Termination of the Niger with a Narrative of a Voyage Down That River to Its Termination*. (1832) Reimp. Nova York: Harper, 1854.

LANDES, Ruth. *The City of Women*. (1947) Reimp. Albuquerque: University of New Mexico Press, 1994.

LAPA, José Roberto do Amaral. *A Bahia e a carreira da Índia*. São Paulo: Editora Nacional; Edusp, 1968.

LARA, Silvia Hunold. "Signs of Color: Women's Dress and Racial Relations in Salvador and Rio de Janeiro, *c*. 1750-1815". *Colonial Latin American Review*, [s.l.], v. 6, n. 2, pp. 205-24, 1997.

LEE, Raymond L. "Grain Legislation in Colonial Mexico, 1575-1585". *Hispanic American History Review*, Durham, v. 27, n. 4, pp. 647-60, nov. 1947.

LE ROY LADURIE, Emmanuel. *The Peasants of Languedoc*. Trad. John Day. Urbana: University of Illinois Press, 1974.

LE VINE, Robert A. "Sex Roles and Economic Change in Africa". In: MIDDLETON, John (Org.). *Black Africa: Its People and Their Culture Today*. Londres: Macmillan, 1970. pp. 174-80.

LIMA, José Francisco da Silva. "A Bahia ha 66 anos". *Revista do Instituto Geográfico e Histórico da Bahia*, Salvador, n. 34, pp. 93-117, 1908.

LIMA, Manuel de Oliveira. *O movimento da Independência: O Império brasileiro (1821-1889)*. 2. ed. São Paulo: Melhoramentos, 1957.

LIMA, Raul (Org.). *A Junta Governativa da Bahia e a Independência*. Rio de Janeiro: Arquivo Nacional, 1973.

LINEBAUGH, Peter; REDIKER, Marcus. "The Many-Headed Hydra: Sailors, Slaves, and the Atlantic Working Class in the Eighteenth Century". *Journal of Historical Sociology*, Oxford, v. 3, n. 3, pp. 225-52, set. 1990.

LISANTI, Luís. "Sur la Nourriture des 'paulistas' entre le XVIIIe et XIXe siècles". *Annales: Economies, Sociétés, Civilisations*, [s.l.], v. 18, n. 3, pp. 531-40, maio/jun. 1963.

LISANTI [FILHO], Luís (Org.). *Negócios coloniais (Uma correspondência comercial do século XVIII)*. Brasília: Ministério da Fazenda; São Paulo: Visão Editorial, 1973.

LISBOA, José da Silva. "Carta muito interessante do advogado da Bahia... para Domingos Vandelli, Bahia, 18 de outubro de 1781". In: ALMEIDA, Eduardo de Castro e (Org.). "Inventario dos documentos relativos ao Brasil existentes no Archivo de Marinha e Ultramar". *ABNRJ*, Rio de Janeiro, n. 32, pp. 494--506, 1910.

______. *Observações sobre a franqueza da indústria, e estabelecimento de fábricas no Brasil*. Intr. de Fernando Antônio Novais e José Jobson de Andrade Arruda. Brasília: Senado Federal, 1999.

LIVRO que dá razão ao Estado do Brasil. 1612. Ed. fac-sim. Rio de Janeiro: Instituto Nacional do Livro; Ministério da Educação e Cultura, 1968.

LOBO, Eulália Maria Lahmeyer. *Processo Administrativo Ibero-Americano (Aspectos socioeconômicos: Período colonial)*. Rio de Janeiro: Biblioteca do Exército Editora, 1962.

LOCKHART, James. *The Nahuas after the Conquest: A Social and Cultural History of the Indians of Central Mexico, Sixteenth through Eighteenth Centuries*. Stanford, CA: Stanford University Press, 1992.

LUGAR, Catherine. *The Merchant Community of Salvador, Bahia, 1780-1830*. Brookhaven: State University of New York em Stony Brook, 1980. Tese de doutorado.

LYNCH, John. "The Origins of Spanish American Independence". In: BETHELL, Leslie. *The Cambridge History of Latin America*. Cambridge: Cambridge University Press, 1985. v. 3, pp. 3-50.

MACAULAY, Neil. *Dom Pedro: The Struggle for Liberty in Brazil and Portugal, 1798-1834*. Durham: Duke University Press, 1986.

MAGGIE, Yvonne. *Medo do feitiço: Relações entre magia e poder no Brasil*. Rio de Janeiro: Arquivo Nacional, 1992.

MAIA, Pedro Moacir (Org.). *O Museu de Arte Sacra da Universidade Federal da Bahia*. São Paulo: Banco Safra, 1987.

MAJORIBANKS, Alexander. *Travels in South and North America*. Londres e Nova York: Simpkin, Marshall and Appleton, 1853.
MANCHESTER, Alan K. "The Transfer of the Portuguese Court to Rio de Janeiro". In: KEITH, Henry H.; EDWARDS, S. F. (Orgs.). *Conflict and Continuity in Brazilian Society*. Columbia: University of South Carolina Press, 1969. pp. 148--83.
MANGAN, Jane E. *Trading Roles: Gender, Ethnicity, and the Urban Economy in Colonial Potosi*. Durham: Duke University Press, 2005.
MARTI, Judith. "Nineteenth-Century Views of Women's Participation in Mexico's Markets". In: SELIGMANN, Linda J. (Org.). *Women Traders in Cross-Cultural Perspective: Mediating Identities, Marketing Wares*. Stanford, CA: Stanford University Press, 2001. pp. 27-44.
MARTIN, Cheryl English. *Governance and Society in Colonial Mexico: Chihuahua in the Eighteenth Century*. Stanford, CA: Stanford University Press, 1996.
MARTYN, Henry. *Memoir*. Org. de John Sargent. Londres: J. Hatchard and Son, 1820.
MATA, Maria Eugénia. "Economic Ideas and Policies in Nineteenth-Century Portugal". *Luso-Brazilian Review*, Madison, v. 39, n. 1, pp. 29-42, verão 2002.
MATILLA TASCÓN, Antonio. *Abastecimiento de carne a Madrid (1477-1678)*. Madri: Instituto de Estudios Madrileños, 1994. (Colección Biblioteca de Estudios Madrileños, n. 26.)
MATTOS, Waldemar. *Panorama econômico da Bahia, 1808-1960: Edição comemorativa do sesquicentenário da Associação Comercial da Bahia*. Salvador: [Tip. Manu Editora], 1961.
MATTOSO, Kátia M. de Queirós. *Au Nouveau Monde: Une province d'un nouvel empire — Bahia au XIXᵉ siècle*. Paris: Universidade de Paris-Sorbonne, 1986. Tese de doutorado.
______. *Bahia: A cidade de Salvador e seu mercado no século XIX*. São Paulo: Hucitec; Salvador: Secretaria Municipal de Educação e Cultura, 1978. (Coleção Estudos Brasileiros, n. 12.)
______. *Bahia, século XIX: Uma província do Império*. Rio de Janeiro: Nova Fronteira, 1992.
______. "Conjoncture et société au Brésil à la fin du XVIIIᵉ siècle: Prix et salaires à la veille de la Révolution des Alfaiates, Bahia, 1798". *Cahiers des Amériques Latines*, Paris, n. 5, pp. 33-53, 1970.
______. *Presença francesa no movimento democrático baiano de 1798*. Salvador: Itapuã, 1969.
______. *Testamentos de escravos libertos na Bahia no século XIX*. Salvador: Centro de Estudos Bahianos, UFBA, 1979.

MATTOSO, Kátia M. de Queirós (Org.). "Albert Roussin: Testemunha das lutas pela independência da Bahia". 1822. *Anais do Arquivo [Público] do Estado da Bahia*, Salvador, n. 41, pp. 116-68, 1973.

MAXIMILIANO [imperador do México (Fernando José Maximiliano da Áustria)]. *Recollections of My Life*. Londres: Richard Bentley, 1868. 3 v.

MAXIMILIAN WIED, Prinz von. *Viagem ao Brasil/Maximiliano, Príncipe de Wied-Neuwied*. Trad. de Edgar Sussekind de Mendonça e Flavio Poppe de Figueiredo. Belo Horizonte: Itatiaia; São Paulo: Edusp, 1989. (Brasiliana, n. 1.)

MAXWELL, Kenneth. *Conflicts and Conspiracies: Brazil and Portugal, 1750-1808*. Cambridge: Cambridge University Press, 1973. (Cambridge Latin American Studies, n. 16.)

______. "The Generation of the 1790s and the Idea of Luso-Brazilian Empire". In: ALDEN, Dauril. *Colonial Roots of Modern Brazil: Papers of the Newberry Library Conference*. Berkeley: University of California Press, 1973. pp. 107-44.

METCALF, Alida C. *Family and Frontier in Colonial Brazil: Santana de Parnaíba, 1580-1822*. Berkeley: University of California Press,1992.

MICHELENA Y RÓJAS, Francisco. *Exploración oficial por la primera vez desde el norte de la America del Sur siempre por rios, entrando por las bocas del Orinóco, de los valles de este mismo y del Meta, Casiquiare, Rio-Negro ó Guaynia y Amazonas, hasta Nauta en el Alto Marañon ó Amazonas, arriba de las bocas del Ucayali bajada del Amazónas hasta el Atlántico... Viaje a Rio de Janeiro desde Belen en el Gran Pará, por el Atlántico, tocando en las capitales de las principales provincias del imperio en los años, de 1855 hasta 1859*. Bruxelas: A. Locroix, Verboeckhoven, 1867.

MILLER, Shawn William. *Fruitless Trees: Portuguese Conservation and Brazil's Colonial Timber*. Stanford, CA: Stanford University Press, 2000.

MILLS, Kenneth; TAYLOR, William B.; GRAHAM, Sandra Lauderdale (Orgs.). *Colonial Latin America: A Documentary History*. Wilmington, DE: Scholarly Resources, 2002.

MINTZ, Sidney W. *Caribbean Transformations*. (1974). Reimp. Baltimore: Johns Hopkins University Press, 1984.

______. "The Role of the Middleman in the Internal Distribution System of a Caribbean Economy". *Human Organization*, [s.l.], v. 15, n. 2, pp. 18-23, verão 1956.

MONTEIRO, Joachim John. *Angola and the River Congo*. Londres: Macmillan, 1875.

MONTEIRO, Tobias. *História do Império: A elaboração da Independência*. 2. ed. Belo Horizonte: Itatiaia; São Paulo: Edusp, 1981. (Coleção Reconquista do Brasil, n. 39-40.)

MORAES [PAI], Alexandre José de Mello. *Historia do Brasil-Reino e do Brasil-Imperio*. Rio de Janeiro: Typ. Pinheiro, 1871-3. 2 v.

______. *A independência e o Imperio do Brazil* [*sic*], *ou A independência comprada por dois milhões de libras sterlinas, e o Imperio do Brazil com dous imperadores no seu reconhecimento e cessão; seguido da historia da Constituição politica do patriarchado e da corrupção governamental, provado com documentos authenticos*. Rio de Janeiro: Typ. do Globo, 1877.

______. "Praças, largos, ruas, becos, travessas, templos, [e] edificios que contém as dez freguezias da cidade do Salvador, Bahia de Todos os Santos". In: MORAES [PAI], Alexandre José de Mello (Org.). *Brasil historico*. Rio de Janeiro: Pinheiro, 1866. 2. série, tomo I, pp. 257-82.

MORAES [PAI], Alexandre José de Mello (Org.). *Brasil historico*. Rio de Janeiro: Pinheiro, 1866.

MORINEAU, Michel. "Rations militaires et rations moyennes en Holland au XVII siècle". *Annales: Économies, Sociétés, Civilisations*, [s.l.], v. 18, n. 3, pp. 521--31, maio/jun. 1963.

MORSE, Richard M.; CONNIFF, Michael L.; WIBEL, John Wibel (Orgs.). *The Urban Development of Latin America, 1750-1920*. Stanford, CA: Stanford University Press, 1971.

MORTON, F. W. O. *The Conservative Revolution of Independence: Economy, Society and Politics in Bahia, 1790-1840*. Oxford: Universidade de Oxford, 1974. Tese de doutorado.

______. "The Military and Society in Bahia, 1800-1821". *Journal of Latin American Studies*, Cambridge, v. 7, n. 2, pp. 249-69, nov. 1975.

MOSHER, Jeffrey C. *Political Struggle, Ideology, and State Building: Pernambuco and the Construction of Brazil, 1817-1850*. Lincoln: University of Nebraska Press, 2008.

MOTA, Carlos Guilherme (Org.). *1822: Dimensões*. São Paulo: Perspectiva, 1972.

MOTT, Luiz. "A escravatura: A propósito de uma representação a El-Rei sobre a escravatura no Brasil". *Revista do Instituto de Estudos Brasileiros*, São Paulo, n. 14, pp. 127-36, 1973.

______. "Subsídios à história do pequeno comércio no Brasil". *Revista de História*, São Paulo, n. 105, pp. 81-106, 1976.

______ (Trad. e org.). "Um documento inédito para a história da Independência". In: MOTA, Carlos Guilherme (Org.). *1822: Dimensões*. São Paulo: Perspectiva, 1972. pp. 465-83.

MULDREW, Craig. *The Economy of Obligation: The Culture of Credit and Social Relations in Early Modern England*. Londres: Macmillan; Nova York: St. Martin's, 1998.

MULVERY, Patricia Ann. *The Black Lay Brotherhoods of Colonial Brazil*. Nova York: Universidade de Nova York, 1976. Tese de doutorado.

NASCIMENTO, Anna Amélia Vieira. *Dez freguesias da cidade do Salvador: Aspectos sociais e urbanos do século XIX*. Salvador: Fundação Cultural do Estado da Bahia, 1986.

NAZZARI, Muriel. "Concubinage in Colonial Brazil: The Inequalties of Race, Class, and Gender". *Journal of Family History*, [s.l.], v. 21, n. 2, pp. 107-18, abr. 1966.

NEVES, Guilherme Pereira das. "As máximas do marquês: Moral e política na trajetória de Mariano José Fonseca". In: VAINFAS, Ronaldo; SANTOS, Georgina dos; NEVES, Guilheme Pereira das (Orgs.). *Retratos do Império: Trajetórias individuais no mundo português nos séculos XVI a XIX*. Niterói: Ed. da UFF, 2006. pp. 297-321.

______. "O reverso do milagre: Ex-votos pintados e religiosidade em Angra dos Reis (RJ)". *Tempo*, [s.l.], v. 7, n. 14, pp. 27-50, jan./jun. 2003.

NEVES, Lúcia Maria Bastos P[ereira das]. *Corcundas, constitucionais e pés-de--chumbo: A cultura política da Independência, 1820-1822*. Rio de Janeiro: Revan, 2002.

______. "Intelectuais brasileiros no Oitocentos: A constituição de uma 'família' sob a proteção do poder imperial (1821-1838)". In: PRADO, Maria Emília (Org.). *O Estado como vocação: Ideias e práticas políticas no Brasil oitocentista*. Rio de Janeiro: Access, 1999. pp. 9-32.

NORMANO, John F. *Brazil: A Study of Economic Types*. Chapel Hill: University of North Carolina Press, 1935.

OBERSCHALL, Anthony; SEIDMAN, Michael. "Food Coercion in Revolution and Civil War: Who Wins and How They Do It". *Comparative Studies in History and Society*, Londres, v. 47, n. 2, pp. 372-402, jul. 2005.

OLIVEIRA, Maria Inês Côrtes de. "Libertas da freguesia de Santana (1849): Ocupações e jornais". Artigo distribuído na conferência organizada pelo Arquivo Público do Estado da Bahia, Salvador, jul. 1993. (Cortesia de Alexandra Brown.)

______. *O liberto: O seu mundo e outros (Salvador, 1770-1890)*. São Paulo; Brasília: Corrupio; CNPq, 1988.

OTT, Carlos. *Formação e evolução étnica da cidade de Salvador: O folclore bahiano*. Salvador: Manú, 1955-7. 2 v.

PAIM, Antonio. *Cairu e o liberalismo econômico*. Rio de Janeiro: Tempo Brasileiro, 1968.

PAIVA, Eduardo França. "Celebrando a alforria: Amuletos e práticas culturais entre as mulheres negras e mestiças do Brasil". In: JANCSÓ, István; KANTOR,

Íris (Orgs.). *Festa: Cultura e sociabilidade na América portuguesa*. São Paulo: Hucitec; Edusp, 2001. pp. 505-18.

PAIVA, Eduardo França. *Escravidão e universo cultural na colônia: Minas Gerais, 1716-1789*. Belo Horizonte: Ed. da UFMG, 2001.

PANG, Eul-Soo. *O engenho central do Bom Jardim na economia baiana: Alguns aspectos de sua história, 1875-1891*. Rio de Janeiro: Arquivo Nacional; Instituto Histórico e Geográfico Brasileiro, 1979.

______. *In Pursuit of Honor and Power: Noblemen of the Southern Cross in Nineteenth-Century Brazil*. Tuscaloosa: University of Alabama Press, 1988.

PANTOJA, Selma. "A dimensão atlântica das quitandeiras". In: FURTADO, Júnia Ferreira (Org.). *Diálogos oceânicos: Minas Gerais e as novas abordagens para uma história do Império ultramarino português*. Belo Horizonte: Ed. da UFMG, 2001. pp. 45-67.

PARÉS, Luís Nicolau. "The 'Nagôization' Process in Bahian Candomblé". In: FALOLA, Toyin; CHILDS, Matt (Orgs.). *The Yoruba Diaspora in the Atlantic World*. Bloomington: Indiana University Press, 2004. pp. 185-208.

PEREIRA, Hernani da Silva. *Considerações sobre a alimentação no Brazil: These para o doutoramento em medicina à Faculdade da Bahia*. Salvador: Imp. Popular, 1887.

PHILLIPS, Carla Rahn. *Six Galleons for the King of Spain*. Baltimore: Johns Hopkins University Press, 1986.

PINHO [DE ARAÚJO], José Wanderley. "A abertura dos portos: Cairu". *Revista do Instituto Histórico e Geográfico Brasileiro*, Rio de Janeiro, n. 243, pp. 94-147, abr./jun. 1959.

______. "A Bahia, 1808-1856". In: HOLANDA, Sérgio Buarque de (Org.). *História geral da civilização brasileira*. São Paulo: Difusão Europeia do Livro, 1964. pp. 242-311.

______. *Cotegipe e seu tempo: Primeira phase, 1815-1867*. São Paulo: Editora Nacional, 1937.

PIRENNE, Henri. *Medieval Cities: Their Origin and the Revival of Trade*. Garden City, NY: Doubleday, 1925.

PIZARRO E ARAÚJO, José de Souza Azevedo. *Memórias históricas do Rio de Janeiro* [1820-2]. 2. ed. Org. de Rubens Borba de Moraes. Rio de Janeiro: Instituto Nacional do Livro, 1945-8. 10 v.

POPPINO, Rollie. "The Cattle Industry in Colonial Brazil". *Mid-America*, [s.l.], v. 31, n. 4, pp. 219-47, out. 1949.

______. *Feira de Santana*. Trad. de Arquimedes Pereira Guimarães. Salvador: Itapuã, 1968.

POSTHUMUS, Wilhelmus. *Inquiry into the History of Prices in Holland*. Leiden: Brill, 1946-64. 2 v.

PRIOR, James. *Voyage along the Eastern Cost of Africa to Mosambique, Johanna, and Quiloa; to St. Helena; to Rio de Janeiro, Bahia, and Pernambuco in Brazil, in the Nisus Frigate*. Londres: Richard Phillips, 1819.

PROCTOR III, Frank "Trey". "Gender and the Manumission of Slaves in New Spain". *Hispanic American Historical Review*, Durham, v. 86, n. 2, pp. 309-36, maio 2006.

QUERINO, Manuel. "Dos alimentos puramente africanos". In: CARNEIRO, Edison [de Souza] (Comp.). *Antologia do negro brasileiro*. Rio de Janeiro: Edições de Ouro, 1967. pp. 449-53.

RAMOS, Donald. "Marriage and the Family in Colonial Vila Rica". *Hispanic American Historical Review*, Durham, v. 55, n. 2, pp. 200-25, maio 1975.

REBELLO, Domingos José Antonio. "Corographia, ou abreviada historia geographica do Imperio do Brasil". *Revista do Instituto Geográfico e Histórico da Bahia*, Salvador, n. 55, pp. 5-235, 1929.

REICHERT, Rolf (Trad. e org.). *Os documentos árabes do Arquivo do Estado da Bahia*. Salvador: Centro de Estudos Afro-Orientais; Universidade Federal da Bahia, 1970. (Publicações, n. 9.)

REIS, Isabel Cristina Ferreira dos. *Histórias de vida familiar e afetiva de escravos na Bahia do século XIX*. Salvador: Centro de Estudos Baianos, 2001.

REIS, João José. "Candomblé in Nineteenth-Century Bahia: Priests, Followers, Clients". *Slavery and Abolition*, [s.l.], v. 22, n. 1, pp. 116-34, 2001.

______. "Domingos Pereira Sodré: Um sacerdote africano na Bahia oitocentista". *Afro-Ásia*, Salvador, n. 34, pp. 237-313, 2006.

______. "A elite baiana face os movimentos sociais, Bahia: 1824-1840". *Revista de História*, São Paulo, v. 54, n. 108, pp. 341-84, 4. trim. 1976.

______. "A greve negra de 1857 na Bahia". *Revista USP*, São Paulo, n. 18, pp. 6-29, jun./ago. 1993.

______. *A morte é uma festa: Ritos fúnebres e revolta popular no Brasil do século XIX*. São Paulo: Companhia das Letras, 1991.

______. "'Nos achamos em campo a tratar de liberdade': A resistência negra no Brasil oitocentista". In: MOTA, Carlos Guilherme (Org.). *Viagem incompleta: A experiência brasileira (1500-2000)*. São Paulo: Senac, 2000. v. 1: Formação: Histórias. pp. 241-63.

______. *Rebelião escrava no Brasil: A história do levante dos malês, 1835*. São Paulo: Companhia das Letras, 2003.

______. *Slave Rebellion in Brazil: The Muslim Uprising of 1835 in Bahia*. Baltimore: Johns Hopkins University Press, 1993.

REIS, João José. "Slave Resistance in Brazil: Bahia, 1807-1835". *Luso-Brazilian Review*, Madison, v. 25, n. 1, pp. 111-44, verão 1988.

REIS, João José; AGUIAR, Márcia Gabriela D. de. "'Carne sem osso e farinha sem caroço': O motim de 1858 contra a carestia na Bahia". *Revista de História*, São Paulo, n. 135, pp. 133-59, 2. sem. 1966.

REIS, João José; KRAAY, Hendrik. "'The Tyrant is Dead!' The Revolt of the Periquitos in Bahia, 1824". *Hispanic American Historical Review*, Durham, v. 89, n. 3, pp. 399-434, ago. 2009.

REIS, João José; MAMIGONIAN, Beatriz Galloti. "Nagô and Mina: The Yoruba Diaspora in Brazil". In: FALOLA, Toyin; CHILDS, Matt (Orgs.). *The Yoruba Diaspora in the Atlantic World*. Bloomington: Indiana University Press, 2004. pp. 77-110.

REIS, João José; SILVA, Eduardo. *Negociação e conflito: A resistência negra no Brasil escravista*. São Paulo: Companhia das Letras, 1989.

RELATORIO apresentado à Mesa e Junta da Santa Casa de Misericordia da Capital da Bahia pelo provedor Conde de Pereira Marinho por occasião da posse em 2 de julho de 1885. Salvador: Tourinho, 1885.

RIBEIRO, Alexandre Vieira. "O comércio de escravos e a elite baiana no período colonial". In: FRAGOSO, João Luís Ribeiro; ALMEIDA, Carla Maria Carvalho de; SAMPAIO, Antônio Carlos Jucá de (Orgs.). *Conquistadores e negociantes: Histórias de elites no Antigo Regime nos trópicos: América lusa, séculos XVI a XVIII*. Rio de Janeiro: Civilização Brasileira, 2007. pp. 311-35.

RIBEIRO, Ellen Melo dos Santos. "Abastecimento de farinha da cidade de Salvador, 1850-1870: Aspectos históricos". Salvador: Universidade Federal da Bahia, 1982. Dissertação de mestrado não publicada.

RIBEYROLLES, Charles. *Brasil pitoresco: História, descrições, viagens, colonização, instituições, acompanhado de um álbum de vistas, panoramas, paisagens, costumes, etc. por Victor Frond*. 2. ed. Trad. de Gastão Penalva. Introd. de Afonso d'E. Taunay. São Paulo; Brasília: Martins; Instituto Nacional do Livro, 1976. 2 v.

RIDINGS, Eugene. *Business Interest Groups in Nineteenth-Century Brazil*. Cambridge: Cambridge University Press, 1994.

ROCHA, Antonio Penalves. "A economia política na desagregação do Império português". In: CARDOSO, José Luís (Org.). *A economia política e os dilemas do Império luso-brasileiro (1790-1822)*. Lisboa: Comissão Nacional para as Comemorações dos Descobrimentos Portugueses, 2001. pp. 149-97.

RODRIGUES, José Honório. *História da história do Brasil*. São Paulo; Brasília: Editora Nacional; Instituto Nacional do Livro, 1988. v. 2, t. 1: A historiografia conservadora. (Brasiliana, Grande Formato, n. 23.)

RODRIGUES, José Honório. *Independência: Revolução e contrarrevolução*. Rio de Janeiro: Francisco Alves, 1975-6. 5 v.
ROOSEVELT, Anna Curtenius. *Parmana: Prehistoric Maize and Manioc Cultivation along the Amazon and Orinoco*. Nova York: Academic Press, 1980.
ROSE, Willie Lee (Org.). *A Documentary History of Slavery in North America*. Nova York: Oxford University Press, 1976.
RUGENDAS, Johann Moritz. *Malerische Reise in Brasilien*. 1835. Ed. fac-sim. Stuttgart: Daco-Verlag, 1986.
RUGENDAS, Maurice [Johann Moritz]. *Voyage pittoresque dans le Brésil*. Trad. franc. de Marie de Golbery. Paris: Englemann, 1835.
RUSSELL-WOOD, A. J. R. "'Acts of Grace': Portuguese Monarchs and Their Subjects of African Descent in Eighteenth-Century Brazil". *Journal of Latin American Studies*, Cambridge, v. 32, n. 2, pp. 307-32, maio 2000.
______. "Black and Mulatto Brotherhoods in Colonial Brazil: A Study in Collective Behavior". *Hispanic American Historical Review*, Durham, v. 54 n. 4, pp. 567-602, nov. 1974.
______. *The Black Man in Slavery and Freedom in Colonial Brazil*. Nova York: St. Martin's, 1982.
______. *Fidalgos and Philanthropists: The Santa Casa de Misericórdia of Bahia, 1550-1755*. Berkeley: University of California Press, 1968.
______. "Prestige, Power, and Piety in Colonial Brazil: The Third Orders of Salvador". *Hispanic American Historical Review*, Durham, v. 69, n. 1, pp. 61-89, fev. 1989.
RUY, Affonso. *História da Câmara Municipal da cidade de Salvador*. 2 ed. Salvador: Câmara Municipal de Salvador, 1996.
"A SABINADA nas cartas de Barreto Pedroso a Rebouças". *ABNRJ*, Rio de Janeiro, n. 88, pp. 207-18, 1968.
SÁNCHEZ-ALBORNOZ, Nicolás. *The Population of Latin America*. Berkeley: University of California Press, 1974.
SANTOS, Mário Augusto da Silva. *Sobrevivência e tensões sociais: Salvador (1890--1930)*. São Paulo: Universidade de São Paulo, 1982. Tese de doutorado.
SARAIVA, José Hermano. *História de Portugal*. Lisboa: Publicações Europa-América, 1993.
SAUNDERS, A. C. de C. M. *A Social History of Black Slaves and Freedmen in Portugal, 1441-1555*. Cambridge: Cambridge University Press, 1982.
SCARANO, Julita. "Black Brotherhoods: Integration or Contradiction?". *Luso--Brazilian Review*, Madison, v. 16, n. 1, pp. 1-17, verão 1979.
SCHWARTZ, Stuart B. "The Formation of a Colonial Identity in Brazil". In: CANNY, Nicholas; PAGDEN, Anthony (Orgs.). *Colonial Identity in the Atlantic World, 1500-1800*. Princeton, NJ: Princeton University Press, 1987. pp. 15-50.

SCHWARTZ, Stuart B. "'Gente da terra braziliense da nasção': Pensando o Brasil: A construção de um povo". In: MOTA, Carlos Guilherme (Org.). *Viagem incompleta: A experiência brasileira (1500-2000)*. São Paulo: Senac, 2000. v. 1: Formação: Histórias. pp. 103-25.

_______. "The Manumission of Slaves in Colonial Brazil: Bahia, 1684-1745". *Hispanic American Historical Review*, Durham, v. 54, n. 4, pp. 603-35, nov. 1974.

_______. "Resistance and Accommodation in Eighteenth-Century Brazil: The Slaves' View of Slavery". *Hispanic American Historical Review*, Durham, v. 57, n. 1, pp. 69-81, fev. 1977.

_______. *Slaves, Peasants, and Rebels: Reconsidering Brazilian Slavery*. Urbana: University of Illinois Press, 1992.

_______. *Sugar Plantations in the Formation of Brazilian Society: Bahia 1550--1835*. Cambridge: Cambridge University Press, 1985.

SCOTT III, Julius Sherrard. *The Common Wind: Currents of Afro-American Communication in the Era of the Haitian Revolution*. Durham: Duke University, 1986. Tese de doutorado.

SCULLY, William. *Brazil: Its Provinces and the Chief Cities, the Manners and Customs of the People, Agricultural, Commercial and Other Statistics Taken from the Latest Official Documents; with a Variety of Useful and Entertaining Knowledge Both for the Merchant and the Emigrant*. Londres: Trübner, 1868.

SEIDMAN, Michael. *Republic of Egos: A Social History of the Spanish Civil War*. Madison: University of Wisconsin Press, 2002.

SELIGMAN, Linda J. (Org.). *Women Traders in Cross-Cultural Perspective: Mediating Identities, Marketing Wares*. Stanford, CA: Stanford University Press, 2001.

SELLING JÚNIOR, Theodor. *A Bahia e seus veleiros: Uma tradição que desapareceu*. Rio de Janeiro: Serviço de Documentação Geral da Marinha, 1976.

SERRÃO, Joel. *Dicionário de história de Portugal*. Porto: Iniciativas Editoriais, 1979.

SIERRA Y MARISCAL, Francisco de. "Idéas geraes sobre a revolução do Brazil [sic] e suas consequencias". *ABNRJ*, Rio de Janeiro, n. 43-4, pp. 49-81, 1920-1.

LAS SIETE PARTIDAS del sabio Rey D. Alonso el IX con las variantes de más interés, y con la glosa del lic. Gregorio Lopez. Barcelona: Antonio Bergens, 1844.

SILVA, Andrée Mansuy-Diniz. *Portrait d'un homme d'État: D. Rodrigo de Souza Coutinho, Comte de Linhares, 1755-1812*. Lisboa: Fundação Calouste Gulbenkian; Paris: Centre Culturel Calouste Gulbenkian, 2003-6. 2 v.

SILVA, Antonio Delgado da. *Collecção da legislação portuguesa desde a ultima compilação das ordenações...* Lisboa: Typ. Maigrense, 1825-30. 9 v.

SILVA, Antonio Delgado da. *Collecção da legislação portuguesa desde a ultima compilação das ordenações...* 2. ed. Lisboa: Typ. L. C. da Cunha; Typ. Maigrense, 1833-58.

SILVA, Antonio de Morais. *Diccionario da lingua portugueza*. 8. ed. Rio de Janeiro: Empreza Litteraria Fluminense de A. A. da Silva Lobo, 1889.

SILVA, Francisco Carlos Teixeira da. "Élevage et marché interne dans le Brésil de l'époque coloniale". In: CROUZET, François; BONNICHON, Philippe; ROLLAND, Denis (Orgs.). *Pour l'Histoire du Brésil: Hommage à Kátia de Queirós Mattoso*. Paris: L'Harmattan, 2000. pp. 321-30.

______. *A morfologia da escassez: Crises de subsistência e política econômica no Brasil colônia (Salvador e Rio de Janeiro, 1680-1790)*. Niterói: Universidade Federal Fluminense, 1990. Tese de doutorado.

SILVA, Ignacio Accioli de Cerqueira e. *Memórias históricas e políticas da província da Bahia*. 2. ed. Org. de Braz do Amaral. Salvador: Imprensa Official do Estado, 1919-40. 6 v.

SILVA, Luiz Geraldo. *A faina, a festa e o rito: Uma etnografia histórica sobre as gentes do mar, sécs. XVII ao XIX*. Campinas: Papirus, 2001.

SILVA, Maria Beatriz Nizza da. "Mulheres brancas no fim do período colonial". *Cadernos Pagu*, Campinas, n. 4, 1995.

______. "Mulheres e patrimônio familiar no Brasil no fim do período colonial". *Acervo*, Rio de Janeiro, v. 9, n. 1-2, pp. 85-98, dez. 1996.

______. *A primeira gazeta da Bahia: "Idade d'Ouro do Brasil"*. São Paulo: Cultrix; Brasília: Instituto Nacional do Livro, 1978.

______. *Sistema de casamento no Brasil colonial*. São Paulo: T. A. Queiroz; Edusp, 1984. (Coleção Coroa Vermelha: Estudos Brasileiros, n. 6.)

SILVA, Marilene Rosa Nogueira da. *Negro na rua: A nova face da escravidão*. São Paulo: Hucitec, 1988.

SLEMIAN, Andréa; PIMENTA, João Paulo G. *O "nascimento político" do Brasil: As origens do Estado e da nação (1808-1825)*. Rio de Janeiro: DP&A, 2003.

SLENES, Robert W. *Na senzala uma flor: Esperanças e recordações na formação da família escrava — Brasil sudeste, século XIX*. Rio de Janeiro: Nova Fronteira, 1999.

SMITH, Adam. *An Inquiry into the Nature and Causes of the Wealth of Nations*. Org. de Edwin Cannan. Chicago: University of Chicago Press, 1976.

SMITH, Robert. "The Canoe in West African History". *Journal of African History*, [s.l.], v. 11, n. 4, pp. 515-33, 1970.

SMITH, Robert C. *Arquitetura colonial bahiana: Alguns aspectos de sua história*. Salvador: Secretaria de Educação e Cultura, 1951. (Publicações do Museu do Estado, n. 14.)

SOARES, Carlos Eugênio Líbano. *A capoeira escrava e outras tradições rebeldes no Rio de Janeiro (1808-1850)*. Campinas: Ed. da Unicamp, 2001.

SOARES, Cecília Moreira. "As ganhadeiras: Mulher e resistência em Salvador no século XIX". *Afro-Ásia*, Salvador, n. 17, pp. 57-71, 1996.

SOARES, Márcio Sousa. "Cirurgiões negros: Saberes africanos sobre o corpo e as doenças nas ruas do Rio de Janeiro durante a primeira metade do século XIX". *Locus: Revista de História*, Juiz de Fora, v. 8, n. 2, pp. 43-58, 2002.

SOEIRO, Susan A. *A Baroque Nunnery: The Economic and Social Role of a Colonial Convent — Santa Clara do Destêrro, Salvador, Bahia, 1677-1800*. Nova York: Universidade de Nova York, 1974. Tese de doutorado.

______. "The Social and Economic Role of the Convent: Women and Nuns in Colonial Bahia, 1677-1800". *Hispanic American Historical Review*, Durham, v. 54, n. 2, pp. 209-32, maio 1974.

SOUZA, Laura de Mello e. *Desclassificados do ouro: A pobreza mineira no século XVIII*. Rio de Janeiro: Graal, 1982.

______. *O diabo e a Terra de Santa Cruz: Feitiçaria e religiosidade popular no Brasil colonial*. São Paulo: Companhia das Letras, 1987.

SOUZA, Paulo César. *A Sabinada: A revolta separatista da Bahia*. São Paulo: Brasiliense, 1987.

SPIX, Johann Baptist von; MARTIUS, Karl Friedrich Philipp von. *Através da Bahia: Excerptos da obra "Reise in Brasilien"*. 3. ed. Trad. de Manuel Augusto Pirajá da Silva e Paulo Wolf. São Paulo: Editora Nacional, 1938.

STAMPP, Kenneth M. *The Peculiar Institution: Slavery in the Ante-Bellum South*. Nova York: Vintage, 1956.

STEIN, Stanley J. *The Brazilian Cotton Manufacture: Textile Enterprise in an Underdeveloped Area, 1850-1950*. Cambridge, MA: Harvard University Press, 1957.

SUDARKASA, Niara. *Where Women Work: A Study of Yoruba Women in the Marketplace and in the Home*. Ann Arbor: Museu de Antropologia; Universidade de Michigan, 1973. (Anthropological Papers, n. 53.)

SULLIVAN, Edward J. (Org.). *Brazil: Body and Soul*. Nova York: Guggenheim Museum, 2001.

SUPER, John C. *Food, Conquest, and Colonization in Sixteenth-Century Spanish America*. Albuquerque: University of New Mexico Press, 1988.

SUZANNET, conde de. *O Brasil em 1845: Semelhanças e diferenças após um século*. Trad. de Márcia de Moura Castro. Introd. de Austregésilo de Athayde. Rio de Janeiro: Casa do Estudante do Brasil, 1957.

SWEIGART, Joseph E. *Coffee Factorage and the Emergence of a Brazilian Capital Market, 1850-1888*. Nova York: Garland, 1987.

TAUNAY, Hippolyte; DENIS, Ferdinand. *Le Brésil, ou histoire, moeurs, usages et coutumes des habitants de ce royaume*. Paris: Nepveu, 1822. 6 v.

TAVARES, Luís Henrique Dias. *História da sedição intentada na Bahia em 1798 ("A conspiração dos alfaiates")*. São Paulo: Livraria Pioneira, 1975.

______. *A independência do Brasil na Bahia*. 3. ed. Salvador: Ed. da UFBA, 2005.

TERRACIANO, Kevin. "Native Expressions of Piety in Mextec Testaments". In: KELLOGG, Susan; RESTALL, Matthew (Orgs.). *Dead Giveaways: Indigenous Testaments of Colonial Mesoamerica and the Andes*. Salt Lake City: University of Utah Press, 1998. pp. 115-40.

THOMPSON, E. P. "The Moral Economy of the English Crowd in the Eighteenth Century". *Past & Present*, [s.l.], n. 50, pp. 76-136, fev. 1971.

THORNTON, John. *Africa and Africans in the Making of the Atlantic World, 1400--1680*. Cambridge: Cambridge University Press, 1992.

TOLLENARE, L. F. de. *Notas dominicais tomadas durante uma viagem em Portugal e no Brasil em 1816, 1817, e 1818*. Salvador: Progresso, 1956.

TURNBULL, John. *A Voyage round the World in the Years of 1800, 1801, 1802, 1803 and 1804 in which the Author Visited Madeira, the Brazils, Cape of Good Hope, the English Settlements of Botany Bay and Norfolk Island; and the Principal Islands in the Pacific Ocean. With a Continuation of Their History to the Present Period*. Londres: Maxwell, 1813.

VAINFAS, Ronaldo. "Moralidades brasílicas: Deleites sexuais e linguagem erótica na sociedade escravista". In: SOUZA, Laura de Mello; NOVAIS, Fernando A. (Orgs.). *História da vida privada no Brasil*. São Paulo: Companhia das Letras, 1997. v. I: Cotidiano e vida privada na América portuguesa. pp. 221-73.

VALE, Brian. *Independence or Death! British Sailors and Brazilian Independence, 1822-1825*. Londres: British Academic Press; I. B. Taurus, 1996.

VAN YOUNG, Eric. *Hacienda and Market in Eighteenth-Century Mexico: The Rural Economy of the Guadalajara Region, 1675-1820*. Berkeley: University of California Press, 1981.

VARGAS, Thomaz Tamayo de. "A restauração da cidade de Salvador, Bahia de Todos os Santos, na provincia do Brasil pelas armas de D. Felippe IV, rei catholico das hespanhas e indias, publicada em 1628". Trad. e ed. de Ignacio Accioli de Cerqueira e Silva. *Revista do Instituto Geográfico e Histórico da Bahia*, Salvador, n. 56, pp. 7-35, 1930.

VARNHAGEN, Francisco Adolfo de. *História da independência do Brasil até o reconhecimento pela antiga metrópole, compreendendo, separadamente, a dos sucessos ocorridos em algumas províncias até essa data*. 3. ed. Org. de Barão do Rio Branco e Hélio Vianna. São Paulo: Melhoramentos, 1957.

VASQUEZ DE WARMAN, Irene. "El pósito y la ahóndiga em la Nueva España". *Historia Mexicana*, Cidade do México, v. 17, n. 3, pp. 395-426, jan./mar. 1968.

VERGER, Pierre. *Notícias da Bahia: 1850*. Salvador: Corrupio, 1981.

______. *Trade Relations between the Bight of Benin and Bahia from the 17th to 19th Century*. Ibadan: Ibadan University Press, 1976.

VERSIANI, Flávio Rabello. "Escravidão no Brasil: Uma análise econômica". *Revista Brasileira de Economia*, Rio de Janeiro, v. 48, n. 4, pp. 463-78, dez. 1994.

VIDE, Sebastião Monteiro de. *Constituições primeiras do arcebispado da Bahia, feitas e ordenadas por... 5º arcebispo do dito arcebispado... propostas e aceitas em o synodo diocesano que o dito senhor celebrou em 12 de junho do anno de 1707*. São Paulo: Typographia "2 de Dezembro" de Antonio Louzada Antunes, 1853.

VILHENA, Luís dos Santos. *A Bahia no século XVIII*. 2. ed. Org. de Braz do Amaral. Intr. de Edison Carneiro. Salvador: Itapuã, 1969.

WALSH, Robert. *Notices of Brazil in 1828 and 1829*. Boston: Richardson, Lord, and Holbrook and Carvill, 1831. 2 v.

WEBB, Sidney; WEBB, Beatrice. "The Assize of Bread". *Economic Journal*, [s.l.], n. 14, pp. 196-218, jun. 1904.

WESTPHALEN, Cecília Maria. *Porto de Paranaguá, um sedutor*. Curitiba: Secretaria de Estado da Cultura, 1998.

WETHERELL, James. *Brazil: Stray Notes from Bahia, Being Extracts from Letters, etc., during a Residence of Fifteen Years*. Liverpool: Webb and Hunt, 1860.

WILLEMS, Emílio. *Latin American Culture: An Anthropological Synthesis*. Nova York: Harper and Row, 1975.

ZEMELLA, Mafalda P. *O abastecimento da capitania das Minas Gerais no século XVIII*. 2. ed. São Paulo: Hucitec; Edusp, 1990.

Créditos de mapas e ilustrações

Mapa 1.1. O Recôncavo da Bahia. Extraído, com alguns acréscimos e alterações de Bahia, Secretaria dos Transportes e Comunicações, Mapa do sistema de transportes, 1981. Com informação adicional tirada de "Vista hydrographica do Recôncavo da Bahia", em Alexandre José Mello Moraes [Pai], *Historia do Brasil-Reino e do Brasil-Imperio*. Rio de Janeiro: Typ. Pinheiro, 1871-3, inserto não paginado. 2 v.

Mapas 1.2 e 1.3. Litoral da baía de Salvador, *c.* 1847 e centro de Salvador, *c.* 1847. Baseados em Carlos Augusto Weyll, Mappa topographico da cidade de Salvador e seus suburbios, 1846, Arquivo Público do Estado da Bahia, Planta 32, cópia por cortesia de João José Reis.

Mapa 4.1. Costa baiana. Extraído de "Estado da Bahia", em Rubens de Azevedo, comp., *Atlas geográfico Melhoramentos*, 28. ed. São Paulo: Companhia Melhoramentos, 1968, p. 66.

Figura 1.1. Panorama da cidade, 1861. Litografia feita a partir de fotografia de Victor Frond, em Charles Ribeyrolles, *Brasil pitoresco...* (Paris: Lemercier, 1861, prancha 35). Cópia por cortesia da Seção de Iconografia, Biblioteca Nacional do Rio de Janeiro.

Figura 1.2. A cidade baixa vista de cima, 1860. Fotografia de Benjamin R. Mulock, da Coleção Gilberto Ferrez, Acervo Instituto Moreira Salles.

Figura 1.3. Percussionista, 1960. Fotografia de Richard Graham.

Figura 1.4. Pandeiro, 1960. Fotografia de Richard Graham.

Figura 2.1. Vendedora ambulante, *c.* 1776-1800. Aquarela de Carlos Julião, cópia por cortesia da Seção de Iconografia, Biblioteca Nacional do Rio de Janeiro.

Figura 2.2. Vendedor ambulante, 1960. Fotografia de Richard Graham.

Figura 2.3. Mercearia de esquina e vendedores de rua, 1835. Litografia de Maurice (Johann Moritz) Rugendas, *Voyage Pittoresque dans le Brésil*, trad. do alemão por Marie de Golbery (Paris: Englemann, 1835), p. 321.

Figura 3.1. Vendedores de rua na igreja do Rosário, com a igreja do Carmo ao fundo, 1860. Fotografia de Benjamin R. Mulock, da Coleção Gilberto Ferrez, Acervo Instituto Moreira Salles.

Figura 4.1. Veleiro com provisões, 1835. Litografia de Maurice (Johann Moritz) Rugendas, *Voyage Pittoresque dans le Brésil*, trad. do alemão por Marie de Golbery (Paris: Englemann, 1835), p. 306.

Figuras 4.2 a 4.5. Casa de farinha, 1960. Fotografias de Richard Graham.

Figura 4.6. Veleiros atracados em Nazaré antes de zarpar para Salvador, 1860. Fotografia de Camilo Vedani, 1860-5, da Coleção Gilberto Ferrez, Acervo Instituto Moreira Salles.

Figura 4.7. Saveiros em frente à cidade, 1960. Fotografia de Richard Graham.

Figura 4.8. Veleiros descarregando provisões numa praia de Salvador, 1960. Fotografia de Richard Graham.

Figura 4.9. Saveiros descarregando farinha, 1960. Fotografia de Richard Graham.

Figura 9.1. A Santa Casa de Misericórdia, 1960. Fotografia de Richard Graham.

Figura 11.1. Câmara de vereadores, Salvador, *c.* 1860. Fotografia de Benjamin R. Mulock, da Coleção Gilberto Ferrez, Acervo Instituto Moreira Salles.

Figura 12.1. Saveiro visto de Itaparica, 1973. Fotografia de Sandra Lauderdale Graham.

Índice remissivo

Números em *itálico* referem-se a mapas

ESTA OBRA FOI COMPOSTA EM MINION PELO ACQUA ESTÚDIO E IMPRESSA
PELA PROL EDITORA GRÁFICA EM OFSETE SOBRE PAPEL PÓLEN SOFT DA SUZANO
PAPEL E CELULOSE PARA A EDITORA SCHWARCZ EM OUTUBRO DE 2013